Jochen Schmidt · Heinrich von Kleist

Jochen Schmidt

Heinrich von Kleist

Studien zu seiner poetischen Verfahrensweise

Max Niemeyer Verlag
Tübingen 1974

*U*ᶜ

Als Habilitationsschrift auf Empfehlung des Fachbereichs Neuphilologie der Universität Tübingen gedruckt mit Unterstützung der Deutschen Forschungsgemeinschaft.

ISBN 3-484-10213-6

Satz und Druck: Bücherdruck Wenzlaff, Kempten/Allgäu

FÜR UTE

Inhaltsverzeichnis

I. Die skeptische Grundhaltung: Ironie, Kritik, Experiment

1. Das frühe Zeugnis der Briefe

1.1. Kleists kritische Lösung aus allen gesellschaftlichen Bindungen und der Scheincharakter der Kantkrise

Schon der dem gängigen Eudaimonismus verpflichtete Brief an den Lehrer Christian Ernst Martini vom 18. und 19. März 1799,[1] ein Hauptzeugnis für Kleists Frühphase, hat trotz alles Übernommenen eine eigene und charakteristische Färbung. Die Erörterung, daß nicht äußere Umstände, sondern nur innere Werte das wahre Glück bringen, gilt in auffälliger Weise nicht so sehr der substantiellen Begründung als der Sicherung des Glücks,[2] und dies bis zu einem Grade, wo Sicherheit selbst schon als Glück erscheint. Damit überschreitet Kleist die Tragweite der stoischen Formel, nach der nur das innerlich begründete Glück sicher ist. Die Worte »sicher«, »fest«, »unzerstörbar« und im Gegenzug »unsicher«, »erschüttern«, »zerbrechen«, »zerstören« geben den mit leidenschaftlicher Ängstlichkeit durchgehaltenen Hauptton des Briefes an. Überall will der junge Kleist auf den festen »Grund« kommen: »Ich habe mich ausschließlich mit Mathematik und Philosophie, – als den beiden *Grundfesten* alles Wissens, beschäftigt«;[3] »wenn ich einen Beweis lese, gehe ich nicht eher zur Folgerung, als bis ich den *Grund* einsehe, und baue nicht fort, ehe ich nicht den *Grundstein* gelegt habe«.[4] Vollends der Entschluß zum Studium der »reinen Logik« und der »reinen Mathematik«[5] macht den Reflex auf die Zerstörbarkeit des eigenen Wesens und die aus früher Bedrohung erwachsende Suche nach festem Halt und sicherem Ziel deutlich.

Dem »Studienplan«[6] folgt alsbald der Entwurf eines gleichgestimmten

---

[1] Nr. 3 (II, 472–486).
[2] Dies zeigt auch die gerade in ihrer Unergiebigkeit überzeugende Analyse zum Begriff des Glücks bei H. J. Kreutzer, Die dichterische Entwicklung Heinrichs von Kleist. Untersuchungen zu seinen Briefen und zu Chronologie und Aufbau seiner Werke. Philologische Studien und Quellen 41, 1968, S. 58–62.
[3] II,479.   [4] II,481.   [5] II,480.   [6] II,483.

»Lebensplans«,[7] der nicht jugendlich und mutig ausgreifendes Wunschdenken verrät, sondern ein ängstliches Tasten nach Halt und Sinn.«... es ist mir so unbegreiflich, wie ein Mensch ohne Lebensplan leben könne, und ich fühle, an der *Sicherheit*, mit welcher ich die Gegenwart benutze, an der Ruhe, mit welcher ich in die Zukunft blicke, so innig, welch ein unschätzbares Glück mir mein Lebensplan gewährt.«[8] Der Tod sogar scheint ihm wünschenswerter als »der Zustand, ohne Lebensplan, ohne *feste* Bestimmung, immer *schwankend* zwischen *unsichern* Wünschen, immer im Widerspruch mit meinen Pflichten.«[9] Das immer wieder beschworene Streben nach »Bildung«[10] hat von Anfang an kaum innere Füllung, sondern ist von einer ratlosen, quälerischen Umtriebigkeit bestimmt, deren Opfer die unglückliche Wilhelmine von Zenge wird.

Selbst die Braut muß Kleist planen und »bilden«. So kommt es zu der einzigartigen Ankündigung: »Ich werde Dir die Gattin beschreiben, die mich jetzt glücklich machen kann – und das ist die große Idee, die ich für Dich im Sinne habe. Das Unternehmen ist groß, aber der Zweck ist es auch ... In fünf Jahren, hoffe ich, wird das Werk fertig sein«,[11] und im selben Brief: »Dein nächstes *Ziel* sei, Dich zu einer Mutter, das meinige, mich zu einem Staatsbürger zu bilden, und das fernere *Ziel*, nach dem wir beide streben, und das wir uns beide wechselseitig *sichern* können, sei das Glück der Liebe.«[12] Wie der Studienplan zum Lebensplan, so wird der Lebensplan zum Liebesplan, zur Suche des nicht Vorhandenen und auf diese Weise nicht Auffindbaren, das Kleist von Anfang an »Ziel« und »Zweck« nennt. Daß sich hinter den im Namen der Bildung der Braut zugemuteten Übungen und Erprobungen vor allem Unsicherheit aus mangelnder persönlicher Bindung verbirgt, wird in einem abrupten Geständnis deutlich:[13] »Daher kann ein Wechsler die Echtheit der Banknote, die sein Vermögen *sichern* soll, nicht ängstlicher untersuchen, als ich Deine Seele ...«

»Ziel«, »Zweck«, »Bestimmung« sind, wie oft gesehen wurde, Fundamentalkategorien in Kleists Denken, die seinen Briefwechsel bis zum Sommer 1801 leitmotivisch durchziehen. Wichtiger aber als der Versuch ge-

---

[7] An Ulrike, Mai 1799 (Nr. 5, II,486–493).
[8] II,490.
[9] II,490.
[10] Zur Begriffsuntersuchung vgl. H. J. Kreutzer, S. 72–74; ferner H. Ide, Der junge Kleist. »... in dieser wandelbaren Zeit ...«, 1961. Der Göttinger Arbeitskreis: Veröffentlichung Nr. 244, S. 87.
[11] 10. und 11. 10. 1800 (Nr. 24, II,576).
[12] II,578.
[13] 11. und 12. 1. 1801 (Nr. 33, II,610).

nauer Begriffsbestimmungen im einzelnen[14] ist die aus dem Kontext zu erschließende gemeinsame psychologische Wertigkeit dieser Kategorien: Auch sie gehören in den Horizont planhafter, angsterfüllter Sicherung. Selbst auf der knabenhaft mystifizierten Würzburger Reise spricht Kleist mit besonderem Pathos stets vom »Ziel«.[15] In dem Brief an Wilhelmine vom 13. November 1800, als er sich entschließt, kein Amt anzunehmen und zum ersten Mal das »schriftstellerische Fach« erwähnt, heißt es:[16] »... wie würde ich bitterlich weinen, meine *Bestimmung* so unwiederbringlich verfehlt zu haben ... ich darf kein Amt wählen ...«, »das *Ziel* ist gewiß hoch genug und erhaben ...«[17]

Eine höchste Steigerung bringen die Briefe aus der Zeit der sogenannten Kantkrise: »Mein einziges, mein höchstes *Ziel* ist gesunken«; »... war der einzige Gedanke, den meine Seele ... mit glühender *Angst* bearbeitete, immer nur dieser: dein einziges, dein höchstes *Ziel* ist gesunken ...«;[18] »Liebe Wilhelmine, laß mich reisen. Arbeiten kann ich nicht, das ist nicht möglich, ich weiß nicht, zu welchem *Zwecke* ...«; »Sobald ich einen Gedanken ersonnen habe, der mich tröstet, sobald ich einen *Zweck* gefaßt habe, nach dem ich wieder streben kann, so kehre ich um ...«[19] Der Brief an Ulrike vom 23. März 1801 wiederholt wörtlich die gleichen Wendun-

---

14 Zu den philosophischen Implikationen vgl. L. Muth, Kleist und Kant. Versuch einer neuen Interpretation. Kantstudien, Ergänzungshefte, 68, 1954, passim; vgl. auch H. J. Kreutzer, Die dichterische Entwicklung..., S. 75–77.

15 »In dem Tale dieses Flusses liegt das Bergwerk. Wir sahen es von weitem liegen und mich drängte die Begierde, es zu sehen. Aber mein *Ziel* trat mir vor Augen...« (4. 9. 1800; Nr. 19, II,547); »Laß mich nur ruhig meinem *Ziele* entgegen gehen, Wilhelmine« (5. 9. 1800; Nr. 19, II,547); »... vor mir das schöne *Ziel*...« (5. 9. 1800; Nr. 19, II,549); nach der Ankunft in Würzburg: »... sie hatten aus den Weinbergen alle Steine rechts und links in diesen Weg geworfen, das Ersteigen zu erschweren – grade wie das Schicksal oder die Menschen mir auf den Weg zu dem *Ziele*, das ich nun doch erreicht habe ... erreichte doch, wie vorgestern, das *Ziel*...« (11. 10. 1800; Nr. 24, II,580). Im übertragenen Sinn, wieder an Wilhelmine: »Laß uns beide, liebe Wilhelmine, unsre *Bestimmung* ganz ins Auge fassen ... Wir wollen alle unsre Fähigkeiten ausbilden, eben nur um diese *Bestimmung* zu erfüllen.« (18. 9. 1800; Nr. 22, II,566).

16 Nr. 27, II,586.

17 Weitere Belege aus dieser Zeit: »Wenn ich nur erst ein Weib habe, so werde ich meinem *Ziele* ganz ruhig und ganz *sicher* entgegen gehen...« (Nr. 27, II,588). Wieder an Wilhelmine, am 22. November 1800: »Bei allem was ich unternehmen werde, wird mir immer jenes letzte *Ziel* vorschweben...«, »Glaubst Du nicht, daß ich mir, bei der vereinten Richtung aller meiner Kräfte auf ein einziges *Ziel*, endlich ein so bescheidnes Glück, wie das häusliche, erwerben werde?« (Nr. 29, II,599).

18 An Wilhelmine, 22. 3. 1801 (Nr. 37, II,634).   19 II,635.

gen. Bis zum August 1801, also exakt bis zum Beginn der dichterischen Arbeit, dauert dieses briefliche Sprechen von Ziel, Zweck und Bestimmung noch,[20] um dann abrupt und für immer zu verstummen.[21] Die psychologische Füllung dieses Motivzusammenhangs, der sich längst vor dem März 1801 verfolgen läßt, verlangt es, der »Kantkrise« eher die Bedeutung eines sich längst anbahnenden, von Kants Philosophie nicht verursachten, sondern nur noch gedeckten Durchbruchs zuzumessen. »Sicherheit« und »Ziel« sind ganz deutlich nicht vorhanden: Ein nebuloses Etwas, das gerade darum so ängstlich beschworen wird. Ja, unverkennbar handelt es sich um einen durch Berufung auf Kant gestützten Rechtfertigungsversuch für den schon nachweislich vor der angeblichen Kantkrise gefaßten Entschluß, das Studium – die »Wissenschaften« – aufzugeben. In dem berühmten Brief vom 22. März 1801 über die Wirkung Kants auf sein Lebensgefühl schreibt Kleist ausdrücklich, diese Gedanken seien »seit 3 Wochen«[22] durch seine Seele geflogen – die tatsächliche Entscheidung war aber spätestens schon einen Monat vor diesen nur scheinbar philosophisch entscheidenden 3 Wochen gefallen. Denn bereits im Brief vom 5. Februar 1801 an Ulrike heißt es:[23] »Selbst die Säule, an welcher ich mich sonst in dem Strudel des Lebens hielt (wieder das Moment der Sicherung!), wankt – – Ich meine, die Liebe zu den Wissenschaften – – – Wissen kann unmöglich das Höchste sein... Alle Männer, die mich kennen, raten mir, mir irgendeinen Gegenstand aus dem Reiche des Wissens auszuwählen und diesen zu bearbeiten... Mir ist es unmöglich, mich wie ein Maulwurf in ein Loch zu graben und alles andere zu vergessen.« Dies ist die aus dem eigenen Lebensgefühl erwachsene Begründung für die im selben Brief – aber nicht zum ersten Mal[24] – ausgedrückte und zur praktischen Konsequenz drängende Einsicht, daß er zur Übernahme eines Amtes nicht fähig sei:[25] »Noch immer habe ich mich nicht für ein Amt entscheiden können und Du kennst die Gründe...« »Indessen sehe ich doch immer von Tage zu Tage mehr ein, daß ich ganz unfähig bin, ein Amt zu führen...«;[26]

---

20 Vgl. II,641; II,654; II,663; II,667; indirekt, aber wichtig II,670 und 671; II,683; II,684.
21 Zur Problematik einer Anwendung der Bestimmungskategorie auf die Dichtung durch G. Fricke u. a. vgl. W. Müller-Seidel, Versehen und Erkennen. Eine Studie über Heinrich von Kleist. 2. Aufl. 1967, S. 162–165.
22 Nr. 37 (II,633).
23 Nr. 36 (II,629).
24 Vgl. schon den Brief an Wilhelmine vom 13. 11. 1800 (Nr. 27, II,584): »Ich will kein Amt nehmen.«, im selben Brief: »... ich passe mich für kein Amt« (II,585) und noch einmal: »... ich darf kein Amt wählen...« (II,586).
25 An Ulrike, 5. 2. 1801 (Nr. 36, II,626).
26 II,627.

».. . Diese Menschen sitzen sämtlich wie die Raupe auf einem Blatte, jeder glaubt seines sei das beste, und um den Baum bekümmern sie sich nicht.«[27] Das Bild der Raupe auf einem Blatte, angewandt auf die ihm drohende Beamtung, entspricht völlig jenem anderen Bild von dem sich in sein Loch grabenden Maulwurf, das auf die Wissenschaften angewandt wird.

Das eigentliche Movens der einschneidenden Entscheidung ist also die Abneigung gegen ein bestimmtes Amt: das Problem des bürgerlich beschränkten Lebens. Die Wissenschaft erscheint lediglich als Unterfunktion des Amtes – ebenfalls nur noch als Beschränkung. Die früher immer wieder zum höchsten Ziel der Wissenschaft erklärte »Wahrheit«[28] wird im selben Brief, also *vor* der sogenannten Kantkrise, zwar nicht in den Bedingungen der Möglichkeit zu ihrer Erkenntnis, nicht transzendentalphilosophisch angezweifelt, aber als Ziel schon vollständig abgewertet, und zwar pragmatisch von der Lebensform des Wahrheitssuchers, des Gelehrten her:[29] »Aber auch selbst dann, wenn bloß(!) Wahrheit mein Ziel wäre, – ach, es ist so traurig, weiter nichts, als gelehrt zu sein.« Schon das abwertende »bloß« und der Irrealis »wäre« sprechen deutlich genug.[30] Auf dem Hintergrund dieser Aussage erscheint der berühmte Zentralsatz der »Kantkrise« (»Mein einziges, mein höchstes Ziel ist gesunken, und ich habe nun keines mehr – Seit diese Überzeugung, nämlich, daß hienieden keine Wahrheit zu finden ist, vor meine Seele trat...«[31]) nur noch als ein letzter Schritt, um vor Schwester und Braut, den Menschen, denen er sich stets mit einem gewissen Schuldgefühl verantwortlich fühlte, und wohl auch vor sich selbst, die existenzgefährdende Absage an Amt und bürgerliches Dasein mit dem höchsten erreichbaren Nachdruck, mit der Berufung auf Kants Autorität zu untermauern. Die schon gefallene praktische Entscheidung erhält also nachträglich eine philosophische Fundierung. Es kommt darauf an, diese Reihenfolge gegen den von Kleist selbst erweckten Anschein festzuhalten: Von einer Kantkrise wird dann kaum noch zu sprechen sein.[32]

---

[27] II,628.

[28] Vgl. die Klärung des Begriffs bei H. J. Kreutzer, Die dichterische Entwicklung..., S. 74 f.

[29] An Ulrike, 5.2.1801 (Nr. 36, II,629).

[30] L. Muth kehrt die historische Reihenfolge um, wenn er S. 19 schreibt: »Auffällig ist, daß mit dem Verlust des Glaubens an die Wahrheit eine plötzliche(!) Entwertung des Wissens, ja Abscheu und Ekel davor eintreten.« Diese Umkehrung ist von weitreichenden Folgen.

[31] An Wilhelmine, 22.3.1801 (Nr. 37, II,634).

[32] E. Cassirer, Heinrich von Kleist und die Kantische Philosophie, in: E. Cassirer, Idee und Gestalt, 1971, S. 157–202, sowie L. Muth in seiner gründlichen Studie: Kleist und Kant, 1954, nehmen, wenn auch im einzelnen mit abweichen-

Daß dieses Verfahren nicht singulär ist, beweist der frühe Brief an Christian Ernst Martini vom 18. und 19. März 1799, der aus einer ähnlichen Entscheidungssituation heraus geschrieben ist. Geht es später um die Ablehnung jedweden Amtes, so hier um die Absage an den Soldatenstand und damit an die Tradition der Familie. Und wie die Ablehnung der Beamtung, so wird auch der Austritt aus dem Potsdamer Garderegiment philosophisch begründet: eben mit dem später verworfenen, weil zum bürgerlichen Amt führenden Wissenschaftsideal. Das schon dargelegte, von hier ab beginnende ängstliche Reden vom festen Ziel verrät die jugendlich philosophische Attitüde. Sie hat ebenso Rechtfertigungs- und Durchsetzungscharakter wie die spätere Berufung auf Kant. Kleist verfolgte dabei eine wohlüberlegte Absicht: Durch den brieflich dargelegten Reflexionsgang sollte der Lehrer Christian Ernst Martini, den er als Anhänger des darin enthaltenen Wissenschaftsideals kannte, gewonnen werden. Und die Fürsprache dieser Lokalautorität seiner Heimatstadt sollte ihm dann die Zustimmung seiner Familie zu dem ihr unerhörten Schritt oder wenigstens eine gewisse Duldung sichern.[33] Deshalb schließt der Brief:[34] »Es wird mir lieb sein, wenn dieser Brief nebst beiliegendem Aufsatz

---

den Ergebnissen, Kleists Begegnung mit der Philosophie als einen Anstoß zur Lebensänderung ernst und sehen in der Berufung auf Kant nicht nur die theoretische Deckung einer sich praktisch vollziehenden oder schon vollzogenen Entscheidung. Vgl. L. Muth S. 17: »Darin beruht nun unser neuer Ansatz, daß wir uns dem Selbstverständnis Kleists anvertrauen, daß wir uns von seiner Selbstdarstellung die Perspektive geben lassen, in der wir seine geistige Entwicklung nachvollziehen.« Zu den zahlreichen älteren Publikationen über die »Kantkrise« vgl. Muths Literaturverzeichnis S. 79–81. Trotz der vielen überzeugenden Darlegungen Muths bleibt das eigentliche Problem unreflektiert: In jedem Fall vermittelt das Bewußtsein zwischen praktischer Lebenshaltung und Theorie, entweder so, daß aus bestimmten Lebenserfahrungen ein Bewußtsein entsteht, das sich den entsprechenden theoretischen Überbau sucht, oder so, daß die Theorie ihrerseits ein Bewußtsein bildet, das zu praktischen Konsequenzen drängt. Beide Möglichkeiten sind prinzipiell offen. Weder läßt sich der eine Ansatz verächtlich als Rekurrieren auf die »psychologisch-biographischen Gründe« (Muth S. 17), noch der andere als lebensfremd abtun. Nicht zuletzt wäre ein Sowohl-als-Auch, denkbar, ein lebendiges dialektisches Verhältnis. Muths Untersuchung – das ist ihr großes Verdienst – weist nur nach, daß bestimmte philosophische Positionen zu Kleists jeweiliger Position *passen* – einen »hinreichenden Erklärungsgrund« liefern sie damit noch nicht. Zum gelegentlich unhistorischen Systemzwang in Muths Analyse vgl. S. 5, Anm. 30. – Nur geringe Bedeutung messen der Auseinandersetzung mit Kant zu: G. Jungbluth, orbis litterarum XII, 1957, S. 108–113; J. Hoffmeister, Beitrag zur sogenannten Kantkrise Heinrich von Kleists, DVjS 33, 1959, S. 574–587 (Posthum, nach einem 1955 ohne Kenntnis von Muths Arbeit gehaltenen Vortrag; vgl. vor allem S. 578 f.).

[33] Die Analyse von Kleists Briefen unter der Kategorie der Intentionalität ist so

meiner Schwester Ulrike zur Lesung überschickt wird. Sie ist die einzige von meiner Familie, der ich mich ganz anzuvertrauen schuldig bin ...« Ein Vergleich des Briefes an Martini mit dem etwas früheren ›Aufsatz, den sichern Weg des Glücks zu finden‹,[35] der mehrere Partien mit ihm gemeinsam hat, führt zu der aufschlußreichen Feststellung, daß der für den Freund Rühle von Lilienstern bestimmte Aufsatz nur vom Glück und sehr vage von Bildung spricht – kein Wort über die Wissenschaft, viel weniger über einzelne Wissenschaften!

Insgesamt ergibt sich also ein sehr einheitliches Bild für Kleists Entwicklung bis zur Schwelle der dichterischen Tätigkeit. Er befreit sich Zug um Zug zunächst von den ihn umgebenden gesellschaftlichen Zwängen. Zuerst verläßt er den vorbestimmten Militärstand, dann sagt er jedem Amt, d. h. nach der militärischen auch jeder zivilen Existenz ab. Der Bedeutung seiner Schritte ist er sich dabei voll bewußt:[36] »Da dachte ich, weg mit allen Vorurteilen, weg mit dem Adel, weg mit dem Stande ...«; »ich ... entsage dem ganzen prächtigen Bettel von Adel und Stand und Ehre und Reichtum ...«[37] Dann folgt die Absage an die Wissenschaften,

wichtig wie die Analyse unter dem Gesichtspunkt der poetischen Phantasie. Vgl. hierzu K. Kanzog, Probleme der Kleistkommentierung, in: Kolloquium über Probleme der Kommentierung. Bonn–Bad Godesberg 1971, S. 28–36, S. 31 f.: »In seinem Brief an Ulrike vom 1. Mai 1802 schreibt Kleist von der Aareinsel bei Thun über das ›Mädeli‹: sonntags zieht sie ihre schöne Schwyzertracht an, ein Geschenk von mir, wir schiffen uns über, sie geht in die Kirche nach Thun, ich besteige das Schreckhorn, und nach der Andacht kehren wir beide zurück.‹ – Zur Identifizierung des ›Schreckhorns‹ genügt ein Blick ins Konversationslexikon: ›Kleines und Großes Schreckhorn, zwei Gipfel des Finsteraarhornstocks im Kanton Bern, 3497 und 4080 m.‹ – Es ist gänzlich unmöglich, daß Kleist diesen Berg, der damals überhaupt noch nicht bezwungen war, erstiegen hat.« Kanzog berichtet anschließend sehr amüsant über die Versuche mehrerer Kleistkommentatoren, diese briefliche Poesie »sachlich« zu erklären.

34 Nr. 3, II,486.
35 II,301–315.
36 An Wilhelmine, 13. 11. 1800 (Nr. 27, II,587).
37 II,588. B. Blume, Kleist und Goethe, S. 139, weist darauf hin, daß Kleist in dieser Zeit sein Adelsprädikat aufgibt und seine Briefe einfach »Heinrich Kleist« unterzeichnet. Er zieht ferner den aufschlußreichen Vergleich zwischen der Haltung, aus der Kleist dem preußischen Militär als dem »lebendigen Monument der Sklaverei« absagt (An Martini, 19. März 1799) und dem Wort des Aufklärers Lessing über Preußen als das »sklavischste Land von Europa« (An Nicolai, 25. August 1769): »viel näher als der Geist seiner junkerlichen Vorfahren stehen dem jungen Kleist in diesem Augenblick der bürgerliche Geist des Zeitalters und die Worte, mit denen ein anderer Offizier das preußische Heer verläßt ...« (es folgt die Erklärung Tellheims, warum er den Militärdienst quittiert hat).

weil sie nach seiner Erfahrung nicht befreien, sondern ebenso einengen wie Stand und Amt, womit sie in notwendiger Spezialisierung verbunden sind. Aus der Abwendung von den Wissenschaften schließlich ergibt sich die Abwendung von der »Wahrheit« als dem Ziel der Wissenschaften, und am Ende steht der prinzipielle Zweifel an den Möglichkeiten der Wahrheitsfindung.

Die gesamte Entwicklung stellt eine konsequent fortschreitende Aufsprengung aller Grenzen dar, bis zur Öffnung eines unendlichen Horizonts, der keine Fixpunkte mehr bietet. Daß im Fortschreiten dieses Auflösungs- und Öffnungsprozesses das Sprechen vom Ziel, vom festen Orientierungspunkt immer dringlicher wird, ist kein Widerspruch, sondern innerlich notwendige Dialektik des Übergangs.

1.2. »Reisen« und Sehnsucht nach »Ruhe« als dialektische Grundfigur experimenteller Haltung.

Derselbe, nur scheinbare Widerspruch spiegelt sich in dem nun, nach der Aufgabe alles bürgerlich gefestigten Daseins mächtig aufbrechenden Drang zum Reisen und in der gleichzeitig sich aussprechenden Sehnsucht nach Ruhe. Reisen, weil »Ziel« und »Zweck« verloren sind, und Sehnsucht nach Ruhe, das ist seit dem letzten Durchbruch im März 1801 für lange Zeit das bestimmende Doppelmotiv in Kleists Leben. »Liebe Wilhelmine, laß mich *reisen*. Arbeiten kann ich nicht, das ist nicht möglich, ich weiß nicht zu welchem Zwecke«;[38] »Mein Wille ist zu *reisen*. Verloren ist die Zeit nicht, denn arbeiten könnte ich doch nicht, ich wüßte nicht, zu welchem Zwecke«;[39] »Mein Wille ist durch Frankreich (Paris), die Schweiz und Deutschland zu *reisen*.«[40] Der Abschiedsbrief an Wilhelmine verbindet bezeichnenderweise beide Motive:[41] »Und so lebe denn wohl! – Ach, Wilhelmine, schenkte mir der Himmel ein grünes Haus, ich gäbe alle Reisen, und alle Wissenschaft, und allen Ehrgeiz auf immer auf! Denn nichts als Schmerzen gewährt mir dieses ewig bewegte Herz, das wie ein Planet unaufhörlich in seiner Bahn zur Rechten und zur Linken wankt, und von ganzer Seele sehne ich mich, wonach die ganze Schöpfung und alle immer langsamer und langsamer rollenden Weltkörper streben, nach *Ruhe*!« Und dann, am vorläufigen Ziel seiner Reise, in Paris heißt es:[42] ». . . un-

[38] 22.3.1801 (Nr. 37, II,635).
[39] An Ulrike, 23.3.1801 (Nr. 38, II,636).
[40] II,637.
[41] 9.4.1801 (Nr. 41, II,643).
[42] An Wilhelmine, 21.7.1801 (Nr. 19, II,667).

fähig, mich um ein Amt zu bewerben, hatte ich Berlin verlassen, bloß weil ich mich vor der *Ruhe* fürchtete, in welcher ich *Ruhe* grade am wenigsten fand; und nun sehe ich mich auf einer *Reise* ins Ausland begriffen, ohne Ziel und Zweck, ohne begreifen zu können, wohin das mich führen würde – Mir war es zuweilen auf dieser Reise, als ob ich meinem Abgrunde entgegen ginge –.« Von Anfang an empfindet Kleist dieses Bedürfnis nach »Ruhe«. Aus Berlin noch, mitten im Aufbruch, schreibt er am 14. April 1801 an Wilhelmine:[43] »Ach, ich sehne mich unaussprechlich nach *Ruhe*!« Denselben Seufzer wiederholt er wörtlich in seinem Brief aus Leipzig am 21. Mai 1801.[44] Und in einem Rückblick auf den kurzen Zwischenaufenthalt in Dresden heißt es gar:[45] »Ach, nur ein Tropfen Vergessenheit, und mit Wollust würde ich katholisch werden« – ein Wunsch, der nicht wenig »romantisch« wäre, wenn er nicht die Einschränkung enthielte: »Ach, nur einen Tropfen Vergessenheit«, die auch immer in Kleists nun zunehmender Hinwendung zum Gefühlshaften mitschwingt. Interessant ist der Gegensatz dieses Wunsches zu der Ablehnung des Katholischen während des Würzburger Aufenthalts, wo es ihm zum ersten Mal und sinnfällig begegnet war.[46] Das für Kleists innere Problematik aufschlußreiche, zwischen Faszination und Kritik schwankende Verhältnis zum Katholizismus bleibt auch weiter bestehen.[47] Es spiegelt sich in seinem Verhältnis zu dem zwielichtigen Adam Müller und findet endlich seine systematische Reflexion in der hintergründigen »Legende« ›Die heilige Cäcilie oder die Gewalt der Musik‹.[48] Wenn Kleist der ewig wandernde, bindungslose romantische Held ist, dann ist diese von ihm selbst ad absurdum geführte Sehnsucht nach der Kirche ein besonders starker und für seine Zeit – man denke nur an die spektakulären Konversionen romantischer Zeitgenossen – typischer Ausdruck seiner Sehnsucht nach Ruhe und Geborgenheit.

Auf der nächsten Station seiner Reise, in Göttingen, klagt der ahasverisch Getriebene, wiederum in greifbarer Selbststilisierung:[49] »Bald an

---

[43] Nr. 43, II,646.   [44] Nr. 45, II,653.   [45] II,651.
[46] Vgl. den Brief an Wilhelmine vom 11. und 12. 9. 1800, Nr. 21, II,555 f.
[47] Vgl. Th. Mann, Heinrich von Kleist und seine Erzählungen, Gesammelte Werke IX, 1960. Vgl. auch den von K. S. Guthke publizierten Brief Th. Manns über Kleist an H. M. Wolff, in: Neophilologus 44, 1960, S. 121 f. Clifton D. Hall, Kleist, Catholicism, and the catholic church, in: Monatshefte LIX, 1967, S. 217–226, verfolgt dieses Thema durch alle Werke und Briefe Kleists. Daß allerdings die Cäcilienlegende keine Verherrlichung der katholischen Kirche darstellt, wie Hall glaubt, und damit nicht in einem eigentümlichen Gegensatz zu den anderen Werken (vor allem zum ›Erdbeben‹ und zum ›Findling‹) steht, wird noch zu sehen sein. Vgl. S. 206–211.
[48] Vgl. die Analyse S. 206–211.   [49] An Wilhelmine, 3. 6. 1801 (Nr. 46, II,657 f.).

diesen, bald an jenen Ort treibt mich das wilde Geschick, indessen ich kein innigeres Bedürfnis habe, als *Ruhe.* – Können so viele Widersprüche in einem engen Herzen wohnen?« Er, der aus innerem Drang zunehmend Unbehauste, sehnt sich nach einem »Häuschen«:[50] »Ja, wenn ich mich über alle Urteile hinweg setzen könnte, wenn mir ein grünes Häuschen beschert wäre...« Und daraus wird alsbald das sich immer mehr konkretisierende Projekt, »in der Schweiz einen Bauerhof zu kaufen.«[51] Der große Ausbruch, die Reise endet in einer Schweizer Idylle, wie sie der heimatlos umherirrende Rousseau als promeneur solitaire vorgeträumt hatte. Kleist geht so weit in seiner Rousseau-Nachfolge, daß er analog zu Rousseaus Zuflucht auf der Petersinsel im Bielersee (wie sie der 5. Spaziergang der ›Rêveries‹ beschreibt) sich ebenfalls auf eine kleine Insel in einem Schweizer See zurückzieht: auf die Delosea-Insel bei Thun.[52] Bald aber kündigt sich wieder der dialektische Umschlag an.

Von Thun aus schreibt Kleist an Zschokke in Bern ein paar Zeilen, die sein Lebensgefühl treffend charakterisieren:[53] »Wenn Sie mir einmal mit Geßnern die Freude Ihres Besuchs schenken werden, so geben Sie wohl acht auf ein Haus an der Straße, an dem folgender Vers steht: ›Ich komme, ich weiß nicht, von wo? Ich bin, ich weiß nicht, was? Ich fahre, ich weiß nicht, wohin? Mich wundert, daß ich so fröhlich bin.‹ – Der Vers gefällt mir ungemein, und ich kann ihn nicht ohne Freude denken, wenn ich spazieren gehe.«

Einbezogen in die exzentrische Hauptbahn, die sich durch das dargestellte Doppelmotiv Reisen–Ruhe am besten bezeichnen läßt, sind einige wichtige Nebenbewegungen. Kleist reist zwar ganz bewußt nach Paris – aber nur, um die französische Metropole mit Rousseaus Augen als Zivilisationsgreuel empfindungsvoll abzulehnen[54] und um aus dieser ihm fluchwürdigen Zivilisation in die reine Schweizer Natur zu entfliehn. Ganz in traditioneller Idyllenmanier setzt er das »Landleben« dem »Stadtleben« entgegen.[55] Und wie er nach Paris reist, um den Gegenpol zu Berlin zu erreichen, so sehnt er sich, kaum angekommen, schon wieder in die märkische Heimat zurück:[56] »Ach, es ist meine angeborne Unart, nie den Augenblick ergreifen zu können, und immer an einem Orte zu leben, an welchem ich nicht bin, und in einer Zeit, die vorbei, oder noch nicht da ist. – Als ich

50 An Wilhelmine, 10.10.1801 (Nr. 43, II,693).   51 II,695.
52 Vgl. den Brief an Heinrich Zschokke, Thun, 2.3.1802 (Nr. 63, II,719 f.).
53 1.2.1802 (Nr. 61, II,717).
54 Vgl. die Briefe aus Paris an Adolfine von Werdeck, 28. und 29. Juli 1801, Nr. 50, II,671–679, und besonders an Luise von Zenge, 16. August 1801, Nr. 52, II,685–691.
55 An Wilhelmine, 27.10.1801 (Nr. 54, II,697).
56 An Adolfine von Werdeck, 29.7.1801 (Nr. 50, II,677).

in mein Vaterland war, war ich oft in Paris, und nun ich in Paris bin, bin ich fast immer in mein Vaterland.«

Es ist von größter Bedeutung, daß Kleists dichterische Produktion in dem Augenblick beginnt, wo er sich auf »Reisen« begibt. Ganz allgemein heißt das, daß seine Schritt für Schritt vorangetriebene Lösung aus allen bürgerlichen Fixierungen einem Schaffen der Bedingungen gleichkommt, die seiner dichterischen Tätigkeit notwendig waren. Es heißt aber auch, daß das Gesetz des Reisens, dieses Getriebenseins und dieser Sehnsucht nach »Ruhe«, das Gesetz seines Dichtertums ist. Als umherirrender Reisender sieht er sich immer von neuem als Sucher eines nicht auffindbaren Ziels; als Dichter ist er es ebenso: nicht einer, der in der Form eines absoluten Gefühls schon alles erreicht hat und nun die Dichtung nur noch zur Predigt der vergötzten Subjektivität macht, sondern – ein Dichter, der, in seiner Unruhe, wohl von solchen Möglichkeiten träumt, aber sie als Traum, und sei dieser noch so glanzerfüllt, wieder relativiert. Das Käthchen unter dem Holunderbusch ist eine Utopie wie Kleists eigne Idylle auf der Aare-Insel bei Thun.

Was vom Gefühl oder besser: den Gefühlen des einzelnen gilt, der handelt und leidet, das trifft auch auf die Umwelt zu. Sie wird nicht ein für allemal reduziert auf ein von einer rätselhaften Gottheit gesandtes und darum selbst unerklärliches Schicksal, auch wenn diese Dimension der Sinnfrage in Gestalt des sinnlosen Zufalls für Kleist immer wieder wichtig wurde.[57] Wie er bei seiner eigenen schmerzhaften Lösung aus den Konventionen der Gesellschaft und beim Abschütteln der »ganzen elenden Last von Vorurteilen«[58] immer wieder entschieden Kritik übt, so tut er es auch in seiner Dichtung. Kleists dichterische Kritik ist ein ständiges Unterwegssein, auf dem er Station für Station unbefriedigt hinter sich läßt. Nur hie und da entwirft er ein Abbild des von Rousseau inspirierten Ideals, die Idylle einer vor jeder Selbstentfremdung bewahrten Gesellschaft: die ›Natur‹. Kritik üben heißt ihm, nach den Möglichkeiten solcher ›Natur‹ suchen, ja grundsätzlich um sie ringen – ein notwendiges Pendant zur kritischen Erprobung des menschlichen Geistes- und Gefühlsvermögens im dramatischen Gang seiner großen Einzelgestalten.

Demnach wäre sein Dichten ein fortwährendes inneres »Reisen«, voller Sehnsucht nach »Ruhe«. Positive und negative Lösungsmöglichkeiten zeigen sich, verschwinden, um neuen Platz zu machen, alles wird durchgerech-

---

57 Vgl. hierzu vor allem H. P. Herrmann, Zufall und Ich, Zum Begriff der Situation in den Novellen Heinrich von Kleists, in: Heinrich von Kleist, Aufsätze . . ., S. 367–411. Den grundlegenden Unterschied seines (dialektischen) Ansatzes zu dem Frickes stellt Herrmann S. 386 f. dar.
58 An Wilhelmine, 29. und 30. 11. 1800 (Nr. 31, II,607).

net, jede Lösung nicht nur durch die andern, sondern auch in sich perspektivisch relativiert. Kleists Dichtung mit ihrer oft bemerkten unerbittlichen Konsequenz ist im ganzen eine große Versuchsanordnung, jedes Werk ein Experiment, das den extremsten Bedingungen unterworfen wird, damit es alles hergibt, ohne Rest. Der Horizont bleibt immer offen.

2. Die Ironisierung des Gefühls, besonders seiner religiösen Dimension

2.1. Grundpositionen der Forschung

Das im Jahre 1929 erschienene Buch Gerhard Frickes über ›Gefühl und Schicksal bei Heinrich von Kleist‹ hat trotz einzelner kritischer Stimmen und mancher Revisionen beinahe allgemeine Gültigkeit erlangt. Zahlreiche Veröffentlichungen wiederholen in nur geringer Abwandlung Frickes Titelschema: ›Gefühl‹, ›Ich‹, ›Traum‹, ›Bewußtsein‹ auf der einen Seite, auf der anderen ›Schicksal‹, ›Zufall‹, ›Gesetz‹, ›Wirklichkeit‹.[1] Mehr noch sind die Implikationen dieser Antithese zum festen Hauptbestandteil der Kleistforschung geworden, von der rigorosen Verallgemeinerung, Absolutsetzung und Dämonisierung des ›Gefühls‹ wie des ›Schicksals‹ bis zur unversöhnlichen und undialektischen Entgegensetzung beider Sphären.[2] Der Dichter soll zum Irrationalisten geworden sein, weil ihm seit der sogenannten Kantkrise die Welt nicht mehr rational erfaßbar schien. Eine verherrlichte, weil allein Sicherheit gewährende Gefühlstiefe stehe dem Schicksal undurchsichtiger Weltverstrickung gegenüber.

Lange Zeit erhoben sich nur allgemeine Bedenken gegen Frickes irrationalistische und existentialistische Kategorien.[3] Seine Ergebnisse blieben im wesentlichen unangefochten, obwohl zwei beinahe gleichzeitig erschienene Dissertationen seinen Deutungsansatz schon entscheidend einschrän-

---

[1] So noch H. Reske, Traum und Wirklichkeit im Werk Heinrich von Kleists, 1969.

[2] Den Höhepunkt dieser Entwicklung markiert G. Blöckers Buch ›Heinrich von Kleist oder das absolute Ich‹, 1960. Vgl. die energische Kritik von H. Kreuzer, Kleist-Literatur 1955–1960, in: DU 13, 1961, S. 117–119, sowie die ablehnende Rezension von R. Ayrault, in: EG 16, 1961, S. 375 f.

[3] Vgl. R. Ayrault, La légende de Heinrich von Kleist, 1934, S. 110 ff., P. Kluckhohn, Kleistforschung 1926–1943, in: DVjS 21, 1943, Referatenheft S. 45–87, S. 56 ff. – Nicht zum Tragen gekommen sind einzelne entschiedene Wendungen gegen Frickes zentralen Ansatz. Vgl. etwa K. Schultze-Jahde, Kohlhaas und die Zigeunerin, in: JbKG 1933–1937, 1937, S. 126: »Nur hat Kleist aus Individualismus und Gefühl, wenn er theoretisch auch dazu neigt, kein Evange-

ken. Sie führen zu Einsichten, die erst dreißig Jahre später, in Walter Müller-Seidels Studie über ›Versehen und Erkennen‹,[4] voll wahrgenommen wurden. Die 1928 abgeschlossene und 1930 publizierte Arbeit von Hans Badewitz[5] beobachtet im ›Amphitryon‹ die Kritik des unmittelbaren Gefühls, das sich »versieht«, statt sicherer Erkenntnisgrund zu sein. Am eindringlichsten hat Wolfgang von Einsiedel in seiner 1931 erschienenen Untersuchung[6] die Fragwürdigkeit des ›Gefühls‹ in Kleists Werk betont. Er konzentriert seine Ergebnisse in drei Thesen: das Gefühl ist fehlbar in seinem Verhältnis zur Umwelt, es ist machtlos und schließlich sogar verfälschbar.[7] Wie Badewitz für den ›Amphitryon‹, so weist er für die ›Penthesilea‹ besonders auf das abschließende Moment der Erkenntnis hin, die in der Selbsterkenntnis gipfelt.[8]

lium gemacht, das Gefühl hat keine Erkenntnisfunktion, und den sicheren Weg zum Glück findet es auch nicht mit Sicherheit . . .« –

F. Koch, Heinrich von Kleist, Bewußtsein und Wirklichkeit, 1958, erkennt zwar im entscheidenden Motiv des Irrtums den Widerspruch zu Frickes These, übernimmt diese aber zugleich wieder mit entgegengesetzter Wertung, wenn er vom absolutgesetzten Bewußtsein der Kleistschen Gestalten spricht, das durch die Wirklichkeit zerstört werde (›Bewußtsein‹ als theologisch definierte sündige Selbstverfangenheit, ›Wirklichkeit‹ als eine gottgeschaffene, quasi obrigkeitliche Instanz). Auch der undialektische Ansatz stimmt noch mit Frickes Konzeption überein.

4 W. Müller-Seidel, Versehen und Erkennen. Eine Studie über Heinrich von Kleist. 1961 (2. durchgesehene Auflage 1967).

5 H. Badewitz, Kleists ›Amphitryon‹. Bausteine zur Geschichte der deutschen Literatur 27. 1930.

6 W. von Einsiedel, Die dramatische Charaktergestaltung bei Heinrich von Kleist, besonders in seiner ›Penthesilea‹. Germ. Studien 109. 1931.

7 Vgl. von Einsiedel, S. 37–39.

8 Von Einsiedel, S. 81 f.: »Die tragische Erkenntnis Penthesileas: das ist im Grunde Selbsterkenntnis, die als solche wiederum Selbstentfremdung voraussetzt.« – I. Kohrs, Das Wesen des Tragischen im Drama Heinrichs von Kleist, dargestellt an Interpretationen von ›Penthesilea‹ und ›Prinz Friedrich von Homburg‹, 1951, versucht von Einsiedels Ansatz mit den leicht abgewandelten, vor allem aber radikalisierten Begriffen Frickes zu widerlegen. Charakteristisch für diese Radikalisierung, für die strikte Abspaltung der Gefühlssphäre von jedem Weltbezug und die Konstituierung eines Sinnes im ›Gefühl an sich‹ ist folgendes Argument (Kohrs S. 96): »Das Gefühl selbst wird noch nicht fraglich, wenn sein Gegenstand fraglich wird. Wohl kann dadurch der Glaube an das Gefühl erschüttert werden, aber nicht mit der Konsequenz, daß das Gefühl selbst damit beeinträchtigt werde. . . . Andererseits weist die mögliche Fehlbarkeit das Gefühl nur um so stärker auf sich selbst und sein Eigengesetz, auf die Notwendigkeit seines Seins zurück . . .« – Es wird auf Grund genauer Textanalysen zu zeigen sein, daß es Kleist bei der Darstellung des fehlbaren Gefühls gerade umgekehrt darum geht, »das Gefühl für andere künftige Fälle zu regulieren« (›Von der Überlegung‹, II,337).

Nach den im einzelnen harmonisierenden Darstellungen Benno von Wieses,[9] der Frickes Sicht im ganzen bewahrt, erschien 1961 Walter Müller-Seidels wichtige Studie ›Versehen und Erkennen‹, die zum erstenmal Frickes Ansatz systematisch in Frage zieht. Müller-Seidel wertet das ›Gefühl‹ als eine Quelle des Versehens und den Zusammenstoß mit der Wirklichkeit nicht bloß als ›Schicksal‹, sondern als Ereignis, dem verändernde Rückwirkungen auf den zuvor blindlings gefühlshaften Menschen zukommen: Erkenntnis und vor allem Selbsterkenntnis. Von den Hauptpositionen Frickes bleibt nur noch die religiöse Verbindlichkeit des Gefühls – auf diesem Umweg kommt es zu einer partiellen Rückwendung. Schließlich hat Hans Joachim Kreutzer[10] durch eine systematische Untersuchung des Wortmaterials, die alle Belege für »Gefühl« und verwandte Begriffe heranzieht, überzeugend nachgewiesen, daß Kleist so gut wie nie das Gefühl im Sinne absoluter Innerlichkeit und einer begründenden Sphäre aller Existenz meint, sondern meistens ein bestimmtes einzelnes Gefühl mit scharf eingrenzbarer Bedeutung – wie bei Penthesilea Liebe oder bei Hermann dem Cherusker Haß. Der berühmte Briefsatz »Folge Deinem Gefühl«[11] wird von Kleist – ganz gegen Frickes Verständnis – einer Aufforderung zum Glücksspiel gleichgesetzt! Wohl bezeichnet Kleist am 12. Januar 1802, vielleicht unter dem unmittelbaren Eindruck einer soeben beendeten Lektüre des ›Heinrich von Ofterdingen‹,[12] »Gemüt« und »Schicksal« als ein und dasselbe,[13] und er wiederholt später diese Gleichung dichterisch, für Penthesilea, wenn er auf die Feststellung der Oberpriesterin, daß

nichts von außen sie, kein Schicksal, hält
Nichts als ihr töricht Herz,[14]

Prothoe antworten läßt: Das ist ihr Schicksal!

---

[9] B. von Wiese, Die deutsche Tragödie von Lessing bis Hebbel. 6. Aufl., 1964, S. 275–344.
– Der Tragiker Heinrich von Kleist und sein Jahrhundert. Jetzt in: Heinrich von Kleist. Aufsätze und Essays. Hrsg. v. W. Müller-Seidel, 1967, S. 186–212 (zuerst 1949).
– Das Menschenbild Heinrich von Kleists. In: WW 4, 1953/54.
[10] H. J. Kreutzer, Die dichterische Entwicklung Heinrichs von Kleist, Untersuchungen zu seinen Briefen und zu Chronologie und Aufbau seiner Werke. Philologische Studien und Quellen 41, 1968, S. 84–91 und S. 100–105.
[11] An Rühle, 31. 8. 1806 (Nr. 97, II,770).
[12] H. J. Weigand, Das Käthchen von Heilbronn, in: Heinrich von Kleist, Aufsätze…, S. 349, weist auf die bekannte Stelle aus dem Gespräch zwischen Heinrich und Sylvester am Ende des Romans: »…Je tiefer ich einsehe, daß Schicksal und Gemüt Namen *eines* Begriffs sind.« – Vgl. auch II,978.
[13] II,716. [14] V. 1279–1282.

Damit ist aber nicht das Gefühl als eine letzte und rettende Instanz aufgefaßt, schon gar nicht als intuitiver Erkenntnisgrund, sondern fern aller kognitiven Qualität und aller haltgewährenden Substanz als unwiderstehliche Lebensmacht – bei Penthesilea als die Macht des Eros. In dieser Mächtigkeit ist es eindrucksvoll und kann es schön sein.[15] Gerade das unmittelbare Gefühl aber führt in einer mittelbar gewordenen und schief geratenen Welt zum Untergang, weil es die Verblendung begünstigt. Seine »Unmittelbarkeit« kann auch eine bloß unter die Schwelle des subjektiven Bewußtseins gelangte Form jenes allgemeineren Zustands der Welt sein. Noch weniger ist das Gefühl eine verläßliche Gemeinsamkeit der Menschen. Darin zeigt sich die grundsätzliche Relativität und Bedingtheit des Gefühls:[16] »Man sage nicht, daß eine Stimme im Innern uns heimlich und deutlich anvertraue, was recht sei. Dieselbe Stimme, die dem Christen zuruft, seinem Feinde zu vergeben, ruft dem Seeländer zu, ihn zu braten, und mit Andacht ißt er ihn auf.«

Nur ein einziges Mal hat Kleist das Gefühl zum sicheren Leitfaden gemacht: im ›Käthchen von Heilbronn‹. Das ›Käthchen‹ aber ist bewußt in die Sphäre des Unwirklichen, Romantisch-Märchenhaften, ja einer religiösen Sicherung erhoben. Nach Kleists eigenen Worten verhält sich dieses Schauspiel zur ›Penthesilea‹ wie das Plus zum Minus.[17] Daß er bei der Darstellung des Plus das Märchen inszenieren und den Himmel in Gestalt eines Cherub auf die Erde holen mußte, läßt die tragische Unmöglichkeit, den großen, aber vergeblichen Wunsch schmerzhaft deutlich werden. Wie bei Euripides, der von allen Dichtern am stärksten auf Kleist gewirkt hat,[18] wird die poetische Lüge zum Vehikel der tieferen Wahrheit.

Das übrige Werk zeigt gerade die Ohnmacht des Gefühls und die Illusionen und Täuschungen, in die es um so mehr hineinführt, je stärker es ist. Vermag Penthesilea Achills Scheinherausforderung nicht zu durchschauen, so erliegt Alkmene dem Trug des Gottes, der ihre eigene große Illusion ist; keine gefühlshafte Erkenntnis durchdringt den trügerischen Schein in der ›Verlobung in St. Domingo‹, und nicht mehr als Gustav gegenüber Toni in dieser Erzählung vermag im ›Zerbrochnen Krug‹ Ruprecht gegenüber Eve ein durch innerste Gefühlssicherheit getragenes Vertrauen zu bewahren. Kleist unterwirft also das Gefühl ebenso wie die intellektuelle Erkenntnis

---

15 So schreibt Kleist am 31.8.1806 an Rühle: »Jede erste Bewegung, alles Unwillkürliche, ist schön; und schief und verschroben alles, sobald es sich selbst begreift. O der Verstand! Der unglückselige Verstand!« (Nr. 97, II,769) – Das ist die ästhetische Philosophie des Gesprächs über das Marionettentheater.
16 An Wilhelmine, 15.8.1801 (Nr. 51, II,683).
17 An Collin, 8.12.1808 (Nr. 141, II,818).
18 Vgl. S. 234–241.

einem alle Möglichkeiten ausprobierenden, experimentierenden Zweifel. Nur wenn man diesen Zweifel mit Pascalschen Kategorien als Glaubenssuche definieren wollte, wäre von »religiöser Existenz« zu sprechen. Doch wäre dies nicht die eindimensionale religiöse Existenz, die in einer irrationalen Tiefe alles schon hat und weiß.

2.2. ›Die Marquise von O ...‹

›Die Marquise von O ...‹ bietet das beste Beispiel für die zahlreichen Fehldeutungen aus »existentieller« Sicht und für das Fortdauern des irrationalistischen Ansatzes in bestimmten scheinreligiösen Argumenten. Nach Fricke faßt diese Erzählung »in gedrängtester und kraftvollster Form das Grunderlebnis Kleists, das Verhältnis des existierenden Ich zu seinem Schicksal, noch einmal zusammen«.[19] Als sich die Marquise durch ihre Schwangerschaft nicht irre machen läßt, sondern sich am Bewußtsein ihrer Unschuld innerlich aufrichtet – »da bricht aus einer geheimnisvollen Tiefe ihres Wesens eine Kraft hervor, die, unerklärbar aus ihrem bloß empirisch-psychologischen Dasein, sich stärker erweist als die ganze furchtbare Wirklichkeit. Nun spürt sie plötzlich, wie inmitten der verwirrenden Endlichkeit *eines* ewig und unzerstörbar in ihr lebt: Die unzerstörbare Einheit mit sich selbst und mit Gott in der heiligen Gewißheit des *reinen Gefühls* (Hervorhebung vom Verf.), – und spürt, wie dieses Gefühl sie trägt ... Diese Kraft ist durch irgendwelche psychologische Kategorien: des Trotzes, der Selbstbehauptung – gar nicht mehr zu umschreiben. Sie ist religiösen Ursprungs. Sie stammt aus der unmittelbaren, absolut-konkreten und absolut-substantiellen Einheit des Ich mit dem ewigen Soll seiner Existenz, sie stammt aus der weltüberwindenden Kraft des Gefühls, das hier das credo quia absurdum gleichsam auf einer neuen Stufe vollbringt.«[20]

Aus dem Gefühl der Reinheit wird also das »reine Gefühl«. Erst diese Wendung erlaubt es, von der »geheimnisvollen Tiefe« und dem »religiösen Ursprung« zu sprechen und die äußere Endlichkeit einer inneren Unendlichkeit entgegenzusetzen. Tatsächlich muß die Marquise nicht das mystisch reine Gefühl in sich wachrufen, um zu bestehn. Sie beschließt nur, ihr nüchternes Wissen, daß sie sich keinem Mann hingegeben hat, als moralisch allein maßgebend zu betrachten. Von der quälenden Paradoxie ihrer Lage weiß sie sich damit noch keineswegs befreit. Insofern gibt es kein »weltüberwindendes Gefühl«. Sie hält aber die beiden nach gegensei-

---

[19] G. Fricke, Gefühl und Schicksal, S. 136.
[20] G. Fricke, Gefühl und Schicksal, S. 138 f.

tiger Aufhebung strebenden Gegensätze – ihre Schwangerschaft und das
Bewußtsein der Unschuld – getrennt und isoliert sie, indem sie ihr logi-
sches Denken aufgibt. Sonst müßte Paradoxie zur Schizophrenie werden.
»Ihr Verstand, stark genug, in ihrer sonderbaren Lage nicht zu reißen,
gab sich ganz unter der großen, heiligen und unerklärlichen Einrichtung
der Welt gefangen ... Sie beschloß ... des Geschenks, das ihr Gott mit
dem dritten (Kind) gemacht hatte, mit voller mütterlicher Liebe zu pfle-
gen.«[21] Fricke kommentiert diese Stelle wiederum sehr bezeichnend:[22]
»Die Marquise vermag es, aus der Kraft ihres reinen Gefühls ihr Schicksal
demütig anzunehmen und sich gläubig einer Wirklichkeit zu unterwerfen,
die mehr des Teufels als Gottes Züge trägt. Sie bejaht diese Wirklichkeit,
weil auch sie aus Gottes Hand kommt.« Der Text sagt indes weder etwas
von demütiger Annahme noch von Bejahung, vielmehr lautet die zentrale
Aussage: »Ihr Verstand ... gab sich ... gefangen.« Spätestens der alles
auflösende Schluß der Erzählung, wo von der »gebrechlichen Einrichtung
der Welt« die Rede ist,[23] macht deutlich, daß die im direkten Widerspruch
dazu stehende Wendung von der »großen, heiligen und unerklärlichen
Einrichtung der Welt« aus der Perspektive der Marquise zu verstehen,
vom Dichter aber ironisch gemeint ist. Bei Kleist flüchtet immer der
Mensch, der sich in der Wirklichkeit nicht mehr zurechtfindet, in religiöse
Vorstellungen. Ganze Motivketten dienen der Markierung solcher Flucht-
bewegungen, bis hin zur Auflösung, die dann alles »Große, Heilige«, weil
zunächst Unerklärliche, eben durch die Erklärung auf das »gebrechliche«
menschliche Maß reduziert.[24]

Auch der zitierte fromme Gemeinplatz vom erwarteten dritten Kind
der Marquise, das ihr »Gott« zum »Geschenk« gemacht habe, gehört in
diesen Zusammenhang. Gerade die Frucht der Vergewaltigung soll ein

---

[21] II,126.
[22] G. Fricke, Gefühl und Schicksal, S. 139.
[23] »Er fing, da sein Gefühl ihm sagte, daß ihm von allen Seiten, um der gebrechlichen Einrichtung der Welt willen, verziehen sei, seine Bewerbung um die Gräfin, seine Gemahlin, von neuem an ...« (II,143).
[24] Hierzu S. 19. Vgl. die entgegengesetzte Deutung bei W. Müller-Seidel, Die
Struktur des Widerspruchs in Kleists ›Marquise von O...‹, in: Heinrich von
Kleist, Aufsätze ..., S. 244–268, S. 262 f.: »Wenn sie ihm aber um der Gebrechlichkeit der Welt willen verzeiht, so wird auch damit noch einmal an die
heilige und unerklärliche Einrichtung der Welt erinnert, von der im Mittelteil
der Erzählung gesprochen wurde. Nur hatte die Marquise nicht die ganze
Wirklichkeit erfahren: das Ineinander des Göttlichen mit dem Gebrechlichen.
Denn das ist für Kleist zur Erfahrung geworden: die Welt ist gebrechlich. Aber
Göttliches wirkt in ihr gleichwohl. Und die Frage ist immer wieder, wie durch
alle Gebrechlichkeiten und Widersprüche hindurch das Göttliche erkannt werden kann.«

göttliches Geschenk sein! Oft signalisiert der Gebrauch von Redensarten und Sprichwörtern bei Kleist, daß etwas nicht stimmt. Der Richter Adam zeigt dies auf seine Weise. Es wird noch zu sehen sein, daß auch Menschen guten Willens im Rückgriff auf die gängige Denk- und Redensart dem Falschen Vorschub leisten. In dieser Verbindung des jeweils besonderen Geschehens mit dem allgemein herrschenden Vorurteil wird die Absicht des Aufklärens besonders greifbar.

In der ›Marquise von O . . .‹ erreicht die ironisierende Tendenz, die der Enthüllung einer bestimmten, am Ende durch Erkenntnis korrigierten Bewußtseinslage dient, ihren vorläufigen Höhepunkt mit dem Satz vom »Ursprung« des jungen Wesens, der, »eben weil er geheimnisvoller war, auch göttlicher zu sein schien, als der anderer Menschen«.[25] Das Wort »schien« läßt für einen Augenblick die Erzählerperspektive hervortreten. In all dem steckt ein gutes Stück aufklärerischer Religionspsychologie,[26] wie sie Kleist später unter dem frommen Schleier der Legende in der ›Heiligen Cäcilie‹ zum Höhepunkt geführt hat.[27] Daß diese Tendenz in der Tat von den Jahren 1806/07 bis zu den Werken der letzten Schaffensperiode, besonders zu den Erzählungen des Jahres 1810/11, die soviel »Wunderbares« enthalten, eher schärfer wird, läßt sich gerade an diesem ironischen Passus über den »göttlich« scheinenden Ursprung des Kindes

---

25 II,126.
26 Vgl. dagegen wieder W. Müller-Seidel, Die Struktur des Widerspruchs, S. 259: »Das Religiöse liegt im Gefühl allein und in den Konsequenzen, die sich daraus ergeben. Aus der Kraft ihres mütterlichen Gefühls hat die Marquise die Welt als eine heilige und unerklärliche Einrichtung hingenommen. Das Kind ist ihr dabei zu dem geworden, was es in jedem Fall ist: zum göttlichen Geschenk.« Dieses nicht ironische Verständnis wird S. 261 zum Angelpunkt einer weitergehenden Interpretation: »Es (das Wunderbare) liegt hier darin beschlossen, daß in der Wirrnis der kriegerischen Ereignisse, und gerade in ihr, echte Liebe aufbrechen kann. Sie ist vorauszusetzen, wenn man ein göttliches Wirken im Geschenk des Kindes wahrnimmt. Und in diesem Punkt liegt auf seiten der Marquise ein ›Erkennen‹ vor – kein Versehen. Wären es nur Frevel und Laster gewesen, deren sich der Graf schuldig gemacht hat, so hätte in der Marquise eine Liebe aus dem Unterbewußtsein nicht aufkeimen können. Die Ohnmacht, in der Kleist jederzeit das unbewußte Gefühl verherrlicht, ist nicht einfach psychologischer Natur. Darum ist das unbewußte Gefühl auch keiner Täuschung ausgesetzt. Es kennt kein ›Versehn‹ . . .« Dagegen ist zu sagen, daß das »Wunderbare« sich nur feststellen läßt, wenn man Kleists ironisch aus der Perspektive der Marquise gesprochene Wendungen über das göttliche Geschenk des Kindes als Wertung des Autors ernst nimmt. Denn sonst reduziert sich das »Wunderbare« dieser Liebe auf die natürliche Zuneigung der Marquise zu ihrem Retter, von dem sie nur die edlen und tapferen Seiten hat wahrnehmen können. Und die Ohnmacht ist physisch – sie repräsentiert nicht das unbewußte Gefühl, aus dem die Liebe aufkeimt.
27 Vgl. die genaue Analyse S. 206–211.

ablesen. Denn in dem früheren Phöbus-Druck[28] der ›Marquise von O...‹ heißt es lediglich: »Nur der Gedanke war ihr unerträglich, daß dem jungen Wesen, daß sie in der größten Unschuld und Reinheit empfangen hatte, ein Schandfleck in der bürgerlichen Gesellschaft ankleben sollte.« Erst die Buchausgabe von 1810 fügt die Wendung über den göttlich scheinenden Ursprung des Kindes ein.[29]

Nach dem bedeutungsvollen »schien«, das den falschen Schein und das irrige Meinen für einen Augenblick objektiviert, kann der Erzähler wieder in die Perspektive der Marquise zurückfallen; voll Ironie heißt es, daß »sie sehr richtig(!) schloß, daß derselbe (der Vater des Kindes) doch, ohne alle Rettung, zum Auswurf seiner Gattung gehören müsse, und, auf welchem Platz der Welt man ihn auch denken wolle, nur aus dem zertretensten und unflätigsten Schlamm derselben, hervorgegangen sein könne«.[30] Dies wäre das Gegenteil zum »göttlichen Ursprung« des jungen Wesens: ein grotesker Widerspruch. Der so charakterisierte Vater wird, als er auf die Zeitungsannonce hin in der Gestalt des Grafen erscheint, vollends wie ein Teufel empfangen: »gehn Sie! gehn Sie! gehn Sie! rief sie, indem sie aufstand; auf einen Lasterhaften war ich gefaßt, aber auf keinen ... Teufel!«[31] Schließlich versteigt sich die Marquise zum Exorzismus und besprengt nach dem Auftritt des Grafen ihre Umgebung mit Weihwasser.

Der Schlußsatz: »er würde ihr damals nicht wie ein Teufel erschienen sein, wenn er ihr nicht, bei seiner ersten Erscheinung, wie ein Engel vorgekommen wäre«[32] holt alles zurück in das Maß der gebrechlichen Welt und des Menschen. Der Graf ist weder Engel noch Teufel, auch nicht beides zugleich, sondern ein Mensch.[33] Alles andere sind hyperbolische Projektionen eines durch konventionelle Lebensart eingeklemmten Gefühls, das durch den Gang der Geschichte zuerst freigesetzt und dann zur wahren Erkenntnis korrigiert wird. Frickes Aussage über die Marquise in noch un-

---

28 Sembdner bemerkt zur Entstehungsgeschichte (II,899): »Kleist brachte vermutlich die fertige Novelle 1807 aus der französischen Gefangenschaft mit, wollte sie zunächst in Buchform veröffentlichen, gab sie aber dann auf Adam Müllers Bitte im Februar 1808 in den ›Phöbus‹.«
29 Sembdner notiert die Erweiterung II,901, zu 126, 36 ff. M. Moering, Witz und Ironie in der Prosa Heinrich von Kleists, 1972, S. 274, bemerkt nicht die Ironie der späteren Einfügung und interpretiert sie sogar dahingehend, daß Kleist sie Adam Müller zu Gefallen (in »frommem« Sinn also) vorgenommen habe.
30 II,127.
31 II,141.
32 II,143.
33 Ebenso W. Müller-Seidel, Die Struktur des Widerspruchs, S. 259 f. gegen M. Lintzel, Liebe und Tod bei Heinrich von Kleist. Berichte über die Verhandlungen der Sächsischen Akademie der Wissenschaften zu Leipzig. 1950.

geklärter Situation: »Sie bejaht diese Wirklichkeit, weil auch sie aus Gottes Hand kommt«, steht in striktem Gegensatz zum Ende der Geschichte: zu der dort formulierten Aufklärung, Erkenntnis und Korrektur. Kleists ›Paradoxe‹ ›Von der Überlegung‹ bezeichnet diesen archimedischen Punkt seiner Werke: »... dagegen sich nachher, wenn die Handlung abgetan ist, der Gebrauch von ihr machen läßt, zu welchem sie den Menschen eigentlich gegeben ist, nämlich sich dessen, was in dem Verfahren fehlerhaft und gebrechlich war, bewußt zu werden, und das Gefühl für andere künftige Fälle zu regulieren.«[34]

Die Verwendung religiöser Motive in keineswegs religiöser, sondern ironisch-desillusionierender Absicht läßt sich durch Kleists ganzes Werk verfolgen. Das Anliegen des Dichters ist die kritische Reduktion falscher Unendlichkeiten durch das Aufdecken ihrer Genese. Die pseudoreligiösen Unendlichkeiten werden als unhaltbare Hyperbeln eines exzentrisch bewegten Gefühls korrigiert. Ein weiteres Beispiel dafür bietet in der ›Marquise von O...‹ die eigentümliche Reaktion der Obristin,[35] nachdem sie sich durch List von der Unschuld der Marquise überzeugt hat. Im Überschwang der Freude redet sie die Tochter an: »... o du Reinere als *Engel* sind ... du Herrliche, *Überirdische*.«[36] Nur weil sie die Tochter zu Unrecht moralisch verurteilt hat, folgt nun diese Überhöhung – eine Ausgleichshandlung des exzentrisch erregten Muttergefühls, das über die Marquise nichts Gültiges sagt, aber andeutet, daß die Mutter ebenso lernen muß wie die Tochter und nicht zuletzt der Vater. Die ganze Familie wird durch die unerhörte Begebenheit aus Denk- und Gefühlskonventionen aufgeschreckt, die nur erkannt und korrigiert werden können, wenn sie zuerst einmal auf lebensbedrohende Weise auf die Spitze getrieben worden sind. Auf dem Höhepunk der Krise ruft der Vater aus: »o die verschmitzte Heuchlerin! Zehnmal die Schamlosigkeit einer Hündin, mit zehnfacher List des Fuchses gepaart, reichen noch an die ihrige nicht! Solch eine Miene! Zwei solche Augen! Ein Cherub hat sie nicht treuer!«[37] Das Tierische steht unvermittelt dem Himmlischen gegenüber, wie bei der Marquise Engel und Teufel. Alle müssen zum menschlichen Maß, zur wahren, erkennenden Humanität finden – durch das Übermaß. Nur an der Marquise selbst allerdings wird die Vollendung dieses Weges dargestellt.

---

[34] II,337.
[35] Das Folgende, wenn auch mit anderer Richtung, übereinstimmend mit W. Müller-Seidel, Versehen und Erkennen, S. 125–127.
[36] II,135.
[37] II,132.

2.3. ›Das Erdbeben in Chili‹

Das eindrucksvollste Beispiel für die ironisch korrigierende Verwendung religiöser Vorstellungen bietet das ›Erdbeben in Chili‹.[38] Jeronimo, der sich im Gefängnis erhängen will, als die Glocken ertönen, die ihm Josephens Gang zum Richtplatz verkünden, findet durch das eben in diesem Moment beginnende Erdbeben seine Freiheit. Ein ungeheurer Gefühlstaumel ergreift ihn:»Er senkte sich so tief, daß seine Stirn den Boden berührte, Gott für seine wunderbare Errettung zu danken.«[39] Kaum aber wenden sich seine Gedanken zu Josephe, die er schon hingerichtet glaubt, so schlägt die religiöse Vorstellung ins Gegenteil um:»sein Gebet fing ihn zu reuen an, und fürchterlich schien ihm das Wesen, das über den Wolken waltet«.[40] Als er Josephe wiederfindet, ruft er dagegen wiederum vorsehungsbeseligt aus:»O Mutter Gottes, du Heilige!«[41] Und mit tiefer Ironie – denn tatsächlich gehn die Liebenden furchtbar zugrunde – spricht der Erzähler aus ihrer Gefühlsperspektive:»Mit welcher Seligkeit umarmten sie sich, die Unglücklichen, die ein Wunder des Himmels gerettet hatte!«[42] Dieses Leitmotiv durchzieht das ganze Stück. Josephe empfindet ihre Rettung während des allgemeinen Zusammenbruchs,»als ob alle Engel des Himmels sie umschirmten«, sie entreißt»den teuern Knaben, den ihr der Himmel wieder geschenkt hatte«,[43] dem Verderben,»ein Gefühl(!), das sie nicht unterdrücken konnte, nannte den verfloßnen Tag ... eine Wohltat, wie der Himmel noch keine über sie verhängt hatte«,[44] und schließlich kommt die verhängnisvolle Entscheidung zum Kirchgang zustande:»Josephe äußerte, indem sie mit einiger Begeisterung sogleich aufstand, daß sie den Drang, ihr Antlitz vor dem Schöpfer in den Staub zu legen, niemals lebhafter empfunden habe, als eben jetzt, wo er seine *unbegreifliche und erhabene* Macht so entwickle.« Die abschließende Wendung entspricht ebenso exakt wie aufschlußreich jener anderen von der

---

[38] Aus der umfangreichen Spezialliteratur zum ›Erdbeben‹ vgl J. M. Ellis, Kleist's ›Das Erdbeben in Chili‹, in: PEGS XXXIII, 1963, S. 10–55; und vor allem W. Wittkowski, Skepsis, Noblesse, Ironie. Formen des Als-ob in Kleists ›Erdbeben‹. Euphorion 63, 1969, S. 247–283. Mit dieser Auslegung hat die hier gegebene manche Berührungspunkte. Vgl. dagegen: K. O. Conrady, Kleists Erdbeben in Chili, in: GRM 35, 1954, S. 185–195; J. Klein, Kleists Erdbeben in Chili, in: DU 8, 1956, S. 5–11; B. v. Wiese, Heinrich von Kleist, Das Erdbeben in Chili, JbSchG 5, 1961, S. 102–117; W. Silz, Das Erdbeben in Chili, zuerst 1961, jetzt in: Heinrich von Kleist, Aufsätze..., S. 351–366; W. Gausewitz, Kleist's ›Erdbeben‹, in: Monatshefte LV, 1963, S. 188–194.

[39] II,147.   [40] II,147.
[41] II,148.   [42] II,148.
[43] II,148.   [44] II,152.

»heiligen und unerklärlichen« Einrichtung der Welt, welche die Marquise anerkennen zu müssen glaubt.[45] Den Kontrast zu den vom Ende der Erzählung grausam dementierten positiven Gefühlsprojektionen ins Absolute, die alle die Farbe euphorischer Täuschung schon im Moment der Äußerung tragen, bildet die zentrale, auch ins Unendliche, aber in eine leere Unendlichkeit gerichtete Verzweiflungsgebärde. Am Anfang, in der Darstellung der Erdbebenkatastrophe, heißt es:[46] »hier stand ein anderer, bleich wie der Tod, und streckte sprachlos zitternde *Hände zum Himmel*«; am Ende, nach den Greueln im Dominikanerdom:[47] »Don Fernando, als er seinen kleinen Juan vor sich liegen sah, mit aus dem Hirne vorquellenden Mark, hob, voll namenlosen Schmerzes, *seine Augen gen Himmel.*« Schauerliche Parodie ist die gleiche Gebärde des fanatisch predigenden Prälaten in der Mitte:[48] »Er begann gleich mit Lob, Preis und Dank (vgl. dagegen »sprachlos«, »namenlos«), seine zitternden, vom Chorhemde weit umflossenen *Hände hoch gen Himmel erhebend,* daß noch Menschen seien, auf diesem, in Trümmer zerfallenden Teile der Welt, fähig, zu Gott empor zu stammeln.« All diese Regungen und Gesten heben sich gegenseitig auf, nicht was ihre menschliche Füllung, aber was ihren gemeinsamen Bezugspunkt angeht. Zurück bleibt Ungewißheit, Leere, die aus dem heroischen Augenblick entspringende wehmütige Selbstvergewisserung Don Fernandos.

Nach dieser Erörterung scheint es geboten, nicht nur die Feier des »reinen Gefühls« als des absolut gültigen Erkenntnisgrundes oder als des stabilisierenden Lebensgrundes zu verneinen, sondern auch die angeblich religiöse Dimension des Gefühls in ihr Gegenteil umzuwerten. Die religiösen Vorstellungen in Kleists Werk sind trügerisch-voreilige Fixierungen falscher Unendlichkeiten, die sich durch den Gang der Handlung selbst ad absurdum führen: im Bewußtsein der handelnden Personen selbst, wie in der ›Marquise von O . . .‹, oder nur im Bewußtsein des Lesers, wie im ›Erdbeben‹. Der Leser wird sowohl der verfremdenden Wucht tragischen Irrens als auch der erheiternden Kraft komischen Mißverständnisses ausgesetzt.

Denn auch im Bereich des Komischen schaltet Kleist mit »religiösen« Vorstellungen. Sie dienen nicht allein der Charakterisierung der Personen, die sich zu solchen Vorstellungen versteigen, sondern machen zugleich die Dämonisierung als »Erklärung« des scheinbar Unerklärlichen lächerlich. So entdeckt Muhme Brigitte im nächtlichen Fluchtmanöver des Dorfrichters Adam die Umtriebe Beelzebubs, denn unverkennbar darauf deuten für sie die Spuren im Schnee. Und in der Sphäre des Volkstümlich-Absur-

---

[45] II,154.   [46] II,146.   [47] II,158.   [48] II,155.

den klagt Käthchens Vater, der biedere Meister Theobald, den Grafen vom Strahl vor dem Femegericht »höllischer« Zauberei an. Was sich in tragischen Dichtungen als gefährlicher und folgenreicher Irrtum herausstellt, das ist in der Komödie oder doch bei komischen Gestalten lächerlicher und folgenloser Mißverstand. Und während das Irren der tragischen Gestalten aus Generosität und Hochherzigkeit entspringt, präsentiert sich der komische Irrtum als Phantasieausgeburt menschlicher Beschränktheit. Kleist hat dies auch durch die besondere Art der ins Jenseitige gehenden Projektionen deutlich gemacht. Während die tragischen Gestalten an eine himmlische und göttliche Macht glauben, halten es Muhme Brigitte und Meister Theobald mit einer Spottgeburt von Teufel.

2.4. Die ästhetische Bejahung des Gefühls: Die Illusionslehre des Helvetius und das Verhältnis zum subjektiven Idealismus

Wird das Gefühl als Mittel intuitiver Erkenntnis, als Leitschnur praktischen Handelns und als Selbstbehauptungsgrund fragwürdig und zerbricht damit eine einzige, letzte Hoffnung auf Halt, so büßt das Gefühl in all seinen konkreten Ausprägungen bei Kleist dennoch bis zum Schluß nichts von seinem Glanz ein. Homburgs Traum von Liebe und Ruhm, die Spontaneität seiner zukunftgespannten Seele; Penthesileas Leidenschaft; der Abgrund unendlicher Rache im ›Findling‹, im ›Kohlhaas‹: das sind Verherrlichungen elementarer Lebensfülle. Wenn Kleist also die Gefühlswelt gerade nicht in dem von Fricke gemeinten Sinne bejaht, nicht als Erkenntnisgrund und lebensrettende Substanz, so doch als Ausdruck menschlicher Kraft. Liebe, Wut und Rache sind, vor allem im Pathosgemälde der ›Penthesilea‹ und in den Erzählungen, eine vollere Art zu leben, ein mitreißendes Schauspiel – Täuschung oder Torheit zwar oft genug, aber immer bewundernswürdig. Darin hat Kleist vieles mit Stendhal gemeinsam, der ebenfalls den hintergründig demaskierenden Stil liebt, sich selbst aber in der Maske des Chronisten für die exemplarischen, bis ins Kriminelle reichenden Leidenschaften begeistert. Kleists ›Findling‹ und ›Die Marquise von O...‹ könnten insofern zu den ›Chroniques italiennes‹ gehören, denen sie allerdings in der anspruchsvollen künstlerischen Form und in der volleren menschlichen Dimension überlegen sind.

Mit seiner Verherrlichung der Leidenschaft protestierte Stendhal gegen die bourgeoise Verkümmerung des Lebens während der französischen Restauration, gegen ein nur von Profit, Berechnung und Hypokrisie geprägtes Dasein. Kleist schrieb aus dem Leiden an Preußens schäbiger Beamtenidylle und steifer Adels-Enge. Eines seiner Epigramme, mit dem Titel ›Vokation‹, zeigt geradezu, daß er in der dichterischen Darstellung der Gegenwelt seine Berufung sah:[49]

Wärt ihr der Leidenschaft selbst, der gewaltigen, fähig, ich sänge,
Daphne, beim Himmel, und was jüngst auf den Triften geschehn.

Beide Dichter fordern ein möglichst intensives inneres Erleben, trennen dies aber von der erkennenden und ironischen Analyse, die oft als Instrument des Selbstschutzes wirkt. Mit Stendhal gemeinsam hat Kleist auch seine Affinität zur Illusionslehre des französischen Sensualisten Helvétius. Kleist selbst erwähnt Helvétius mehrere Male in einer Weise, die auf eine beinahe selbstverständliche Kenntnis seiner Werke schließen läßt.[50] Es ist symptomatisch, daß die Hinweise auf diese antiromantische Richtung der aufklärerischen Literatur – auch Voltaire gehört zu ihr[51] – im Gegensatz zu den Hinweisen auf Rousseau nie einer in die geistigen Strukturen eindringenden Untersuchung gewürdigt wurden.[52] Helvétius erklärt in seinem 1758 erschienenen und schon 1760 mit einer Vorrede Gottscheds in deutscher Übersetzung vorgelegten[53] Hauptwerk ›De l'esprit‹ alle leidenschaftlichen Gefühle zu illusionären Kräften, die einer adäquaten Erkenntnis der Wirklichkeit im Wege stehen. Ein Kapitel mit der Überschrift ›Des erreurs occasionnées par nos passions‹ enthält den folgenden Kernsatz:[54] »*L'illusion* est un effet nécessaire des passions, dont la force se mesure presque toujours par le degré d'aveuglement où elles nous plongent.« Aber gerade als illusionäre Kräfte erhöhen die leidenschaftlichen Gefühle das Glück, sie machen das Leben kraftvoll und schön und sind deshalb doch zu bejahen. Im besonderen kennzeichnen sie großgeartete Menschen. Unter dem Zwischentitel ›De la puissance des passions‹ heißt es:[55] »Les passions sont dans le moral, ce que dans le physique est le mouvement ...

---

[49] I,21.
[50] An Wilhelmine, 15.8.1801: »Zuweilen, wenn ich die Bibliotheken ansehe, wo in prächtigen Sälen und in prächtigen Bänden die Werke Rousseaus, Helvetius', Voltaires stehen, so denke ich, was haben sie genutzt?« (Nr. 51, II,681); An Ulrike, 14.7.1807: »Du liesest den Rousseau noch einmal durch, und den Helvetius...« (Nr. 108, II,786).
[51] Vgl. die erste Briefstelle in der vorangehenden Anmerkung.
[52] Paul Hoffmann, Heinrich von Kleist und Helvetius, GRM 23, 1935, S. 24–36, der eine Aufzählung disparater »Parallelen« gibt, läßt diesen Zusammenhang ganz außer acht.
[53] Claude Adrien Helvétius, Discurs über den Geist des Menschen. Mit einer Vorrede Herrn J. Ch. Gottscheds, Leipzig und Liegnitz 1760.
[54] M. Helvétius, Œuvres complètes, 1784. Tome II, chapitre II, p. 25–28; das Zitat auf S. 26.
[55] A.a.O. Tome III, p. 54.

C'est l'enthousiasme de la reconnoissance qui mit au rang des dieux les bienfaiteurs de l'humanité, qui inventa les fausses religions et les superstitions... C'est donc aux passions fortes qu'on doit l'invention et les merveilles des arts: elles doivent donc être regardées comme le germe productif de l'esprit, et le ressort puissant qui porte les hommes aux grandes actions.« Die Erläuterung des Inhaltsverzeichnisses zu diesem Kapitel lautet: »On prouve que ce sont les passions qui nous portent aux actions héroiques, et nous élèvent aux plus grandes idées.« Eine Muster-Illustration dieser aufklärerischen, aber nicht gerade optimistischen Lehre ist, um nur ein Beispiel anzuführen, der schon erörterte hochherzige, doch verhängnisvoll irrende Gefühlsaufschwung Jeronimos und Josephes im ›Erdbeben‹, der vor allem ein »enthousiasme de la reconnoissance« ist. Schließlich gibt die mehrfach wiederkehrende Metapher von der Eiche, die der Sturm stürzt, weil er in ihre Krone greifen kann, dem Phänomen der aus großen Empfindungen lebenden und daran zugrunde gehenden Gestalten Kleists die beste Auslegung.

Den Gegenpol zur aufklärerischen Illusionslehre bildet der deutsche subjektive Idealismus, dessen Blütezeit in die Schaffensdekade Kleists fällt. Da der subjektive Idealismus die philosophische Hauptströmung jener Jahre war, ist es trotz des Fehlens genauerer Nachrichten unwahrscheinlich, daß Kleist einsam seine Fragestellung verfolgt hat, die sich ja auf das Kerndogma des subjektiven Idealismus kritisch konzentriert: auf die Annahme einer in der unbewußten Tiefe des absoluten Ich begründeten Sicherheit des Erkennens. In der Sprache der subjektiven Idealisten heißt diese Sicherheit: »intellektuale Anschauung«. Nach Kants vollkommen skeptischer Beurteilung der Möglichkeit einer intellektualen Anschauung[56] hat vor allem der junge Schelling diesen romantisch introvertierten Idealismus vertreten,[57] den Fichte aus dem Bereich quietistischer Kontem-

---

[56] Vgl. die ›Kritik der Urteilskraft‹ § 77.

[57] Schelling nennt sie im achten der ›Philosophischen Briefe über Dogmatismus und Kritizismus‹ (1795) »ein geheimes, wunderbares Vermögen, uns aus dem Wechsel der Zeit in unser Innerstes, von allem, was von außen her hinzukam, entkleidetes Selbst zurückzuziehn, und da unter der Form der Unwandelbarkeit das Ewige in uns anzuschauen (Schelling, Gesammelte Werke, hg. v. K. T. A. Schelling, Bd. I, 1856, S. 318 f.). Vgl. aber auch noch Hegel in der Großen Logik: »Insofern ... unter Anschauung nicht bloß das Sinnliche, sondern die objektive Totalität verstanden wird, so ist sie eine intellektuelle, d. h. sie hat das Dasein nicht in seiner äußerlichen Existenz zum Gegenstande, sondern das, was in ihm unvergängliche Realität und Wahrheit ist, – die Realität, und, insofern sie wesentlich im Begriffe und durch ihn bestimmt ist, die Idee ...« (Hegel, Große Logik im Gegensatz zur Logik in der Enzyklopädie, d. i. ›Wissenschaft der Logik‹, hg. v. G. Lasson, 2 Bde., 1948 – 2. Bd., S. 251).

plation in den der Ichwahrnehmung durch die Tat verlagerte.[58] Mehrere auffallend tatphilosophisch fundierte Aussagen und auch Gestaltungen Kleists weisen darauf hin, daß er diese Möglichkeit, ebenso wie die zum »Traum« führende Schellings, durchprobierte. Die Art, wie er seine Fragestellung in immer neuen Konstellationen dichterisch entwirft, zeigt ihn demnach in einer fortwährenden Begegnung mit der romantisch-idealistischen Hauptströmung seiner Zeit. In dieser Begegnung festigt sich eine dezidiert eigene, nicht idealistische, sondern aufklärerische Position, die aber immer aus der Faszination durch die allgemeine geistige Strömung lebt und ihr gerade in der ästhetischen Bejahung des Gefühls suchend nahe bleibt.

Die ästhetische Bejahung des Gefühls wirft schließlich die Frage auf, inwiefern Kleists Dichtungen Bilder großer Leidenschaften sind. »*Eine* Empfindung, aber mit ihrer ganzen Kraft darzustellen, das ist die höchste Aufgabe für die Kunst« – dieses frühe Briefwort[59] ist ein Programm. Die Dramen, in deren Zentrum große Frauengestalten stehn – Alkmene, Penthesilea, Käthchen –, verherrlichen die elementare Naturkraft der Liebe. Kleist befindet sich damit in der euripideischen und racineschen Tradition. Wo Männergestalten dominieren, sind es entsprechend männliche Leidenschaften, vor allem der Ehrgeiz (›Guiskard‹, ›Homburg‹), aber auch das Rechtsgefühl (›Kohlhaas‹). Wilde Rache erfüllt die ›Hermannsschlacht‹. In anderen Dichtungen ist Rache die Kehrseite der herrschenden Leidenschaft: in der ›Penthesilea‹ schlägt die Liebe, im ›Kohlhaas‹ das Rechtsgefühl in Rache um. Weil sie großer Leidenschaften fähig sind, müssen Kleists Helden so schwer leiden, mit Ausnahme Hermanns – einer der Gründe für die innere Unausgewogenheit der ›Hermannsschlacht‹. Überall bricht sich das Energisch-Entschiedne Bahn, während der Weimarer Goethe gerade den Clavigo-Typus liebte, den ›aner dipsychos‹, die humane als die angepaßte und kompromißbereite Natur, letztlich auch die schwache Natur: deshalb schalt er den Kohlhaas hypochondrisch.[60] Goethe sah gerade das

---

[58] In der ›Zweiten Einleitung in die Wissenschaftslehre‹ (1797) definiert Fichte die intellektuale Anschauung als Selbsterkenntnis des Ich im Vollziehen seiner Akte (Fichte, Sämtliche Werke, hg. v. I. H. Fichte, Bd. I, 1845, S. 463).

[59] Kleist an Adolfine von Werdeck, November 1801 (Nr. 56, II,701).

[60] Vgl. J. Falk, Goethe aus persönlichem Umgange dargestellt (1832): »... Auch in seinem ›Kohlhaas‹, artig erzählt und geistreich zusammengefügt, wie er sei, komme doch alles gar zu ungefüg. Es gehöre ein großer Geist des Widerspruchs dazu, um einen so einzelnen Fall mit so durchgeführter, gründlicher Hypochondrie im Weltlaufe geltend zu machen. Es gebe ein Unschönes in der Natur, ein Beängstigendes, mit dem sich die Dichtkunst bei noch so kunstreicher Behandlung weder befassen, noch aussöhnen könne. Und wieder kam er zurück auf die Heiterkeit, auf die Anmut, auf die fröhlich bedeutsame

als hypochondrisch und krank an, was für Kleist »gesunde« Elementarnatur war – der Epilog der ›Penthesilea‹ nennt ja die Heldin eine Eiche,
die der Sturm nur stürzte, da sie im Gegensatz zur abgestorbenen so
gesund war, daß er in ihre Krone greifen konnte. Und wenn Goethe sich
nicht imstande fühlte, Tragödien zu schreiben, weil er zum versöhnenden
und praktisch ausgleichenden Kompromiß tendierte, statt zum Helden
zum Bürger einer schließlich doch »platten Welt«,[61] so begibt sich umgekehrt Kleist mit seinen Komödien in eine vibrierende Grenzsphäre, weil
er seiner Tendenz zur Gestaltung gründlicher und elementarer Gefühle
auch in seinen Lustspielen folgt.[62] Besonders deutlich wird dies an Alkmene, deren Seelenmaß so sehr ins Große geht, daß nur gerade die artistisch geistreiche Eleganz dieses Werks das Schwere und die Gefährdung
aufzuheben vermag, die solche innere Größe notwendig auf sich zieht.[63]

3. Nicht Schicksalsglaube, sondern Gesellschaftskritik

3.1. ›Die Familie Schroffenstein‹

Die Dämonisierung der ›Wirklichkeit‹ zum Schicksalhaften ist das notwendige Korrelat zur Absolutsetzung des »reinen Gefühls«. Jede verändernde
Wechselwirkung zwischen Ich und Welt ist damit ausgeschlossen. Das wohl
beste Beispiel für die Dämonisierung der Wirklichkeit zum Schicksal ist
Frickes Interpretation des »Schicksaldramas« ›Die Familie Schroffenstein‹,
denn »nirgends ist«, nach Fricke, »diese furchtbare Form des Schicksals als

---

Lebensbetrachtung italienischer Novellen, mit denen er sich damals, je trüber
die Zeit um ihn aussah, desto angelegentlicher beschäftigte ... ›Ich habe ein
Recht‹, fuhr er nach einer Pause fort, ›Kleist zu tadeln, weil ich ihn geliebt
und gehoben habe ... Sein Hypochonder ist gar zu arg; er richtet ihn als
Menschen und Dichter zugrunde.« (Nach Sembdner, Lebensspuren, Nr. 384).
61 Goethe an Zelter, 31. Oktober 1831: »... Ich bin nicht zum tragischen Dichter geboren, da meine Natur konziliant ist; daher kann der rein-tragische Fall
mich nicht interessieren, welcher eigentlich von Haus aus unversöhnlich sein
muß, und in dieser übrigens so äußerst platten Welt kommt mir das Unver-
söhnliche ganz absurd vor ...« (G. A. Bd. 21, S. 1016, Z. 26–31).
62 Vgl. Schillers Unterscheidung in der Abhandlung ›Über naive und sentimen-
talische Dichtung‹: »... Der Tragiker muß sich vor dem ruhigen Raisonne-
ment in Acht nehmen und immer das Herz interessieren, der Comiker muß sich
vor dem Pathos hüten und immer den Verstand unterhalten. Jener zeigt also
durch beständige Erregung, dieser durch beständige Abwehrung der Leidenschaft seine Kunst ...« (N. A., 20. Bd., 1962, S. 446).
63 Vgl. die Interpretation S. 161 ff.

eine sinnlose, verwirrende Kette täuschender Zufälle, die jedes Handeln des Ich verwirren und zur Willkür machen, mit einer solchen, fast konstruktiven Gewalt dargestellt wie in der ›Familie Schroffenstein‹…« Es sei richtig, das Stück als *die* Zufallstragödie zu bezeichnen, »denn tatsächlich ist das Schicksal hier ganz zum Zufall geworden, der vom Anfang bis zum Ende die einzige, unverändert und gleichmäßig herrschende, alles bewegende Wirklichkeit ist – bis hin zu jenem furchtbaren ›Wenn ihr euch totschlagt, ist es ein Versehen‹. Der Zufall vollendet die Tragödie, indem er sie zur Posse und Farce macht, das Ich zum Spielball höllischer Dämonen der Willkür.«[1]

Keine Erwähnung findet das Leitmotiv des Dramas, die »schwarze Sucht« des Mißtrauens, welche die Beziehungen zwischen den verwandten Häusern Rossitz und Warwand vergiftet, und die alles bestimmende Ursache dieses Mißtrauens, der Erbvertrag,[2] »kraft dessen nach dem gänzlichen Aussterben / Des einen Stamms, der gänzliche Besitztum / Desselben an den andern fallen sollte.«[3] Jeronimus, der Verwandte, der zwischen beiden verfeindeten Brüdern zu vermitteln sucht und deshalb um sachliche Aufklärung bemüht ist, entgegnet, als er auf seine Fragen vom Kirchenvogt des Hauses Rossitz zuallererst diesen Hinweis auf den Erbvertrag erhält:[4] »Zur Sache, Alter! das gehört zur Sache nicht.« Worauf der Kirchenvogt bedeutungsvoll beharrt: »Ei, Herr, der Erbvertrag gehört zur Sache. / Denn das ist just als sagtest du, der Apfel / Gehöre nicht zum Sündenfall.«

Kleist hat also schon in der Exposition mit Nachdruck den Angelpunkt des Stückes kenntlich gemacht. Nicht ein blind waltendes Schicksal, sondern ein gesellschaftlicher, nach seinem Lehrer Rousseau *der* gesellschaftliche Mißstand in Gestalt des Erbvertrags bestimmt das Geschehen. Die Fixierung an das Eigentum entfesselt eine Hölle von Angst, Verdacht und Aggression, der schließlich beide Häuser zum Opfer fallen – bis es nach dem wechselseitigen Totschlag der Kinder keine Erben mehr gibt. Alle Vorfälle

---

[1] G. Fricke, Gefühl und Schicksal, S. 55.

[2] Schon Oskar Ritter von Xylander, Heinrich von Kleist und J. J. Rousseau, 1937, stellt S. 270 f. die grundlegende Bedeutung des Erbvertrags dar; ebenso H. M. Wolff, Heinrich von Kleist, Die Geschichte seines Schaffens, 1954, S. 129; W. Müller-Seidel, Versehen und Erkennen, S. 211; E. Fischer, Heinrich von Kleist (zuerst in: Sinn und Form 13, 1961, S. 759–844), jetzt in: Heinrich von Kleist, Aufsätze…, S. 480–485; S. Streller, Das dramatische Werk Heinrich von Kleists, 1966, S. 33–35. Die meisten dieser Interpreten gehn auf die von Rousseau stammenden Grundlagen ein. Vgl. auch H. C. Seeba, Der Sündenfall des Verdachts. Identitätskrise und Sprachskepsis in Kleists ›Familie Schroffenstein‹. DVjS 1970, S. 64–100.

[3] V. 180–182.   [4] V. 183–186.

und Zufälle haben an sich nichts zu bedeuten. Die von Jeronimus und Sylvester wiederholt angesetzte Analyse bringt immer nur das Ergebnis: Gerücht und Gerede[5] und das Vorurteil, dessen alleinige Ursache der Erbvertrag ist. Erst indem dieses so begründete Vorurteil sich der – unbestreitbar vertrackten – Zufälle bemächtigt, sie falsch ausdeutet oder gar zum Vorwand nimmt, ja weil das dem einen zugeschriebene Vorurteil den andern zur hemmungslosen Konsequenz des eigenen Vorurteils treibt, wird der Zufall zum Verhängnis. Nachdem das Vorurteil aber zur ersten schlimmen Tat geführt hat, verfällt alles Geschehen dem Mechanismus der Reaktion und der Rache. Kleist hat dieses stetig zunehmende Gefälle der Handlung intensiv herausgearbeitet. Der vielzitierte Satz »Wenn ihr euch totschlagt, ist es ein Versehen« ist voll bitterer Ironie: Wenn die Disposition zum »Versehn« so tief eingewurzelt ist, kann es auch zum Totschlag aus Versehn kommen. Schon ein abgeschnittener Kindesfinger genügt dazu.

Diese Interpretation der meistzitierten Worte aus dem Erstlingswerk als eines Ausdrucks bitterer Ironie wird durch ein Kontrastgeschehen gesichert: durch die Erkenntnis der Wahrheit, zu der die Liebenden fähig sind. Indem Ottokar und Agnes durch ihre Liebe das Mißtrauen überwinden, erkennen sie den »Irrtum«, dem die andern zum Opfer fallen, weil sie ihn durch ihr Mißtrauen selbst fortwährend neu erzeugen. Die zentrale Szene III,1 gipfelt in Agnes' Feststellung: »...O / Mein Gott, was ist das für ein Irrtum...«,[6] und Ottokar leitet seine Antwort ein: »...So wie einer, / Kann auch der andre Irrtum schwinden...«,[7] um schließlich das Entscheidende zu formulieren: »Mördern, denk / Ich, müßte jedes andre Glied fast wichtger / Doch sein, als just der kleine Finger.«[8] Wo also Mißtrauen herrscht, da kommt es zum »Versehen«, zum »Irrtum«; walten dagegen Vertrauen und Liebe, so öffnet sich, wenn auch langsam und schwer, der Weg zu Erkenntnis und Wahrheit.

Kleists Randnotizen zur ›Familie Ghonorez‹ – »Das Schicksal ist ein Taschenspieler«;[9] »Man könnte eine Hexe aufführen, die wirklich das Schicksal gelenkt hätte«;[10] »Ursula muß zuletzt, ihr Kind suchend, als Schicksalsleiterin auftreten«[11] – sind demnach nicht im Sinne eines dämonisierten allumfassenden, sondern eines sehr eingeschränkten Schicksalsbegriffes zu verstehen. Der durch Zufall abgeschnittene Kindesfinger ist nur der äußere Anlaß eines Geschehens, dessen eigentliche Ursache tiefer liegt. Noch in seinem letzten Drama gestaltet Kleist ein überraschend

5 Vgl. zu diesem für Kleists ganzes Werk wichtigen Aspekt W. Müller-Seidel, Versehen und Erkennen S. 63–65.
6 V. 1472 f. 7 V. 1477 f.
8 V. 1482–1484. 9 Randnotiz zu V. 656 (I,833).
10 Randnotiz zu Szene IV,3 (I,833). 11 Randnotiz zu Szene IV,3 (I,833).

ähnliches Verhältnis. Die entscheidende Konflikthandlung kommt durch das Spiel des Kurfürsten mit dem träumenden Prinzen in Gang. Im Verlauf dieses Spiels bleibt Nataliens Handschuh in den Händen des Prinzen zurück. Hohenzollern versucht mit seinem späteren Plädoyer für den Prinzen durch Aufdeckung dieser äußeren Kausalzusammenhänge eine schicksalhafte Notwendigkeit zu konstruieren und ihn damit zu entschuldigen. Schon zu Beginn aber wird deutlich, daß der Handschuh nur deshalb zu verhängnisvollen Konsequenzen führt, weil der Prinz so unwiderstehlich seinen inneren Fixierungen ausgeliefert ist.

Bei allen Mängeln ist es der besondere, noch kaum gewürdigte Reiz des Erstlingsdramas, daß es nicht ausschließlich das »Mißtrauen« und, als dessen Ursprung, den Erbvertrag zum Problem macht, sondern dieses handlungstragende Hauptelement mit einer erweiternden Sphäre von Nebenelementen umgibt. Sie richten sich in Rousseaus Sinn auf Herrschafts-, Unterdrückungs- und Entrechtungsverhältnisse, ja auf die Selbstzerstörung des Menschen, der durch die Schaffung solcher Verhältnisse von der Natur abgefallen ist. Der »böse« [12] Rupert wünscht nicht zufällig zu Beginn des Stücks ». . . nichts mehr von Natur« [13] zu hören. So ist das ganze Geschehen von Anfang an als Abfall von der Natur bestimmt, als Perversion, wie sie in der einleitenden Teufelsmesse mit dem Racheschwur wider das eigene Blut ihren schärfsten Ausdruck findet. Dieser Racheschwur wird emphatisch in dreifacher Wiederholung jeweils mit dem Empfang des Abendmahls verbunden – das Sakrament der Versöhnung mit dem Auswuchs entzweienden Hasses. Dem Eingang entsprechend entfaltet sich die Handlung. Die erwähnten, eher sphärischen Bestandteile des Geschehens, dessen Nerv der aus dem Erbvertrag entspringende Bruderzwist ist, sind die tyrannischen Unterdrückungsverhältnisse, in deren Zentrum der »böse« Rupert steht. »Ich, dein unterdrücktes Weib« [14] – mit diesen Worten bezieht Eustache nach Jeronimus' Ermordung Position gegen Rupert. Wie seine Frau, so unterdrückt er seinen Sohn Ottokar, den er schließlich gefangen setzen läßt; so tyrannisiert er seine Diener, die er nicht als Menschen behandelt, sondern wie Hunde heranpfeift. Dies kommt wiederholt

---

[12] Im ersten Entwurf der ›Familie Schroffenstein‹ heißt es: »Alonzo (= Sylvester) und Fernando (= Rupert) von Thierrez sind zwei Vettern, deren Großväter einen Erbvertrag miteinander geschlossen haben. Sie sind im Streit darüber, Fernandos (des bösen) Sohn wird tot in der Nähe von Männern Alonzos gefunden, und diesem der Mord aufgebürdet.« (I,721). Schon diese Konzeption eines »bösen« Bruders widerspricht dem Schicksalsschema. Der Verlauf des ausgeführten Stücks zeigt in der Tat Rupert als den bösen Bruder, von dem Haß, Mißtrauen und Gewalttat ausgehn. Er reißt damit alle andern ins Verderben.

[13] V. 42.   [14] V. 1810.

und wirkungsvoll zur Darstellung.[15] Das Schicksal Johanns, der »Ruperts natürlicher Sohn« ist (wie das Personenregister bemerkt), akzentuiert den widernatürlichen und unmenschlichen Gesamtzustand auf besondere Weise. In seinem zur Nebenhandlung ausgeweiteten Fall ist das Entrechtungs-verhältnis gesellschaftlich sanktioniert. Johann ist ein outcast, der im Verhältnis zum »legitimen« Sohn Ottokar keine Ansprüche an das Leben machen darf und sich mit seiner Liebe zu Agnes von vornherein in aus-sichtsloser Situation befindet; der aus dem Paria-Dasein deshalb wieder-holt in den Tod auszubrechen versucht[16] und im Wahnsinn endet.[17]

Rupert ist also der Knotenpunkt für ein ganzes Geflecht zerrütteter menschlicher Verhältnisse. Erbe, Eigentum, Stand und Herrschaft und die daraus entspringenden menschlichen und gesellschaftlichen Deformationen bilden *einen* großen Themenkomplex. Damit erhält der im Zentrum ste-hende Bruderzwist als Zerstörung des Menschlich-Natürlichen eine bedeu-tungsvolle Erweiterung ins Allgemeine. Kleist ist schon in seinem Erst-lingswerk der zugleich konsequente und systematisch differenzierende Dramaturg, der nicht nur die Haupthandlung folgerichtig und mit stetig zunehmender Amplitude des Aktions- und Reaktionsmechanismus zur Katastrophe hin abstürzen läßt, sondern auch eine ganze Welt mitschwin-gender Lebensbereiche noch zu Facetten der zentralen Problematik aus-formt.

Wohl die größte Leistung des Stückes ist es, daß es neben der Zerrüt-tung aller menschlichen Beziehungen als äußerste Folge des Abfalls von der »Natur« Ruperts zunehmende Selbstentfremdung und Selbstzerstö-rung gestaltet. Diese Selbstzerstörung, für deren unverkennbar patholo-gische Züge die Zeit der Erfahrungsseelenkunde besonders aufgeschlossen war – man denke nur an den ›Tasso‹ –, erhält eine zwanghafte Eigendyna-mik. Aus ihr gibt es um so weniger ein Ausbrechen, als Rupert selbst seinen inneren Niedergang bemerkt und ihn dem Bruder als dem vermeintlichen Urheber der zur bösen Tat führenden eigenen »Reaktion« anlastet. Miß-trauen und Haß reißen ihn also zur bösen Tat hin, und für diese böse Tat, unter der er selbst leidet, macht er letztlich den Bruder verantwortlich, der ihn soweit getrieben habe: Daraus erwächst doppelter Haß, der eine doppelt grauenhafte Tat erzeugt – und so weiter bis zum Kindesmord, dessen Verwechslungsgeschehen seinen tieferen Sinn in der Vernichtung des Eigenen erhält.

Was Kleist in der dramatischen Gestaltung des Bösewichts vor allem sichtbar macht, das ist der Katarakt des Böserwerdens bis zum seelischen

---

[15] V. 1518–1524; V. 1822; V. 2009 f.
[16] Vgl. V. 779–861; V. 1031–1059.
[17] Vgl. die Szenen-Anweisung nach V. 2623–2629.

Ruin. Bei dezidierter Anlehnung an Shakespeare[18] zeigt sich in der Darstellung dieses inneren Gefälles doch ein wesentlicher Unterschied etwa zu Richard III., der den Typus des von Anfang an mit überlegenem Intellekt manipulierenden Renaissance-Verbrechers verkörpert. Gloucester ist ganz Wille und Geist – eine artistisch brillante Bosheit mit dem Schimmer des acte gratuit, trotz der Begründung in der physischen Mißgestalt. Ruperts Bosheit dagegen gründet im pathologisch eingefressenen Vorurteil und ist bloß verderbter Eigensinn, der zu keiner menschlichen Öffnung mehr fähig ist und deshalb nur noch unterjochen und zerstören kann. Solcher Eigensinn ist die schlimmste Ausgeburt des Eigentums.

Auch Rupert könnte am Ende um die »Ruine seiner Seele« weinen, wie dies Penthesilea auf ihre Weise tut und wie es das heimliche und unterdrückte Thema der ›Hermannsschlacht‹ immer wieder an Reaktionen Hermanns und Thusneldas deutlich werden läßt.[19] Der für Kleist typische Grundzug zum Katastrophalen, der sich nicht allein im Progreß der äußeren Handlung, sondern auch im inneren Zerstörungsprozeß der Hauptgestalten abzeichnet, ist demnach von Anfang an da. Was die späteren Darstellungen solcher Zerstörungsvorgänge über den ersten Wurf erhebt, ist der Verzicht auf moralische Kategorien: der Ablauf der Vernichtungsmaschinerie jenseits von Gut und Böse.[20]

Wenn also schon kein dämonisch-unerkennbares Schicksal waltet, sondern dem Geschehen klar erkennbare gesellschaftliche Ursachen zugrunde liegen, so ergibt sich als zweites, daß diese gesellschaftlichen Ursachen ihrerseits die Haltung des einzelnen nicht zwanghaft bestimmen, wie es nach manchen neueren Deutungen scheinen könnte. Besonders augenfällig wird dies an Ruperts Bruder Sylvester. Obwohl der Erbvertrag für ihn nicht minder als für Rupert gilt, widersteht er allem Mißtrauen auch in

---

[18] Vgl. hierzu die nähere Analyse S. 223–225.

[19] Vgl. etwa die Verfluchung des sittlich gut handelnden Römers durch Hermann (V. 1718–1725) mit Ruperts Verhalten, als er von der anderen Einstellung Sylvesters hört. Zur ›Hermannsschlacht‹ vgl. S. 46 f.

[20] Im einzelnen sei hier nur angedeutet, daß sich Ruperts Seelenruin vor allem in zwei Motivketten verfolgen läßt. Einmal im Motiv der Häßlichkeit, das wirkungsvoll mit dem »Haß« in Zusammenhang gebracht wird; V. 1808 f. (Eustache nach der Entdeckung der heimtückischen Ermordung des Jeronimus): »... Das ist kein schönes Werk, / Das ist so häßlich ...«, V. 1922 f. (Rupert): »Und wer hat mich so häßlich / Gemacht? O hassen will ich ihn«, V. 1958 f. (Eustache): »O welch ein häßlicher Verdacht, der schon / Die Seele schändet, die ihn denkt.« Zum andern in dem Teufelsmotiv, das in IV, 5 gipfelt, als Rupert sein eigenes Antlitz in einem Quell sieht und sich – Gipfel der Selbstentfremdung – »mit der Bewegung des Abscheus« wendet: »Eines Teufels Antlitz sah / Mich aus der Welle an« (V. 2229 f.; die anderen Stellen: V. 1890 f., 1926–1930, 2010 f., 2247, 2527, 2677 f.).

der engsten Umgebung. In dem wiederholten Wunsch nach einem »Gespräch« mit Rupert drückt sich sein Streben nach Wiederherstellung des Vertrauens aus. »Wenn ich nur Rupert sprechen könnte«,[21] »wenn ich Rupert sprechen könnte«[22] – so enden die zweite und die dritte Szene des zweiten Aktes in bedeutungsvoller Parallelität mit einem Stoß ins Leere, bevor der nicht gesprächsbereite, »böse« Bruder die Katastrophe einleitet (II,2). Dazwischen aber zeigt die Szene III,1, daß Ottokar und Agnes gerade durch ihr Gespräch das Mißtrauen zu beseitigen und Vertrauen zu schaffen imstande sind. Das Gespräch ist das humane Verhalten schlechthin: Spielraum der Freiheit.

Im ganzen stuft sich die Begründung der zur Katastrophe drängenden Handlung dreifach: Äußerer Anlaß ist der abgeschnittene Kindesfinger, eigentliche Ursache im allgemeinen die gesellschaftliche Ursünde des Erbvertrags und im besonderen die persönliche Unzulänglichkeit Ruperts. Durch individuelle Unzulänglichkeit erst erhalten die im Erbvertrag pars pro toto repräsentierten gesellschaftlichen Mängel ihre Virulenz, aber auch nur aufgrund der gesellschaftlichen Mängel ist solches individuelles Versagen möglich – möglich allerdings, nicht notwendig.

Später, in der ›Penthesilea‹, wird die Katastrophe zwar auch erst aufgrund negativer gesellschaftlicher Gegebenheiten möglich (sie sind im Gesetz des Amazonenstaates fixiert), aber die Durchbruchsstelle ist nicht mehr der böse, innerlich bereits verkümmerte, sondern der große, leidenschaftliche Mensch, der in der Paradoxie leben muß. Als überstarke Natur muß Penthesilea das Amazonengesetz über das Normalmaß hinaus erfüllen, um es dann zu zersprengen. Ihre tragische Blindheit hat nichts mehr mit der Verblendung zu tun, die es sich selbst leicht macht, indem sie bestehende Mißstände vollends zum Gipfel treibt. Was dem Frühwerk zur großen Tragödie fehlt – ein vom Standpunkt des Pessimismus durchaus realistischer »Fehler« –, das ist die Dialektik zwischen Lebensfülle und gesellschaftlich bedingter mörderischer Lebensfeindlichkeit, wie sie konsequent als Umschlag von der Liebe zum Haß in der einen Penthesilea gestaltet wird. ›Die Familie Schroffenstein‹ verlagert diese Grundspannung nach dem Schema von ›Romeo und Julia‹ auf verschiedene Gestalten, von denen die einen lieben, die andern hassen, und so, daß den Hassenden die Aktion zukommt und den Liebenden nur die Reaktion bleibt. Einen »zufälligen« Anlaß schließlich, der die Funktion des Vorwandes erfüllt, kennt die Penthesilea-Tragödie nicht mehr.

Kleists erste Tragödie, das bleibt festzuhalten, erfüllt sich nicht in der Darstellung eines »von unbekannten und blinden Kräften geschaffenen

---

[21] V. 1022.   [22] V. 1216.

Schicksals«,[23] dem der Mensch rettungslos ausgeliefert wäre, sondern umgekehrt: Die Kräfte dieses angeblichen Schicksals werden genannt und ausführlich analysiert. Das tragische Ende ist zugleich die Vollendung einer kritischen Erkenntnis.

3.2. Gesellschaftskritik in den Erzählungen

Der von Rousseau[24] stammende Grundgedanke des Erstlingsdramas ist ein Hauptthema Kleists. Er widerspricht auch im gesamten erzählerischen Werk dem Schicksalsschema. Wichtig ist die durchgehende strukturelle Analogie: Immer deutet Kleist diesen Verständnishorizont in der Exposition an. So wird die Tragödie von Jeronimo und Josephe im ›Erdbeben in Chili‹ durch ein Standesvorurteil ausgelöst. Josephe ist die Tochter »eines der reichsten« Edelleute, der sowenig wie sein »stolzer« Sohn die Liebe Josephens zu dem armen Hauslehrer Jeronimo duldet. Das Vorurteil aufgrund des Standes und Besitzes ist so stark, daß Don Henrico lieber das Leben seiner Tochter zugrunde richtet und sie ins Kloster zwingt. Deutlich klingt das Heloisenmotiv herein. Die Übertretung des Klostergesetzes durch die Liebenden, die doch nur eine Nichtanerkennung dieser gesellschaftlichen Willkür darstellt, wird aber von der Gesellschaft selbst als Zerstörung einer geheiligten Ordnung moralisch verdammt. »Alles, was geschehen konnte, war, daß der Feuertod, zu dem sie verurteilt wurde, zur großen Entrüstung der Matronen und Jungfrauen von St. Jago, durch einen Machtspruch des Vizekönigs, in eine Enthauptung verwandelt ward.«[25] Nicht zufällig erachtete die k.u.k. Zensurstelle in Wien gerade diese eminent gesellschaftskritische erste Erzählung Kleists als im höchsten Grade gefährlich und reich an »unmoralischen Stellen«.[26]

Zur ›Verlobung in St. Domingo‹ schreibt Arnold Zweig:[27] »Den düsteren Hintergrund des Negeraufstands, den Kleist mit so parteiischen Farben

---

[23] G. Fricke S. 55. Aus der neueren Literatur im selben Sinne z.B. L. Muth, Kleist und Kant, Versuch einer neuen Interpretation, Kantstudien, Ergänzungshefte, 68, 1954, S. 71 f.; B. v. Wiese, Die deutsche Tragödie von Lessing bis Hebbel, S. 305; in der Literatur vor Fricke schon Meyer-Benfey, Das Drama Heinrich von Kleists, I, 1911, S. 77 f.

[24] Zu Kleist und Rousseau vgl. das schon genannte Buch Xylanders; R. Buck, Rousseau und die deutsche Romantik, Neue deutsche Forschungen 1, 1939; S. Streller, Heinrich von Kleist und J. J. Rousseau, in: Heinrich von Kleist, Aufsätze . . ., S. 635–671.

[25] II,145.

[26] Sembdner, Nachruhm, Nr. 646.

[27] Arnold Zweig, Nochmals der Novellist (1946), In: Essays I, 1959, S. 144–151; Sembdner, Nachruhm, Nr. 688.

gemalt hat, wünschten wir freilich mit Zügen durchsetzt, die den wahren Verhältnissen und Gesellschaftsumständen gerechter würden.« Eine genaue Analyse des Beginns indessen zeigt, daß Kleist die Bluttaten der aufständischen Neger im einzelnen zwar nicht billigt, sie im ganzen aber als Reaktion auf einen Zustand des Unrechts darstellt. Das Geschehen nimmt seinen Ausgang von dem Rassengegensatz zwischen Weiß und Schwarz, der zugleich ein Unterdrückungsverhältnis und den Gegensatz zwischen reich und arm bezeichnet. Der »fürchterliche alte Neger namens Congo Hoango« handelt trotz aller Wohltaten, die er als milde Gabe und als Belohnung für eine lebensrettende Tat von seinem weißen Herrn empfangen hat, in der bewußtseinerzeugenden geschichtlichen Stunde aus dem wilden Gefühl eines ersten elementaren Unrechts: »eingedenk der Tyrannei, die ihn seinem Vaterlande entrissen hatte«.[28] Babekan ist seine Gehilfin in der Mördergrube, weil sie »in Folge einer grausamen Strafe, die sie in ihrer Jugend erhalten hatte, an der Schwindsucht litt«.[29] Kleist beharrt eindringlich gerade darauf, wenn er Babekan bei späterer Gelegenheit erzählen läßt, daß sie von einem Weißen verführt wurde, der dann aus Scham vor einer jungen, »reichen« Braut die Vaterschaft zu dem gemeinsamen Kind vor Gericht mit einem Meineid leugnete, worauf ihr Herr, der weiße Sklavenhalter, ihr »noch sechzig Peitschenhiebe« verabreichen ließ.[30]

Die grundsätzliche geschichtliche Bedeutung der dargestellten Vorgänge wird in dem Gespräch Tonis mit Gustav entschieden herausgearbeitet:[31] »Toni fragte: wodurch sich denn die Weißen daselbst so verhaßt gemacht hätten? – Der Fremde erwiderte betroffen: durch das allgemeine Verhältnis, das sie, als Herren der Insel, zu den Schwarzen hatten, und das ich, die Wahrheit zu gestehen, mich nicht unterfangen will, in Schutz zu nehmen; das aber schon seit vielen Jahrhunderten auf diese Weise bestand! Der Wahnsinn der Freiheit, der alle diese Pflanzungen ergriffen hat, trieb die Negern und Kreolen, die Ketten, die sie drückten, zu brechen . . .« Als rechtlich gesinnter Weißer verurteilt Gustav zwar prinzipiell die Unterdrückung der Neger, aber nur, um sie durch die vielen Jahrhunderte ihrer Dauer doch sanktioniert und legitim zu finden! Dies entspricht der Argumentation Penthesileas, als sie den Hinweis Achills auf die Unnatur des Amazonengesetzes mit dem Gegenhinweis auf das ehrwürdige Alter dieses Gesetzes entkräften zu können glaubt. Die folgende Wendung vom »Wahnsinn der Freiheit« – bei Wahrnehmung der »Ketten, die sie drückten!« – macht vollends deutlich, wie modern und pessimistisch Kleist die Abhängigkeit individueller Wertungen von den allgemeinen gesellschaftlichen Strukturen sieht. Indem Gustav sich von dem Unterdrückungsver-

---

[28] II,160. [29] II,161. [30] II,169. [31] II,170.

hältnis distanziert, bleibt er doch Gefangener der aus diesem Unterdrük-
kungsverhältnis entstandenen Denkweise. Ähnlich wiederum verfällt
Penthesilea dem Amazonischen gerade dort, wo sie es zu durchbrechen beginnt.

Im ›Kohlhaas‹ liegt der Gegensatz des Mannes aus dem Volk zu einem
durch junkerliche Anmaßung und Korruption verdorbenen Staatswesen
als konstituierendes Element der tragischen Handlung deutlich an der
Oberfläche. Erst neuerdings aber wurde durch systematische Analyse ge-
klärt, wie weit und durchdringend Kleist in der Maske des Chronisten
Kritik übt.[32]

›Der Zweikampf‹ schließlich nimmt mit nur wenig veränderten Vorzeichen die Ausgangslage der ›Familie Schroffenstein‹ auf. Jakob der Rotbart
trachtet seinem Bruder nach dem Leben, um in den Besitz des Erbes zu
kommen. Der Beginn des ersten Satzes schon verrät auf kunstreich indirekte Weise, daß der Rotbart die Heirat seines Bruders nur wegen dieses
erhofften Erbes ablehnt:[33] »Herzog Wilhelm von Breysach, der, seit seiner heimlichen Verbindung mit einer Gräfin, namens Katharina von
Heersbruck, aus dem Hause Alt-Hüningen, die unter seinem Range zu
sein schien, mit seinem Halbbruder, dem Grafen Jakob dem Rotbart, in
Feindschaft lebte...« Die beiläufig-knappe, scheinbar ganz ins Faktische
zurückgezogene Aussage gibt dem »schien« erst das volle Gewicht der
Entlarvung. Allein die detektivische Reihenfolge der Rangbezeichnungen
Herzog–Gräfin–Graf beweist schon, daß es nicht um den Rang, sondern
ausschließlich um das Erbe geht, und charakterisiert zugleich den Rotbart
als den geschickten Heuchler, als der er im weiteren Verlauf der Geschichte
auftritt. Denn gerade aus Ranggründen könnte er, der Graf, dem herzog-
lichen Halbbruder die Verbindung mit einer Gräfin nicht übelnehmen.

Ein Rückblick auf das ›Erdbeben‹ und die ›Verlobung‹ beweist, wie
entschieden Kleist diese indirekte Entlarvungstechnik verfolgt. Wohl heißt
es zu Beginn des ›Erdbebens‹, der »stolze« Sohn Don Henrico Asterons
habe das nicht standesgemäße Liebesverhältnis seiner Schwester Josephe
verraten und damit den Anlaß zu deren Einweisung ins Kloster gegeben.
Dieser scheinbar ganz auf den Adel bedachte, an sich schon fragwürdige
»Stolz« gerät aber sofort ins Zwielicht durch die im vorangehenden Satz
getroffene Feststellung, Don Henrico Asteron, der Vater, sei einer der
»reichsten« Edelleute der Stadt gewesen. Und wenn in der ›Verlobung‹
der Verführer Babekans aus »Scham« vor einer jungen »reichen« Braut

---

[32] R. M. Müller, Kleists ›Michael Kohlhaas‹, in: DVjS 1970, S. 101–119. Vgl. die
ausführliche Analyse S. 181–187.
[33] II,229.

mit einem Meineid seine Vaterschaft abschwört, so stellt sich alsbald die Frage nach der Qualität dieser Scham: war es nicht eher Berechnung? Dies ist das Ziel der ebenso indirekten wie schneidenden Kritik Kleists: Was sich vordergründig und schon tadelnswürdig genug als moralisches Vorurteil der privilegierten Gesellschaftsschicht darstellt, das ist in Wirklichkeit materielles Interesse.

Bekanntlich gewinnt der ›Zweikampf‹ seine komplexe Form durch die Alibi-Aussage des Rotbarts, er habe in der Mordnacht ein Stelldichein mit Littegarde von Auerstein gehabt. Damit beginnt die Littegarde-Geschichte, die zum Zweikampf und zum Gottesurteil führt. Diese Stufung der Novelle zum Haupteinsatz hin macht eine kurze Zwischenexposition zur Charakterisierung Littegardes notwendig. Es ist bezeichnend, daß auch diese zweite Exposition sofort wieder das Motiv des Eigentums, des Erbes, ins Zentrum rückt.[34] Littegarde hat sich bisher nicht entschließen können, Friedrich von Trota zu heiraten, »aus Besorgnis, ihren beiden, auf die Hinterlassenschaft ihres Vermögens rechnenden Brüdern ... zu mißfallen«.[35] Und kaum wird das zu Littegardens Lasten gehende Alibi des Rotbarts bekannt, als ihre Brüder, scheinbar vollkommen überzeugt von der Anschuldigung, »vor Entrüstung flammend«[36] die Schwester aus dem heimatlichen Schloß hinaus ins Elend stoßen. Der wahre Grund ihrer moralischen Entrüstung wird nur zu bald deutlich, obwohl sich der Erzähler in der Maske des distanzierten Berichterstatters für diesen Grund nicht sonderlich zu interessieren scheint und ihn eher dahingestellt sein läßt. Die Brüder Littegardes schicken einen Brief an das Gericht, »worin sie das arme Weib, sei es nun, daß sie dieselbe wirklich für schuldig hielten, oder daß sie sonst Gründe haben mochten, sie zu verderben, ganz und gar, als eine überwiesene Verbrecherin, der Verfolgung der Gesetze preis gaben. Wenigstens nannten sie die Verstoßung derselben aus der Burg, unedelmütiger und unwahrhaftiger Weise, eine freiwillige Entweichung... Dabei trugen sie, zur Ehrenrettung der durch sie beleidigten Familie, darauf an, ihren Namen aus der Geschlechtstafel des Bredaschen Hauses auszustreichen, und begehrten, unter weitläufigen Rechtsdeduktionen, sie, zur Strafe wegen so unerhörter Vergehungen, aller Ansprüche auf die Verlassenschaft des edlen Vaters, den ihre Schande ins Grab gestürzt, für verlustig zu erklären.«[37] Littegardes Brüder, die im Gewande von Streitern für die adelige Familienehre und die strafende Gerechtigkeit auftreten, sind in Wirklichkeit Erbschleicher.

---

[34] Zu dieser zweiten Exposition im gleichen Sinne W. Müller-Seidel, Versehen und Erkennen, S. 67.
[35] II,235.   [36] II,237.   [37] II,241.

3.3. Das Mißverständnis bei Lukács

Die durch Eigentum, Besitzgier und Herrschaftsansprüche korrumpierte Gesellschaft ist also für Kleist immer wieder die entscheidende Ursache tragischer Lebensbedrohung. Dies betonen, heißt nicht, das ganze Werk auf einen Generalnenner bringen, und schon gar nicht, Kleists geistige Welt zur Gesellschaftskritik verkürzen (die Einschränkungen sind schon am Erstlingsdrama sichtbar geworden); es heißt aber, die nach dem Vorgang Frickes einseitig fatalistische und zugleich individualistische Interpretation Kleists wesentlich reduzieren. Indem Kleist sehr oft die konkreten Bedingtheiten aufdeckt, nennt, an den Anfang aller Handlung stellt und ihnen damit eine Schlüsselrolle zumißt, verwehrt er es, von dämonisch-rätselhaften Unbedingtheiten und vom blinden Spiel des Zufalls zu sprechen. Es dürfte aber auch klar sein, daß Lukács mit seinem bekannten Verdammungsurteil über den reaktionären Junker Kleist nicht Kleist trifft, sondern – im Widerspruch – lediglich dem herrschenden inadäquaten Kleistverständnis gefolgt ist:[38] »... Die objektive Macht dieser Wirklichkeit war nicht eindeutig und stark genug, um die reaktionäre Borniertheit, um den dekadenten Individualismus Kleists in einer objektiven Gesamtgestaltung umzuwandeln ... Seiner ›Klassenpsychologie‹ nach ein bornierter preußischer Junker. Seinen dichterischen Absichten nach ein gewaltiger Vorläufer der meisten dekadenten Strömungen der späteren bürgerlichen Literatur ... Er ist an der Miserabilität Deutschlands, an seinen eigenen reaktionären und dekadenten Instinkten tragisch zugrunde gegangen.« Wenn Fricke vom Standpunkt eines zum Existentialismus gesteigerten Individualismus das angeblich absolute Gefühl bei Kleist feiert, so sieht Lukács eben darin Kleists dekadente und reaktionäre Flucht in die Innerlichkeit. Auch das Schicksalsschema übernimmt Lukács, wenn er schreibt, in der ›Familie

---

[38] G. Lukács, Die Tragödie Kleists. Internationale Literatur, 7. Jg. H. 8, Moskau, August 1937, S. 105–126; Deutsche Realisten des 19. Jahrhunderts, Berlin 1953, S. 48. Die neuere marxistische Forschung ist allgemein von Lukács abgerückt: vgl. E. Fischer a.a.O., noch entschiedener H. Mayer, Heinrich von Kleist, Der geschichtliche Augenblick, 1962, der betont, daß Kleists Werk nicht von der Klassenlage seines Autors her zu begreifen ist (wie Lukács behauptet), sondern die »Problematik des deutschen Bürgertums« widerspiegle (S. 15 f.). Im einzelnen allerdings bleibt H. Mayer so sehr im vagen, daß es zu keinerlei Evidenz kommt. Sogar die ›Familie Schroffenstein‹ wird wieder unter die Schicksalsidee gestellt, ja als Wiederaufnahme der antiken Schicksalsidee gedeutet. Vgl. weiter S. Streller, Das dramatische Werk ... sowie S. Streller, Heinrich von Kleist und J. J. Rousseau ... Einen vorzüglichen Überblick über die marxistische Kleistforschung gibt M. Lefèvre a.a.O. S. 21–47.

Schroffenstein‹ handle es sich »um die Gestaltung der Schicksalhaftigkeit, die aus der unentwirrbaren Reihe von Mißverständnissen herauswächst«.[39]

3.4. Die Vertiefung des gesellschaftskritischen Ansatzes in der ›Penthesilea‹

Die Penthesilea-Tragödie vertieft den gesellschaftskritischen Ansatz mit systematischer Konsequenz und öffnet so am meisten die Dimension des Geschichtlichen. Auch in ihr bietet die – im 15. Auftritt durch die Erzählung der Amazonensage nachgeholte – Exposition den objektiven Anfangsgrund des scheinbar subjektiv-fatalen Geschehens. Die Unterdrückung der Frauen durch die Tyrannei der Männer, ein falscher Machtanspruch also, hat die amazonische Reaktion heraufbeschworen, die als bloße Reaktion gerade wieder nur zu gewaltsamer Disharmonie führt und dem tieferen Harmoniestreben, dem Bedürfnis nach wirklicher Liebe widerstreitet. Dieser Widerstreit, ja Widersinn wird in der Person Penthesileas voll ausgetragen. Indem sie ihn bis zum bitteren Ende durchleben muß, kann sie ihn überwinden: in der tragischen Erkenntnis, die in der Formulierung gipfelt:[40] »Der Tanaïs Asche, streut sie in die Luft!« Sterbend ist sie nicht mehr Amazone.

Man hat gesagt, die Penthesilea-Tragödie sei mißlungen, da sich zuerst alles Geschehen aus Penthesileas innerem Wesen entwickle, dann aber durch den Amazonenmythos eine äußerliche Begründung nachträglich eingeschoben werde.[41] Diese Abwertung des »Äußeren« gegenüber dem »In-

---

[39] G. Lukács, Deutsche Realisten, S. 28.

[40] V. 3009.

[41] J. Collin, Das Tragische in Kleists Leben und Kunst, ZDK 1926, S. 796; vor allem F. Koch, Heinrich von Kleist..., S. 154–172, der in der ›Penthesilea‹ geradezu »zwei verschiedene Tragödien« feststellt (S. 168): eine erste, in der »Penthesilea an der Unmöglichkeit zerbricht, das gesetzte Ziel zu erreichen« (Achill); die zweite Tragödie sei durch den Gegensatz zum Amazonenstaat begründet und beginne mit dem 15. Auftritt. In der ersten Tragödie sei »das Amazonische als Wesensform Penthesileas naturhaft gegeben, es ist seinsmäßige, mythische Verfassung. Vom 15. Auftritt ab wird es zu einer geschichtlich gewordenen Abirrung vom allgemeinen Menschlichen, zum Produkt einer historischen Entwicklung.« Dem ist entgegenzuhalten: 1. daß Penthesilea »das gesetzte Ziel« (als ob es sich darum handelte!) nicht erreichen kann, *weil* sie auch schon in diesem Stadium Amazone ist, was zum einen bedeutet, daß ihr die rein weibliche Hingabe nicht möglich, zum andern die männlich siegende Tat verwehrt ist – dies nicht zuletzt, weil das durchbrechende Liebesgefühl sie dafür entscheidend schwächt (vgl. V. 646–650); 2. was Koch als »naturhafte«, »seinsmäßige« und »mythische« Wesensverfassung Penthesileas

nern« ist schon im Hinblick auf die zentrale Rolle zweifelhaft, die das proton pseudos auch in anderen Werken am strukturell genau entsprechenden Ort spielt: von der ›Familie Schroffenstein‹ bis zum ›Zweikampf‹ immer in der Exposition. Und auch sonst zeigt Kleist, daß gerade die Menschen, die zur Überwindung der alteingeführten Gegensätze berufen sind – immer die Liebenden, ob Agnes und Ottokar, Josephe und Jeronimo, Toni und Gustav –, noch vielfach dieser alten Ordnung verhaftet bleiben, weil auch ihr Leben bis zum Beginn der tragischen Handlung davon getragen war.[42] In der ›Penthesilea‹ ist die Kraft des überlieferten Gesetzes mitten im Durchbruch zum Neuen weitaus am schärfsten betont. Die amazonische Ordnung dauert nicht nur im unwillkürlichen Vorurteil und in der gewohnten Denkweise fort, sondern stellt sich als tiefeingeprägter Wesenszug dar. Sie wirkt so substantiell, daß nicht allein die Welt, in welcher der Mensch steht, sondern auch der Mensch selbst in sich tiefentzweit ist. Und je kraftvoller er lebt, desto notwendiger ist sein tödliches Zerbrechen.[43] Im Zerbrechen erst kommt die radikale Anklage, die Erkenntnis an den Tag: die Welt als Fehlkonstruktion.

---

dem historisch, also quasi äußerlich gegebenen Amazonengesetz gegenübergestellt, ist kein Gegensatz, sondern nur ein Entwicklungsstadium Penthesileas, und zwar kein naturhaftes, sondern nur ein unbewußtes. Zuerst ist ihr die innere Widersprüchlichkeit und Widernatur des Amazonenwesens nicht bewußt; sie faßt die Widernatur (die in ihr selbst lebendig ist) immer wieder in Worte (V. 859: »... Weil ich mit Eisen ihn umarmen muß«; V. 1187 f.: »Ists meine Schuld, daß ich im Feld der Schlacht / Um sein Gefühl mich kämpfend muß bewerben?«), lebt aber noch ganz naiv in ihr, weil es die gewohnte und gelebte Daseinsform ist. Langsam erreicht der Konflikt die Grenze der bewußten Entscheidung, diese wird aber noch einmal zurückgedrängt (V. 1199– 1201): »Warum auch wie ein Kind gleich, / Weil sich ein flüchtger Wunsch mir nicht gewährt, / Mit meinen Göttern brechen?« – genau zu diesem Bruch mit ihren Göttern kommt es später. Der Amazonenmythos steht mit gutem Grund in der Mitte des Stückes: damit ist der objektive Grund des bislang bloß im Verhalten Penthesileas spürbaren Widerspruchs benannt, und das weitere Geschehen führt sie zum kritischen Bewußtsein und zur Erkenntnis: zur distanzierenden Objektivierung. Der tragische Bewußtseinsprozeß, um den es sich handelt, erhält seine schmerzliche Schwere erst dadurch, daß der falschen äußeren Lebensordnung eine im menschlichen Innern verhängnisvoll substanzbildende Kraft zukommt. – Vgl. auch C. Lugowski, Wirklichkeit und Dichtung, 1936, S. 171, und G. Fricke, Kleist, Penthesilea, in: Das deutsche Drama, hg. v. B. v. Wiese, 1958, Bd. I, S. 362–384.

[42] Vgl. die Schwierigkeiten der Agnes Schroffenstein, das anfänglich auch in ihr vorhandene und im Gegensatz zu ihrer Liebe stehende Mißtrauen zu überwinden; Josephes und Jeronimos Hängenbleiben in den Wertungen, die sie durch ihre Liebe teilweise durchbrochen haben; zur ›Verlobung‹ vgl. S. 34–36.

[43] In diesem Zusammenhang fordert das wichtige Thema des Übermaßes eine Erörterung. Prothoe ruft ihre Freundin Penthesilea wiederholt zur Mäßigung

Diese fundamentale Kritik findet ihren Ausdruck auch in der Zurückverlegung des Geschichtlich-Falschen in eine mythische Urzeit. Doch wird gerade die Mythisierung und irrationale Entrückung der Urzeit ironisch dargestellt und damit die relativierende Reflexion gefordert. Achills Frage nach dem Ursprung des amazonischen Lebensgesetzes:[44] »Und woher quillt, von wannen ein Gesetz, / Unweiblich, du vergibst mir, unnatürlich...« gilt der Geschichtlichkeit des nur als Abfall von der Natur zu verstehenden Gesetzes. Wenn Penthesilea darauf antwortet:[45] »Fern aus der Urne alles *Heiligen,* / O Jüngling: von der Zeiten Gipfeln nieder, / Den unbetretnen, die der *Himmel* ewig / In Wolkenduft geheimnisvoll verhüllt. / Der ersten Mütter Wort entschied es also...«, so enthält diese Auskunft nicht nur den Hinweis auf eine weit zurückliegende Zeit, sondern auch den wichtigen Aufschluß über die unzulässige Enthistorisierung des geschichtlich Gewordenen durch die Amazonen. Das Längstvergangene wird fälschlich, nur weil es alt ist, sakralisiert. »Urne alles Heiligen«, »Himmel«, »ewig« – das sind die wohlbekannten pseudoreligiösen Projektionen,[46] mit denen Kleist Penthesileas Bewußtsein als in einem kollektiven Wahn befangen charakterisiert. Aus der sie einhüllenden und sie gefangenhaltenden Sphäre, deren Petrefakt die Oberpriesterin ist, muß sich die Heldin in einem schmerzlichen Erfahrungsprozeß befreien. Sie zieht die letzte, radikale Konsequenz aus diesem Erfahrungsprozeß, wenn sie das Allerheiligste der Amazonen, die »Urne alles Heiligen« als unheilige und unheilvolle Reliquie einer verfehlten Ordnung zerstört wissen will: »Der Tanaïs Asche, streut sie in die Luft!«

Bei aller Freude am großen, lebensvollen Individuum, dem er die befreiende Erkenntnis und die erlösende Tat anvertraut, vermeidet Kleist doch eine Dämonisierung des Individuums, die wiederum ein Abgleiten

---

auf, und Penthesilea selbst sagt leidenschaftlich (V. 720): »Verflucht das Herz, das sich noch mäßgen kann« (Ich folge hier der überzeugenden Textbesserung von K. Schultze-Jahde, JbKG 1925/26, S. 133 f. und Archiv f. d. Studium d. n. Sprachen 1936, S. 10–17, gegen die Überlieferung und Sembdner – statt »noch«: »nicht«, was mit dem Kontext unvereinbar ist). Dies könnte zu der Annahme führen, ›Penthesilea‹ sei die Tragödie des von Natur aus Übermäßigen, des hybriden Menschen – hierzu scheint ja auch das Hyperbolische und Penthesileas Wille zum Gigantischen zu gehören. Es ist für die künstlerische Einheit des Werkes von zentraler Bedeutung, daß diese Maßlosigkeit durchaus nicht nur als das schöne Übermaß der großen Natur (die Penthesilea zweifellos ist), sondern als Verlust des Maßes konzipiert ist: eine Folge der widernatürlichen Vergewaltigung und Zurückstauung des Gefühls, das nun alle Dämme bricht. Es handelt sich um eine exzentrische Bahn, wo die eine Verletzung des Maßes die andere hervorruft. Und eben dieses Übermaß bedingt Penthesileas tragische Blindheit.

[44] V. 1902 f.   [45] V. 1905–1909.   [46] Vgl. S. 16–23.

ins Unhistorische wäre. Die Mutter Otrere schon hat Penthesilea dem Achill bestimmt. Ihre individuelle Wahl bedeutet einen Ansatz dessen, wozu Penthesilea ganz durchbricht: zum vollen Recht des Herzens. Otreres Verhalten ist insofern ein erster, entwicklungsträchtiger Durchbruch.[47] Das Durchbrechen des Amazonengesetzes wird damit als geschichtliche Logik begriffen, als ein Prozeß, der sich mit Notwendigkeit vollzieht.

Den Gipfel tragischer Ironie erreicht Kleists kritische Haltung, wenn er darstellt, wie die Liebenden, sie, die »im Wahren« sind, in der falsch eingerichteten Welt aus Notwehr selbst den falschen Anschein wählen müssen – um daran noch schlimmer zugrunde zu gehn. Ottokar und Agnes tauschen die Gewänder und werden von den eigenen Vätern niedergestochen. Das spätere Werk steigert und vertieft dieses Motiv des Betrugs aus Liebe. In der ›Verlobung‹ täuscht Toni nicht nur die mordenden Neger über ihre wahre Absicht, indem sie Gustav ans Bett fesselt, sondern auch diesen selbst. Damit ruft sie das tragische Mißverständnis hervor, die Rache einer sich betrogen wähnenden Liebe – wie Achill, als er Penthesilea zum Zweikampf herausfordert. Die ›Penthesilea‹ geht noch weiter. Während in der ›Verlobung‹ die Aufklärung Gustavs über das wahre Motiv der Fesselung nur durch einen äußeren Umstand – aus der Notwendigkeit höchster Eile – unterbleibt, läßt das Drama alles Akzidentelle beiseite. Achill glaubt Penthesilea herausfordern zu müssen, weil sie ganz Amazone ist und siegen muß, um lieben zu können. Es läßt sich kaum eine schmerzlichere Klage, kaum eine bittrere Anklage denken als die Vision einer Welt, in der das wahrhaft Menschliche zu Betrug und Verstellung seine Zuflucht nehmen muß.[48]

3.5. Grundmotive gesellschaftlich negativ bestimmten Geschehens: das Paria-Motiv und das Rache-Motiv

Zwei Grundmotive in Kleists Dichtung machen das kritische Verhältnis des einzelnen zu der ihn umgebenden falschen Ordnung besonders anschaulich: das Paria-Motiv und das Motiv der Rache. Beide deuten auf die Ausweglosigkeit des tragisch betroffenen Menschen.

Die Marquise von O... sieht sich aus dem Elternhause verstoßen und kann sich noch in die Einsamkeit eines Landgutes zurückziehn. Littegarde im ›Zweikampf‹ wird von ihren habgierigen Brüdern aus dem heimatlichen Schloß gejagt und irrt verlassen umher, bis sich Friedrich von Trota ihrer

---

[47] Daß Otrere mit der Nennung Achills gegen das Amazonengesetz verstoßen hat, machen die Verse 2141 ff. deutlich.
[48] Ähnlich W. Müller-Seidel, Versehen und Erkennen, S. 42.

annimmt – um dann aber noch einmal und mehr als die Marquise in die Isolation innerer Verzweiflung zu geraten. Und als Penthesilea die Nacht der Ausstoßung und Vereinsamung durchleidet, wo sie nicht nur Achill verloren hat, sondern auch aus der amazonischen Ordnung herausgefallen ist, ruft sie verzweifelt:[49] »Ich will in ewge Finsternis mich bergen!« Am eindringlichsten gestaltet Kleist das Paria-Motiv im ›Kohlhaas‹. Es steht im Zentrum der Luther-Szene, die ein Kernstück der ganzen Erzählung bildet:[50]

> ...Der Krieg, den ich mit der Gemeinheit (= Gemeinschaft) der Menschen führe, ist eine Missetat, sobald ich aus ihr nicht, wie Ihr mir die Versicherung gegeben habt, verstoßen war! Verstoßen! rief Luther, indem er ihn ansah. Welch eine Raserei der Gedanken ergriff dich? Wer hätte dich aus der Gemeinschaft des Staats, in welchem du lebtest, verstoßen? Ja, wo ist, so lange Staaten bestehen, ein Fall, daß jemand, wer es auch sei, daraus verstoßen worden wäre? – Verstoßen, antwortete Kohlhaas, indem er die Hand zusammendrückte, nenne ich den, dem der Schutz der Gesetze versagt ist! Denn dieses Schutzes, zum Gedeihen meines friedlichen Gewerbes, bedarf ich; ja, er ist es, dessenhalb ich mich, mit dem Kreis dessen, was ich erworben, in diese Gemeinschaft flüchte; und wer mir ihn versagt, der stößt mich zu den Wilden der Einöde hinaus; er gibt mir, wie wollt Ihr das leugnen, die Keule, die mich selbst schützt, in die Hand.

Eine Abwandlung des Paria-Motivs ist die immer wieder von Kleists Helden ausgesprochene Absicht des Auswanderns. So heißt es von dem an der Rechtsfindung verzweifelnden Kohlhaas:[51] »Seine Absicht war mit seinen fünf Kindern nach Hamburg zu gehen, und sich von dort nach der Levante oder nach Ostindien, oder so weit der Himmel über andere Menschen, als die er kannte, blau war, einzuschiffen.« Jeronimo und Josephe im ›Erdbeben‹ wollen vor der lebensbedrohenden Moral einer versteinerten Gesellschaft übers Meer fliehen:[52] »Sie beschlossen, sobald die Erderschütterungen aufgehört haben würden, nach La Conception zu gehen, wo Josephe eine vertraute Freundin hatte, sich mit einem kleinen Vorschuß, den sie von ihr zu erhalten hoffte, von dort nach Spanien einzuschiffen ...« Die ›Verlobung‹ ist ganz durchzogen vom Motiv der Verfolgung und des Auswanderns. Nach demselben feststehenden Schema ist wieder vom Fluchthafen (Port au Prince) und dem Land über dem Meer als rettendem Ufer (Frankreich) die Rede. Der Prinz von Homburg schließlich will nach der Erschütterung im Angesicht des offenen Grabes

---

[49] V.2351.   [50] II,45.   [51] II,76.   [52] II,150.

nichts als auf seine »Güter gehn am Rhein«,[53] in eine Abseitsstellung fern allem Streben nach Liebe und Ruhm.

In all diesen Formen der Entfernung aus der Gesellschaft, von der Verstoßung und der Flucht bis zum einsiedlerischen Rückzug und zum selbstzerstörerischen Abseitsstehn ist auch Kleists eigene Daseinsnot erkennbar: das gejagte, umherirrende Leben des sich aus allen Familientraditionen lösenden, Militärstand und gesellschaftliche Sicherung hinter sich lassenden Dichters, der eben darum – weil er »Versche« machte, wie der königlich-preußische Flügeladjutant Köckeritz schalt – vielfache Demütigungen hinnehmen mußte. Seine Anstalten, sich aus der Welt in ein einsames Alpental zurückzuziehn,[54] und der also wohl stark persönlich gefärbte Plan zu einem Drama ›Peter der Einsiedler‹ stimmen vollkommen zu diesem Gesamtbild einer Gefährdung, deren positive wie negative Möglichkeiten er in der weit ausgreifenden Versuchsanordnung seines Werks durchprobierte, um die Chancen einer Bewältigung zu ermessen. Dies betonen, heißt nicht, wesentliche Elemente von Kleists Werk auf bloß Biographisches reduzieren, sondern eine nähere Begründung der Sensibilität geben, die ihn zur Analyse einer lebensfeindlichen Gesellschaft befähigte.

Der Paria in Kleists Dichtung ist der verfolgte und gequälte Mensch, der Mensch, dem der Prozeß gemacht wird. So richtet sich gegen Josephe im ›Erdbeben‹ »der geschärfteste Prozeß«,[55] Kohlhaas gerät in die Maschinerie eines von der Hofkamarilla inszenierten Prozesses, der Prinz von Homburg muß sich dem Kriegsgericht stellen; und wo nicht ein förmlicher Prozeß stattfindet, da wird er von der menschlichen Umwelt wenigstens bis zur moralischen Verurteilung durchgeführt wie etwa in der ›Marquise von O...‹. Selbst die komisch angstschwitzende Art, wie sich der Richter Adam wider Willen in den Prozeß gegen sich selbst verstrickt,[56] verrät noch etwas von dieser Kleistschen Ursituation, die nicht über dem Interesse für das mit dem Prozeß verbundene analytische Verfahren aus den Augen verloren werden darf.

Der Mensch in der Falle gehört in dieselbe innere Dimension: Ottokar und Agnes in der von Mördern umstellten Höhle, Jeronimo und Josephe im Dominikanerdom, Gustav und Toni in der Mördergrube Congo Hoangos, Kohlhaas in Dresden, wo sich die ihm unter Zusicherung freien Geleits zugewiesene Herberge plötzlich als zuschnappende Falle erweist;

---

[53] V. 1030.
[54] Vgl. den Brief an Wilhelmine vom 10. Oktober 1801 (Nr. 53, II,691–696).
[55] II,144.
[56] Vgl. H. J. Schrimpf, Heinrich von Kleist, Der zerbrochne Krug, in: Das deutsche Drama, hg. v. B. v. Wiese, I, S. 339–362. Schrimpf verschiebt allerdings die innere Proportion des Stücks, indem er dieses Moment ins Zentrum rückt.

Adam in der Falle seiner eigenen Gerichtskanzlei, der in den Sumpf des Teutoburger Waldes gelockte Varus, am gräßlichsten Ventidius im Bärengehege. Diese Situation des Menschen in der Falle steigert das Moment der Angst, das die Prozeßsituation schon kennzeichnet, bis zum Gefühl verzweifelter Ausweglosigkeit und bis zur Panik.

Die höchste Steigerung allerdings bietet erst die Vorstellung vom Menschen vor der Hinrichtung. Sie ist eine Schlüsselvorstellung Kleists wie Kafkas. Gerade auf die Hinrichtung hin inszeniert Kleist, wie noch zu sehen sein wird, mit dem vollen Apparat seiner theatralischen Möglichkeiten nicht nur das Homburg-Drama, sondern auch das ›Erdbeben‹, den ›Kohlhaas‹ und den ›Zweikampf‹. Im ›Findling‹ und im ›Kohlhaas‹ verbindet sich der Schlußeindruck der Hinrichtung mit dem einer ungeheuren Rache des Hingerichteten: beides gehört zusammen.

Das vielfach schauerliche Übermaß der Rache[57] verrät ein bis zur Verzweiflung reichendes Zerwürfnis des einzelnen mit der Gesellschaft. ›Der Findling‹ endet mit dem keineswegs nur als Pointe gedachten Bericht: daß der alte Piacchi seinem Adoptivsohn Nicolo, der ganz wie ein zweiter Tartuffe an ihm gehandelt hat und dabei von der Obrigkeit legalistisch gedeckt wird,[58] »das Gehirn an der Wand« eindrückt und, daraufhin selbst zum Tode verurteilt, auf dem Richtplatz die Entsühnung durch das Abendmahl mit den Worten ablehnt:[59] »Ich will in den untersten Grund der Hölle hinabfahren. Ich will den Nicolo, der nicht im Himmel sein wird, wiederfinden, und meine Rache, die ich hier nur unvollständig befriedigen konnte, wieder aufnehmen!« Diese nach der Dimension von Dantes In-

---

[57] Die Häufigkeit des Rachemotivs konstatiert B. Blume, Kleist und Goethe, in: Heinrich von Kleist, Aufsätze, S. 130–185, S. 165 f., mit der Bemerkung, daß die Rache für Kleist zentral ist, weil sie aus den Verletzungen und Demütigungen des allesbestimmenden »Gefühls« entspringt. – W. Müller-Seidel, Versehen und Erkennen, S. 145–150, sieht die Rache bei Kleist grundsätzlich negativ, als Ausdruck des »Versehens«, und versucht dies an ›Kohlhaas‹ zu demonstrieren. Aber gerade Kohlhaas versieht sich nicht (vgl. S. 100), und auch in den anderen Fällen großer Rachehandlungen (etwa bei Hermann dem Cherusker oder bei dem Neger Congo Hoango) läßt sich weder eine »Verwirrung des Gefühls« noch ein »Versehen« erkennen. Entscheidend ist vielmehr das Gesellschaftlich-Politische als objektiver Grund der in der Rachehandlung mächtig zum Vorschein kommenden Negation.

[58] In diesem Punkt verschärft Kleist auf charakteristische – gesellschaftskritische – Weise das von ihm selbst in der Dichtung genannte Modell des Tartuffe. Während Molière die Obrigkeit im letzten Moment rettend eingreifen läßt, als deus ex machina, wird sie bei Kleist zum öden Vollzugshelfer. Zum genaueren Vergleich des Findlings mit Tartuffe: W. Hoffmeister, Heinrich von Kleists ›Findling‹, in: Monatshefte LVIII, 1966, S. 49–63, auf S. 61 f.

[59] II,214 f.

ferno entworfene Unmöglichkeit einer inneren Versöhnung kommt einem Zerbrechen allen Sinnes gleich. Daß es sich entgegen dem ersten Anschein um einen im Werk selbst gesellschaftlich vermittelten Vorgang handelt, wird bei späterer Gelegenheit zu sehen sein.[60] Auch Kohlhaasens Rachezug und schließlich das Verschlucken des Zettels auf dem Richtplatz ist die nur scheinbar chaotische, in Wirklichkeit verzweifelt weltverbessernde Vernichtungsaktion gegen eine vernichtungswürdige gesellschaftliche Ordnung und deren Repräsentanten.

Der Neger Congo Hoango und Babekan in der ›Verlobung‹ morden aus Rache für die blutige Unterdrückungsherrschaft der Weißen, wenn auch die innere Qualität dieser Rache weit entfernt ist von der Kohlhaasens: Es ist die Rache der Sklaven am Herren, und nur weil sie als Sklaven behandelt worden sind, fällt diese Rache so unmenschlich niedrig und widerwärtig aus. Sie geht mit Lüge, Betrug und Heimtücke zu Werke, während Kohlhaas als offener und erklärter Gegner der bestehenden Ordnung auftritt.

Am intensivsten gestaltet ›Die Hermannsschlacht‹ das Rachethema.[61] Das eigentlich Tragische dieses nicht als Tragödie, sondern als bloßes »Drama« angelegten Stücks wird vom Dichter eher verdrängt als ausgesprochen: die seelische Selbstvernichtung, die den Protagonisten Hermann und Thusnelda bei der Vernichtungshandlung gegen den Feind droht. Die Qualität ihrer Rache steht kaum höher als die des »fürchterlichen alten Negers« Congo Hoango und seiner Gehilfin Babekan. Bis in Einzelzüge ist die Technik der Rache die gleiche. Wie Babekan den verängstigten weißen Flüchtling unter falschen Vorspiegelungen in die Mördergrube lockt, so Thusnelda den Römer in das Gehege, wo ihn die Bärin zerfleischt. Hermann der Cherusker gebraucht Lüge und Betrug in einer nicht minder widerwärtigen Weise, nach dem Grundsatz: der Zweck heiligt die Mittel. In der Tat läßt sich die Befreiung von der aufgezwungenen fremden Ordnung nur so erreichen – eine vorschnelle »moralische« Aburteilung müßte dies mindestens bedenken.

Auch wenn Kleist sich mit der durchsichtigen dichterischen Einkleidung dieses Werkes »in die Mitte der Zeit« stellt,[62] wäre es doch zu bequem,

---

[60] Vgl. S. 177.

[61] Es fällt auf, wie entschieden die Rachethematik im Schlußteil des Dramas verdichtet wird. Vgl. V. 1482 ff., V. 1600 f., V. 1616 ff., V. 1681 ff., V. 1697 ff., V. 1723 ff. (». . . Ist Haß mein Amt und meine Tugend Rache!«), V. 1816 f., V. 1860 ff., V. 2070, V. 2213, V. 2283, V. 2317.

[62] Kleist an Karl Freiherrn von Stein zum Altenstein, 1. Januar 1809 (Nr. 144, II,820); vgl. auch die wichtige Äußerung in Kleists Brief an Collin vom 22.2. 1809: ». . . indem dies Stück mehr, als irgend ein anderes, für den Augenblick berechnet war, und ich fast wünschen muß, es ganz und gar wieder zurückzu-

das politische Tendenzstück – das es zweifellos ist – wie ein illegitimes Produkt aus der Betrachtung seiner Werke auszuschließen. Gerade das alles beherrschende Thema der Rache, des Aufstands gegen eine unterdrückerische Ordnung verbindet es mit dem übrigen Oeuvre. Auch hat der Dichter ähnlich wie im ›Kohlhaas‹, aufgrund der vereinfachenden politischen Absicht nur weniger differenziert, mit der Gefahr gerungen, in die der Mensch gerät, wenn er auf Unrecht und Unfreiheit reagiert. Die praktischen Notwendigkeiten dieser Reaktion drohen ihn selbst zugrunde zu richten. Indem er sie dennoch auf sich nimmt, kommt eine besonders paradoxe Form der Heldentragik zustande. Nicht wie bei Schiller ein Durchleiden und inneres Überwinden, wobei die physische Existenz geopfert, die geistige aber trotz mancher pathosfördernder Anfechtungen durch eine transzendierende Verbindung zum Ideal festgehalten wird, sondern viel furchtbarer: Der Held siegt nur für seine Sache, nicht für sich selbst, indem er zwar überlebt, sich aber innerlich zerstört.[63] Die politische Absicht hat dieses tieferliegende Element allerdings zurückgedrängt.

Unter dem Aspekt der Gefährdung des eigenen Wesens durch Rache bietet schließlich die ›Penthesilea‹ die weitesten, weil über den Bereich des Individuellen hinaus in den des Geschichtlich-Allgemeinen reichenden Folgerungen. Die Rache wird in ihrem Reaktionscharakter grundsätzlich problematisch. Denn wichtig ist neben der fundamentalen Tatsache der verkehrten amazonischen Ordnung vor allem die Weise, wie sie entstanden ist: nicht allein durch Abschütteln des tyrannischen Männerjochs, sondern durch die sich in der Rachehandlung zerstörerisch verfestigende Haltung bloßer Reaktion. Das überlieferte drastische Hauptmerkmal der Amazonen, die abgerissene Brust, wurde für Kleist zum Symbol ruinöser Denaturierung. Ist schon die erörterte Einbeziehung des Mythos für das Stück wesentlich, so auch die besondere Ausführlichkeit der Darstellung, denn nur so wird die Übertragung des sonst auf Einzelpersonen konzentrierten Rache-Motivs mit allen Voraussetzungen und Implikationen auf eine ganze Gesellschaft deutlich. Und wie sonst, kommt es Kleist hier darauf an, die zerstörerisch ins eigene Innere gerichtete Dynamik solcher Re-

---

nehmen, wenn die Verhältnisse, wie leicht möglich ist, nicht gestatten sollten, es im Laufe dieser Zeit aufzuführen.« (Nr. 145, II,821 f.).

[63] Vgl. das mehrfach angeschlagene Thema der Barbarei: für Hermann V. 2205 ff.; für Thusnelda, noch eindringlicher, V. 2317–2320: »...Die Rache der Barbaren sei dir fern! / Es ist Ventidius nicht, der mich mit Sorg erfüllt; / Du selbst, wenn nun die Tat getan, / Von Reu und Schmerz wirst du zusammenfallen!« Thusneldas Tat ist allerdings nicht politisch motiviert, sondern persönliche Reaktion. Kleist selbst hat sie in einer Äußerung gegenüber Dahlmann mit psychologischen Kategorien charakterisiert. Vgl. S. 109 Anm. 13.

aktionsprozesse zu zeigen. Doch geht die Penthesilea-Tragödie insofern über die anderen Dichtungen hinaus, als sie diesen Reaktionsprozeß mit der Kleistschen Kunst, dramatische Vorgänge rechnerisch konsequent auf ihr Maximum zu steigern, in die zweite Potenz erhebt, wo der kraftvoll empfindende einzelne gegen den ihn umklammernden Reaktionsmechanismus wiederum reagiert, dabei wiederum das verderbliche Übermaß der Reaktion entwickelt und zugleich noch im Alten gefangen bleibt. So entstehen die sich ebenso präzise herleitenden wie tumultuarisch sich abspielenden Komplikationen, die schließlich, nach dem äußersten Furioso, sich nur noch darin lösen können, daß die Heldin um »die Ruine ihrer Seele« weint.[64] Wenn überhaupt, dann liegt Schicksalhaftes in der von Kleist mit soviel Faszination verfolgten, dramatisch als Zwangsläufigkeit gestalteten inneren Zwanghaftigkeit des Reagierens.

---

[64] ›Penthesilea‹ V. 2789. Vgl. zu dieser wichtigen Vorstellung Kleists Brief an Pfuel vom 7. Januar 1805: ». . . Erhalte Dir die Ruinen Deiner Seele, sie sollen uns ewig mit Lust an die romantische Zeit unsres Lebens erinnern.« (Nr. 86, II,750).

II. Regie

1. Physiognomik

Ist ›Der zerbrochne Krug‹ ein niederländisches Tableau,[1] die ›Penthesilea‹ ein wogendes Schlachtengemälde, mündet der ›Homburg‹ in eine romantische Oper aus? Daß Kleists dichterische Einbildungskraft reich ist und sich gelegentlich zu höchster Intensität steigert, erhellt schon aus seinem gesprochenen Wort. Sowenig der Diktion das Pathos mangelt und so fern dem dramatischen Dialog das thesenhaft kühle Spiel steht, sowenig deuten die Regie-Anweisungen, nach Zahl und Art, auf eine klassizistische Dämpfung[2] oder auf eine zur Generalisierung und Typisierung tendierende Reduktion von Mimik, Gestik, Beleuchtung, Geräuschkulisse und Szenenbild. Andererseits gibt es keine wuchernde, keine üppige Regie, die den einzelnen Auftritt über ein ausgeprägtes Eigendasein hinaus zum Sonderdasein anreichern und ausrunden würde. Kennzeichnend scheint vielmehr eine Plastizität, die ganz unter dem Diktat der Funktionalität steht, ihren funktional definierten Erscheinungsraum aber intensiv füllt. Kleist als Regisseur ist der strenge Anordner seiner Versuche. Im Rahmen der Versuchsanordnung aber ist alles Schau-Spiel, es gibt »keine grauen Stellen, wie sie für die ganz großen Autoren so bezeichnend sind«.[3] Jedes Sein wird Erscheinung, und jeder Zustand verwandelt sich in Bewegung.

1.1. Die Einheit des dramatischen und des erzählerischen Werks

Die beste Auskunft im einzelnen gewähren nicht Kleists Dramen, sondern seine Erzählungen. Dies ist nur scheinbar paradox, denn die Erzählungen

---

[1] F. Gundolf, Heinrich von Kleist, S. 72, sieht im ›Zerbrochnen Krug‹ nur eine Übung »in holländischer Kleinmalerei und gelassener Wirklichkeitsnähe«.
[2] Den Begriff der Dämpfung wendet K. Vossler aufschlußreich auf Racine an (K. Vossler, Racine, 1926).
[3] Carl Jacob Burckhardt über Kleist an Hugo v. Hofmannsthal, 30. August 1924 (Sembdner, Nachruhm Nr. 683).

können all das ins Wort bringen, was das ohne die erzählerische Vermittlungsebene auskommende Drama durch die Hilfskonstruktion der Regie-
Anweisungen bloß anzudeuten vermag. Dieser Rückgriff auf die Erzählungen ist um so berechtigter, als Kleist sie nach den inneren Gesetzen seiner
Dramen formt. Selbst die dramatischen und erzählerischen Großstrukturen
gleichen sich weitgehend.[4] Im einzelnen geben schon die ungewöhnlich
vielen Dialoge in indirekter sowohl wie in direkter Rede und die intensive Ausarbeitung der szenischen Komponente in den Erzählungen deut-
liche Hinweise. Die briefliche Mitteilung Brentanos an Achim von Arnim
vom 10. 12. 1811, Kleist habe es als grenzenlos demütigend empfunden,
»sich vom Drama zur Erzählung herablassen zu müssen«,[5] läßt sich durch
die Feststellung ergänzen, daß Kleist seine Erzählungen dafür bis zum
Äußersten dramatisiert hat. Die erste der Erzählungen, das ›Erdbeben‹,
trug ursprünglich[6] den bezeichnenden Untertitel: ›Eine *Szene* aus dem
Erdbeben zu Chili‹. Zeitlich ist die Arbeit an den großen Dramen und die
Arbeit an den Erzählungen nicht zu trennen.

Einer solchen Annäherung des dramatischen und des erzählerischen
Werks unter dem Gesichtspunkt des dramatischen Stils widersprechen die
Forschungen, die das Charakteristikum der Erzählungen im »Chronik-
stil« sehen.[7] Indessen handelt es sich bloß um eine chronikalische Färbung,

---

4 Vgl. S. 106 ff., 121 f., 148 ff.

5 Brentano an Arnim, 10. 12. 1811 (Sembdner, Nachruhm, Nr. 73a).

6 Der Erstdruck erschien in Cottas ›Morgenblatt für gebildete Stände‹, Nr. 217–
221, 10.–15. September 1807 unter dem Titel: ›Jeronimo und Josephe. Eine
Szene aus dem Erdbeben zu Chili vom Jahre 1647‹.

7 Einen spezifischen Chronikstil glauben zu erkennen: G. Minde-Pouet, Heinrich von Kleist, Seine Sprache und sein Stil, 1897; M. Kommerell, Die Sprache
und das Unaussprechliche, Eine Betrachtung über Heinrich von Kleist, in:
Geist und Buchstabe der Dichtung, 5. Aufl. 1962, S. 303. Dagegen stellen dramatischen Stil auch in den Erzählungen fest: E. Staiger, Heinrich von Kleist,
›Das Bettelweib von Locarno‹, Zum Problem des dramatischen Stils, in: Heinrich von Kleist, Aufsätze . . ., S. 113–129; F. Beißner, Unvorgreifliche Gedanken über den Sprachrhythmus, in: Festschrift für Paul Kluckhohn und Hermann Schneider, 1948, S. 427–444. – Ch. E. Passage, Michael Kohlhaas, Form
Analysis, GR 30, 1955, S. 181–197, arbeitet zwar das dramatische Aufbau-
gesetz der Kohlhaas-Erzählung heraus, betont aber (S. 196 f.) Eigenheiten des
Chronikstils im einzelnen, um mit der Feststellung zu schließen (S. 197):
»Upon all of these a special degree of effort was expended to insure an
authentic sixteenth-century tone and manner.« – W. Müller-Seidel, Die Struktur des Widerspruchs . . ., S. 244 f., erklärt die isolierende Stilbeschreibung,
die sowohl zur Feststellung eines dramatischen Stils als auch eines Chronikstils
führt, für prinzipiell ungeeignet zu einer gültigen Charakterisierung und fordert statt dessen die Untersuchung nach Gesichtspunkten, »die das Ganze der
Dichtung umfassen« (S. 245); ähnlich in ›Versehen und Erkennen‹, S. 25 f.

um ein äußerliches Beiwerk der Chronistenmaske, in welcher der dramatische Erzähler Kleist seine Ziele verfolgt. Kann man den Firnis von steifleinener und archaisierender Amtssprache, den die Wendungen »peremtorisch«, »Okularinspektion«, »Gubernal-Resolution« oder die Schein-Authentizität ›wörtlich‹ zitierter Schriftstücke tragen, im Ernst als ›Stil‹ bezeichnen? Wohl gibt es auch tiefer gehende Züge wie die chronistenhafte Zurückhaltung in der Beurteilung des »berichteten« Geschehens. Aber eine nähere Untersuchung führt zu dem Ergebnis, daß dies nicht die echte Zurückhaltung eines mit ruhigem Blut schreibenden Chronisten, sondern im Gegenteil eine die Chronistenrolle übergreifende, vollendet dramatische Entlarvungstechnik ist.[8] Man wird also das Chronikalische in Kleists Erzählungen als rollenhafte Verfremdung verstehen müssen, nicht als Stil, sofern damit der dem Horizont des Erzählers entspringende Ausdruck gemeint ist. Nichts beweist dies deutlicher als die Stilisierung des Lutherschen Sendschreibens an Kohlhaas.[9]

Es bleibt noch Kommerells Feststellung zu erörtern, Kleists Drama unterscheide sich von seinem erzählerischen Werk durch die reichlich verwendete Pantomime, durch das differenzierte Spiel der Mienen und Gebärden. Kommerell gewinnt daraus geradezu die Definition des »Chronikstils«: »Kleist erfaßt ihn als die Armut an Gebärden«, und folgert: »Darum würde man nie an der sprachlichen Eigenart in diesen Novellen den Verfasser der Dramen erraten, sondern nur an der Gleichheit von Motiven«.[10] Diese Behauptung, ein Angelpunkt der bekannten Abhandlung Kommerells, steht in einem erstaunlichen Widerspruch zu den Tatsachen. Mimik und Gestik sind, wie im folgenden zu sehen sein wird, auch in Kleists Erzählungen von größter Wichtigkeit. Der Erzähler Kleist bedient sich dieser physiognomischen Mittel so intensiv wie der Dramatiker, und gerade dies ist ein Kennzeichen seines zum Dramatisch-Unmittelbaren drängenden Erzählens: nie gebraucht er sie zur epischen Schilderung, sondern immer zur Darstellung dramatischer Vorgänge.

1.2. Die allgemeine Funktion der Physiognomik

Nicht zufällig war die Erstaufführung der ›Penthesilea‹ am 23. April 1811 eine – allerdings auf einzelne Teile beschränkte – pantomimische Darstellung.[11] Immer schon hat es als eine Besonderheit Kleists gegolten, daß er

---

8 Vgl. die schon genannte Abhandlung von R. M. Müller und die Ausführungen auf S. 181 ff. dieser Arbeit.

9 Vgl. die Analyse S. 182.

10 Kommerell S. 303.   11 Vgl. Sembdner, Lebensspuren, Nr. 489a–e.

der Mimik und Gestik seiner Gestalten höchste Bedeutung zumißt.[12] Seine unverwechselbar ausgeprägte Eigenart erlaubt es, von einer vollendeten physiognomischen Kunst zu sprechen – physiognomisch, weil sie nirgends nur belebende Zutat ist, sondern immer aufhellende oder kennzeichnende Funktion besitzt. Nie ist die Mimik bloßes Mienenspiel, nie die Gestik bloßes Gestikulieren. Oft bemerkt worden sind die Ohnmachten und das Erröten als Kleists bevorzugte und stärkste mimische Ausdrucksmittel. Die Häufigkeit, mit der er sich ihrer bediente, läßt gelegentlich den Eindruck eines Arbeitens mit festen Versatzstücken entstehen, das ihm auch in anderen Bereichen nicht fremd ist. Von eigentlichem Interesse aber ist die differenzierte physiognomische Kunst, die nicht nur starke Gefühlsströme bloßlegt, sondern Stände, Charaktere, Situationen zur sprechenden Erscheinung werden läßt, verborgene Taten, geheime Pläne und Intrigen ans Licht bringt, Verhältnissen und Menschen auf ihren wahren Grund geht, dramatische Abläufe auf einen Gesamtsinn hin durchsichtig macht und damit Erkenntnisse und Wertungen erzielt, ohne sie begrifflich aussprechen zu müssen. Dieser Rückzug aufs Phänomen, auf den Standpunkt eines scheinbar neutralen Beobachters und Berichterstatters wird durch die immer wieder hervorgehobene Chronistenrolle noch ausdrücklich insinuiert. In einer für die zeitgenössische Literatur ungewöhnlichen Weise ist damit der Leser gegenüber dem Text in eine ganz auf Erkenntnis kon-

---

[12] Ein positivistisches Sortiment der verschiedenen mimischen und gestischen Einzelheiten gibt O. Fischer, Mimische Studien zu Heinrich von Kleist, in: Euphorion 15, 1908, S. 488–510, S. 716–725; Euphorion 16, 1909, S. 62–92, S. 412–425, S. 747–772. Vgl. ferner J. Bathe, Die Bewegungen und Haltungen des menschlichen Körpers in Heinrich von Kleists Erzählungen. Diss. Tübingen 1917; R. Baumann, Studien zur Erzählkunst Heinrich von Kleists, Diss. Hamburg 1928, S. 50 ff.; W. von Einsiedel, Die dramatische Charaktergestaltung bei Heinrich von Kleist, besonders in seiner ›Penthesilea‹, Germ. Studien 109, 1931. Einsiedel arbeitet die hier nicht näher untersuchte, interessante »Spiegelungstechnik« heraus, wo eine dramatische Person Gestik und Mienenspiel einer andern in ihrer Rede spiegelt. Dann: M. Kommerell, Die Sprache und das Unaussprechliche, passim, mit der oft wiederholten, aber nur sehr eingeschränkt zutreffenden Festellung, daß Kleist dort Mienen und Gesten sprechen lasse, wo die Sprache versagt; im Gefolge Kommerells D. Steinbach, Die dramatische Gestaltformel Heinrich von Kleists, Diss. Tübingen 1959, S. 129–164; Erika Kultermann, Die Bedeutung der Pantomime in den Dramen Heinrich von Kleists, in: Maske und Kothurn 3, 1957, S. 70–81; vgl. ferner A. S. Wensinger, An Introduction to the Problem of »Gesture« in Heinrich von Kleist and his Works, Diss. Michigan 1959 (Dissertation Abstracts, Vol. 20, 1959, S. 1797); als bloße Bestandsaufnahme wieder Th. Scheufele, Die theatralische Physiognomie der Dramen Kleists, Untersuchung zum Problem des Theatralischen im Drama, Diss. Wien 1966, S. 120–165.

zentrierte Selbständigkeit eingesetzt.[13] Sie wird durch das Anlegen falscher
Fährten und den Gebrauch labyrinthischer Mehrdeutigkeiten zur höchsten
Aktivität angespornt.

Wenn sich Kleist mit seiner physiognomischen Kunst von der in der
Literatur noch weithin geltenden moralisierenden Umständlichkeit und
von den lange nachwirkenden lehrhaften Zügen der Aufklärung entfernt,
so findet er andererseits als einziger die intensive künstlerische Gestalt für
ein zeitgenössisches Hauptanliegen, dessen theoretische Bearbeitungen ihm
nicht unbekannt sein konnten. In den Jahren 1775–1778 waren Lavaters
›Physiognomische Fragmente‹ erschienen, an denen Goethe starken Anteil
nahm: Sie leiten eine Epoche gestalthaften, individuellen Sehens ein. Im
Jahr 1778 hatte Lichtenberg seine Schrift ›Über Physiognomik‹ veröffent-
licht. Daß die Beschäftigung mit Physiognomik noch in den Jahren blühte,
in denen Kleist seine Werke schuf, davon zeugen J. J. Engels 1804 in zwei
Bänden herausgegebene ›Ideen zu einer Mimik‹, die auch die Möglichkeiten
der Pantomime ausführlich erörtern, und nicht zuletzt Hegels ›Phänome-
nologie des Geistes‹, die 1807 – ein Jahr vor der ›Penthesilea‹ – erschien
und in der Rubrik ›Beobachtende Vernunft‹ der Physiognomik einen eigenen Abschnitt widmet.

---

[13] Dieser Zug ist deshalb den Kritikern des 19. Jahrhunderts besonders aufge-
fallen, die den alleswissenden und von seinem Wissen reichlich Gebrauch ma-
chenden Autor gewohnt waren, nicht zuletzt den wertenden Autor. So schreibt
schon Wilhelm Grimm in der Halleschen Allgemeinen Literaturzeitung vom
14. Oktober 1812: »... So wie der Verfasser nirgends moralisiert, so ist er
auch von der zurechtweisenden, die Person oder gar die Subjektivität des
Dichters einmischenden Manier durchaus frei; er tritt nirgends vor, macht dem
Leser nirgends mit seiner Person zu schaffen (außer in einigen Übergängen, die
aber nichts, als dem alten Chronikstil nachgeahmte Redensarten ohne alle
weitere Bedeutung sind); überall läßt er seine gediegene ansprechende Darstellung selbst reden.« (Sembdner, Nachruhm, Nr. 652a, S. 624). – Julian
Schmidt, noch eher im Zeitgeschmack befangen, bemerkt in seiner 1853 erschienenen ›Geschichte der deutschen Nationalliteratur‹: »Er vermeidet mit einer
gewissen Ängstlichkeit jedes Durchscheinen seiner Subjektivität...« (Sembdner, Nachruhm, Nr. 672), während wenige Jahre später, 1859, Saint-René
Taillandier in der Revue des deux mondes den ›Kohlhaas‹ mit dieser Begründung als eines der besten Beispiele deutscher Dichtung rühmte: »... Im übrigen
keine Reflexion; die Dinge sprechen durch sich selbst, die Akteure sind auf
der Bühne (von der ›Kohlhaas‹-Erzählung gesagt!), die Ereignisse folgen sich,
die Charaktere entwickeln sich mit einer lebendigen und zwingenden Logik;
die sich ergebenden Konsequenzen entstehen in unserem Geist, ohne daß der
Autor sie uns aufdrängt...« (Sembdner, Nachruhm, Nr. 674). – In der neueren Forschungsliteratur ist W. Kayser, Kleist als Erzähler (1954/55), jetzt in:
Heinrich von Kleist, Aufsätze..., S. 230–243, dieser Eigenheit des Erzählers
Kleist nachgegangen.

1.3. Typisierende Physiognomik und deren Begründung in der »Sphäre«

Der in der literarischen Tradition am meisten verwurzelte Gebrauch der Physiognomik dient der Konturierung des Standes. Das Kabinettstück hierfür bietet der ›Kohlhaas‹ mit dem Auftritt des Abdeckers von Döbbeln. Durch eine einzigartige Pantomime kennzeichnet Kleist nicht nur den zu den klassischen »unehrbaren« Berufen zählenden Stand des plebejischen outcast in dieser seiner ordinären Unehrbarkeit. Mit innerer Logik folgert er aus ihr auch eine spezifische Unehrerbietigkeit. Er benutzt also das Paradox eines unanständigen Standes, um von außen, was in diesem Fall auf demütigende Weise auch: von unten heißt, den junkerlichen, nur auf Orden und Privilegien beruhenden, und daher, wie sich zeigt, gar nicht standfesten Stand von Kohlhaasens Widersachern (als Allerweltsjunker heißen sie ironisch »Hinz« und »Kunz«) zuschanden zu machen. Daß der Junker in der Auseinandersetzung mit dem Abdecker tatsächlich nur auf die Wirkung seiner Orden und Privilegien vertrauen kann, wird durch eine zweimalige Geste deutlich. Zu Beginn der Auseinandersetzung (II,58): »Herr Kunz, der Kämmerer, einen Blick sprachlosen Grimms voll auf ihn werfend, der, wenn er von Eisen gewesen wäre, ihn zerschmettert hätte, trat, indem er *seinen Mantel, Orden und Kette entblößend, zurückschlug,* zu dem Abdecker heran, und fragte ihn: . . .«; und noch einmal, nach dem Hauptakt der unanständigen Szene (II,59 f.): ». . . so trat der Kämmerer, Vater und Mutter, die ihn geboren, verfluchend, *indem er sich den Mantel zurückschlug,* gänzlich unwissend, was er zu tun oder zu lassen habe, aus dem Haufen des Volks zurück.«

Wie alle besonderen Höhepunkte ist die Abdecker-Episode dialogisiert und vollständig inszeniert. Die Zuschauer fehlen sowenig wie der Hinweis auf das »Schauspiel«.[14] Charakteristisch für die eigentliche Kernszene[15] ist nicht nur die mimische und gestische Gestaltung, sondern auch deren dramatische Steigerung. Die Aufführung des Abdeckers ist nicht gleichbleibend Schindermanier. Sie bewegt sich Zug um Zug auf den Akt des vollkommenen Skandals zu. Zuerst hantiert der Mann in aller Umständlichkeit mit dem Eimer, um den Gaul zu tränken, nach der Tränkung schüttet er den Rest Wassers auf die Straße, dann spreizt er die Beine, zieht sich die Hosen in die Höhe . . . Wichtig ist hier vor allem, daß Kleist in der mimischen und gestischen wie in der allgemeinen sprachlichen Darstellung vom Prinzip der spezifischen *Sphäre* ausgeht. Die spezifische Sphäre wird konstituiert durch die konsequente Beschränkung auf eine ganz bestimmte,

---

14 II,58.
15 II,58 f.

eng umgrenzte Lebens- und Vorstellungsart im Rahmen einer meistens beruflich definierten und reich mit charakteristischen Requisiten ausgestatteten Sonderwelt. Damit erzielt Kleist eine in seiner Zeit nur ihm eigene, alles sogenannte »Realistische« weit überholende Dichte. Aus dem ›Zerbrochnen Krug‹, aber auch aus mehreren Anekdoten läßt sich erschließen, daß er dieses Verfahren methodisch reflektierte und es durch konsequente Übersteigerung oder durch Übertragung der auf eine spezifische Sphäre beschränkten Vorstellungen in andere Bereiche als Mittel zur Erzeugung von Komik oder groteskem Witz benutzte.[16] In der ›Anekdote aus dem letzten Kriege‹[17] beruft er sich für dieses Verfahren ausdrücklich auf Shakespeare. Die Geschichte eines Tambours, der auf eigene Faust Krieg gegen die Franzosen führt, gefangen wird und als letzten Wunsch vor der Exekution äußert: die Franzosen möchten »ihn in den ... schießen, damit das F... kein L... bekäme« – diese drastische Anekdote beschließt Kleist mit dem aufschlußreichen Kommentar: »Wobei man noch die Shakespearesche Eigenschaft bemerken muß, daß der Tambour mit seinem Witz, aus seiner *Sphäre* als Trommelschläger nicht herausging.«

---

16 Den übermütigsten, allerdings nicht mimisch und gestisch akzentuierten Gebrauch dieses Kunstmittels zeigt der ›Neujahrswunsch eines Feuerwerkers an seinen Hauptmann, aus dem siebenjährigen Kriege‹ (II,274), in dem es unter anderem heißt: »Es müsse meinem Hochgeehrtesten Herrn Hauptmann weder an Pulver der edlen Gesundheit, noch an den Kugeln eines immerwährenden Vergnügens, ... weder an Karkassen der Gemütsruhe, noch an der Lunte eines langen Lebens ermangeln...« Die volle Wirkung stellt sich erst durch die konsequente Fortsetzung ein, die hier in ihrer ganzen Ausführlichkeit nicht zitiert werden kann: durch die scheinbar unbeschränkte Anwendungsmöglichkeit einer doch sehr beschränkten Vorstellungskraft, die in der Usurpation aller Lebenswerte und -bereiche durch eine Fachsprache gipfelt. So schließt dieses Kleistsche Sprachfeuerwerk: »ich ... dringe mit aufgepflanztem Bajonett meiner ergebensten Bitte in das Bataillon Quarré Ihrer Freundschaft ein, um dieselbe zu forcieren, daß sie mir den Wahlplatz Ihrer Gewogenheit überlassen müsse, wo ich mich zu maintenieren suchen werde, bis die unvermeidliche Mine des Todes ihren Effekt tut, und mich, nicht in die Luft sprengen, wohl aber in die dunkle Kasematte des Grabes einquartieren wird...« Nach demselben Verfahren ist Frau Marthes Krugbeschreibung angelegt. Nur die Vorzeichen sind umgekehrt, insofern die Krugbeschreibung nicht eine aufs Ganze drängende Sonderwelt, sondern eine ins Spezifische abgerutschte Totalität darstellt.
Nicht minder komisch wirkt die psychologische Umwendung des Schemas, die sich der präzise experimentierende Kleist nicht hat entgehen lassen. In der Anekdote ›Der Branntweinsäufer und die Berliner Glocken‹ (II,267 f.) hört der ganz in seiner durstigen »Sphäre« lebende Branntweinsäufer selbst noch aus dem Glockengeläut die würzigen Namen der geliebten Schnäpse.

17 II,268.

1.4. Charakterisierende Physiognomik

Während die mehr gattungsbezogene, typisierende Physiognomik, die der plastischen Herausarbeitung ständischer, gesellschaftlicher und besonders auch volkstümlicher Eigenheiten dient, von farbiger Ausführlichkeit sein kann, reduziert Kleist die individuelle, charakterisierende Physiognomik meist auf einige kurze, scharf konturierende Striche. So entstehn vollendete Abbreviaturen: Wesensformeln. Entscheidendes blitzt in Momentaufnahmen auf. Den im sächsischen Staatsrat gegen Kohlhaas diplomatisch und dienerhaft intrigierenden Kammerjunker Kunz stellt eine einzige Geste bloß. Im kritischen Moment versucht er die Mitglieder des Staatsrates zu gewinnen, indem er »Stühle von der Wand« nimmt »und auf eine verbindliche Weise ins Zimmer« setzt;[18] und die Darlegungen, die der Mundschenk Hinz macht, »indem er den Finger an die Nase« legt,[19] sind schon durch diese unwillkürliche Bewegung als Rabulistik desavouiert. Im ›Findling‹ verrät Nicolo durch einen einzigen, wie nebenbei bemerkten Zug seine kümmerlich-seelenlose Brutalität: während der alte Piacchi um den toten Sohn weint, knackt der soeben an Sohnes Statt Angenommene Nüsse.[20]

Bekanntlich hat Kleist seine letzte Erzählung, den ›Zweikampf‹, nach einer Geschichte aus Froissarts Chronik frei ausgestaltet. Eine Zwischenstufe bildet der anekdotisch kurz gefaßte Abendblatt-Beitrag mit dem Titel ›Geschichte eines merkwürdigen Zweikampfs‹.[21] Aus dem Übeltäter, der die ganze Handlung erst in Gang setzt, in der Anekdote noch »Jakob der Graue« genannt und Verbrecher aus erotischer Leidenschaft, macht die Erzählung einen heimtückischen Brudermörder. Kleist kommt es deshalb auf die Darstellung von Betrug und Heimtücke an. Mit einer einzigen physiognomischen Änderung schon, mit dem ersten Strich stimmt er den Leser auf dieses Ziel ein. Aus »Jakob dem Grauen« wird »Jakob der Rotbart«. Und die für Rotbarts Alibi entscheidende Verlautbarung versieht der Dichter mit einer gestischen und mimischen Zurüstung, welche die volkstümliche Verdächtigkeit der Rothaarigen ganz zur Geltung bringt:[22] »›Edle Herren!‹ und damit stützte er seine Hände auf das Geländer, und schaute aus seinen kleinen blitzenden Augen, von rötlichen Augenwimpern überschattet, die Versammlung an...« Die »rötlichen Augenwimpern« leisten mindestens soviel an Verdachtserregung wie der Sprachgestus – die geschwollene, bis zum Posaunenruf des Jüngsten Gerichts ausholende Rhetorik der nun folgenden Auslassungen Rotbarts. Neben der Dominikanerpredigt im ›Erdbeben‹ und dem Sendschreiben Lu-

---

[18] II,51.   [19] II,52.   [20] II,200 f.   [21] II,288–291.   [22] II,234.

thers an Kohlhaas[23] gibt diese Rhetorik der Lüge eines der intensivsten Beispiele für sprachliche Selbstentlarvung in Kleists Werk und damit für die hohe mimetische Qualität seiner Sprache. Sie reicht so weit, daß nicht nur, wie oft bemerkt worden ist, die Sprachform die Aussage in vollkommener Mimesis zu decken, sondern daß sie umgekehrt die Aussage sogar zu dementieren und die verdeckte Wahrheit ans Licht zu bringen vermag.

Neben der punktuell scharf zupackenden Physiognomik kennt Kleist auch eine großflächige Art der Charakterisierung. Er verfährt dabei nach der für seine Kunst grundlegenden Technik der Gegenbilder.[24] So werden Graf Jakob der Rotbart und Friedrich von Trota durch ihre Kampfesweise charakterisiert.[25] Seinem Wesenszug der Treue und Standhaftigkeit gemäß neigt Friedrich von Trota zu einem bewegungsarmen, aber kraftvollen Kampf, während sein tückischer Gegner behend und taktisch einfallsreich operiert. Schon in der ›Penthesilea‹ hat Kleist dieses Mittel angewandt: Charakterisierung der Kämpfer durch die Art ihres Kampfes. Penthesilea und Achill enthüllen noch vor ihrem eigentlichen Bühnenauftritt im teichoskopischen Kampfbericht der Griechen ihr Wesen: wie Penthesilea in rasender Fahrt dahinstürmt, kein Hindernis achtend, keine natürliche Grenze anerkennend, ohne kluge Berechnung und deshalb sich bei der ersten scharfen Wendung überschlagend; und dagegen Achill, kraftvoll, aber mit wohlüberlegter Strategie. Der ganze, in großen Bildern entworfene Kampf ist in diesem Sinne mimetisch, vollendete Physiognomie der Hauptgestalten und damit eine ideale Exposition.

Im ›Erdbeben‹ benutzt Kleist das Erleben eines und desselben Naturgeschehens durch zwei Menschen, um deren verschiedene Wesensart darzustellen. Gerade die vollkommene Vergleichbarkeit der Reaktionen Jeronimos und Josephes auf das Erdbeben gibt dieser Charakteristik ihren festen Kontur. Solches Verfahren gehört in den Bereich jener indirekten, ins Erscheinungshafte zurückverlegten Erkenntnis, die auf begriffliches Sprechen verzichten kann. Das Paradoxe dieser indirekten Kunst, die dem Leser eine höhere Souveränität zubilligt, liegt in der direkten Wirkung. Zugleich wird deutlich, daß Kleist, der sich nicht bei jeder Gelegenheit auf den Standpunkt des alleswissenden Erzählers stellt, seine Kunstmittel nicht allein zur dramatischen Verstärkung des Ausdrucks, sondern auch zur Verhütung allzuschneller Eindeutigkeiten anwendet. Das Geschehen verkürzt sich nicht sofort zur benachrichtigenden Information, sondern schwebt noch einen Augenblick in der Deutungsfülle des Phänomens. Wie diese poetische Verfahrensweise selbst ein Ausdruck experimentellen Denkens ist, so fordert sie den Betrachter zu vergleichenden und sichernden

---

[23] Vgl. S. 96 und S. 182.   [24] Vgl. S. 125 ff.   [25] II,246.

Feststellungen heraus. Die Analyse der Konstellationsformen wird hier besonders wichtig, denn erst die Erkenntnis von Relation und Proportion ermöglicht Definitionen des Inhalts.

Jeronimos sprunghaftes Verhalten im Chaos der Naturkatastrophe besteht aus bloßer Reaktion auf die andrängenden Ereignisse. Besinnungslos wechselt er von Freude zu Schmerz, indem er jedes einzelne Erlebnis im Augenblick des Betroffenseins absolut nimmt. Er neigt daher in hohem Maße zur Illusion. Seine innere Diskontinuität und Desorientierung verrät, wie gefährdet, wie hilflos an die Welt ausgeliefert er ist. Geradezu paradigmatisch verkörpert er *eine* Form der von Kleist gesehenen grundsätzlichen Daseinsweisen. Josephe dagegen, die demselben Ansturm entfesselter Elementargewalten ausgesetzt ist, sinkt trotz aller Schwächeanfälle nie in »tiefste Bewußtlosigkeit«. In keinem Moment verliert sie ihre innere Kontinuität. Wo sich Jeronimo dem Taumel hingibt, dort beweist Josephe Haltung. Der Erzähler wird nicht müde, auf die letzte Ursache dieser Haltung und Gehaltenheit immer von neuem hinzuweisen: auf Josephens Mutterschaft.

Das ›Erdbeben‹ hat die größte Dichte und zugleich Spannweite in den Möglichkeiten charakterisierender Physiognomik. Neben der dargestellten großflächigen Technik der Gegenbilder kennt es auch die punktuell konzentrierte Physiognomik, die aber leitmotivisch [26] die Gesamtheit der Erzählung rhythmisiert und damit strukturbildend wirkt. So versammelt der Erzähler in einer einzigen, fünfmal und jedesmal mit steigender Intensität wiederholten Geste alle innere Energie: Don Fernando reicht Donna Josephe den Arm.[27] Darin drückt sich ein Edelmut aus, der nicht nur die Voreingenommenheiten der Gesellschaft nicht teilt, sondern selbst den aussichtslosen Kampf gegen den Angriff dieser Gesellschaft wagt. »Don« Fernando ist der einzige wahrhaft Adlige in einer durch Standesvorurteile zu falscher Moral depravierten Umwelt: weil ihn der Adel des Herzens, des mitmenschlichen Gefühls auszeichnet. Die immer wieder hervorgehobene Geste, wie er seiner »Dame« Josephe den Arm reicht, ist die Formel seines Wesens.

1.5. Dramatische Funktionen

In seinem dramatischen Grundelement zeigt sich der Erzähler Kleist, wo Mimik und Gestik Zug um Zug verborgene Taten aufdecken oder offene Handlungen zum Maximum steigern. Das eindrucksvollste Beispiel für die

---

[26] Zu diesem Gesichtspunkt ausführlicher S. 95 ff.
[27] Sammlung der Textstellen S. 97.

Offenlegung eines verborgenen Tatbestands bloß durch verräterische Mimik und Gestik gibt ›Die Marquise von O . . .‹. Bekanntlich wird der Verfehlung des Grafen während der Bewußtlosigkeit der Marquise mit keinem Wort gedacht. Ein Gedankenstrich bezeichnet die entscheidende, erst im Nachhinein erkennbare Lücke.[28] Aber Kleist alarmiert den Leser zunächst mit dem drastischen Hinweis, daß der Graf »sehr erhitzt im Gesicht« aus dem Hause tritt. Dann folgt eine Verhaltensstudie. Sie erhält ihren Reiz gerade dadurch, daß sie alle begründenden Aussagen über das Motiv des dargestellten sonderbaren Verhaltens ausspart. Die gesamte Aufführung des Grafen, auch wo sie nicht Mimik und Gestik im engeren Sinn ist, gerät zum physiognomisch entlarvenden Ausdruck. Er stürzt sich »mit einiger Eilfertigkeit« in den Kampf, dämmt die Feuersbrunst ein – man ahnt, daß es seine eigene ist und spürt zugleich den unbeholfenen Drang zum Wiedergutmachen – und leistet »hierbei Wunder der Anstrengung . . . Bald kletterte er, den Schlauch in der Hand, mitten unter brennenden Giebeln umher, und regierte den Wasserstrahl; bald steckte er, die Naturen der Asiaten mit Schaudern erfüllend, in den Arsenälen, und wälzte Pulverfässer und gefüllte Bomben heraus.«[29] Schließlich, auf der nächsten Stufe der auch in diesem Fall dramatisch ausgearbeiteten Eskalation, heißt es, daß er »über das ganze Gesicht rot« wird,[30] als man ihn nach den Namen von Marodeuren fragt, und »in einer verwirrten Rede« sie nicht erkannt zu haben behauptet. Dann erst folgt der letzte Informationsstoß, durch die Überlieferung seiner Worte im Augenblick der Todesgefahr: »Julietta! Diese Kugel rächt dich!«[31]

Diese Darstellung bringt nicht nur die Tat des Grafen ans Licht, ohne sie zu nennen. Sie charakterisiert zugleich auch den Täter: als Draufgänger, der sich zwar schuldig gemacht hat, aber darunter leidet, sich schämt, wiedergutzumachen sucht und in all diesen Reaktionen dasselbe leidenschaftliche, bis zur völligen Selbstvergessenheit gehende Wesen an den Tag legt – eine vollendete Ethopoiie. Damit steht die grundsätzliche Unterscheidung vom gemeinen Verbrecher von Anfang an fest, und in der Erwartung des Lesers öffnet sich der Horizont der Versöhnung. Kleist bündelt also zwei Funktionen: Offenlegung der Tat und Charakterisierung des Täters. Dies unterscheidet seine analytische Technik, sooft sie sich auch der Kriminalfälle als Ausgangspunkt bedient, von der engen Mechanik der bloßen Detektivgeschichte,[32] die alles auf die Frage reduziert: wer

---

28 II,106.   29 II,106.   30 II,107.   31 II,108.

32 Damit ist eine spezielle Art der Gattung Kriminalgeschichte gemeint; Kriminalgeschichten im allgemeineren Sinn können den Täter durchaus schon zu Beginn der Handlung identifizieren: der »Grund des Vergnügens an kriminalistischen Gegenständen« ist dann meistens die Verbrecherjagd, die Erbau-

der Täter war; und dabei gerade nur die polizeiliche Identifizierung anstrebt. In der gängigen Detektivgeschichte erwächst die Spannung aus den Schwierigkeiten dieser Identifizierung für den Leser. Kleist dagegen erhebt das vielschichtige Verhältnis des Täters zu seiner Tat, zu den von der Tat Betroffenen und zur beurteilenden Umwelt, sowie die sich aus demselben Bezugsgeflecht ergebenden Probleme der leidend Beteiligten zum eigentlichen Interesse des dramatischen Geschehens, das wesentlich ein inneres Geschehen ist. ›Der zerbrochne Krug‹ etwa kehrt das in der ›Marquise von O...‹ angewandte Schema um. Während sich der Graf bis zuletzt vergeblich mit allen Mitteln um eine schickliche Offenlegung seiner Täterschaft bemüht, versucht der Richter Adam, ebenfalls mit allen Mitteln, die Aufklärung seiner Täterschaft zu verhindern. Läßt sich der Graf in jedem seiner energischen Schritte von leidenschaftlicher Liebe zu der Marquise bestimmen, so kämpft Adam mit seinem ganzen belustigenden Repertoire von Kniffen und Schlichen um die eigene dorfrichterliche Reputation; und während Adam die demütigenden Folgen seines Annäherungsversuchs ohne Zögern Evchen aufzwingen will, nimmt der Graf die Selbstdemütigung auf sich.

Gesten sind alarmierende Anzeichen des auf sein Maximum zustrebenden dramatischen Geschehens, und Kleist liebt es, den Leser zu alarmieren. Alle Gipfelstellen seiner Erzählungen erhalten ihre Explosivkraft durch mimische und gestische Mittel. Vor dem Beginn seiner großen Rechtssuche befragt Kohlhaas seinen Knecht Herse über die auf der Tronkenburg erlittenen Demütigungen. Mehrere Seiten füllt das großangelegte, ganz dialogisierte Verhör,[33] in dem abwechselnd die beiden Namen »Kohlhaas« und »Herse« sowie das ständige »sagte« – »erwiderte« – »sprach« – »versetzte« – »versicherte« – »rief« – »unterbrach« – »antwortete« die einzigen erzählerischen Elemente neben der Bezeichnung der Mienen und Gesten sind. Diese erzählerischen Elemente stellen also kaum mehr als die Rollenangabe im Drama dar.[34] Die schmachvolle Verweisung Herses und seiner Rappen in den Schweinekoben (Kafka übernimmt diesen Zug seiner Lieblingserzählung in den ›Landarzt‹) wird mit Kleistscher Folterkunst gedreht und gewendet, bis es keinerlei Möglichkeit mehr zur Annahme mildernder Umstände für den Junker gibt. Darauf erst erreicht Herses Bericht den Höhepunkt: wie er aus der Tronkenburg verjagt wurde. Ganz erregte Vergegenwärtigung, springt der Bericht schon im zweiten

---

ung der Gesellschaft durch die dargestellte Vernichtung ihrer Feinde.

[33] II,17–20.

[34] Zur weiteren Charakterisierung der spezifisch dialogischen Elemente vgl. F. Beißner, Unvorgreifliche Gedanken, S. 432; D. Steinbach, S. 165–209, besonders S. 192–209.

Satz ins Präsens um. Kleist zieht nun alle Register seiner Regie durch ausdrucksvolle Gesten, durch Rufe, Signaltöne, durch den mimetischen Rhythmus der Sprache selbst: [35]

> Ich nahm, am Abend des zweiten Tages, den ich im Schweinekoben zugebracht, die Pferde, die sich darin doch zugesudelt hatten, und wollte sie zur Schwemme reiten. Und da ich eben unter dem Schloßtore bin, und mich wenden will, hör ich den Vogt und den Verwalter, mit Knechten, Hunden und Prügeln, aus der Gesindestube, hinter mir herstürzen, und: halt, den Spitzbuben! rufen: halt, den Galgenstrick! als ob sie besessen wären. Der Torwächter tritt mir in den Weg; und da ich ihn und den rasenden Haufen, der auf mich anläuft, frage: was auch gibts? was es gibt? antwortet der Schloßvogt; und greift meinen beiden Rappen in den Zügel. Wo will Er hin mit den Pferden? fragt er, und packt mich an die Brust. Ich sage, wo ich hin will? Himmeldonner! Zur Schwemme will ich reiten. Denkt Er, daß ich –? Zur Schwemme? ruft der Schloßvogt. Ich will dich, Gauner, auf der Heerstraße, nach Kohlhaasenbrück schwimmen lehren! und schmeißt mich, mit einem hämischen Mordzug, er und der Verwalter, der mir das Bein gefaßt hat, vom Pferd herunter, daß ich mich, lang wie ich bin, in den Kot messe. Mord! Hagel! ruf ich, Sielzeug und Decken liegen, und ein Bündel Wäsche von mir, im Stall; doch er und die Knechte, indessen der Verwalter die Pferde wegführt, mit Füßen und Peitschen und Prügeln über mich her, daß ich halbtot hinter dem Schloßtor niedersinke. Und da ich sage: die Raubhunde! Wo führen sie mir die Pferde hin? und mich erhebe: heraus aus dem Schloßhof! schreit der Vogt, und: hetz, Kaiser! hetz, Jäger! erschallt es, und: hetz, Spitz! und eine Koppel von mehr denn zwölf Hunden fällt über mich her. Drauf brech ich, war es eine Latte, ich weiß nicht was, vom Zaune, und drei Hunde tot streck ich neben mir nieder; doch da ich, von jämmerlichen Zerfleischungen gequält, weichen muß: Flüt! gellt eine Pfeife; die Hunde in den Hof, die Torflügel zusammen, der Riegel vor: und auf der Straße ohnmächtig sink ich nieder.«

Gestisch steigert sich die Handlung Stufe um Stufe bis zu Herses Sturz vom Pferd: »tritt mir in den Weg« – »greift meinen beiden Rappen in den Zügel« – »packt mich an die Brust« – »und schmeißt mich«. Durch ein erneutes Crescendo wird der Sturz zum dreifachen und jedesmal schlimmeren Sturz – zur fast vollkommenen physischen Vernichtung des zu allem Übel auch noch »langen« Herse: ». . . daß ich mich, lang wie ich bin, in den

---

[35] II,19 f.

Kot messe« (1) . . . »daß ich halbtot hinter dem Schloßtor niedersinke« (2) . . . »und auf der Straße ohnmächtig sink ich nieder« (3).

Die Sprache dieses dramatischen Berichts zeigt, daß es verfehlt wäre, Mimik und Gestik in Kleists Erzählungen isoliert zu betrachten.[36] Das Physiognomische ist eingebettet in einen insgesamt als intensiv mimetisch und gestisch zu bezeichnenden Zug seiner Kunst,[37] und auf besonderen dramatischen Höhepunkten der mimischen und gestischen Aussage sind in der Regel auch alle anderen Mittel zum Äußersten genutzt: Kommandos und Signale (»Flüt! gellt eine Pfeife«), heftige Wortwechsel, Kraftworte, emphatische Hyperbeln, Ellipsen, Aposiopesen (»Denkt er, daß ich –?«), rhythmische Modulation der Sprache bis zum Extrem, oft grelle Beleuchtung.

Die subtilste Form der Physiognomik, soweit sie nicht Zustände oder feststehende Charaktere, sondern Vorgänge markiert, erreicht Kleist dort, wo an die Stelle der äußerlich fortschreitenden Handlung die innere Entwicklung eines Menschen tritt. Hier ist vor allem ›Die Verlobung in St. Domingo‹ zu nennen, die Wilhelm Grimm bewundernswert fand,[38] weil

---

[36] Die Sprachfiguren selbst mimen den Sturz. Dreimal erscheint eine kataraktische Antiklimax: ». . . hör ich den Vogt und den Verwalter, mit Knechten, Hunden, und Prügeln . . .«, ». . . mit Füßen und Peitschen und Prügeln . . .«, schließlich in der noch durch die Namen sinnfälligen »Hierarchie« der Hundemeute: »hetz, Kaiser! hetz, Jäger! erschallt es, und: hetz, Spitz!«. Ihre unaufhaltsame Heftigkeit erhält Herses Katastrophe vollends durch die auf dichteste Kontinuität berechnete »und«-Anaphernkette, deren Glieder nicht kopulative Funktion besitzen, sondern ein ununterbrochen neues Aufbranden von Handlung und Geschehen mimen und deshalb immer als atemloses Neueinsetzen gestaltet sind: »Und da ich eben unter dem Schloßtore bin . . .; und da ich ihn und den rasenden Haufen . . .; und greift meinen beiden Rappen in den Zügel . . .; und schmeißt mich . . .; Und da ich sage: die Raubhunde . . . und auf der Straße ohnmächtig sink ich nieder.« Unter den spezifisch handlungsmimenden Figuren des Berichts kommt der Ellipse besondere Bedeutung zu. Während vor Herses zweitem Sturz noch eine einzige Ellipse als Ausdruck der sich überstürzenden Ereignisse genügt (»doch er und die Knechte, indessen der Verwalter die Pferde wegführt, mit Füßen und Peitschen und Prügeln über mich her«), wird der dritte Sturz von nicht weniger als drei asyndetisch aufeinanderstoßenden elliptischen Aussagen geradezu sprachlich erzeugt: »die Hunde in den Hof, die Torflügel zusammen, der Riegel vor.«

[37] Vgl. K. L. Schneider, Heinrich von Kleist, Über ein Ausdrucksprinzip seines Stils, in: Libris et Litteris, Festschrift für Hermann Tiemann, 1959, S. 258–271. – Wiederabdruck in: Heinrich von Kleist, Vier Reden zu seinem Gedächtnis, 1962, S. 27–43, Jahresgabe der Heinrich-von-Kleist-Gesellschaft 1961.

[38] Allgemeine Litteraturzeitung, Halle, 14. Okt. 1812. Vgl. H. Sembdner, H. v. Kleist im Urteil der Brüder Grimm, in: Jahrb. d. Dt. Schillergesellschaft 9, 1965, S. 420–446; Sembdner, Nachruhm Nr. 652a, S. 625.

der Dichter mit dieser Erzählung »in der Kunst, die innersten Gefühle der Menschenbrust in ihrem Entstehen und Stufengange zu enthüllen, die wechselnden Gemütslagen anschaulich vor den inneren Sinn zu bringen, das Interesse zu spannen, zu rühren und zu erschüttern, das Höchste errungen hat ... Wahr und ergreifend ist vor allem jener Moment gezeichnet, wo die Liebe den Sieg in dem Herzen eines Mädchens erringt, das vorher mit Trug und Arglist erfüllt war.« Dieses innere Geschehen nun wird »anschaulich« durch eine virtuose physiognomische Darstellung. Sie beherrscht die Zentralszene der Liebesbegegnung.[39] Und ebenso, wie das innere Geschehen der Zentralszene sich schon im vorhergehenden Handlungsstück vorbereitet, gibt es auch für ihr spezifisches mimisches und gestisches Valeur eine hinführende Stufung: in der Gegenüberstellung von Babekans heuchlerischer Mimik und dagegen Tonis mehr und mehr aus dem Herzen kommender Regung, die sich in einer immer deutlicheren Mimik der Unmittelbarkeit zeigt.[40]

1.6. Die Pantomime als letzte Konsequenz

Ein ähnlicher innerer Durchbruch findet im ›Käthchen‹ statt, und nun müssen die Regie-Anweisungen notgedrungen in konzentrierter Zeichenhaftigkeit verfahren, wo der Erzähler in einer viel feiner nuancierten Stufenfolge organisch sich entfaltende Seelenvorgänge darzustellen vermag. Im ›Käthchen‹ begründet sich die ganze Spannung des inneren Geschehens aus der Situation des »Mannes zwischen zwei Frauen«. Der Graf vom Strahl steht zwischen Kunigunde und Käthchen – und in eine Kunigunden- und eine Käthchen-Handlung läßt sich das Drama zerlegen.[41] Während die böse Fee Kunigunde bewußt, egoistisch und berechnend, voller Ränke um den Grafen wirbt, hängt Käthchen mit der Unschuld einer unbewußten und ich-vergessenen Liebe an ihm. Der Graf reagiert deshalb auf jede der beiden Frauen mit jeweils einer anderen Seite seines Wesens. Daraus entsteht sein Konflikt. Als in ständischen Kategorien denkender Ritter, auf der Ebene eines bloß im Schein befangenen Bewußtseins, entscheidet er sich für Kunigunde (II,13). Unbewußt aber fühlt er sich von Anfang an zu Käthchen hingezogen. Der dritte Akt bringt die Krisis, in

---

[39] II,171–176.
[40] II,161–171.
[41] H. M. Wolff, Heinrich von Kleist, konstruiert aus diesem im Kern der Handlung angelegten Strukturmerkmal (vgl. auch S. 247 f. dieser Arbeit) zwei verschiedene Dramenfassungen mit einer frühen »Urfassung« ›Kunigunde von Thurneck‹ (S. 210–213).

der beide Tendenzen miteinander kämpfen. Gerade aus der Abwendung von Käthchen, die eine notwendige Folge der Entscheidung für Kunigunde ist, wird nun aber Strahl seiner tiefen Zuneigung zu ihr erst inne – ein mit psychologischer Meisterschaft gestaltetes Paradox. Schon die Heftigkeit der Abwehr – die entscheidende Regie-Anweisung lautet: »Er nimmt die Peitsche von der Wand«[42] – verrät Strahls innere Unsicherheit. Die Gewaltsamkeit seines Beginnens zeigt die Fragwürdigkeit der getroffenen Entscheidung.

Den ganzen Kampf zwischen Bewußtem und Gewolltem auf der einen und unbewußter Neigung auf der anderen Seite drängt Kleist in einer zur Pantomime tendierenden Darstellung zusammen. Sie bildet den Höhepunkt des Stückes und repräsentiert das Gesamtgeschehen in nuce. Da Käthchen ein Tuch braucht (die Motivation ist nicht glücklich), macht sich Strahl »die Schärpe los«,[43] um sie ihr zu geben – eine unwillkürliche Bewegung, die seine Hinwendung zu Käthchen deutlich zeigt. Mitten in der Bewegung aber erinnert er sich der Bindung an Kunigunde: »er wendet sich plötzlich« und wirft die Schärpe, statt sie Käthchen zu reichen, auf den Tisch, »nimmt die Handschuh und zieht sie sich an«. Mit gewaltsamer Hast also versucht der Graf noch ein letztes Mal seiner eigentlichen, tieferen Liebe auszuweichen. Doch »er hält inne«, denn er »erblickt die Peitsche«, und dabei wird ihm die Verkehrtheit seines bisherigen Verhaltens gegenüber Käthchen plötzlich schmerzlich bewußt: »Er wirft«, so heißt es mit der Kraßheit, die dieses Drama im ganzen schwer erträglich macht, »die Peitsche, daß die Scherben niederklirren, durchs Fenster.« Kurz darauf folgt die entscheidende Regie-Anweisung: »Er weint.« Der Durchbruch ist endgültig, und deshalb bekennt sich Strahl nun zu der ursprünglichen Regung: »Er nimmt die Schärpe vom Tisch, und gibt sie Käthchen.« All diese Regie-Anweisungen sind über eine Dialog-Strecke von nur 11 Versen (V. 1741–1752) verteilt: die Partie ist mehr Pantomime als Gespräch. Das gewohnte Verhältnis von dichterischem Wort und Regie-Anweisung kehrt sich so sehr um, daß dem Dialog nur noch begleitende Funktion zukommt. Er läßt sich fast ganz auf den mimischen und gestischen Gehalt der Regie-Anweisungen reduzieren. Ist also in allen Fällen physiognomischer Darstellung die Tendenz zur plastischen Wesensformel deutlich, so läßt sich hier die weitergehende Tendenz zur ausschließlichen Konzentration des Wesentlichen auf Mimik und Gestik feststellen. Mit diesem Verfahren steht der Dramatiker Kleist nicht so allein wie der Erzähler. Vor dem Weimarer Klassizismus, in dem alles Wort wird, hatten schon Lessing und dann in noch stärkerem Maße der Sturm und Drang

---

[42] Nach V. 1659.   [43] V. 1741.

der Regie-Anweisung eine nicht nur erläuternde, sondern selbständige Bedeutung zugemessen. Auf die Regie-Anweisung konzentriert sich ein wesentlicher Teil des dramatischen Ausdrucks und vielfach wird gerade sie zum Träger der unmittelbaren seelischen Äußerung.[44]

Die Tendenz zur Pantomime erreicht dort ihr Ziel, wo die dramatische Hauptperson vollends ohne Worte auftritt. Das kann so geschehen, daß ihre stumme Pantomime durch die teilnehmende Rede ihrer Umgebung verdolmetscht wird: eine Spiegelungstechnik,[45] die vor allem der Darstellung des Unerhörten dient, wo der Hauptperson des Geschehens selbst das Wort gebricht. Das größte Beispiel dafür ist Penthesilea, nachdem sie Achill zugrunde gerichtet hat.[46] Die Hauptfigur kann sich aber auch allein auf der Bühne befinden und durch ihre stumme Pantomime dem Zuschauer einen entscheidenden Eindruck ihres Wesens oder ihrer Absichten vermitteln. Derartige Auftritte zeugen von Kleists ganz auf die Bühne gerichteter Kunst, von der aufs Unmittelbare gehenden Lebendigkeit seiner Imagination. Sie läßt das traditionelle Drama mit seinem lückenlos aufarbeitenden Dialog und seinen Monologen[47] hinter sich und nimmt moderne Möglichkeiten vorweg.

---

[44] Vgl. hierzu zusammenfassend und mit weiterführenden Angaben zur Spezialliteratur: J. Steiner, Die Bühnen-Anweisung, 1969, S. 26–33.

[45] Vgl. W. von Einsiedel, Die dramatische Charaktergestaltung, S. 51 f., S. 86–89.

[46] Ein großes Stück des Schlußauftritts in der ›Penthesilea‹ ist vom stummen Spiel der Hauptfigur beherrscht (V. 2704–2828), die nicht weniger als sieben Rollenangaben ohne Worte, aber mit wichtigen Regie-Anweisungen erhält und deren Zustand außerdem noch durch die sie umgebenden Amazonen gespiegelt wird. Zu den Einzelheiten vgl. O. Fischer, Mimische Studien..., Euphorion 15, 1908, S. 488–490.

[47] Zur wenig intensiven Ausprägung der monologischen Form in Kleists Dichtung vgl. W. Müller-Seidel, Versehen und Erkennen, S. 168–171, der die geringe Bedeutung der Monologe bei Kleist auf die »Nebensächlichkeit der Entscheidungssituation« (S. 168) zurückführt. »Die Einblicke, die uns gewährt werden, enthüllen die Verfassung der Seele, nicht den planenden Geist des handelnden Menschen«, S. 170). Aufschlußreich ist unter diesem Gesichtspunkt der Vergleich mit dem ganz anders gearteten Drama Schillers. Dennoch ist damit Kleists sparsame Verwendung des Monologs nicht erklärt. Gerade der von W. Müller-Seidel als Beispiel für den Kleistschen Monolog behandelte ›Homburg‹ widerspricht diesen Argumenten. »Mich selber ruft er zur Entscheidung auf!« (V. 1342) sagt der Prinz zu Natalie, die ihm den Brief des Kurfürsten ins Gefängnis überbracht hat. Es handelt sich also expressis verbis um eine Entscheidungssituation, und sie ist nicht nebensächlich, sondern der Angelpunkt des ganzen Stückes. Trotzdem kommt es zu keinem Monolog. Es ist vielmehr charakteristisch, daß Kleist *die* Gelegenheit zum großen Monolog ausläßt, um im dramatischen Dialog des Prinzen mit Natalie die Entscheidung ganz zur Handlung werden zu lassen (vgl. auch das Hin und Her

Eine Vorform bietet schon das Erstlingsdrama. Agnes Schroffenstein stiehlt sich aus dem elterlichen Schlosse fort, um in der Natureinsamkeit mit Ottokar zusammenzutreffen: ein angesichts der tödlichen Verfeindung der Väter außerordentliches Wagnis. Schon früh erhält die weibliche Hauptfigur die Resolutheit und den Mut zugesprochen, die noch das besondere Kennzeichen Natalies im ›Homburg‹ sind. Der Aufbruch des Mädchens nun wird in den wenigen Worten einer Regie-Anmerkung Theater:[48] »Agnes tritt auf, sieht sich um, schlägt ein Tuch über, setzt einen Hut auf, und geht ab.« ». . . tritt auf« – ». . . geht ab«: damit hebt sich diese Pantomime innerhalb des lediglich nach Aufzügen und Szenen gegliederten Frühwerks als ein in sich geschlossener Auftritt ab. Das Pathos des Besonderen und Jäh-Bedeutungsvollen erhält er durch den nur drei Verse früher signalisierten Abgang der Agnes mit dem alten Sylvius.

Der Anfang des ›Homburg‹ läßt die ganze Spanne zwischen dem ersten und dem letzten Werk ermessen. Es handelt sich nicht mehr um das expressive Vorführen eines für das gesamte Geschehen entscheidenden Entschlusses, sondern um eine Wesensoffenbarung des Helden, die zugleich den äußeren Verlauf der Handlung und deren innere Dimension andeutend entwirft. Und nun wird die Pantomime ausführlich geregelt und als eigener Auftritt bezeichnet:

Zweiter Auftritt

Der Prinz von Homburg

bleibt einen Augenblick, mit dem Ausdruck der Verwunderung, vor der Tür stehen; steigt dann sinnend, die Hand, in welcher er den Handschuh hält, vor die Stirn gelegt, von der Rampe herab; kehrt sich sobald er unten ist, um, und sieht wieder nach der Tür hinauf.

---

mit dem Brief, dem papiernen Requisit). Demnach ist nicht die mehr oder weniger dramatische Substanz einer Situation wesentlich, sondern der dramatische Formwille, der im Dialog einerseits und im mimischen und gestischen Totalausdruck andererseits seine ideale Verwirklichung findet. – Auch das zweite Hauptargument W. Müller-Seidels, das nicht von der dramatischen Situation auf die Problematik des Monologs zielt, sondern umgekehrt von den vorhandenen (kurzen) Monologen des ›Homburg‹ aus nach den zugrunde liegenden Situationen fragt, trifft m. E. nicht zu: »In keinem der Monologe wird etwas entschieden und beschlossen. Kein zielgerichteter Wille gebietet.« (S. 170). Der Schlußmonolog des 1. Aktes (»Nun denn, auf deiner Kugel, Ungeheures . . .«) ist im Gegenteil ganz Willensspannung, mit einer wirklich »ungeheuren« Zielfixierung. Der Prinz will das Schlachtenglück erzwingen, selbst wenn es »siebenfach, mit Eisenketten, / Am schwed'schen Siegeswagen festgebunden« wäre. Warum ist der Monolog dennoch kurz? Offenbar weil der dramatische Formwille das Stationäre, wenn es einmal vorkommt, möglichst beschränkt und verdichtet (vgl. hierzu auch die Ausführungen über das Stilideal der brevitas, S. 76 f.).   [48] Nach V. 553.

Dieser zweite Auftritt übernimmt alle wesentlichen Elemente aus dem ersten. Im strengen Sinne des Wortes ist er kein »Auftritt«, weil keine neue Person auf der Bühne erscheint. Der Prinz bleibt allein zurück, nachdem alle andern – der Kurfürst und sein Hofstaat, die den Träumenden im Schloßgarten betrachtet haben – abgegangen sind. Wenn Kleist dennoch nicht die Regie-Anweisung, die den Inhalt des 2. Auftritts ausmacht, einfach zu der Regie-Anweisung am Schluß des ersten Auftritts fügt (»Alle ab; die Tür fliegt rasselnd vor dem Prinzen zu«), ja wenn er durch eine »Pause«, die nach allem nur eine innere, ausdruckserhöhende Pause sein kann, den Eindruck des bloßen leichten Übergangs verwehrt, so wird damit seine besondere Kunstabsicht deutlich. Die Pantomime leistet hier in vollkommener Weise, was sonst nur der sogenannte »innere Monolog« in der behelfsmäßigen Form des lauten Denkens zuwege bringt. Die ganze träumerische Ichbefangenheit des Prinzen, seine höchsten Sehnsüchte und Strebungen entfalten sich in ungebrochener Natürlichkeit vor dem Zuschauer. Was im ›Käthchen‹ gelegentlich manieriert wirkt, die Darstellung des Unbewußten und der Traumwelt, das ist in dieser Szene vollendeter Romantik gelungen. Unverkennbar ist auch die Steigerung des mimisch und gestisch zum Unmittelbaren drängenden Ausdrucks. Während im ersten Auftritt Hohenzollern der staunenden Hofgesellschaft den Zustand des schlafenden Reitergenerals noch verdolmetscht und der Kurfürst ihn an die Grenze von Traum und Wirklichkeit lockt, wo die Worte beginnen, ist der zweite Auftritt ganz konzentrierte Selbstoffenbarung.

2. Signale, Namen

2.1. Signal und Signalmetaphorik

Kleist liebt es, dramatische Augenblicke durch optische und akustische Signale herauszuheben. So werden viele der entscheidenden Szenen geradezu eingeläutet. In der frühesten und doch nicht mehr übertroffenen Erzählung ›Das Erdbeben in Chili‹ ereignet sich schon der handlungsauslösende Skandal unter äußeren Umständen, deren dramatisch drängende Darstellung nur als Inszenierung zu bezeichnen ist. Josephe, die mit roher Gewalt ins Kloster Gezwungene, gerät in die Mutterwehen, nicht in ihrer Zelle und an irgendeinem Tag, sondern am Fronleichnamsfest, in einer feierlichen Prozession, auf den Stufen der Kathedrale – »bei dem Anklange der *Glocken*«.[1] Der novellistisch »erregende« Moment kommt, als

---

[1] II.144.

Josephe zur Hinrichtung geschleppt wird, Jeronimo sich erhängen will und die Erde zu beben beginnt. Diese Ballung extremer Ereignisse ist dem Erzähler noch nicht genug. Er signalisiert sie wiederum:[2] »Die *Glocken*, welche Josephen zum Richtplatz begleiteten, ertönten, und Verzweiflung bemächtigte sich seiner Seele.« Als Jeronimo nach der ersten Freude über die wiedergewonnene Freiheit zum Bewußtsein seiner Lage findet, tönen noch schrecklich diese Glocken im Innern nach:[3] »Drauf, als er eines Ringes an seiner Hand gewahrte, erinnerte er sich plötzlich auch Josephens; und mit ihr seines Gefängnisses, der *Glocken,* die er dort gehört hatte ...« Schließlich wird die Glocke den Liebenden, die sich nach dem Erdbeben in einer verwandelten menschlichen Gesellschaft wähnen, zum Erinnerungszentrum ihrer ausgestandenen Leiden:[4] »Wenn sie sich mit so vieler Vertraulichkeit und Güte behandelt sahen, so wußten sie nicht, was sie von der Vergangenheit denken sollten, vom Richtplatze, von dem Gefängnisse, und der *Glocke;* und ob sie bloß davon geträumt hätten?«

Der letzte »Akt« der Erzählung ist ganz Katastrophe, in einem für die zeitgenössische deutsche Literatur ungewöhnlichen Ausmaß: mit Bildern rhetorischer Dämonie, der Verlorenheit im Anonymen, der Massenhysterie und des blutigen Greuels. Kleist hat das Gefälle dieser Katastrophe bis ins einzelne durchgestaltet: ein vollendetes Drama in sich. Die Exposition dient der intensiven »Inszenierung«, die nichts ausläßt an Schau-Platz und Schau-Spiel; was vorher Glockenklang war, das ist nun Orgelgedröhn, glühende Feuerfarbe des Untergangs und Stille vor dem Sturm der fanatischen Predigt:[5]

Als sie in der Kirche der Dominikaner ankamen, ließ sich die Orgel schon mit musikalischer Pracht hören, und eine unermeßliche Menschenmenge wogte darin. Das Gedränge erstreckte sich bis weit vor den Portalen auf den Vorplatz der Kirche hinaus, und an den Wänden hoch, in den Rahmen der Gemälde, hingen Knaben, und hielten mit erwartungsvollen Blicken ihre Mützen in der Hand. Von allen Kronleuchtern strahlte es herab, die Pfeiler warfen, bei der einbrechenden Dämmerung, geheimnisvolle Schatten, die große von gefärbtem Glas gearbeitete Rose in der Kirche äußerstem Hintergrunde glühte, wie die Abendsonne selbst, die sie erleuchtete, und Stille herrschte, da die Orgel jetzt schwieg, in der ganzen Versammlung, als hätte keiner einen Laut in der Brust.

Diese für Kleist offensichtlich faszinierende Szenerie wiederholt sich weitgehend in der ›Heiligen Cäcilie‹. Die »vier gotteslästerlichen Brüder«

---

[2] II,145. [3] II,147. [4] II,151. [5] II,155.

ziehn, wiederum am Fronleichnamsfest, mit einer Schar Gleichgesinnter in die Kathedrale, um der Stadt Aachen das »Schauspiel« einer Bilderstürmerei zu geben. Aber Glocken läuten nicht nur zum entscheidenden Beginn dieses Unternehmens.[6] Die Glocke schlägt auch zur Geisterstunde der vier durch die Gewalt der Musik magisch Gebannten. Als Höhepunkt in der Abhandlung des Unerhörten versammelt die Darstellung dieser Geisterstunde wieder alles an szenischer Energie und Regie, von den expressiven Gesten über das schauderhafte, die ganze »Legende« leitmotivisch durchziehende »gloria in excelsis«-Gebrüll bis zu der in Kleists Gipfelszenen niemals fehlenden Menschenmenge und deren erschütterten Ausrufen:[7]

> Jetzt plötzlich schlägt die Stunde der Mitternacht; Eure vier Söhne, nachdem sie einen Augenblick gegen den dumpfen Klang der *Glocke* aufgehorcht, heben sich plötzlich in gleichzeitiger Bewegung, von ihren Sitzen empor; und während wir, mit niedergelegten Tischtüchern, zu ihnen hinüberschauen, ängstlicher Erwartung voll, was auf so seltsames und befremdendes Beginnen erfolgen werde: fangen sie, mit einer entsetzlichen und gräßlichen Stimme, das gloria in excelsis zu intonieren an. ... das Volk drängt sich, die Haustüre sprengend, über die Stiege dem Saale zu, um die Quelle dieses schauderhaften und empörenden Gebrülls, das, wie von den Lippen ewig verdammter Sünder, aus dem tiefsten Grund der flammenvollen Hölle, jammervoll um Erbarmung zu Gottes Ohren heraufdrang, aufzusuchen. Endlich, mit dem Schlage der *Glocke* Eins, ohne auf das Zürnen des Wirts, noch auf die erschütterten Ausrufungen des sie umringenden Volks gehört zu haben, schließen sie den Mund; sie wischen sich mit einem Tuch den Schweiß von der Stirn, der ihnen, in großen Tropfen, auf Kinn und Brust niederträuft; und breiten ihre Mäntel aus, und legen sich, um eine Stunde von so qualvollen Geschäften auszuruhen, auf das Getäfel des Bodens nieder.

In der ›Marquise von O...‹ konzentriert sich alle Spannung auf den dramatischen »Auftritt«,[8] wo der durch ein Zeitungsinserat aufgeforderte Unbekannte sich der Marquise zu erkennen geben soll:[9] »wer nur, in aller Welt, morgen um 11 Uhr sich zeigen würde; denn morgen war der ge-

---

[6] II,216 f.

[7] II,223 f.

[8] Auch der eben zitierte Passus aus der ›Heiligen Cäcilie‹ spricht von »Auftritt«. Statt einer Stellensammlung dieses in den Erzählungen Kleists bezeichnend oft erscheinenden Worts vgl. den ›Index zu Heinrich von Kleist, Sämtliche Erzählungen, Erzählvarianten, Anekdoten‹, bearbeitet von Helmut Schanze, 1969, s. v. »Auftritt«.

[9] II,139.

fürchtete Dritte.« Schon in dieser Formulierung ist das für Kleist typische Hinarbeiten auf die Blitzsekunde der sich entladenden Aktion deutlich. Nach einem spannungserhöhenden Vorspiel innerhalb der erwartungsvollen Familie kommt endlich der entscheidende Moment: [10] »Als die *Glocke* eilf Uhr schlug, saßen beide Frauen, festlich, wie zur Verlobung angekleidet, im Besuchzimmer; das Herz klopfte ihnen, daß man es gehört haben würde, wenn das Geräusch des Tages geschwiegen hätte. Der eilfte *Glockenschlag summte noch*, als . . .«

Mit welcher Intensität ein solches äußeres Signal innerlich vernommen wird und also nicht nur akzidentell, sondern wesentlich ist, Inbegriff des Ereignisses selbst, das zeigt die konsequente Verinnerlichung in realen Übertragungsvorgängen und in den sprachlichen Übertragungen der Metaphern. Die Anekdote vom Branntweinsäufer und den Berliner Glocken [11] führt den realen Übertragungsvorgang in reiner Form vor. Die an sich gleichgültigen Töne der verschiedenen Berliner Glocken haben doch eine signalhaft auslösende Wirkung, da sie sich im Gehör des Schnapsgenießers verfangen. So hört er die großen Glocken des Doms »*Pom*meranzen! *Pom*meranzen! *Pom*meranzen!« läuten, die kleineren des Rathauses bimmeln ihm zu: »Kümmel! Kümmel! Kümmel!«, und der Spittelturm mit seinem »Anisette! Anisette! Anisette!« kostet ihn den letzten Rest der Selbstbeherrschung. Weil das Signal äußeres Wahrnehmungszentrum für Entscheidendes ist, kann umgekehrt das innere Wahrnehmungszentrum des Menschen, das »Herz«, die »Empfindung«, mit einer »Glocke« verglichen werden. So entsteht eine der zentralen Metaphern im ›Amphitryon‹, wenn Alkmene über ihr Gespür für den wahren Amphitryon sagt: [12]

> Nimm mir
> Das Aug, so hör ich ihn; das Ohr, ich fühl ihn;
> Mir das Gefühl hinweg, ich atm' ihn noch;
> Nimm Aug und Ohr, Gefühl mir und Geruch,
> Mir alle Sinn und gönne mir das Herz:
> So läßt du mir die *Glocke*, die ich brauche,
> Aus einer Welt noch find ich ihn heraus.[13]

Wenn dagegen Amphitryon meint, man müsse in Zukunft den Ehemännern gleich Hämmeln als Erkennungszeichen »Glocken« um die Hälse hängen, so wird in der Veräußerlichung des Identitätsmerkmals der ganze Unterschied zwischen seiner und Alkmenes Identitätskrise deutlich.

---

[10] II,140.   [11] II,267 f.   [12] V. 1161–1167.
[13] V. 1688. Vgl. hierzu H. Arntzen, Die ernste Komödie, 1968, S. 236; G. Jancke, Zum Problem des identischen Selbst in Kleists ›Amphitryon‹, in: Coll Germ 1969, S. 87–110, auf S. 103 f.

Schließlich sei noch jene ganz dem Monumentalstil der ›Penthesilea‹-
und ›Guiskard‹-Epoche zugehörende Metapher für Penthesileas erste Träne
nach ihrer Bluttat erinnert – eine Metapher, die ihr Pendant in der Vorliebe des Regisseurs Kleist für den Alarm, für das Sturmläuten [14] hat: [15]

> O eine Träne, du Hochheilige,
> Die in der Menschen Brüste schleicht,
> Und alle *Feuerglocken* der Empfindung zieht,
> Und: Jammer! rufet...

2.2. Namen als äußere Signale. Wendung ins Innere: die Namensszene als Kernstück der Anagnorisis

Der Tendenz Kleists zur scharfen Markierung von Anfang und Ende einer
wichtigen Aktionseinheit durch Signale (auch das »Flüt! gellt eine Pfeife«
beim dritten und endgültigen Sturz Hersens gehört hierher) entspricht die
Art seiner Terminangaben für entscheidende, ereignisschwere Tage. Es ist
nur scheinbar die vielberedete Chronistenmanier, wenn er für solche Tage
gerade Fronleichnam, Pfingsten, den »Montag nach Palmarum«, den »Mar-
garethentag« und gar den »Tag des heiligen Gervasius« wählt; im eigentlichen ist es das künstlerische Bestreben, dem entscheidenden Augenblick
unverwechselbare Individualität zu verleihen und ihn schon dadurch aus
dem Erzählfluß herauszuheben. Bereits die Art der Zeitangabe, der Name,
signalisiert ein Ereignis.

Dieses Signalisieren erreicht seine konzentrierteste Wirkung, wo ein
bloßer *Name* ganze Handlungszusammenhänge aufdeckt: wo das eine Na-
menswort schon längst bestehende Ahnungen zur vollen, abschließenden
Gewißheit bringt. So in der ›Marquise von O...‹, wenn die angeblich
letzten Worte des auf dem Schlachtfeld verwundeten russischen Grafen
berichtet werden: [16] »Julietta! Diese Kugel rächt dich!«; so im ›Kohlhaas‹,
wenn der Zettel, den die geheimnisvolle Zigeunerin ihrem Schützling unmittelbar vor der Hinrichtung zukommen läßt, mit dem Namen seiner
toten Frau unterzeichnet ist: [17] »Deine Elisabeth«. Der theatergerechten
Wirkung dieser pathetischen Namensnennungen, wo alles auf einen Augenblick der Offenbarung hin versammelt ist, entspricht Kleists Lieblings-
beleuchtung für seine Helden. Ein gleißendes Licht hebt sie aus dem Dun-

---

[14] Vgl. ›Das Käthchen von Heilbronn‹, III, 6 (nach V. 1752): »Getümmel und
Glockenklang draußen«, Szenenangabe vor III,7: »... Sturmgeläute«.

[15] V. 2783–2786.   [16] II,108.   [17] II,101.

kel der Umgebung heraus,[18] dem Mittelpunktsgeschehen in Rembrandts Bildern vergleichbar.

Einer tieferen Dimension des Ereignishaften gehört das gegenseitige Nennen der Namen an, das Kleist immer wieder zum Gipfel tragischer Liebesbegegnungen ausgestaltet. Im Nennen ihrer Namen erkennen sich die Liebenden ganz. Im Namen ergreifen sie ihr Wesen, ja das Wissen des Namens kann eine Sicherung der Identität und die Bewahrung vor innerem Irrtum bedeuten. Als subjektiver Höhepunkt des Geschehens hat die Namensszene ihren festen Platz jeweils vor dem Absturz in die Katastrophe.

In der ›Verlobung‹ geht Toni nachts, während schon Congo Hoango heranrückt, in das Zimmer Gustavs:[19] »... Sie neigte sich sanft über ihn und *rief ihn,* seinen süßen Atem einsaugend, *beim Namen;* aber ein tiefer Traum, von dem sie der Gegenstand zu sein schien, beschäftigte ihn: wenigstens hörte sie, zu wiederholten Malen, von seinen glühenden, zitternden Lippen das geflüsterte Wort: *Toni!* Wehmut, die nicht zu beschreiben ist, ergriff sie ...«

Vor allem der 15. Auftritt der ›Penthesilea‹ macht diese verinnerlichte Form der Anagnorisis zu einem eigenen Seelendrama:[20]

Achilles.   *Wer bist du,* wunderbares Weib?
Penthesilea.   Gib her. –
          Ich sagte: still! Du wirst es schon erfahren.
          . . .
          – Was atmest du?

---

[18] Vgl. die indirekte, teichoskopische Darstellung im 7. Auftritt der ›Penthesilea‹, V. 1033–1043:

Das erste Mädchen.

Seht, seht, wie durch der Wetterwolken Riß,
Mit einer *Masse Licht* die Sonne eben
Auf des Peliden Scheitel niederfällt!
. . .
Auf einem Hügel *leuchtend* steht er da,
In Stahl geschient sein Roß und er, der Saphir,
Der Chrysolith, wirft solche Strahlen nicht!
Die Erde rings, die bunte, blühende,
In Schwärze der Gewitternacht gehüllt;
Nichts als ein *dunkler Grund* nur, *eine Folie,*
Die Funkelpracht des Einzigen zu heben!

Typisch für Kleist ist die ganz mit malerischen Kategorien gefaßte Vorstellung (»Folie« usw.).

[19] II,183 f.
[20] V. 1774–1829.

Achilles.
                   . . .
Penthesilea. (nachdem sie ihn bekränzt hat)
                   . . .
            Jetzt ists geschehn. – O sieh, ich bitte dich,
            Wie der zerfloßne Rosenglanz ihm steht!
            Wie sein gewitterdunkles Antlitz schimmert!
                   . . .
            Fürwahr! Man möchte, wenn er so erscheint, fast zweifeln,
            Daß er es sei.
Prothoe.   *Wer,* meinst du?
Penthesilea.   Der Pelide! –
            Sprich, wer den Größesten der Priamiden
            Vor Trojas Mauern fällte, warst das du? . . .
Achilles.   *Ich bins.*
Penthesilea, nachdem sie ihn scharf angesehen:
                   Er sagt, *er seis.*
Prothoe.   *Er ist es,* Königin.
            An diesem Schmuck hier kannst du ihn *erkennen.*
Penthesilea. Woher?
Prothoe.   Es ist die Rüstung . . .

Nun »erkennt« Penthesilea den Achill und drückt dieses Erkennen in
einem Liebesgruß aus. Darauf folgt die Erkennung der Penthesilea selbst
durch Achill:

Achilles.   O du, die eine Glanzerscheinung mir,
            Als hätte sich das Ätherreich eröffnet,
            Herabsteigst, Unbegreifliche, *wer bist du?*
            Wie nenn ich dich, wenn meine eigne Seele
            Sich, die entzückte, fragt, wem sie gehört?
Penthesilea. Wenn sie dich fragt, *so nenne* diese Züge,
            Das sei *der Nam,* in welchem du mich denkst. –
            Zwar diesen goldnen Ring hier schenk ich dir,
            Mit jedem Merkmal, das dich sicher stellt;
            Und zeigst du ihn, so weist man dich zu mir.
            Jedoch ein Ring vermißt sich, *Namen* schwinden;
            Wenn dir der *Nam* entschwänd, der Ring sich mißte:
            Fändst du mein Bild in dir wohl wieder aus?
            Kannst dus wohl mit geschloßnen Augen denken?
Achilles.   Es steht so fest, wie Züg in Diamanten.

Penthesilea. Ich bin die Königin der Amazonen,
            Er nennt sich marserzeugt, mein Völkerstamm,
            Otrere war die große Mutter mir,
            Und mich begrüßt das Volk: *Penthesilea.*
Achilles.   *Penthesilea.*
Penthesilea.   Ja, so sagt ich dir.
Achilles.   Mein Schwan singt noch im Tod: *Penthesilea.*

Mit höchstem Pathos also – nach alter Tradition der Anagnorisis fehlen nicht einmal die äußeren Erkennungszeichen – gipfelt diese Szene des gegenseitigen Erkennens, Ergreifens und Versicherns in der dreimaligen Nennung des Namens »Penthesilea«. Weil die Amazonenkönigin soviel unbegreiflicher ist, muß sie soviel mehr genannt werden. Nicht zufällig auch stehn die überindividuellen Bestimmungen, Volk und Abstammung, vor dem individuellen Namen: dies drückt Penthesileas ganze Tragödie aus. Der Amazonenmythos, den Penthesilea anschließend erzählt, ist auch im engeren funktionalen Zusammenhang der Anagnorisis-Szene kein mythologischer Zierat, sondern eine weitere Antwort auf die Frage: »Unbegreifliche, wer bist du?«, eine Füllung des Namens mit wesensprägendem Inhalt – mit der Darlegung der fremden Art und ihrer Herkunft. Nur so wird die Begegnung der Liebenden zum wirklichen, zum erkennenden Zueinanderfinden.

Wenn die Namensnennung als entscheidendes Kristallisationsmoment für das innere Geschehen zwischen Achill und Penthesilea so intensiv gestaltet ist, daß das Einswerden des Nennenden und des Genannten im Namen – eine ursprünglich magische Qualität – spürbar wird, so läßt sich doch auch nicht das für Kleist typische Sichern und Zweifeln bei der »Feststellung« der Identität verkennen: die Furcht vor dem Irrtum und dem Entgleiten. Penthesileas Feststellung »Er sagt, er seis«, das von der bezeichnenden Regie-Anweisung begleitet ist: »nachdem sie ihn scharf angesehen«, deutet schon auf das Verhängnis voraus.

Ein Rückblick auf das Erstlingsdrama zeigt, daß diese in der Namensnennung der Liebenden gipfelnden Anagnorisis-Szenen von Anfang an ihren festen Ort in der Gesamtstruktur der tragischen Handlung haben: vor der Peripetie zur Katastrophe. Der 15. Auftritt der ›Penthesilea‹ entspricht der 1. Szene des 3. Aufzuges in der ›Familie Schroffenstein‹. Dort ist das Anagnorisis-Schema auf besondere Art variiert. Ottokar und Agnes wissen ihre wirklichen Namen so gut wie Achill und Penthesilea vor der Namensszene. Das vergiftende Mißtrauen aber zwischen den beiden Häusern Rossitz und Warwand fixiert diese Namen schon zum voraus negativ. Beide sprechen deshalb zunächst so, daß einer vor dem andern den Anschein erweckt, als sei ihm dessen Identität unbekannt. Ottokar nennt Agnes geradezu »Maria«, um alles Störende fernzuhalten.[21] Die Spaltung der Identität in eine verdrängte Schicht eigentlichen Wissens und in eine andere des Als-ob führt aber nicht zum Vertrauen, und das heißt hier auch: zur vertrauensvollen gemeinsamen Lösung der Probleme, sondern erzeugt Beklemmung. Aus ihr befreien sich die Liebenden erst, als sie sich das Wissen der Namen gegenseitig gestehen. Dieser Akt des Vertrauens wird zur Durchbruchsstelle für die nun folgende große Aussprache, welche die Irrtümer schrittweise abbaut und den Horizont der Versöhnung öffnet. Agnes' lapidare Antwort: »Ottokar von Schroffenstein«[22] auf Ottokars Namensfrage signalisiert das entscheidende Ereignis.[23]

Die Gegenprobe zur strukturellen Bestimmtheit der bisher in drei tragischen Handlungen analysierten Anagnorisis-Szenen, die ganz wesentlich Namens-Szenen sind, muß ein Blick auf das Lustspiel, auf ›Amphitryon‹ bringen, wo Alkmene und Amphitryon einander ebenfalls in den Schwierigkeiten des Erkennens gegenüberstehn, und wiederum eines Erkennens in Liebe. Wenn in der tragischen Handlung die Anagnorisis-Szene als Ort der erkennenden Liebe notwendig *vor* der Peripetie zur Katastrophe steht, die alle Erkenntnis durch hereinbrechende Mißkennung und alle Liebe durch Haß zerstört, so muß das Lustspiel die Anagnorisis *nach* der beinahe hereingebrochenen Katastrophe, nach glücklichem Überstehn der Gefahr plazieren. In der Tat ist es die Schluß-Szene des ›Amphitryon‹, die in mehrfacher Beziehung zur Anagnorisis ausgestaltet ist. »Erkennen« ist das Schlüsselwort.[24] Nach der »Erkennung« Jupiters, der sich in mächtiger Epiphanie aufwärts begibt, kommt es zu einer neuen gegenseitigen Erkennung der beiden Liebenden.[25] Sie findet wieder in der gegenseitigen Namensnennung ihren Ausdruck. An die Stelle der weitaufgerollten pathetischen Wechselrede in der ›Penthesilea‹, wo die Namensnennung den kunstvoll hinausgezögerten Höhepunkt bildet, tritt aber im ›Amphitryon‹

---

21 Vgl. die doppelte Vorbereitung der Namensszene in I,1, wo Ottokar mit einem Dritten, mit Johann, über Agnes spricht (V, 312 ff.), und in II,1, wo er schon mit Agnes selbst im Gespräch ist, aber noch ohne völlige Offenheit (V. 784 ff.). Deutlich ist die Steigerung von I,1 über II,1 zu III,1.

22 V. 1326.

23 Vgl. dagegen W. Müller-Seidel, Versehen und Erkennen, S. 62, zu dieser Namensproblematik: »Das Namenlose wird ... zum Zeichen für das Unaussprechliche der Seele. Für Ottokar wird der Name nebensächlich, wenn er an Agnes denkt ... Erneut bedient sich Ottokar daher des symbolischen Namens und nennt die Geliebte Maria, um damit der Namenlosigkeit des Gefühls Ausdruck zu geben.«

24 Vgl. besonders V. 2191–2220.

25 Vgl. die Analyse der abschließenden Szene S. 169 ff.

einzig und allein der Name selbst. Alkmenes erstes (und vor dem abschließenden »Ach« einziges) Wort nach ihrem Wiedererwachen aus der Ohnmacht, in die sie Jupiters Epiphanie gestürzt hat, lautet: »Amphitryon!«[26]
Und darauf folgt, nach dem kontrastreichen letzten Intermezzo der Mer-
kur-Sosias-Burleske, Amphitryons abschließendes Wort, das ebenso nur
den bloßen Namen enthält: »Alkmene!«[27] Dies ist also die äußerste Verdichtung: die Versammlung des grundlegenden inneren Geschehens in der
bloßen Namensnennung, die damit den Begriff des Signals bis zum denkbaren Maximum erfüllt.

2.3. Signalisierender Stil

Zusammenfassend läßt sich bei Kleist von einem signalisierenden Stil
sprechen. Schon die Weise, wie er äußere Signale setzt, zeigt die weitergehende Tendenz. Nie handelt es sich um schroff manipulierende Dramaturgie. Oft genug haben die Signale formelhaften oder symbolischen Charakter. Von daher ist es nur ein Schritt zu der ebenfalls schon dargelegten
Umkehrung: Übertragung innerer Vorgänge in signalhafte Vorstellungen.
Das auf Ereignis und Zeichen angelegte Spiel mit den Namen schließlich
macht deutlich, wie sehr die vom Ereignisdenken bestimmte allgemeine
Tendenz des Signalisierens zu einer bis in die Strukturen der Sprache
selbst reichenden Verwirklichung drängt.

Die Untersuchungen zu Kleists Sprache[28] behandeln vor allem seine den
Gesetzen von Ballung und Entladung, von Stauung und Lösung folgende
Syntax. Grundmuster dieses Satzbaus ist die Sperrung grammatikalisch
zusammengehöriger Glieder durch weitreichende und vielfach komplizierte
Zwischenschaltungen. Zu Unrecht hat die Stilanalyse das Pendant solcher
lang gestauter Finalsätze außer acht gelassen: die knappe Formulierung.
Sie ist Inbegriff nicht der in ihren Spannungen und Strebungen abgebilde-
ten Handlung, sondern der Tat. Für das kommandohaft Dezidierte der
Kleistschen Diktion lassen sich viele Beispiele anführen. Das bedeutendste
ist der Kurfürst im Homburg-Drama. Nie handelt es sich um die falsche
Forschheit des Generalstäblerdeutschs, selbst dort nicht, wo die Ambiance
preußisch-militärisch ist (auch der russische Graf in der ›Marquise von
O...‹ gehört in diese Sphäre), sondern immer um eine luzide Kürze, um
eine Kunst, die über das Wort meisterlich verfügt und deshalb nicht vieler

---

[26] V. 2349.
[27] V. 2362.
[28] Vgl. E. Staiger, Das Bettelweib von Locarno; F. Beißner, Unvorgreifliche Gedanken...; D. Steinbach, Die dramatische Gestaltformel...

Worte bedarf. Sie entspricht dem alten rhetorischen Ideal der brevitas. Im Munde dramatischer Personen wird dieser Sprachstil zum Mimus kühner Hoffnung, festen Entschlusses, tapferer Haltung, energischen Tatwillens. Kürze und unmittelbare Ereignisbezogenheit verleihen ihm Signalfarbe. Jene vielfach gebrochene Signal-Verabredung in der Parole-Szene: »Doch dann wird er Fanfare blasen lassen«[29] kann auf den Sprachkünstler Kleist übertragen werden.

In den Bereich des signalisierenden Stils gehören schließlich viele Monologe, die, wie oft bemerkt worden ist, nicht so recht zum gewohnten Bild des Monologs passen. Mit der bezeichnenden Ausnahme der Monologe im ›Käthchen‹ haben sie nichts von der zum Epischen tendierenden Selbstrepräsentation, mit der traditionell viele Dramen sowohl beginnen als auch im Innern stationär werden. Kleists Monologe sind kaum je länger als zehn, zwölf Verse: Pathos nicht des Extensiven, sondern des Intensiven. Der einzige Ausruf des Prinzen von Homburg, nachdem er, der gerade seinen Sieg erfochten hat, auch seine Hoffnung auf die Hand Nataliens in Erfüllung gehen sieht:[30] »O Cäsar Divus! / Die Leiter setz ich an, an deinen Stern!« ist ein solcher Kleistscher Monolog in extremer Ausprägung – ein Fanfarenstoß. Nicht einmal dort kommt es zu großen Monologen, wo Kleists Helden in die für sie so typische Vereinsamung und Verstoßung geraten, wo sie niemanden mehr haben als sich selbst und also von der dramatischen Situation her wie prädestiniert scheinen zur großen Selbstaussprache. Wo Richard Gloucester in der Isolation des Bösewichts sein »I am myself alone« (Henry VI, 3. Teil, V,6,83) spricht und die anderen großen Einsamen Shakespeares – Brutus, Hamlet, Macbeth, Lear – großangelegte Zwiesprache mit sich selbst halten,[31] kann Kleists Alkmene alles in allem formulieren:[32] »Schweig, ich will nichts wissen, / Verfolg mich nicht, ich will ganz einsam sein.« Damit tritt sie ab, die Szene ist zu Ende, es gibt keinerlei Explikation mehr, in der sie etwa ihren notvollen Zwiespalt ins Wort fassen würde. Und Penthesilea, nachdem sie Achill verloren und sich zugleich den Amazonen entfremdet hat:[33] »Ich will in

---

[29] Die »Fanfare« ist hier nicht das trompetenartige Instrument, sondern ein Signal, das mit der Trompete geblasen wurde (von frz. la fanfare = das Trompetensignal); besonders deutlich wird dies in V. 469 »Laß Fanfare blasen!« und V. 481. Erst später ist der Name auf das Instrument übergegangen (Hinweis von F. Hackert zu V. 313, in: Erläuterungen und Dokumente. Heinrich von Kleist, Prinz Friedrich von Homburg, hrsg. von Fritz Hackert; im Druck).

[30] V. 713 f.

[31] Hierzu W. Clemen, Shakespeares Monologe, 1964, besonders S. 15–24 und S. 59.

[32] V. 1006 f.   [33] V. 2351.

ewge Finsternis mich bergen!« – damit verstummt sie. Als der Kurfürst, durch die nächtliche Unruhe der Stadt und die Nachricht vom Anrücken des Kottwitzschen Regiments alarmiert, aus der Einsamkeit des in seinem Schlosse quasi Gefangenen spricht, wird es zwar ein Monolog (»Wenn ich der Dey von Tunis wäre...«), aber in kraftvoller Bändigung ist dieser nicht mehr – und nicht weniger – als ein Signal der vom Kurfürsten zu erwartenden Handlungsweise, zugleich auch eine aufs äußerste konzentrierte Charakterisierung seines Selbstverständnisses, ein Signalement seines Wesens.

3. Leitmotive

3.1. Allgemeine Funktion

Kleists Werke zeigen durchgehend eine intensiv ausgeprägte Konsequenz. Nur selten erlaubt die straffe Organisation genrehaft ausmalende[1] oder episodische[2] Züge. Alles arbeitet energisch auf das Zentrum des inneren Geschehens hin. Dem entspricht die Verwendung von Kunstmitteln, die durchgehende Strukturen bilden und zugleich hohen Signalwert besitzen. Das Leitmotiv[3] als das hervorragendste dieser Kunstmittel erfüllt beide Funktionen vollkommen: Es sichert jederzeit das Kontinuum und bewirkt eine fortlaufende Intensivierung in der Erkenntnis des Wesentlichen. Nach dem Anfangsstadium einer planen Wiederholungstechnik bildet Kleist das Leitmotiv zu einem differenzierten Kunstmittel aus, das Spannungsräume zu markieren und weitreichende Entwicklungen zu tragen vermag. Es wird ihm zum gestalterischen Grundelement, das die Impulse eines dramatisch

---

[1] Ausschließlich im ›Käthchen‹.

[2] Episodische Erweiterungen wird man fast nur im ›Kohlhaas‹ erkennen; stets aber sind sie entschieden zur Haupthandlung hin orientiert.

[3] Außer B. Schulze, Das Bild als Leitmotiv in den Dramen H. v. Kleists und anderer Dichter, ZfdU 24, 1910, S. 308–321, sind folgende Arbeiten mit gelegentlichen Hinweisen auf Leitmotive im bildlichen Bereich zu nennen: J. H. Senger, Der bildliche Ausdruck in den Werken Heinrich von Kleists, 1909. Teutonia, Arbeiten zur germanischen Philologie 8; B. Schulze, Kleists Penthesilea oder von der lebendigen Form der Dichtung, 1912; F. Kanter, Der bildliche Ausdruck in Kleists Penthesilea, Diss. Jena 1913; P. Ritzler, Zur Bedeutung des bildlichen Ausdrucks im Werke Kleists, Trivium 2, 1944; H. Albrecht, Die Bilder in den Dramen Heinrich von Kleists, Ihr Wesen und ihre Bedeutung, Diss. Freiburg 1955. M.-L. Keller, Die Bildlichkeit in der Tragödie Heinrich von Kleists, Bilder als Phänomene des Tragischen, Diss. Tübingen 1958.

steuernden, regiehaften Denkens der Dichtung einverwandelt. Was dem Dichter ein Instrument der Phasenbildung im Wahrnehmen des Kontinuums ist, das ist dem Leser ein Kompaß des Verstehens.

3.2. Die Vorstufe im Erstlingswerk

›Die Familie Schroffenstein‹ zeigt die leitmotivische Technik noch in ihrer einfachsten Form, im Grunde in einer Vorform motivischen Gestaltens. Die aus dem Erbvertrag hervorschwärende »schwarze Sucht der Seele«,[4] zerstörerisches Mißtrauen, und als heilende Gegenkraft reines menschliches Vertrauen sind das beherrschende Thema des Stückes. In allen Lebensbereichen wirkt das Gift krankhaften Mißtrauens. Nicht nur die verfeindeten Brüder mißtrauen einander, nicht nur deren Frauen und Kinder, sondern selbst die Dienstleute; nicht allein in großen Lebensfragen, sondern bis zum Kinderspiel, das unversehens zum Kriegsspiel ausartet, und bis zum Wahn der Speisenvergiftung. Ununterbrochen hämmert der beginnende Dichter sein Thema ein: »Mißtrauen« – »Vertrauen«. Diese thematische Formulierung im nur unter Vorbehalt so zu nennenden Leitmotiv, wo also Thema und Motiv wörtlich und schlicht zusammenfallen, ist eine noch kunstlos unvermittelte Frühform. Die schematisch unerbittliche und ganz offenkundige Konsequenz, mit der dem Leitmotiv alles untergeordnet wird, zeigt aber doch schon die Kleistsche Eigenart, aufs Ganze zu gehn. Es ist die Spiegelung seiner Art, Menschen zu sehen. Sie leben vollkommen in *einer* Sphäre, radikal einem alles beherrschenden Antrieb ausgeliefert, in der Paradoxie des rettungslos Bedingten, das zugleich ihre Unbedingtheit ist.

3.3. Das monumental beherrschende Leitmotiv der ›Penthesilea‹-Phase

Die Leitmotive der späteren Werke sind in die künstlerische Darstellung vermittelt. Eines der besten Beispiele bietet die durchgehende Jagdmetaphorik der ›Penthesilea‹.[5] Im amazonischen und schließlich mänadischen Dahinjagen, Erbeuten und Erlegen findet die Problematik der Heldin ihren stärksten Ausdruck. Der 17. Auftritt nennt nicht zufällig den Tempel der *Jagd*göttin Diana als Zentrum des Amazonenbereichs, aus dem sich

---

4 V. 515.
5 V. Klotz, Tragödie der Jagd, Kleists Penthesilea, in: V. Klotz, Kurze Kommentare zu Stücken und Gedichten, 1962, hebt diese durchgehende Metaphorik hervor, beschränkt sich aber auf die »Spielregeln der Jagd«. Zur älteren Literatur vgl. S. 78, vor allem die dort genannte Dissertation von F. Kanter.

Penthesilea nicht zu lösen vermag. Und im Augenblick der Entscheidung ruft sie dem Geliebten zu:[6]

> – O! – Nach Themiscyra!
> O! Freund! Nach Themiscyra, sag ich dir,
> Wo Dianas Tempel aus den Eichen ragt!
> Und wenn der Sel'gen Sitz in Phtia wäre,
> Doch, doch, o Freund! nach Themiscyra noch,
> Wo Dianas Tempel aus den Wipfeln ragt!

Das Leitmotiv der Jagd umfaßt das bunte Spektrum der bewegten äußeren Handlung: das sehnsuchtsvolle Suchen des Geliebten, das plötzliche Auftauchen des edlen »Wilds«, das scheinbare Erbeuten und das Entkommen der Beute, schließlich, als höchste Steigerung, die Verfolgung mit der mordgierigen Hundemeute und die Zerfleischung Achills. Als Metapher umspannt das Jagdmotiv auch die ganze Skala des Inneren: das Scheue wie das Wilde, das Selbständig-in-sich-Geschlossene und Stolze wie die elementare Entfesselung. Eines bedingt das andere. Die amazonisch-einseitige Existenz ist eine unnatürliche Hemmung. Sie wächst sich deshalb gerade in Penthesileas kraftvollem Wesen zu einer ungeheuren Daseinsspannung aus, die sich schließlich mit vernichtender Gewalt lösen muß. Die Natur rächt sich mit chaotischem, mit verblendendem Übermaß, mit einem bis in die Perversion[7] reichenden »Donnersturz der Gefühle«, wo

---

6 V. 2285–2290.

7 Ein eigenes Dialogstück reflektiert das Thema der Perversion. Nach dem Bericht von der Zerfleischung Achills klagt die erste Priesterin (V. 2677–2680):

> Solch eine Jungfrau, Hermia! So sittsam!
> In jeder Kunst der Hände so geschickt!
> So reizend, wenn sie tanzte, wenn sie sang!
> So voll Verstand und Würd und Grazie!

Der bluttriefenden Erscheinung Penthesileas hält sie also ihr früheres, mit Schillers Kategorien »Anmut und Würde« entworfenes Bild entgegen. Bezeichnenderweise wehrt die Oberpriesterin diesen Preis des ursprünglichen schönen und harmonischen Naturzustands ab (V. 2681 f.):

> »O die gebar Otrere nicht! Die Gorgo
> Hat im Palast der Hauptstadt sie gezeugt!«

Aber mit entschiedenem Widerspruch fährt die erste Priesterin fort (V. 2683): »Sie war wie von der Nachtigall geboren...« Besonders betont sie Penthesileas reine Weiblichkeit. Als kontrastierende Erinnerung des Einst im Hinblick auf den jetzigen Zustand hat dieses Dialogstück die Funktion, Penthesileas Tat als Perversion zu charakterisieren. Indirekt sind damit (die Oberpriesterin spürt es) die entstellenden Kräfte angeklagt, die eine ursprünglich »schöne Seele« so ganz in ihr Gegenteil verwandelt haben.

sie zurückgedrängt, ja, nur auf »jährliche Berechnungen«[8] für den Nachwuchs des Amazonenstaates reduziert worden ist. Kleist hat damit eines der großen Denkbilder des Euripides anverwandelt, vor allem aus dem ›Hippolytos‹, der ebenfalls durch die Jagd charakterisiert und von der Spannung zwischen Artemis und Aphrodite zugrunde gerichtet wird.[9]

Statt einer durchgehenden Abhebung des sich offen durch das ganze Stück ziehenden leitmotivischen Zusammenhangs, der als solcher keines besonderen Nachweises bedarf, lohnt sich die paradigmatische Analyse des großen letzten Auftritts, der den komplexen Höhepunkt der leitmotivischen Arbeit bildet. Die Jagd und insbesondere die Göttin der Jagd, Diana, ist hier Inbegriff des Zerstörerischen. Penthesileas erster Befehl nach dem blutigen Exzeß: Man solle die Leiche Achills – nicht etwa zu der »Oberpriesterin« (so die gewöhnliche Rollenangabe), sondern zu der »Dianapriesterin« Füßen legen, ist schon ein erster, entscheidender Hinweis. Darauf wird eindringlich insistiert:[10]

Die Erste: Den Peleiden sollte man, das wars,
　　　　　Vor der *Dianapriestrin* Füßen legen.
Die Dritte: Warum just vor der *Dianapriestrin* Füßen?
Die Vierte: Was meint sie auch damit?

Schon vor Penthesileas Anordnung ruft die Oberpriesterin zum Zeichen ihres Unverständnisses für das tiefere Geschehen gerade die Göttin der Jagd als Zeugin ihrer Unschuld an:[11]

Die Oberpriesterin mit Entsetzen: *Diana ruf ich an:*
　　　　　Ich bin an dieser Greueltat nicht schuldig!

Und doch verrät sie ihre tiefe Beunruhigung, wenn sie den Fluch über Penthesilea mit den Worten beschließt:[12] »Du blickst die Ruhe meines Lebens tot.«

Die immer noch wortlose Penthesilea reinigt nun, wie mit absichtsvoller Umständlichkeit berichtet wird, mechanisch ihre Jagdwaffe: den Pfeil, mit dem sie Achill getötet hat. Auf die Bemerkung der ersten Priesterin:[13]

---

[8] Kleist hebt den Passus »nach jährlichen Berechnungen« besonders hervor. Dazu bedient er sich eines auch sonst gern angewandten Kunstmittels: nach der erstaunlichen und außerordentlichen Mitteilung zeigt der Dialogpartner eine Reaktion, die zu einer Unterbrechung führt und also eine Anknüpfung an den ursprünglichen Zusammenhang nötig macht (V. 2025 und V. 2033). Diese Anknüpfung nimmt den Passus, auf den es besonders ankommt, noch einmal auf: er wird also durch Wiederholung besonders herausgehoben, nachdem schon die Reaktion des Dialogpartners die Aufmerksamkeit erhöht hat.

[9] Vgl. die ausführliche Darstellung zu Kleist und Euripides S. 234 ff.

[10] V. 2724–2727.　　　[11] V. 2711 f.　　　[12] V. 2722.　　　[13] V. 2755 f.

»Pfeil und Bogen, / Sie hat sie stets mit eigner Hand gereinigt«, antwortet
die zweite: »O *heilig* hielt sie ihn...« Das mechanische Erledigen eines
sonst heiligen Geschäfts zeigt nicht nur die Geistesabwesenheit Penthesileas, sondern vor allem die Sinnentleerung des bisher Sinnvollen. Kleist
gestaltet nun das Ende der Jagd mit einer einzigartig pathetischen, alle
Vorstellungen sprengenden Unmöglichkeit: mit der Prosopopoiie des sterbenden Bogens. Die entscheidende Regie-Anweisung für Penthesilea lautet: [14] »Ein Schauer schüttelt sie zusammen; sie läßt den Bogen fallen.«

> Die erste Amazone:
>> Der Bogen stürzt ihr aus der Hand danieder!
> Die zweite:
>> Seht, wie er taumelt –
> Die vierte: Klirrt, und wankt, und fällt –!
> Die zweite:
>> Und noch einmal am Boden zuckt –
> Die dritte: Und stirbt,
>> Wie er der Tanais geboren ward.

Das Pathos dieses Moments wird durch die weitere Regie-Anweisung
unterstrichen: »Pause«.[15]

Wie Kleist jede Katastrophe mehrfach stuft, um ihr durch Zwischen-
aufenthalte doppelte und dreifache Wucht zu verleihen,[16] so auch den
Todessturz der Penthesilea und der Jagd. Die Heldin wird durch eine Art
Sinnverrückung noch einmal ganz zur Amazone, gerade in dem Moment,
wo sie das Amazonentum endgültig ablegt. In träumerischer Entzückung
glaubt sie Achill erjagt zu haben. Dieser mit psychologischer Meisterschaft
gestaltete unbewußte Rückfall zeigt, wie mächtig sich die alte Daseinsform
bis in den Grund ihres Wesens hinein verfestigt hat. Während sie diese
Daseinsform in der Wirklichkeit tragisch überwindet, wird sie von ihr im
Unwirklichen noch einmal eingeholt. Und der Dichter, der die Mythologie
nie als antikisierende Verzierung, sondern streng funktional gebraucht,
läßt seine Heldin nun bezeichnenderweise wieder die Jagdgöttin anrufen:[17]

> (Penthesilea nach einer Pause, mit einer Art von Verzückung.)
> Ich bin so selig, Schwester! Überselig!
> Ganz reif zum Tod o *Diana*, fühl ich mich!
> Zwar weiß ich nicht, was hier mit mir geschehn,
> Doch gleich des festen Glaubens könnt ich sterben,
> Daß ich mir den Peliden überwand.

[14] Nach V. 2767.   [15] Nach V. 2769–2772.
[16] Vgl. die Katastrophe im ›Erdbeben‹ und den Sturz Herses im ›Kohlhaas‹
(vgl. die Analyse S. 61 f.).   [17] V. 2864–2868.

Im Glauben, den Geliebten lebend und als Gefangenen zu besitzen, ruft sie ungeduldig:[18] »O Diana!« und, in doppelter Ungeduld:[19] »O Diana! Warum soll ich nicht? O Diana! Er stand schon einmal hinterm Rücken mir.« Und als sie den Teppich von dem blutig entstellten Körper hebt und erschüttert hinstürzt,[20] ruft sie im Sturz noch einmal die Göttin an, nimmt sie in den Sturz hinein:[21] »O Artemis! Du Heilige! / Jetzt ist es um dein Kind geschehn.« Dann folgt nur noch das grausam ironisch anklagende:[22] »Du Ärmster aller Menschen, du vergibst mir! / Ich habe mich, *bei Diana*, bloß versprochen . . .«

Nach dem Sturz des Bogens und dem Sturz vor der Leiche Achills beginnt nun Penthesileas eigentlicher Todessturz in die Selbstvernichtung. Nach dem halb unbewußten, aber immerhin bedeutungsvollen Zu-Boden-Fallen der Jagdwaffe gibt sie mit vollem Bewußtsein die Jagd aus der Hand, sie kündigt ihr auf. In sich ist dieses Schlußstück wiederum vehement dramatisiert. Schon die ersten Worte der Amazonenkönigin (Regie-Anweisung nach V. 3001: »sie läßt sich aufrichten«) verraten die grundsätzliche Wendung:[23] »Geht ihr nach Themiscyra, und seid glücklich, / Wenn ihr es könnt −.« Diesem »Wenn ihr es könnt« folgt alsbald die Empfehlung:[24] »Der Tanais Asche, streut sie in die Luft!«, endlich die entschlossene Erklärung:[25] »Ich sage vom Gesetz der Fraun mich los.« Den stärksten Ausdruck erreicht diese Lossagung, als Prothoe der Freundin den Dolch wegzunehmen sucht, damit sie ihn nicht zum tödlichen Stoß gegen sich selbst brauche. Penthesilea fragt darauf:[26]

> Willst du die Pfeile auch?

Sie »nimmt den Köcher von der Schulter« und fährt fort:

> Hier schütt ich ihren ganzen Köcher aus!
> (Sie schüttelt die Pfeile vor sich nieder.)
> Zwar reizend wärs von *einer* Seite −
> (Sie hebt einige davon wieder auf.)
> Denn dieser hier − nicht? Oder war es dieser −?
> Ja, der! Ganz recht − Gleichviel! Da! Nimm sie hin!
> Nimm alle die Geschosse zu dir hin!

Damit wird nicht nur der Weg frei zu dem pathetischen Paradox eines Todes allein kraft gebrochnen Herzens. Die expressiv gehäuften Gesten, mit denen Penthesilea die Jagdwaffen selbst für den ersehnten eignen Tod von sich weist, bedeuten eine allerletzte, äußerste Absage an die Jagd. Die

---

18 V. 2870.   19 V. 2878 f.   20 V. 2899: »Da stürzt sie hin.«
21 V. 2897 f.   22 V. 2986 f.   23 V. 3003 f.
24 V. 3009.   25 V. 3012.   26 V. 3019−3024.

genau abgestuften Bewegungen, mit denen sie den Köcher von der Schulter nimmt, die Pfeile ausschüttet, einige aufhebt und noch einmal betrachtet, dann »den ganzen Bündel« Prothoe übergibt, vollenden die Entwicklung, die mit dem noch halb unbewußten Fall des Bogens beginnt.

Die Schlußpartie der ›Penthesilea‹ lädt also das Leitmotiv bis zum Äußersten mit Deutungsfülle. Nicht nur Dialog und Bericht nehmen es immer wieder auf, nicht nur die Mythologie trägt es weiter: auch der Regisseur Kleist konzentriert sich auf die leitmotivische Arbeit. Selbst den Requisiten – Bogen, Köcher, Pfeilen – wendet er größte Aufmerksamkeit zu. Das Bild des sterbenden Bogens steht in einem über das ganze Stück ausstrahlenden Beziehungsgeflecht, das gerade die symbolische Qualität dieses Requisits als einer dinglichen Verdichtung des Leitmotivs hervorhebt. Die Prosopopoiie, die das Ende des Amazonenstaates signalisiert, antwortet einer anderen, die dieses Ende schon im Anfang andeutet. Nach dem Bericht von der namengebenden Gründertat der Tanais, die sich die Brust abriß, um den Bogen spannen zu können, fährt Penthesilea fort:[27]

> Still auch auf diese Tat wards, Peleïde,
> Nichts als der Bogen ließ sich schwirrend hören,
> Der aus den Händen, leichenbleich und starr,
> Der Oberpriesterin daniederfiel.
> Er stürzt', der große, goldene, des Reichs,
> Und klirrte von der Marmorstufe dreimal,
> Mit dem Gedröhn der Glocken, auf, und legte,
> Stumm wie der Tod, zu ihren Füßen sich. –

Schon die bewußt ins Unmögliche gerichtete, gewaltsame Metaphorik dieser Prosopopoiie entspricht derjenigen im 24. Auftritt. Daß der Bogen, Inbegriff der Jagd und des Amazonentums, sich bei der Gründung des gesetzlich auf Unnatur bauenden Amazonenstaates »stumm wie der Tod« zu den Füßen der Oberpriesterin legt, kündigt den Untergang an, der sich dann im »Sterben« des aus Penthesileas Händen fallenden Bogens vollzieht. Die ursprüngliche Fassung bietet für die Verse 1995–1997 eine aufschlußreiche Variante:[28] »Kein Laut vernahm sich, als der Bogen nur, / Der aus der Hand, geöffnet im Entsetzen, / Der Priesterin, *wie jauchzend* niederfiel.« Kleist versuchte also alles, um das Ende als geschichtlich notwendig und vorbestimmt erscheinen zu lassen. Der »Bogen« scheint über seinen eigenen Untergang zu »jauchzen« und drückt damit die tiefe Gespaltenheit des Amazonenwesens aus, dessen verborgene Sehnsucht und Naturbestimmung es ist, sich selbst ad absurdum zu führen.

---

[27] V. 1994–2001.   [28] I,959 f.

Schon auf der nächsten Stufe des vom Leitmotiv bestimmten Berichts über den Amazonenstaat klingt das Thema der Entfremdung auf:[29]

Im Tempel Mars', den Bogen gab man mir,
Den klirrenden, des Amazonenreichs,
Mir war, *als ob* die Mutter mich umschwebte,
Da ich ihn griff, nichts *schien* mir heiliger,
Als ihren letzten Willen zu erfüllen.
Und da ich Blumen noch, die duftigsten,
Auf ihren Sarkophag gestreut, brach ich
Jetzt mit dem Heer der Amazonen auf,
Nach der Dardanerburg – Mars weniger,
Dem großen Gott, der mich dahin gerufen,
Als der Otrere Schatten, zu gefallen.

Das für Kleist so bezeichnende »als ob« und »schien« deutet auf das Fragwürdige einer jugendlichen Absolutsetzung, und die Feststellung Penthesileas, sie sei nicht sosehr dem Rufe des Mars als dem Gefühl der Pietät gefolgt, verrät schon die Fremdheit der schönen Natur gegenüber einem sich mit dem Nimbus des Göttlichen umkleidenden willkürlichen Gesetz.

Die leitmotivische Struktur ist demnach so konsequent ausgearbeitet, daß sie allein schon das Sinngefüge des Gesamtgeschehens vermittelt. Zugleich zeigt das Verhältnis der Schlußszene zu den früheren Konkretionen, daß der Dichter nicht mit gleichmäßiger, sondern mit dramatisch intensivierender Konsequenz verfährt: die Schlußszene erreicht gegenüber den früheren Auftritten den mit Abstand höchsten Grad an leitmotivischer Dichte und Aussagekraft.

Zum vollkommenen Ausdruck inneren Geschehens wird die Leitmotivik der ›Penthesilea‹ allerdings erst durch ihre dialektische Anlage. Das Jagd-Motiv ist nicht linear und isoliert durchgeführt, sondern hat ein Pendant im Rosen-Motiv. Stellen die Jagd und ihr Ding-Symbol, der Bogen, die zerstörenden Kräfte dar, so sind die Rosen und das immer wieder avisierte »Rosenfest« ein poetisch sprechendes Zeichen der Liebeserfüllung. Daß die Amazonen auf Jagd und Kampf ausziehen müssen, um das Rosenfest feiern zu können, ist der unglückliche Widerspruch, dessen tragische Auflösung die Amazonenkönigin Penthesilea erreicht. Es ist derselbe Widerspruch, für den die Heldin immer wieder einprägsame Formulierungen findet: daß sie »mit Eisen ihn umarmen muß«,[30] den sie liebt; vor allem

---

29 V. 2159–2169.
30 V. 859.

die Klage:[31] »Sie ist mir nicht, / die Kunst vergönnt, die sanftere, der Frauen! / ... Im blutgen Feld der Schlacht muß ich ihn suchen, / Den Jüngling, den mein Herz sich auserkor, / Und ihn mit ehrnen Armen mir ergreifen, / Den diese weiche Brust empfangen soll.«

In diesem Zusammenhang genügt es, auf einige Grundzüge der dem Rosen-Motiv zukommenden Leitfunktion hinzuweisen. Während die ersten vier Auftritte[32] durchgehend das Jagd-Motiv in großen Bildern zur Geltung bringen, konzentriert die zweite geschlossene Handlungsmasse (5.–8. Auftritt) die Aussagen über das Rosenfest. Die beiden gegenperspektivisch angelegten Akte des Beginns – die ersten vier Auftritte spiegeln die Sicht der Griechen, die zweiten vier diejenige der Amazonen – stehn also auch in der motivischen Gewichtung einander entgegen. Sie bilden eine gegenstrebige Einheit wie die kämpfenden und sich liebenden Protagonisten. Die ausdrucksvolle Geste: wie Penthesilea nach Achills Sieg die bereits geflochtenen Rosenkränze zerhaut, setzt zu Beginn der dritten größeren Handlungseinheit (im 9. Auftritt) dem Traum vom Liebesglück ein jähes Ende. Die folgenden Auftritte sind deshalb frei vom Rosen-Motiv, sie bereiten aber sein Wiedererscheinen nach dem Maß der durch Achills Trug ermöglichten Liebesbegegnung vor. In wahnhafter Entzückung nimmt Penthesilea schließlich das Rosenfest vorweg und läßt sogar das Hymen-Lied singen (14. Auftritt). Der folgende 15. Auftritt gibt mit der nachgeholten Exposition den mythisch-institutionellen Hintergrund: die Realität des Bogenschießens und des Rosenfestes in Penthesileas großer Darstellung des Amazonentums. Dann löst sich das Liebesidyll auf, und die Handlung präzipitiert unaufhaltsam zur Katastrophe. Mit innerer Logik bleibt diese Strecke fallender Handlung vom 15. bis zum 24. (letzten) Auftritt frei vom Rosen-Motiv. Nur der ganz auf die Katastrophe konzentrierte Schlußauftritt selbst bringt es noch einmal, aber in einer Abwandlung, die es der Katastrophe vollkommen gemäß erscheinen läßt. Vor der blutig zerrissenen Leiche Achills ruft Penthesilea aus:[33]

> Ach, diese blutgen Rosen!
> Ach, dieser Kranz von Wunden um sein Haupt!

Darauf antwortet Prothoe: Und doch war es die Liebe, die ihn kränzte? und Meroe: Nur allzufest –!

und wieder Prothoe: Und mit der Rose Dornen,
In der Beeifrung, daß es ewig sei!

---

[31] V. 1887–1901. Vgl. auch V. 1187–1192: »Ists meine Schuld, daß ich im Feld der Schlacht / Um sein Gefühl mich kämpfend muß bewerben? / Was will ich denn, wenn ich das Schwert ihm zücke? / ... Ich will ihn ja, ihr ewgen Götter, nur / An diese Brust will ich ihn niederziehn!«

[32] Vgl. zum Folgenden auch die Strukturanalyse S. 129 f.   [33] V. 2907–2913.

Zusammenfassend läßt sich sagen, daß Kleist sein Leitmotiv nicht nur da und dort in die Handlung der ›Penthesilea‹ einstreut, daß es niemals abstrakt und isoliert wie eine zur Wahrnehmung des Sinnkontinuums aufstützende Hilfskonstruktion wirkt, sondern in dynamischer Angemessenheit dem inneren Rhythmus der Handlung folgt. So erst wird die Leitmotivik zur Kunstform, zum lebendigen Strukturelement. Nicht trotz, sondern gerade wegen seines gleichbleibenden Grundbestandes vermag das Leitmotiv in der variierenden Anpassung an die jeweiligen inneren Vorgänge diese zu pointieren, zu konturieren und untereinander ins Verhältnis zu setzen. Es entspricht Kleists Neigung zur energisch steuernden Regie, daß er den hohen Signalwert, der dieser Kunst des Leitmotivs zukommt, bis zur Ausprägung von Dingsymbolen ausnutzt. Denn der Bogen als Zeichen der Zerstörung und die Rosen als Chiffre der Liebe sind nicht bloß im gesprochenen Wort da. Sie erscheinen – ein Gegensatz zu dem ganz im Wort verharrenden klassischen Drama – auf der Bühne als sichtbare Zeichen, und dieses Erscheinen wird vielfach variiert. Der Bogen wird geschultert, gespannt, es wird geschossen, er fällt zu Boden; die Rosen werden gesucht, gepflückt, in Körben herbeigebracht, zu Kränzen geflochten, die Kränze wiederum werden zerhauen ... Eine weitergehende Strukturanalyse ergibt, daß dieses Verfahren, in dem sich der ganze innere Hergang dinghaft und also für die Regie dingfest auskristallisiert, auch den Bau einzelner Szenen bestimmt.[34]

3.4. Das differenzierte Verfahren der Spätphase im ›Homburg‹

Die schroffe Dominanz der Leitmotivik in der ›Penthesilea‹ gehört zum monumentalen Stil als dem Ausdruck elementarer Leidenschaft. Derselben Schaffensepoche ist der ›Guiskard‹ zuzurechnen. Die Pest im ›Guiskard‹ entspricht der Jagd in der ›Penthesilea‹. Auch später entwirft Kleist

---

[34] D. Steinbach, Die dramatische Gestaltformel, S. 122–126, weist auf die leitmotivisch aufbauende und rhythmisierende Funktion des Requisits für einzelne Szenen hin, besonders auf die Bedeutung von Luthers »Papieren« in der Lutherszene des ›Kohlhaas‹. Ergänzend sei der 10. Auftritt des 2. Aktes im ›Homburg‹ genannt, der diese Tendenz zur requisitären Integration und zugleich zur dinglichen Konzentration des leitmotivischen Zusammenhangs auf ein Maximum steigert. Zentrales Requisit des Auftritts sind die erbeuteten Fahnen: Symbol des Sieges und des Ruhms. Nicht weniger als sieben Regie-Anweisungen sind diesen auch für den Dialog durchgehend wichtigen Fahnen gewidmet. Die Fahnenlosung »Per aspera ad astra« vollends verbindet die spezielle, auf einen Auftritt beschränkte leitmotivische Prägung mit dem Leitmotiv des ganzen Stücks (vgl. S. 88 f.).

noch Gestalten von tragischer Eindimensionalität und Größe und folgt dementsprechend der Tendenz zum beinahe tyrannisch durchgeführten Leitmotiv wenigstens in großen Partien. Eine Analyse des ›Kohlhaas‹ wird dies noch zeigen. Doch entwickeln die letzten Werke im ganzen eine zurückhaltendere und abgestuftere Art der leitmotivischen Darstellung. Hauptzeugnis dafür ist das Homburg-Drama. Mit seinem wesentlichen Antrieb, dem Verlangen nach Ruhm und Liebesglück, ist der Prinz nicht eingehüllt in eine dichte Sphäre wie die Amazone Penthesilea in diejenige der zerstörerischen Jagd und Guiskard in die der tödlichen Seuche. Nichts gibt es in diesem Schauspiel, das in gleicher Weise als repräsentative Metapher für das ganze Dasein des Helden gelten könnte. Wenn dennoch ein leitmotivisches Verfahren zu erkennen ist, so nur aufgrund einer fein abgewogenen Plazierung gleichbleibender zentraler Bildelemente an strukturell besonders bedeutsamen Stellen. Diese Stellen sind nicht ausschließlich, aber doch vor allem die Monologe des Prinzen.

Der Ausruf des Prinzen:[35] »O Cäsar Divus! / Die Leiter setz ich an, an deinen Stern!«, Kleistsche Abbreviatur eines Monologs, gestaltet das Leitmotiv am bündigsten: der Prinz im Ansturm auf seinen Glücksstern. Schon an früherer Stelle, im ersten Monolog, ist es vollentfaltet: »Nun denn, auf deiner Kugel, Ungeheures...«[36] Fortunas Kugel, der Glücksstern, entspricht dem »Stern« des Cäsar Divus – seinem sprichwörtlichen Glück. Die spätere, kürzere Stelle markiert so gut wie die erste einen Szenenschluß, fällt also mit dem vollen Gewicht eines letzten Wortes ins Gehör. Zu der Analogie im Pathos der Plazierung gesellt sich die Analogie im Pathos der Diktion. Der erste Monolog erzeugt es durch die Ballung eines Satzes, der ebenso »ungeheuer« ist wie das angerufene Glück. Aber auch der einfache Ausruf »O Cäsar Divus, / Die Leiter setz ich an, an deinen Stern!« darf nicht plan gesprochen werden. Das Komma vor dem letzten Kolon ergibt eine wichtige, höchst pathetische Schwellenmarkierung, die zu kurzem Einhalten auffordert. Nach dieser Markierung muß die Stimme leidenschaftlich ansteigen, um in dem Wort »Stern« den stärksten Ausdruck zu gewinnen. Bildet der gewaltige und gewaltsame Duktus des ersten Monologs die Anstrengung ab, durch die der Prinz sein Glück zu erringen gedenkt, so der kaum mehr als einen Vers umfassende zweite mit seiner dramatischen Kürze die scheinbar kurz bevorstehende Erfüllung. Die hybride Formulierung vom Ansetzen der Leiter an den Stern nimmt allerdings schon das Scheitern des Prinzen im Bilde vorweg. Er wird stürzen, wie es bereits vor dem Beginn der Schlacht ein böses Omen ankündigt, als er sich mit dem Pferd überschlägt.

---

[35] V. 713 f.   [36] V. 355 ff.

Nach der Verhaftung erscheint das Motiv des Sterns zum dritten Mal, und wieder ist das Zeichenhafte stark betont. Diesmal handelt es sich um eine Fahnenlosung:[37] »Per aspera ad astra.« Der Kurfürst liest sie wie von ungefähr von einer erbeuteten schwedischen Fahne ab, aber voraus-geht ein von innerer Spannung vibrierender Dialog. Die Militärs sind so betroffen über den Befehl zur Gefangennahme des Prinzen, daß sie die jähe Wendung des Kurfürsten zu den erbeuteten Fahnen nicht mitvoll-ziehn, ja ihn nur anstammeln, als er nach einer bestimmten Fahne fragt. Auf die zweite Frage, die der Inschrift dieser Fahne gilt, setzt der nach dem Urbild Blüchers entworfene Haudegen Kottwitz lateinfremd und unsicher an: »Ich glaube...«, worauf der behende, von Kleist nicht sehr sympathisch gezeichnete Feldmarschall Dörfling[38] sogleich vorliest: »Per aspera ad astra.« Mit dem lakonischen Kommentar des Kurfürsten: »Das hat sie nicht bei Fehrbellin gehalten« bricht das Gespräch ab. Es folgt eine »Pause«. So ist für den gleichen Nachhall der gewichtigen Losung gesorgt, den das Leitmotiv die ersten beiden Male durch die Plazierung am Sze-nenschluß erhält. Da die Pause zugleich der Erschütterung über die Ver-haftung des Prinzen Raum schafft, verbindet sich die Losung mit dem Schicksal des Helden. Der Kommentar des Kurfürsten, der doch auf die Schweden gemünzt ist, erhält im Bewußtsein des Lesers und des Zuschauers noch eine weitere Bedeutung – auf sie kommt es an.

Zentral Wichtiges – das Leitmotiv – stellt sich also mit der Leichtigkeit des Zufälligen ein, beinahe assoziativ, und in einem Kontext, dessen we-nige Zeilen außerdem noch ein Streiflicht auf das vollkommen gebändigt-»souveräne« Wesen des Kurfürsten sowie auf Kottwitz und den Feldmar-schall Dörfling werfen. Das zunächst unscheinbare Dialogstück zeigt den Dichter auf dem Höhepunkt seiner Kunst, wo er mit wenigen Worten vieles zu treffen und anzudeuten vermag und deshalb mit spielerischer Überlegenheit auf ein gepanzertes Aufgebot der Sprache verzichtet.

Auf das lakonische »Per aspera ad astra«, das nach den Exaltationen des Prinzen das zentrale Motiv in sentenzhaft verfestigter Form einprägt und nach dem Subjektiv-Ungültigen das Objektiv-Gültige der Gegenwelt verkündet, durfte keine ungebrochene Durchführung des Leitmotivs bis zum Ende des Stücks folgen. Denn es bildet nicht eine tragfähige ›Sphäre‹ wie die Jagd in der ›Penthesilea‹ und die Pest im ›Guiskard‹. Das Bild vom Glücksstern ist als topologisch eingeengtes Motiv von vornherein nur eine zitierfähige Vorstellung, die nicht zufällig zuerst mit der emblema-tischen Fortuna, dann mit Cäsars sprichwörtlichem Glück und schließlich

---

37 V. 757. Zur leitmotivischen Integration der Szene vgl. S. 87. A. 34.
38 Zum historischen Hintergrund der Personen: R. Samuel, Prinz Friedrich von Homburg, S. 173 f.

mit einem lateinischen Sprichwort in Zusammenhang gebracht wird. Hätte Kleist es als Leitmotiv im strengen Sinne weitergeführt, dann wäre es zum Petrefakt geworden. Er hat es deshalb thematisch aufgelöst, doch so, daß diese Auflösungen auf die motivische Leitvorstellung der ersten beiden Akte hin durchsichtig bleiben – wie sie umgekehrt von ihr den festen Kontur erhalten.

Der Stern des Prinzen »bedeutet« Tatenruhm und Liebesglück; er ist Zielbild einer auf die *Unsterblichkeit* gerichteten jugendlichen Daseinsspannung. Denn Ruhm und Liebe sind für den Prinzen durchaus nicht vordergründige, sondern verewigende und verklärende Werte – absolut gesetzte Wirklichkeiten. Daß er sie im Fluge erlangen will, ist Wirklichkeitsübereilung bei extremer, traumhaft intensiver Wirklichkeitsfixierung. Dies ist wohl »unreif«, aber kein Leichtsinn, der seine erzieherische Maßnahme verdient. Gegenbild des Sterns ist das Grab: die radikale Konfrontation mit der Sterblichkeit Gegenzug zum Traum von der Unsterblichkeit. Deshalb stürzen während der Todesfurchtszene die im Bild des Sterns verklärten Unsterblichkeitswerte Ruhm und Liebe zusammen. Sie werden vor der einfachen und nackten Realität des Lebens irreal: [39]

> Seit ich mein Grab sah, will ich nichts, als leben,
> Und frage nichts mehr, ob es *rühmlich* sei!

und: [40]

> Ich gebe jeden Anspruch auf an *Glück.*
> *Nataliens,* das vergiß nicht, ihm zu melden,
> Begehr ich gar nicht mehr ...

In seinem Zusammenbruch verkörpert der Prinz eine ent-wertete Welt.[41] Nicht zuletzt darin liegt der bedrohliche Ernst der ganzen Vorstellung, die den Dichter ebenso faszinieren mußte wie sie am Berliner Hof unangenehm war. Kleist hat denn auch den Zusammenbruch des Prinzen dezidiert gegen das Helden-Klischee und das ihm verhaßte, weil starre preußische Offiziers- und Soldatenethos gestaltet. Immer wieder betont Natalie den Niederbruch des Heldischen: [42] »Ach, welch ein Heldenherz hast du

---

[39] V. 1003 f.
[40] V. 1022–1024.
[41] W. Müller-Seidel, Kleist, Prinz von Homburg, in: Das deutsche Drama, hrsg. v. B. v. Wiese, S. 390–409, beurteilt S. 398 f. den ganzen Vorgang eher im Sinne eines persönlichen Mangels, gemäß der Ausgangsthese, die Traumszene des Anfangs zeige den Prinzen nicht in gefühlhafter Unbefangenheit, sondern in einem durch »Reflexivität« (im Sinne des ›Marionettentheaters‹) bereits verfälschten Gemütszustand – nicht rein, sondern »getrübt«.
[42] V. 1155, V. 1167 f., V. 1171 f.

geknickt« ... »Zu solchem Elend, glaubt ich, sänke keiner, / Den die Geschicht als ihren Helden preist.« ... »so fassungslos, so ganz / Unheldenmütig...« Wenn sie ihre Rede mit den Worten schließt:[43] »Ach, was ist Menschengröße, Menschenruhm!«, so wird darin die Hinfälligkeit, die Entwertung jener Traumwelt, die der Prinz auch ihr zu verkörpern schien, ins Grundsätzliche erhoben. Es geht nicht nur um die heftige Subjektivität Homburgs selbst, der stürzend seine bisherigen höchsten Werte mit sich reißt, sondern um eine paradigmatische Krise, in der »Menschenruhm« fragwürdig wird. Das im Leitmotiv des Sterns plastisch erscheinende Thema erhält hier seine größte Allgemeinheit: in der Negation.

Nun gibt es einen entscheidenden Zusammenhang zwischen der Heftigkeit des Sturzes und der Fixierung auf den »Stern«. Nur weil diese Fixierung besteht, kann der Anblick des Grabes so furchtbar sein. Und die dialektische Umkehrung: In dem Augenblick, wo sich die Sterblichkeit in ihrer ganzen Düsterkeit als conditio humana aufdrängt, muß die Fixierung weichen. Zwar will der Prinz schon nach dem Blick ins offene Grab nur noch leben und fragt nichts mehr, »ob es rühmlich sei«. Der eigentliche Augenblick der inneren Realisierung aber, wo nicht mehr nur das kreatürliche Entsetzen vor dem Tode herrscht, sondern das Sterben als Lebensgesetz fatalistisch akzeptiert wird, ist der dritte Monolog: »Das Leben nennt der Derwisch eine Reise...« (IV,3). Dieser Monolog hat zwei Schwerpunkte. Einmal zeigt er, daß der Prinz die schiere Todesfurcht überwunden hat. Schon die Szenenanweisung macht dies deutlich:[44] »Der Prinz von Homburg hängt seinen Hut an die Wand, und läßt sich nachlässig auf ein, auf der Erde ausgebreitetes Kissen nieder.« Und nachdem er sich mit seiner Lage abgefunden hat, die als menschliche Situation überhaupt erkannt und deshalb entpersonalisiert ins Allgemeine gehoben wird (»nennt der Derwisch« ... »Wer heut...« ... »sagt man...«), zeigt sich die wiedergewonnene Fassung vollends in der Antwort auf Nataliens drängenden Hinweis auf die offene Gruft. Der Prinz sagt »lächelnd«:[45] »Wahrhaftig, tut Ihr doch, als würde sie / Mir, wie ein Panther, übern Nacken kommen.« Zum andern aber, und das wird allzu leicht übersehen, verrät dieser Monolog auch ein neues Verhältnis des Prinzen zur »Unsterblichkeit«, die doch von Anfang an seine glühendste Sehnsucht ist. Zwar »glaubt« er noch an eine Unsterblichkeit, aber es ist ein achselzuckender Glaube an einen Nicht-Wert, an ein gleichgültiges, weil von allem lebendig Vorstellbaren abgespaltenes Jenseits. Ist seine Furcht vor dem Tode gewichen, so doch auch alle transzendierende, weil Werte anerkennende Lebensspannung. Der Prinz befindet sich in mehrfacher Hinsicht auf halbem Weg.

[43] V. 1174. [44] Vor V. 1286. [45] V. 1328 f.

Der vierte und letzte Monolog, der als Auftritts-Arie die Schlußszene mit sublimem Pathos eröffnet, markiert die Vollendung dieses Weges: [46]

Nun, o Unsterblichkeit, bist du ganz mein!
Du strahlst mir, durch die Binde meiner Augen,
Mir Glanz der tausendfachen Sonne zu!
Es wachsen Flügel mir an beiden Schultern,
Durch stille Ätherräume schwingt mein Geist;
Und wie ein Schiff, vom Hauch des Winds entführt,
Die muntre Hafenstadt versinken sieht,
So geht mir dämmernd alles Leben unter:
Jetzt unterscheid ich Farben noch und Formen,
Und jetzt liegt Nebel alles unter mir.

Die Unsterblichkeit, zuerst im Sinnbild des Sterns gefeiert und aus den höchsten Daseinswerten Ruhm und Liebe definiert, dann in der Krise der Todesfurcht und in der skeptischen Resignation des dritten Monologs als innere Dimension bedroht, erfährt hier eine triumphale Aufhöhung zum Absoluten. Zum ersten Mal wird – an der letzten möglichen Stelle! – das Thema offen genannt, und schon die Formulierung: »*Nun,* o Unsterblichkeit, bist du *ganz* mein!« weist auf die längsterstrebte und erst jetzt vollkommen gelingende Verwirklichung der großen Sehnsucht des Prinzen, der ja ganz aus unendlichem Glücksverlangen lebt. Was früher »Stern« war, ist nun »Glanz der tausendfachen Sonne«. Und wo der dritte Monolog noch in erdenschwerer Skepsis bedauert, daß das Auge modert, das die jenseitigen Fluren bewundern soll, da bringt der letzte Monolog beseligendes Transzendieren: »Es wachsen Flügel mir an beiden Schultern, / Durch stille Ätherräume schwingt mein Geist.« Im selben Maße entwirklicht sich die Welt – wie eine in der Ferne versinkende Hafenstadt. Der dritte Monolog hatte umgekehrt durch ein verzagtes »Man sagt« das Jenseits mit irdischen Vorstellungen zu füllen versucht.

Der auf den letzten Monolog des Prinzen folgende, hochpoetische Dialog [47] führt die im Monolog eröffnete Perspektive konsequent weiter. Daß der Prinz auf seinen Ausruf »Ach, wie die Nachtviole lieblich duftet!« die Antwort erhält: »Es sind Levkojn und Nelken«, deutet zunächst in leicht zu durchschauender Symbolik [48] auf die Wendung aus nächtlicher Todeswelt in eine festlich heitere Tageswelt voraus – auf die Wendung zum Guten. Wenn aber dann der Prinz auf die Frage des begleitenden Offiziers:

---

[46] V. 1830–1839.
[47] V. 1840–1845.
[48] A. Robert, Le Prince de Hombourg, texte traduit et présenté par André Robert, 1930, weist in seinen Erläuterungen zum Stück darauf hin, S. 110.

»Kann ich dir eine Nelke reichen?« antwortet: »Lieber! – / Ich will zu Hause sie in Wasser setzen«, dann heißt das auf der symbolischen Ebene dieser Aussage, auf die es hier allein ankommt, daß die Todesbereitschaft aus einer großen Versöhnung ihre Kraft nimmt. Jede Bitterkeit ist verschwunden. Das »Zu Hause« zeigt den Prinzen in der vorausgreifenden Vollendung seines Transzendierens, das der Monolog noch ganz als mächtige Bewegung darstellt. Eigentliches Symbol der Versöhnung ist das Hinübernehmen der Blume, die in Wasser gesetzt werden soll. Kein bitterer Abschied, sowenig wie eine taumelnde Flucht,[49] kein schmerzliches Auseinanderfallen der Welten wie im dritten Monolog, sondern Harmonie, wo die andere Welt für diese wie Wasser für die Blume ist. Die Dialektik des Vergänglichen, an dessen Schönheit die Sinne hängen, und des unsterblichen Lebens, nach dem doch alle Sehnsucht des Prinzen von Anfang an geht, ist in diesem Bilde enthalten. Das »Zu Hause« bezeichnet das Ziel des Strebens, das sich in den gewaltsamen Visionen vom Ansturm auf den Glücksstern zuerst artikuliert.

In den Zusammenhang der Unsterblichkeitsproblematik, die sich anfangs leitmotivisch kristallisiert und dann thematisch auflöst, gehört das bekannte *Traum-Motiv*, das erst die endgültige Definition der »Unsterblichkeit« erlaubt. Dem Traum-Motiv kommt ebenfalls Leitfunktion zu. Nach der gängigen Formel nimmt der Prinz zunächst fälschlich seinen Traum als Richtlinie für die Wirklichkeit und versucht deshalb den Traum unmittelbar in Wirklichkeit umzusetzen,[50] während ihm am Ende umgekehrt die Wirklichkeit als Traum erscheint.[51]

Im Innern des Dramas kommt das Traum-Motiv an zwei entscheidenden Stellen vor: als der Prinz von seiner Verhaftung erfährt und zu träumen glaubt, weil er diese Nachricht nicht fassen kann;[52] und bei der entgegengesetzten Wendung seines Geschicks, als er durch Natalie im Gefängnis von seiner Begnadigung hört, sich aber schon so sehr mit der Realität des Todesurteils abgefunden hat, daß ihm auch diese gute Botschaft unwirklich wie ein Traum dünkt.[53] Die Reaktion auf die endgültige Begnadigung am Ende des Stücks ist von der gleichen Art.[54] Mit Ausnahme des Anfangs, der das Motiv das Traumes bei weitem am stärksten ausgestaltet, handelt es sich also zunächst um eine fast redensartliche Formel, die nicht viel mehr als außerordentliches Erstaunen ausdrückt. Dennoch ist das Traummotiv von tieferer Bedeutung. Deshalb steht es gerade an den strukturell wichtigsten Stellen: am Anfang, am Schluß sowie an den bei-

---

49 Der üblich gewordene Vergleich mit Kleists letzten Briefen ist unter diesem Aspekt fragwürdig.
50 Vgl. V. 24–28, V. 75–77, V. 112, V. 140, Regie-Anweisung vor V. 205.
51 Vgl. V. 1856.   52 V. 765.   53 V. 1305.   54 V. 1856.

den Peripetien. Es reicht in das Zentrum der inneren Entwicklung. Darauf weisen spätestens die Worte des Obristen Kottwitz, der am Ende auf die Frage des Prinzen: »Nein, sagt! Ist es ein Traum?« antwortet: »Ein Traum, was sonst?« Denn diese Worte, die der Dichter durch den Mund des Obristen spricht,[55] können nur hintergründig verstanden werden, da die Begnadigung des Prinzen nicht Traum, sondern Wirklichkeit ist.

Was also bedeutet die Wendung: »Ein Traum, was sonst?«? Außer der Bestätigung der vom Prinzen selbst empfundenen traumhaften Unwirklichkeit der konkreten Situation doch auch dies, daß nach allem, was er erlebt und erlitten hat, *die Wirklichkeit überhaupt* für ihn Traumcharakter angenommen hat[56] – und daß dies die rechte Art ist, Wirklichkeit zu sehen und zu behandeln. Der Prinz hat also jene höhere Bewußtseinsstufe erreicht, wo »das Leben ein Traum« ist, wo das Ich der Welt, eben weil sie nicht mehr so wichtig erscheint, mit höherer Souveränität gegenübertritt, und das heißt auch: erkennender und objektiver. Zugleich aber heißt dieses »ein Traum«: traumhaft schön und also doch wieder begehrenswert – so wie der schlafwandelnde Reitergeneral das Leben ursprünglich erträumt hat. Sein anfänglicher Traum als Antizipation der am Ende sich einstellenden Wirklichkeit ist nicht »falsch«, auch nicht menschlich falsch. Er ist ebenso richtig wie schön. Nur die unmittelbaren und unvermittelten Versuche der Verwirklichung müssen scheitern, weil sie den Traum wie die Wirklichkeit fälschlich absolutsetzen. Das Leben muß Traum werden, damit der Traum Leben werden kann – und umgekehrt. Diese nicht endende, schwebende Dialektik als Notwendigkeit wahren Menschseins entspricht derjenigen von Unsterblichkeit und Todeserfahrung. Jeder Versuch, das Homburg-Drama in die Einbahn einer undialektischen Deutung zu zwängen, etwa nach dem bekannten Schema einer Entwicklung vom Traum zur Wirklichkeit, vom Subjekt zum Objekt (diese Entwicklung gibt es, aber sie erschöpft nicht den Vorgang), hat die innere Proportion des Dramas gegen sich, die vor allem im Verhältnis des Schlusses zum Anfang sinnfällig ist.

Die Art, wie der Prinz durch Abwerfen voreiliger Absolutsetzungen seine gültige menschliche Form findet, zeigt, daß auch das letzte Drama unter dem Horizont aufhebender Relativierungen zu verstehen ist, der Kleists Werke insgesamt bestimmt. Nur wagt das Homburg-Drama das Paradox, eben im relativierenden Bewußtsein, das allein der Sterblichkeit angemessen ist, »Unsterblichkeit«, d. h. höchste Unabhängigkeit zu sehen.

---

[55] A. Henkel, Traum und Gesetz im Prinzen von Homburg, in: Heinrich von Kleist, Aufsätze . . ., S. 576–604, nennt S. 604 Kottwitz an dieser Stelle »vielleicht die Maske Kleists«.

[56] Zur weiteren Deutung dieser Wendung vgl. S. 146 f.

Es ist eine andere Unsterblichkeit als die ursprünglich fixierte: die einer in der Form der Freiheit,[57] ja als acte gratuit erscheinenden Verantwortlichkeit; eines Ernstes, der Spiel geworden ist,[58] einer Beglückung durch Ruhm und Liebe, die sich in Poesie auflöst, wo sich Wirklichkeit und Nichts als identisch erwiesen haben. An solchem Bewußtsein muß alles vaterländische und sonstige Getöse der Welt vorbeirauschen wie am Ohr des Ohnmächtigen – das ist die Wahrheit des Schlußbildes.

3.5. Die parallele Entwicklung der Leitmotivik in den Erzählungen

Einfache, signalhafte Form im ›Erdbeben‹

Entsprechend der späteren Hinwendung Kleists zur Prosa ist die leitmotivische Kunst in seinen Erzählungen von Anfang an voll entwickelt. Schon erläutert wurde die entscheidende Bedeutung der Gesten in der frühesten

---

[57] Zwar weist G. Fricke, Kleists ›Prinz von Homburg‹, in: Fricke, Studien und Interpretationen, 1956, S. 239–263, S. 262 mit Nachdruck auf V. 1749 ff., wo der Prinz von seinem »Willen« und vom »freien Tod« spricht. Aber er interpretiert in dem Sinn, daß der Prinz nun als reines und absolutes Subjekt – in dieser Qualität völlig gleich wie in der Traumszene des Anfangs – das Gesetz rechtfertige.

[58] W. Wittkowski, Absolutes Gefühl und absolute Kunst in Kleists ›Prinz Friedrich von Homburg‹, in: DU 13, 1961, S. 27–71, betont S. 64 zu Recht: »Die Anhänger des Gesetzes erkennen nicht, wie fern der Homburg ihnen ist.« Doch faßt Wittkowski den Weg des Prinzen nicht als substantielle Bewußtseinswandlung auf, sondern als die im Grunde gleichbleibende (S. 62: »Der als Narziß begann, vollendet als solcher«) launige Kapriziosität, die sich durch das Unrecht, das geschehen sei, nur zu einer verächtlich »sublimen Rache« steigere, im Sinne eines »Bitte ganz wie ihr wollt!« (S. 64). Im Grundansatz stimmt W. Wittkowski mit A. Schlagdenhauffen, L'univers existentiel de Kleist dans le Prince de Hombourg, 1953, überein, der allerdings das Auseinanderfallen der Welten am Schluß des Stückes nicht im Zeichen einer verächtlich-ironischen Souveränität des Prinzen sieht, sondern in dem einer tiefen Bitterkeit gegenüber einer Welt, die ihm Unrecht getan habe und ihn nun immer noch nicht verstehe. So interpretiert Schlagdenhauffen die Worte »Nein, sagt! Ist es ein Traum?« als »Paroles lourdes d'incrédulité et d'amertume« (S. 99). Die Formulierung »Un hiatus infranchissable sépare, désormais, deux mondes que le style même juxtapose et distingue; l'un explose en cris de guerre et de triomphe, l'autre, s'exhale en symboles romantiques: ›Nachtviole‹, ›Glanz‹, ›Unsterblichkeit‹« – diese Formulierung trifft zwar einen Wesenszug des Schlusses, aber vernachlässigt den Aspekt des Bewußtseins. Nach unserer Interpretation handelt es sich nicht um endgültig unvereinbare Gegensätze, sondern um Gegensätze, die sich im nun alles relativierenden Bewußtsein des Prinzen aufgehoben haben und sich insofern versöhnen: um eine »traumhafte« Versöhnung also.

Erzählung, im ›Erdbeben‹.[59] Der fragwürdige Bezug der Menschen zu einer fragwürdigen Gottheit und die Beziehungen von Mensch zu Mensch drücken sich in bezeichnenden Bewegungen aus. Erst in der Wiederholung allerdings sind diese Gesten als leitmotivische Momente erkennbar: die zum Himmel emporgestreckten Hände und der dem bedrohten Mitmenschen dargebotene Arm. Auf dem Höhepunkt der Schrecknisse, die Jeronimo während des Erdbebens durchtaumelt, ein letztes, summierendes, zur Sinnfrage aufgipfelndes Zeichen, heißt es:[60] »... hier stand ein anderer, bleich wie der Tod, und streckte sprachlos zitternde Hände zum Himmel.« Und genau entsprechend am Ende der Greuel, die Don Fernando durchlitten hat:[61] »Don Fernando, als er seinen kleinen Juan vor sich liegen sah, mit aus dem Hirn vorquellendem Mark, hob, voll namenlosen Schmerzes, seine Augen gen Himmel.« Dagegen hebt derjenige, der sich des Himmels und des Sinns gewiß zu sein meint, nicht am Ende eines schmerzlich empfundenen Verhängnisses, sondern am Anfang einer von ihm selbst eben damit ausgelösten Katastrophe seine Hände zu Himmel, und nicht fragend, verzweifelt und sprachlos, sondern im fanatischen »Flusse priesterlicher Beredsamkeit«:[62] »Er begann gleich mit Lob, Preis und Dank, seine zitternden, vom Chorhemde weit umflossenen Hände hoch gen Himmel erhebend...«[63]

Die zweite leitmotivisch ausgearbeitete Geste steht in innerem Zusammenhang mit dieser ersten. Wo der Himmel sich verhüllt, wo er den »sprachlos« ausgestreckten Händen und in »namenlosem« Schmerz empor-

[59] S. 58.   [60] II,146.   [61] II,158.   [62] II,155.

[63] In den weiteren Umkreis dieses Leitmotivs gehören die schon behandelten (S. 21) zahlreichen Anrufungen des Himmels, besonders der Mutter Gottes. Mit Kleistschem Sinn für das Grausame und die Perversion wird das Mutter-Gottes-Motiv ebenso bis zur blutigen Ironie durchgespielt wie das Motiv der zum Himmel ausgestreckten Hände und des Glockenzeichens, das Gottesdienst und Hinrichtung in einem signalisiert. Josephe wird von ihrem alten, standesstolzen Vater in das Karmeliterkloster »unsrer lieben Frauen« gezwungen; aber als sie »in Mutterwehen« auf den Stufen der Kathedrale niedersinkt, schleppt man sie »ohne Rücksicht auf ihren Zustand« sogleich ins Gefängnis. Die Verehrer der Gottesmutterschaft mißhandeln grausam die menschliche Mutterschaft. Jeronimo, der nach dem Erdbeben Josephe und das Kind findet, ruft in frommer Ergriffenheit: »O Mutter Gottes, du Heilige!« (II,148) und drückt damit seinen Glauben an den besonderen Schutz der Mutter Gottes für Mutter und Kind aus – die doch von der mordgierigen, zur selben Mutter Gottes betenden Kirchengemeinde erschlagen werden. Ebensowenig schließlich wie der Name des Karmeliterklosters »unsrer lieben Frauen« scheint die Wahl des »Fronleichnamsfestes« für die Niederkunft Josephens ein leerer Einfall zu sein. Man hat im Fortschaffen der »Leichname« (II,158 f.), die das Ergebnis dieser Fronleichnamsgeburt sind, doch wohl schärfste Ironie zu sehen.

gerichteten Blicken nicht antwortet, sondern den Menschen in seiner Hilflosigkeit einsam läßt, da bleibt nur die Hilfe von Mensch zu Mensch. Die entsprechende leitmotivische Geste – das Anbieten des Arms – ist wiederum nicht plan gebraucht. Sie erfährt eine Steigerung ihres inneren Werts und Gewichts bis zum Höchsten, wo das Anbieten des Arms zugleich den Einsatz des Lebens bedeutet. Als Don Fernando Josephen den Arm zum ersten Mal reicht, tut er es als einer der wenigen, die nicht die Vorurteile der Gesellschaft zum Maßstab des eigenen Verhaltens machen – und aus einfachem Gefallen an der mit Schillers Kategorien bezeichneten Art des Mädchens:[64] »Hierauf *bot Don Fernando,* dem die ganze Würdigkeit und Anmut ihres Betragens sehr gefiel, *ihr den Arm.*« Dann erwartet er, »*ohne Josephen loszulassen*«,[65] Donna Elisabeth, die herbeieilt, um ihn von dem Kirchgang abzuhalten. Nach ihrer Warnung erhält die Geste zum ersten Mal Pathos:[66] »Don Fernando stieg eine Röte des Unwillens ins Gesicht; er antwortete: es wäre gut! Donna Elvire möchte sich beruhigen; und *führte seine Dame weiter. –*«

Auf die Warnung vor dem Kirchgang folgt die tödliche Bedrohung durch die fanatisierte Menge in der Kirche. Don Fernandos zuerst nur galante und dann bewußte und gewollte Geste wird nun zur elementaren Schutzbewegung:[67] »Seid ihr wahnsinnig? rief der Jüngling, und *schlug den Arm um Josephen*...« Bei dem Versuch schließlich, die Bedrängten aus der Kirche zu führen, wird er zum kampfbereiten Schutzengel, in der einen Hand das Schwert, an der andern Josephe:[68] »Don Fernando nahm die beiden Kinder und sagte: er wolle eher umkommen, als zugeben, daß seiner Gesellschaft etwas zu Leide geschehe. *Er bot Josephen,* nachdem er sich den Degen des Marineoffiziers ausgebeten hatte, *den Arm* ...«

Die Kunst des Leitmotivs dient dem Dichter also nicht nur zum Festhalten eines Grundtones. Als Konstante, die bestimmte Veränderungen eingeht, vermag das Leitmotiv Entwicklungen sichtbar zu machen, Tendenzen anzuzeigen, den Innenraum eines Menschen Zug um Zug aufzufalten. Es kann eine Einzelheit wie die Geste Don Fernandos zu höchster Ausdruckskraft steigern, ins Symbolische heben, und zugleich über ein ganzes Geflecht verwandter oder dialektisch entgegengesetzter Motive ausstrahlen. Kleist erreicht mit dieser Kunst des Leitmotivs nicht nur eine Stärkung des Gefügecharakters seiner Werke. Mehr noch dient sie dem Aufbau von Spannung. In der dem Leitmotiv zukommenden Doppelfunktion des zugleich Statischen und Dynamischen überwiegt bei ihm – das zeigen schon die bisher angeführten Beispiele – entschieden das dynamische

---

[64] II,154.   [65] II,154.
[66] II,155.   [67] II,156.   [68] II,157.

Element. Nirgends, auch nicht in den Erzählungen, gibt es den epischen Ruheplatz im Identischen.

Komplexe Stufung im ›Kohlhaas‹

Den ›Michael Kohlhaas‹ durchzieht bekanntlich das Leitmotiv der beiden widerrechtlich zurückbehaltenen Rappen. Die Rappen werden geradezu zum Symbol des Rechts:[69] des geraubten Rechts zu Beginn, des mißachteten und geschundenen Rechts in Dresden, wo der Abdecker mit den halbtoten »Gaulen« auftritt, schließlich des wiederhergestellten Rechts am Ende, wo ihnen Kohlhaas vor seinem Gang zum Schafott freudig den »feisten Hals« klopft. Ähnlich wie in Gesten und Mienen konkretisiert sich hier das übergeordnete Thema durch die Fixierung der Rechtsidee auf das plastische Streitobjekt. Erst so erhält es den Charakter eines lebendigen Leitmotivs. Die künstlerische Wertigkeit aber bemißt sich nicht sosehr nach dieser Fixierung als nach deren innerer Füllung. Es ist von wesentlicher Bedeutung, daß es sich nicht um Hunde oder irgendein anderes Besitztum, sondern um Kohlhaasens Rosse handelt. An ihnen hängt nicht nur die materielle Existenz des Roßhändlers, sondern ein Teil seiner Identität. So entspricht ja auch das Darbieten des Arms, die vornehm-edle Geste, gerade dem Adel des Don Fernando Ormez, der sich damit erst legitimiert. Der kühne Schlußsatz des ›Erdbebens‹:[70] »und wenn Don Fernando Philippen mit Juan verglich, *und wie er beide erworben hatte,* so war es ihm fast, als müßt er sich freuen«, sagt nichts anderes, als daß Don Fernando durch das unerhörte Ereignis erst in seine volle Wesensdimension hineingestoßen, in seine tiefere Identität eingesetzt wurde – sich »bewährt« hat.

Kleists Leitmotive sind also künstlerisch so außerordentlich geglückt, weil sie die bildhafte Formel der Sphäre sind, die sie hervorbringt. Dies sei abschließend an einem Leitmotiv aus dem ersten Teil des ›Kohlhaas‹ präzisiert. Die »Sphäre« des bis zu Kohlhaasens Besuch bei Luther reichenden Anfangsteiles ist die einer aufflammenden Empörung gegen die bestehende Ordnung. Nachdem alle Möglichkeiten legaler Rechtssuche erschöpft sind, schlägt der bis zum Äußersten gebändigte Funke der Empörung durch. Und Kohlhaas läßt die Empörung wirklich zum verheerenden Feuer werden. Er verübt nicht nur Überfälle, stürzt sich nicht nur in den Kampf mit den Truppen der Obrigkeit. Er wütet vor allem mit der

---

[69] So B. v. Wiese, Heinrich von Kleist, Michael Kohlhaas, in: Die deutsche Novelle von Goethe bis Kafka, 1956, S. 47–63.
[70] II,159.

Flamme. Feuer ist der adäquate Ausdruck der in seiner Seele brennenden »Hölle unbefriedigter Rache«. Kleist macht daraus mit virtuoser Steigerungskunst das Leitmotiv dieses Anfangsteils.

Zum ersten Mal erscheint der Gedanke an das Rache-Feuer im Bericht Herses von seiner Mißhandlung auf der Tronkenburg. Auf die einleitende Frage:[71] »Was hast du in der Tronkenburg gemacht? ... Ich bin nicht eben wohl mit dir zufrieden«, antwortet der Knecht, »auf dessen blassem Gesicht sich, bei diesen Worten, eine Röte fleckig« zeigt: »da habt ihr recht Herr! ... denn einen Schwefelfaden, den ich durch Gottes Fügung bei mir trug, um das Raubnest, aus dem ich verjagt worden war, in Brand zu stecken, warf ich, als ich ein Kind darin jammern hörte, in das Elbwasser, und dachte: mag es Gottes Blitz einäschern; ich wills nicht!« Durch Kohlhaasens ingrimmig bohrendes Verhör zum Äußersten gereizt, bricht Herse dann aber doch los:[72] »Blitz, Höll und Teufel! Wenn ihr so sprecht, so möcht ich nur gleich den Schwefelfaden, den ich wegwarf, wieder anzünden!« Das ist das Ende des Verhörs; und schon dieses Zurückbiegen in den Anfang bringt zum Ausdruck, daß sich entscheidend Neues im rechtschaffenen Dasein des Roßhändlers anbahnt. Der Schwefelfaden liegt bereit, nur der Funke muß noch springen. Solche aktionsschwangeren Andeutungen gehören ganz dem Dramatiker Kleist. Überall öffnet er den Spannungsraum für künftiges Geschehen.

Zunächst kommt es zu einer spannungerhöhenden Retardation. Kohlhaas verfaßt eine erste Beschwerde an den Dresdner Gerichtshof: sie wird von Verwandten des Junkers Wenzel unterschlagen. Dafür findet er nun seinerseits die Protektion des Stadthauptmanns Heinrich von Geusau für eine zweite Beschwerdeschrift, die nicht an den Kurfürsten von Sachsen, sondern an den Kurfürsten von Brandenburg in Berlin geht. Diese Zwischenstufe, die das später für die Erzählung entscheidend wichtige Zwei-Staaten-Prinzip (Sachsen–Brandenburg) einführt, fehlt noch im Phöbus-Druck. Kleist hat sie in die endgültige Fassung eingearbeitet, um nichts an Steigerung auszulassen.[73] Denn Kohlhaas muß erfahren, daß der Kanzler des Kurfürsten von Brandenburg »mit dem Hause derer von Tronka verschwägert«[74] ist. Deshalb erreicht auch diese Beschwerde nicht ihr Ziel. Die Junkersippschaft beherrscht das ganze Land.

---

[71] II,17. [72] II,20.

[73] Es ist die generelle Tendenz der Umarbeitung, das Empörende des Unrechts, das dem Kohlhaas geschieht, kräftig herauszuarbeiten. Vgl. P. Horwarth, Michael Kohlhaas: Kleists Absicht in der Überarbeitung des Phöbus-Fragments: Versuch einer Interpretation, in: Monatshefte LVII, 1965, S. 49–59, auf S. 49–52.

[74] II,24.

Nach einem allerletzten Versuch (»der Herr selbst, weiß ich, ist gerecht«[75]), der seine Frau das Leben kostet, entschließt sich Kohlhaas zum Handeln. Mit der pathetischen Geste eines antiken Tragödienhelden wirft er sich »noch einmal vor ihrem, nun verödeten Bette nieder« und übernimmt das »Geschäft der Rache«.[76] Begleitet von dem »aufjauchzenden« Herse brennt er zuerst die Tronkenburg nieder. Als entscheidender Einsatz seines Rachezuges ist diese Szene, die zugleich den Neubeginn nach dem Phöbusfragment markiert, sprachlich und kompositorisch ein Höhepunkt Kleistscher Prosa, ein Furioso der aufgestauten und nun endlich sich entladenden Aktion, eine Gipfelleistung auch des Regisseurs Kleist.[77] Von der niedergebrannten Tronkenburg jagt Kohlhaas dem flüchtigen Junker in das Stift Erlabrunn nach, das im letzten Moment von der Einäscherung verschont bleibt, und weiter nach Wittenberg, wo sich der Junker versteckt. Nach vergeblichen Forderungen auf Auslieferung des Raubritters legt er

---

[75] II,27. W. Müller-Seidel, Versehen und Erkennen, S. 150, macht dagegen die These: »am Ende weiß er (Kohlhaas), was er am Anfang nicht wußte: daß der brandenburgische Kurfürst gerecht ist« zum Angelpunkt seiner Interpretation. Tatsächlich aber weiß Kohlhaas von der Gerechtigkeit des brandenburgischen Kurfürsten. Sein Problem ist nur dessen Unerreichbarkeit. Deshalb betont er zweimal (II,27; II,28 f.), der Landesherr sei so vielfach umringt, daß es so gut wie unmöglich sei, zu ihm selbst vorzudringen. Dennoch will er, nach abgewiesener Bittschrift, den Versuch einer persönlichen Vorsprache wagen. So lange stellt er seinen Rachezug ausdrücklich zurück. Lisbeth bittet Kohlhaas, ihr die Mission zu übertragen, weil sie Beziehungen bei Hofe habe – das kostet sie das Leben. Auch die weitere Feststellung W. Müller-Seidels: »Kohlhaas hat sich versehen, wenn er anfangs ausschließlich oder vorwiegend beim sächsischen Landesherrn sein Recht gesucht hat« läßt sich nicht aufrechterhalten: erstens, weil die Tronkenburg, wo das Unrecht verübt wurde, auf sächsischem Gebiet liegt und also die Angelegenheit in die Zuständigkeit des sächsischen Kurfürsten fällt; zweitens wendet sich Kohlhaas, nachdem die zuständige sächsische Gerichtsbarkeit versagt hat, an den brandenburgischen Kurfürsten: mit der Bitte nicht etwa um direktes gerichtliches Eingreifen, wozu der brandenburgische Kurfürst in diesem Fall keine Befugnis hat, sondern um bloße Intervention beim sächsischen Kurfürsten. Es handelt sich und kann sich notwendig nur handeln um ein Rechtshilfe-Ersuchen. Dies geht aus Heinrich von Geusaus Versprechen gegenüber Kohlhaas hervor: »Er versprach ihm, die Bittschrift ... in die Hände des (brandenburgischen) Kurfürsten zu bringen, der seinethalb unfehlbar, wenn es die Verhältnisse zuließen, bei dem Kurfürsten von Sachsen einkommen würde.« (II,23). Damit ist auch die Schlußfolgerung hinfällig: »Indem Kohlhaas bis zu Ende der rechten Einsicht ermangelt, verkennt er die Welt und verkennt er sich selbst.«

[76] II,31.

[77] Vgl. F. Beißner, Unvorgreifliche Gedanken..., S. 441 f. Beißner weist auch auf die leitmotivische Arbeit innerhalb solcher kleinerer, in sich geschlossener Teile hin: auf die »leitmotivisch wiederholte drängende Frage ›wo der Junker Wenzel von Tronka sei?‹« (II,32, Zeile 17 und Zeile 33 f., sowie II,35).

nun zum ersten Mal Feuer in eine Stadt – in eine kleine Stadt noch. Entsprechend seinem dreimal vergeblich plakatierten Auslieferungsbegehren steckt er sie dreimal in Brand. Jedesmal ist der Brand, mit Kleistscher Konsequenz, verheerender. Zunächst ergreift die Flamme, »bei einer zum Glück ziemlich ruhigen Sommernacht, zwar nicht mehr als neunzehn Häuser, worunter gleichwohl eine Kirche« ist.[78] Das dritte Mal aber ist die von Herse gelegte Feuersbrunst »wegen eines scharf wehenden Nordwindes, so verderblich und um sich fressend, daß, in weniger als drei Stunden, zwei und vierzig Häuser, zwei Kirchen, mehrere Klöster und Schulen, und das Gebäude der kurfürstlichen Landvogtei selbst, in Schutt und Asche« liegen.[79] Ein Aufruhr des Wittenberger Volkes vertreibt den Junker nach Leipzig: und nun legt Kohlhaas zum ersten Mal in einer großen Stadt Feuer. Unruhe ergreift das ganze Land. Schließlich gerät alles in höchste Aufregung, als nach der ausgestreuten Meldung, der heillose Junker sei in Dresden, mit dem Heranrücken des »Mordbrenners« auf die Residenzstadt selbst gerechnet werden muß. In dieser zum Äußersten gespannten Situation, nicht früher, plaziert der Erzähler wirkungsvoll die Peripetie durch das Eingreifen Luthers.

Keine schwärmerisch ausgekostete Freibeuterromantik, auch nicht Schillers jugendliche Freude am Ungebärdigen haftet also Kohlhaasens Rachezug an. Die ganz auf das Leitmotiv des Feuers versammelte Aktion ermöglicht auf kürzester Erzähldistanz ein Maximum an Steigerung und zugleich an Zielausrichtung. Es bleibe dahingestellt, ob der immer wieder gegen Kleist erhobene Vorwurf der Enge und Armut[80] zu Recht besteht: Sicher ist, daß er durch extreme Konzentration außerordentliche Wirkung erzielt. Das Leitmotiv ist ihm dafür eines der wichtigsten künstlerischen Mittel.

Daß Schmerz, Rache und unermeßlich aufgereizter Zorn gerade im Vernichtungselement des Feuers ihren Ausdruck finden, zeugt für die innere Füllung des Leitmotivs. Wichtiger aber ist es, daß Kleist den immer stärker auflodernden Brand auf einen in Kohlhaas selbst sich schubweise vollziehenden Prozeß rückbezieht. Die Brandstiftungen entsprechen einer sich im selben Maß ausweitenden inneren Feuersbrunst.

---

[78] II,36 f.
[79] II,38.
[80] So schrieb Clemens Brentano an Arnim, Bukowan, 24. Juni 1812: »Neulich fiel mir in Prag Kleists Penthesilea in die Hände. Es ist doch in allen Arbeiten dieses unglücklichen, talentvollen Menschen eine ganz merkwürdige scharfe Rundung, eine so ängstliche Vollendung und wieder Armuth und es wird mir immer äußerst peinlich und doch macht es mir Freude, etwas von ihm zu lesen.« (Sembdner, Nachruhm Nr. 75). Aus der Reihe der modernen Kritiker ist vor allem Gundolf zu nennen.

Nimmt das Feuer-Motiv seinen Anfang mit einer ersten, in ihrer Tragweite noch kaum einzuschätzenden Andeutung, mit Herses Schwefelfaden, so beginnt Kohlhaasens Bewußtseinswandel mit dem zeichenhaften Begräbnis seiner Frau, »das weniger für sie, als für eine *Fürstin,* angeordnet schien«.[81] Der Held setzt sich also selbst souverän, nachdem die von Intriganten umgebenen Fürsten das Recht nicht mehr zu schützen imstande sind. Es handelt sich nicht um eine äußerliche, scheinhafte Anmaßung, sondern um einen innerlich begründeten und schlüssigen Vorgang.[82] Der öffentlichen Rechtlosigkeit setzt Kohlhaas seinen eigenen Rechtsstandpunkt entgegen. Vor dem Überfall auf die Tronkenburg verfaßt er deshalb »einen Rechtsschluß«, und zwar »kraft der ihm angeborenen Macht«.[83] Diese angeborene Macht ist nichts anderes als das in der Exposition hervorgehobene »Rechtsgefühl« – aus ihm leitet er die Souveränität in einer rechtlosen Welt her.

Jedem Brand geht nun ein neues »Kohlhaasisches Mandat« an die Welt voraus, das die Entwicklung mit strenger Logik um jeweils einen Schritt weiterführt. Bald schon nennt sich der Roßhändler »einen Reichs- und Weltfreien, Gott allein unterworfenen Herrn«.[84] Die aus dem eigenen Innern abgeleitete Souveränität schließt hier zwar noch keinen Herrschaftsanspruch ein, sie ist aber durch die Idee einer persönlichen Freiheit bestimmt, deren uneingeschränkte Vollkommenheit die Begriffe »Reich« und »Welt« postulieren. Entschieden achtet Kleist hier wie bei den weiteren Verlautbarungen darauf, daß Kohlhaas nicht hybrid erscheint.[85] Seine

---

[81] II,30.

[82] Dies gegen K. Schultze-Jahde, Kohlhaas und die Zigeunerin, JKG 1933–1937, der S. 110 f. dieses Stadium mit einer »Gefühlsverwirrung« Kohlhaasens zu erklären versucht; ferner gegen W. Müller-Seidel, Versehen und Erkennen, S. 148: »Die angemaßte Fürstlichkeit übersteigt seine Möglichkeiten als Bürger. Sie wird Schein.« Dies ist gerade im Sinne der lutherischen Obrigkeitslehre argumentiert, gegen die sich ein Hauptstoß der Kohlhaas-Dichtung richtet. – G. Blöcker, S. 216, deutet irrationalistisch: »Was nun folgt, ist ein schlimmer Rausch. Kohlhaas wird zum Mordheiligen...« – Dezidiert abwertend urteilt F. Koch, Heinrich von Kleist, S. 272–295, für den alle »Wirklichkeit« als Staats- und Gesellschaftswirklichkeit eine Form gottgewollter Obrigkeit ist – also wird der im sündigen Eigen-»Bewußtsein« befangene Kohlhaas samt seinem Dichter verdammt, nicht ohne die Feststellung von Widersprüchen allerdings, die aber der Dichtung selbst angelastet werden.

[83] II,31.

[84] II,36.

[85] Vgl. dagegen die einhellige Position der Forschung: W. Müller-Seidel, Versehen und Erkennen, S. 149: »das aus dem Geschäft der Rache folgende Herrentum ist Gepränge, ist Schein«. Im selben Sinne B. v. Wiese, Die deutsche Novelle, S. 52; auch S. Streller, Das dramatische Werk, S. 165, sieht bei Kohlhaas Hybris, stellt aber dann alsbald fest: »Wie wenig tief dieses Mo-

Souveränität bezieht sich nur auf die konkreten Herrschaftsverhältnisse, sie ist nicht Autonomie im Sinne bloßer Willkür. Kohlhaas ist ein »Herr«, aber »Gott unterworfen«, den er in seinem Rechtsgefühl vernimmt.

Das nächste Mandat weitet den Begriff der Souveränität konsequent von der Konstituierung eigener Freiheit zum Anspruch auf Herrschaft über andere aus. Kohlhaas regiert, ordnet, richtet, straft – aber wiederum nicht in einer als Willkür verstandenen Autonomie, sondern als »Statthalter« des Erzengels, gegen dessen Namen der Dichter den Vornamen des historischen Hans Kohlhase ausgetauscht hat. »Einen Statthalter Michaels« nennt er sich, »des Erzengels, der gekommen sei, an allen, die in dieser Streitsache des Junkers Partei ergreifen würden, mit Feuer und Schwert, die Arglist, in welcher die ganze Welt versunken sei, zu bestrafen.« Dabei »rief er, von dem Lützner Schloß aus, das er überrumpelt, und worin er sich festgesetzt hatte, das Volk auf, sich *zur Errichtung einer besseren Ordnung* der Dinge, an ihn anzuschließen; und das Mandat war, mit einer Art von Verrückung,[86] unterzeichnet: ›Gegeben auf dem Sitz unserer provisorischen Weltregierung, dem Erzschlosse zu Lützen‹.«[87] In Kohlhaasens letztem Auftritt vor der Konfrontation mit Luther ist diese, hier erst beanspruchte, höchste Souveränität in den selbsterfundenen institutionellen Zeichen einer schon ausgeübten Gerichtshoheit sichtbar.[88] »Eben kam er, während das Volk von beiden Seiten schüchtern auswich, in dem Aufzuge, der ihm, seit seinem letzten Mandat, gewöhnlich war, von dem Richtplatz zurück: ein großes Cherubsschwert, auf einem rotledernen Kissen, mit Quasten von Gold verziert, ward ihm vorangetragen, und zwölf Knechte, mit brennenden Fackeln folgten ihm.«

Die Brände flammen also im Rhythmus der inneren Durchbrüche einer vom Rechtsgefühl legitimierten revolutionären Gewalt auf. Die Leitmoti-

---

ment der Überhebung in Kleists Kohlhaas tatsächlich verankert ist, zeigt der weitere Verlauf der Handlung.«

[86] Zur Chronistenperspektive, die auch Fricke in seinem Aufsatz über den ›Kohlhaas‹ betont, vgl. S. 181 ff. – F. Koch, Heinrich von Kleist, S. 273, glaubt einfach feststellen zu können: »Der Dichter selbst nennt sein (Kohlhaasens) Verhalten eine ›Schwärmerei krankhafter und mißgeschaffener Art‹!« – W. Müller-Seidel, Versehen und Erkennen, S. 148, stellt die Frage: »Wollen wir aber Kleist wirklich zumuten, daß er durch den Mund seines Helden irgendwelchen provisorischen Weltregierungen mit einem quasi Erzengel an der Spitze das Wort redet?« Gegen dieses Argument ist einzuwenden, daß es sich um Metaphern handelt, die sich zwar im Zeitkostüm präsentieren, aber einen rational genau definierten Bereich der Eigentlichkeit decken. Gerade die Auflösung der kunstvoll gegeneinander abgestuften Metaphern ist wichtig. Dabei ergibt sich auch die Entmythologisierung der religiösen Projektionen.

[87] II,41.   [88] II,43 f.

vik ist nicht nur eine äußerlich wirkungsvolle Technik, sondern Ausdrucks-
kunst, die inneres Geschehen elastisch vermittelt. Von Kleists außerordent-
licher künstlerischer Energie zeugt es auch, daß diese im gleichnishaften
Bildzusammenhang der Feuerbrände offenliegende Leitmotivik des Anfangsteils bis ans Ende der großen Erzählung weitervibriert. Das heißt:
aus dem Vordergrundsmotiv des früheren wird ein Hintergrundsmotiv des
späteren Teils. Die Möglichkeit revolutionärer Gewalt als Alternative zur
legalen Rechtssuche, auf die sich Kohlhaas nach Luthers Eingreifen wieder
begibt, bleibt demnach bis zum Ende bestehen, wenn sie auch nicht mehr
auf seine Person fixiert ist. Ihrem latenten Charakter entsprechend leuch-
tet diese revolutionäre Alternative nicht mehr in Feuerzeichen auf; sie verhüllt sich in dem periodisch wiederkehrenden, stimmungs- und aktions-
trächtigen Motiv des mit Kohlhaas sympathisierenden »Volks«. Dieses
Motiv aber, und das ist wichtig, entsteht im Umkreis der Feuer-Leit-
motivik.

Kohlhaasens nicht bloß rebellische, sondern revolutionäre Taten wek-
ken die revolutionären Energien des Volkes – und Kohlhaas nimmt die
sich daraus ergebenden Möglichkeiten wahr. Kleist, einer der ersten Dichter mit deutlichen Ansätzen des modernen Interesses für Gruppendyna-
mik [89] in einer Zeit, die sich ganz der Individualpsychologie verschrieben
hatte, arbeitet das Erwachen dieser Energien in genauer Abstufung heraus.
Als der aufrührerische Roßhändler die Stadt Wittenberg zum zweiten Mal
in Brand steckt, werden im Volk nicht etwa Stimmen der Ablehnung gegen ihn laut. Vielmehr drohen Gewalttätigkeiten, weil die Obrigkeit den
Junker in der Stadt duldet. Schon damit ist angedeutet, daß die Junkerherrschaft dem Volk verhaßt ist. Nach dem dritten Brand von Wittenberg
kommt es zu »allgemeinem Aufruhr«. »Das Volk hatte sich zu Tausenden
vor dem, mit Balken und Pfählen verrammelten, Hause des Junkers ge-
lagert, und forderte, mit rasendem Geschrei, seine Abführung aus der
Stadt.«[90] Daß dieser Aufruhr nicht nur der Unruhe über die verheerenden
Folgen der junkerlichen Anwesenheit entspricht, wird ganz indirekt aus
dem Geschehen selbst klar. Obwohl es der Obrigkeit gelingt, mehrere von
Kohlhaasens Leuten gefangen zu nehmen, in einer »klugen Anrede« die
Überwältigung des Anführers selbst in Aussicht zu stellen und so »die
Angst des versammelten Volks zu entwaffnen«,[91] steigen beim Abtransport
des Junkers, wie der Erzähler in der Maske des fromm auf die bestehende
Ordnung eingeschworenen Chronisten zu berichten weiß, »gotteslästerliche
und entsetzliche Verwünschungen gegen ihn zum Himmel auf«. Ja, hinter

[89] Vgl. vor allem das Schlußstück des ›Erdbebens‹.
[90] II,38.
[91] II,38 f.

dem aktuellen Anlaß der Unruhe tritt nun auch deren tiefere Ursache zutage. Die revolutionäre Stimmung bricht durch:[92] »Das Volk, von den Landsknechten nur mühsam zurückgehalten, nannte ihn einen Blutigel, einen elenden Landplager und Menschenquäler, den Fluch der Stadt Wittenberg und das Verderben von Sachsen.«

Mit seinem letzten Mandat versucht Kohlhaas die sich zusehends entfesselnden Energien zur revolutionären Tat zu bündeln. Nichts Geringeres meint sein Aufruf, »sich zur Errichtung einer besseren Ordnung der Dinge, an ihn anzuschließen«.[93] Alles schießt vor dem Eingreifen Luthers in dieser von Kleist so geliebten Extrem-Situation zusammen: der Brand, der die Residenzstadt bedroht, Ausdruck der eben in demselben Moment zum Höchsten gesteigerten revolutionären Souveränität des Kohlhaas, und eine sich gefährlich ausbreitende revolutionäre Stimmung im Volk. Bei deutlicher Konzentration auf das Motiv des Volkes[94] durchzieht nun die Revolutionsthematik die ganze weitere Erzählung als Hintergrundsmotiv, in dem die Gewalt des ursprünglichen Leitmotivs nachschwingt. Inwieweit die damit im Erzählhorizont wachgehaltene Alternative zur Rechtssuche des Helden tatsächlich ernstgemeint ist, und ob nicht das Hintergrundsmotiv nur das halbverdeckte Hauptmotiv des weiteren Verlaufs der Erzählung ist, muß eine genauere Analyse der Erzählung erweisen. Daß Kleist seine eigentlichen Wahrheiten verhüllt, macht gegenüber dem scheinbaren happy end von vornherein mißtrauisch.[95]

[92] II,39.
[93] II,41.
[94] Vgl. R. M. Müller, Kleists ›Michael Kohlhaas‹, S. 116–119.
[95] Vgl. die Interpretation des Schlusses, S. 197 f.

III. Komposition

1. Finale Komposition

1.1. Die szenische Gestalt des Finales

Kleists Szene konstituiert sich nicht bloß, wie die Szene des klassizistischen Dramas, aus Rede und Gegenrede, um deren bedeutender Diktion willen alles andere als unbedeutendes Beiwerk außer acht bleibt: Zeit, Raum, Gesten, Bewegungen, Anteilnahme anderer, kurz die ganze Umständlichkeit des konkreten Lebens. Ebensowenig aber führt diese mitlebende Welt ein genrehaft detailliertes Eigendasein.[1] Sie ist weder Ambiance, noch wächst sie sich zum Milieu aus. Kennzeichnend für Kleists Kunst ist es vielmehr, daß er über die Individualität der auftretenden Personen weit hinausgreift und dann wieder alles energisch auf sie rückbezieht. Aus der Darstellung der Individualität wird die Vergegenwärtigung einer spezifischen, im Konkreten sprechenden *Sphäre*.[2] Das Dynamisch-Extensive und zugleich Konzentrierend-Intensive dieses Verfahrens erinnert am ehesten an Shakespeare.[3]

Dichte und Geschlossenheit einer in sich stimmigen besonderen Welt, wo alles mit allem zusammenhängt, sich wechselseitig erweitert, vertieft und zur höchsten Lebendigkeit steigert, oft über die Grenzen des real Möglichen hinaus,[4] schließt die lineare Abstraktion und die schon bis zur Deutung gefilterte Klarheit aus. Trotz der gerade für Kleist typischen, wie der Schwerpunkt der Marionette für das gesamte Spiel maßgebenden Herr-

---

[1] D. Steinbach Die dramatische Gestaltformel, vergleicht auf S. 96–101 unter diesem Gesichtspunkt ergebnisreich Gotthelfs ›Schwarze Spinne‹ und Stifters ›Hochwald‹ mit Kleists Erzählungen.

[2] Vgl. S. 65 f.; gute Beobachtungen bei D. Steinbach, S. 121–128.

[3] Vgl. S. 54 f.

[4] B. Croce, Poesie und Nichtpoesie, 1925, S. 99, glaubt Kleist dem »Verismus und Naturalismus« zuordnen zu können und bescheinigt ihm gleichzeitig das Fehlen des »schöpferischen Hauchs der Phantasie«. Dagegen hat W. Silz, Das Erdbeben in Chili, S. 360–362, das Traumhaft-Visionäre in Kleists dichterischer Gestaltung betont.

schaft einer Idee bleibt deshalb das Ideenhafte und schematisch Reduzierbare seinen Werken fremd.

Die intensivste Form dieser Kleistschen Szene ist das Finale mit seiner von keinem anderen Dramatiker übertroffenen Geschehensfülle, mit seinem großen Schau-Platz und seinem reich ausgestatteten Schau-Spiel. Als Summum aller szenischen Momente verstärkt es den finalen Zug, den die Gesamtkomposition durch die Schlußszene als Durchbruchsstelle aller im Verlauf der Handlung aufgestauten Energien ohnehin erhält. So endet der ›Amphitryon‹ mit dem Eklat der Selbstoffenbarung Jupiters, um den sich alle anderen Akteure scharen, von Alkmene bis zu den »Obersten und Feldherrn«. Durch die Reihe der letzten Auftritte hindurch schon wird zu diesem Theatercoup Personal gesammelt.[5] Der Schlußauftritt, der wie das ganze Stück nach Molières Vorbild in Theben vor Amphitryons Schloß spielt, präsentiert ein Gesamtaufgebot von opernhafter Fülle und entfaltet ein Schaugepränge, das ihn sowohl der inneren Bedeutung wie der Instrumentierung nach, die von Jupiters »Blitz und Donner« bis zu Alkmenes »Ach!« reicht, zum Finale erhöht.[6]

Ebenso mündet das ›Käthchen‹ in ein großes Schauspiel aus. Wiederum sind alle Personen versammelt, diesmal aber noch vor einer bis ins einzelne gegliederten Kulisse mit Vorder-, Mittel- und Hintergrund. Es gibt einen »Aufzug«, mit genauen Angaben, wer sich in der Mitte, wer sich rechts und links befindet, wer den Anfang macht usw.[7] Kleists Vorliebe für Rahmenkonstruktionen kommt in der Behandlung der akustischen

---

[5] Den Beginn der Sammlung signalisiert Sosias am Ende des 9. Szene (V. 2077 f.): »– Dort naht er sich mit rüstgen Freunden schon. / – Und auch von hier strömt Volk herbei– Was gibts?« Nun kommt »Amphitryon mit Obersten, von der einen Seite. Volk, von der andern« (Regie-Anweisung zur 10. Szene). Schließlich stoßen, in der 11. (abschließenden) Szene, zu den »Vorigen« noch »Jupiter. Alkmene. Merkur. Charis. Feldherren«.

[6] M. Thalmann, Das Jupiterspiel in Kleists Amphitryon; in: Maske und Kothurn 9, 1963, S. 56–67, stellt S. 58 fest, daß die Jupiterszene in jedem Akt zentral ist, aber vom ersten bis zum dritten (= letzten) Akt (wo sie am Ende steht) »immer tiefer in das Ende des Aktes einsinkt, dadurch an exponierter Bedeutung gewinnt und kernbildend wirkt«. Die Komposition des ›Amphitryon‹ ist also im ganzen final rhythmisiert.

[7] Szenen-Anweisung für die Schluß-Szene: »Schloßplatz, zur Rechten, im Vordergrund, ein Portal. Zur Linken, mehr in der Tiefe, das Schloß, mit einer Rampe. Im Hintergrund die Kirche«. Die Regie-Anweisung zum nun zuerst folgenden 13. Auftritt lautet: »Marsch. Ein Aufzug. Ein Herold eröffnet ihn; darauf Trabanten. Ein Baldachin von vier Mohren getragen. In der Mitte des Schloßplatzes stehen der Kaiser, der Graf vom Strahl, Theobald, Graf Otto von der Flühe, der Rheingraf vom Stein, der Burggraf von Freiburg und das übrige Gefolge des Kaisers und empfangen den Baldachin. Unter dem Portal, rechts Fräulein Kunigunde von Thurneck im Brautschmuck, mit ihren Tanten

Kulisse zum Ausdruck: Zu Beginn und am Ende erklingt ein Marsch. Zentrales Kulissenelement ist die mehrfach genannte »Rampe«. Als letzte Schwelle zur Erfüllung steigert sie hier wie in der ›Marquise von O...‹ und im ›Homburg‹ gemeinsam mit dem nicht minder bezeichnenden »Portal« die Spannung aufs höchste. Zugleich gibt sie dieser Spannung die szenische Fixierung.

Die Schlußszene des ›Homburg‹ ist in vielerlei Hinsicht ein Gegenstück zu derjenigen im ›Käthchen‹. Dort lautet die Szenen-Anweisung: »... das Schloß, mit einer Rampe«, im ›Homburg‹:[8] »Schloß, mit der Rampe...« Wieder die feierliche All-Versammlung, die als Hofstaat den Kurfürsten umgibt wie im ›Käthchen‹ den Kaiser, und wiederum eine szenenumrahmende Marschmusik.[9] Natalie und der Prinz von Homburg werden ebenso zusammengeführt wie der Graf vom Strahl und Käthchen; das zu einem neuen, höheren Leben geführte Käthchen erhält mit denselben »Heil«-Rufen ihre Huldigung als Tochter des Kaisers wie der Prinz von Homburg als Sieger von Fehrbellin.[10] Diese beiden Stücke und der ›Amphitryon‹ gipfeln und enden also im »Triumph« der Liebespaare, vor allem aber im Triumph der durch die Handlung schwer gefolterten Hauptgestalten: Alle drei geben ein Beispiel des »per aspera ad astra«. Den fein differenzierenden Künstler Kleist zeigt es, daß ›Amphitryon‹ und ›Homburg‹ im rauschenden Finale nicht das bloße Getöse des happy end bieten, sondern noch den Seelenton der beinahe ganz verstummenden Helden bewahren, die doch leiden mußten, um zu erkennen.

Die ›Hermannsschlacht‹ folgt den gleichen Tendenzen. Auch hier versammeln die beiden Auftritte der letzten Szene Zug um Zug alle Personen. Es handelt sich nicht um die reiche und prachtvoll entfaltete Szenerie eines Schloßplatzes wie im ›Amphitryon‹, im ›Käthchen‹ und im ›Hom-

und Vettern, um sich dem Zuge anzuschließen. Im Hintergrund Volk, worunter Flammberg, Gottschalk, Rosalie usw.«

[8] Vgl. die Regie-Anweisung zum 11. Auftritt des 5. Aktes: »Der Kurfürst mit dem Lorbeerkranz, um welchen die goldne Kette geschlungen ist, Kurfürstin, Prinzessin Natalie, Feldmarschall Dörfling, Obrist Kottwitz, Hohenzollern, Golz usw. Hofdamen, Offiziere und Fackeln erscheinen auf der Rampe des Schlosses. – Hohenzollern tritt, mit einem Tuch, an das Geländer und winkt dem Rittmeister Stranz; worauf dieser den Prinzen von Homburg verläßt, und im Hintergrund mit der Wache spricht.«

[9] Sie ist nur deutlich unterschieden gemäß der sich wandelnden Situation: zu Beginn hört man in der Ferne »Trommeln des Totenmarsches«; am Ende, nach der Freudenohnmacht des Prinzen (entsprechend derjenigen Käthchens!), heißt es einfach »Ein Marsch« – es kann nur ein Triumphmarsch sein: »Kanonenschüsse. Ein Marsch. Das Schloß erleuchtet sich.« (Regie-Anweisung nach V. 1853).

[10] Für das ›Käthchen‹: Anfang des 14. Auftritts; für den ›Homburg‹: V. 1855 f.

burg‹, sondern um einen »Platz unter Trümmern« in Teutoburg. Der Sammlungsvorgang hat seinen inneren Sinn als ein Sich-Scharen aller um den neuen Mittelpunkt Germaniens, um den Sieger Hermann. Und wieder kommt es, wie im ›Käthchen‹ und im ›Homburg‹, zur Huldigungsszene mit »Heil«-Rufen.[11] Nur entwickelt Kleist hier einen ganzen dramatischen Vorgang, indem er Hermann und Marbod in einem für die eigensüchtigen Fürsten beispielhaft selbstlosen Wettstreit einander gegenseitig huldigen und die Oberhoheit antragen läßt; bis dann schließlich doch Hermann die allgemeine Huldigung empfängt. Und wie im ›Amphitryon‹, im ›Käthchen‹ und im ›Homburg‹, so geht es auch in der letzten Szene der ›Hermannsschlacht‹ wieder um einen Triumph: um den Triumph des Sieges und des Siegers über Rom. Es herrscht also *ein* Finalschema vor: die Bildung einer Allheit durch Versammlung sämtlicher Personen und Aufbietung aller szenischen Möglichkeiten, sodann die Konzentration dieser Allheit zur Einheit, durch huldigende Hinwendung aller zu dem Einen, der Mittelpunkt des Geschehens ist.

Dennoch wirkt der Schluß der ›Hermannsschlacht‹ nicht wie die anderen Schlüsse als glanzvolles Finale, sondern eigentümlich leer und zerfahren. Es mangelt ihm die menschliche Vertiefung und Erfüllung. Ja, die heimliche Tragödie Hermanns und Thusneldas,[12] die in der – wenigstens für Hermann geschichtlich notwendigen [13] – Verwüstung des eigenen Innern liegt und im Verlauf der Handlung immer wieder spürbar, wenn auch nie thematisch wird, sie ist nun vom vordergründig Politischen verdeckt. Vor allem fehlt diesem Schluß das großartig Überraschende, der krönende und alles zum Guten lösende Theatercoup, den der ›Amphitryon‹ mit der Epiphanie Jupiters, das ›Käthchen‹ mit der Hochzeitsankündigung, der ›Homburg‹ mit der Begnadigung und mit der Belohnung durch die Hand Nataliens bietet. Statt dessen kann Hermann nur zur Vernichtung Roms aufrufen, weil es für die Welt keine Ruhe gibt, »als bis das Raubnest ganz zerstört, / Und nichts, als eine schwarze Fahne, / Von seinem öden Trümmerhaufen weht.«[14]

Zwar ist es charakteristisch für Kleist, wenn das zur Höhe des Triumphes geführte Stück mit einem Ausdruck des Vernichtungswillens endet.

---

11 V. 2569–2588.   12 Vgl. S. 47.

13 Kleist wollte Thusnelda keineswegs zur Heroine stilisieren; ihre gräßliche Rache an Ventidius hat er ganz psychologisch gefaßt. 1840 schrieb Dahlmann an Gervinus: »... Sie können sich denken, daß ich an der Bärin des Ventidius einigen Anstoß nahm. Kleist entgegnete: meine Thusnelda ist brav, aber ein wenig einfältig und eitel, wie heute die Mädchen sind, denen die Franzosen imponieren; wenn solche Naturen zu sich zurückkehren, so bedürfen sie einer grimmigen Rache.« (Nach Sembdner, I,943 f.).

14 V. 2634–2636.

Aber der Schluß des Homburg-Dramas (»In Staub mit allen Feinden Brandenburgs!«), so nah verwandt er den Worten nach dem der ›Hermannsschlacht‹ scheint, hat nicht viel mehr Stellenwert und innere Wertigkeit als die Salve, welche die Kanoniere zu Ehren des Prinzen abfeuern; und der Ausruf »Giftmischerin!«, den der Graf vom Strahl der bösen Kunigunde ins Gesicht schleudert, gehört als Schlußschnörkel zu dem volkstümlich genrehaften Wesen des Stückes. In der abschließenden Kampfansage der ›Hermannsschlacht‹ dagegen erschöpfen sich das Drama und seine Hauptgestalt endgültig.

Die *Erzählungen* bestätigen und erweitern den Eindruck, den die erörterten Dramenschlüsse vermitteln. Gerade das Schauspielhafte, das Bild großer, von buntem Leben erfüllter Plätze arbeitet der dramatische Erzähler Kleist mit Vorliebe heraus. Die Eigenart der Gattung macht es möglich, die Vielfalt szenischer Imagination in reicher Gliederung und starker Stufung auszubreiten – und der Regisseur vermag nun jede Bewegung zu vergegenwärtigen. Der Erzähler selbst nennt häufig das von ihm Erzählte ein »Schauspiel«, er spricht von »Schauplatz« und sogar von »Szene«.[15] Typischer Ort solcher Szenen ist wieder ein weiter Platz, in dessen Mitte oder vor dessen Hintergrundskulisse sich die entscheidende Handlung abspielt: Hinrichtung, Zweikampf, Weissagung, Mord. Auf dem Platz sind, wiederum den Schlußpartien der Dramen entsprechend, nicht nur alle wichtigen Personen versammelt, sondern auch »Volk« und eine zahlreiche Statisterie. Die hierarchische Gliederung wird genau beobachtet, Durchblicke und optische Gassen öffnen sich, es gibt Sonderbewegungen sowie einzelne herausragende Gestalten und Gruppen und insgesamt ein System dynamisch miteinander verbundener Bezugspunkte. Nirgends erlaubt die bei allem Malerischen doch strenge Organisation eine verschwommene Massenhaftigkeit, mit Ausnahme der Katastrophenszene des ›Erdbebens‹, wo die Massenhaftigkeit bewußt hergestellt wird, damit die Schrecken des Untergangs im Chaos einer anonymen Menge voll zur Geltung kommen.

Wie die letzten Dramen, so prägen auch die letzten Erzählungen die komplexe szenische Form des Schlusses besonders intensiv aus. Kohlhaas wird am Montag nach Palmarum hingerichtet. Kleist gestaltet daraus eine drei Seiten füllende, von Leben überquellende Szene.[16] Der Weg des Helden ist vom Gefängnistor bis zum Schafott in jedem Schritt, in jeder Einzelheit sinnfällig. Eine Wache begleitet ihn, auf dem Arm hat er seine

---

[15] Statt einer Stellensammlung vgl. den ›Index . . .‹, s. v. »Schauspiel«, »Schauplatz«, »Szene«.
[16] II,100–103.

beiden kleinen Knaben, der Theologe Freising führt ihn, ein »wehmütiges Gewimmel« von Bekannten drängt heran, um Abschied zu nehmen; aus ihrer Mitte tritt der verstörte Kastellan heraus, um die letzte Nachricht der geheimnisvollen Zigeunerin zu überreichen; auf dem Richtplatz endlich findet Kohlhaas den Kurfürsten inmitten eines großen, auch räumlich genau aufgegliederten Gefolges (»... ihm zur Rechten der kaiserliche Anwalt Franz Müller, eine Abschrift des Todesurteils in der Hand; ihm zur Linken, mit dem Konklusum des Dresdner Hofgerichts, sein eigener Anwalt; ein Herold in der Mitte des halboffenen Kreises, den das Volk schloß ...«); aus dem »Haufen Volks« ruft Kohlhaas noch die alte Mutter Herses hervor, dann übergibt er die Kinder dem Amtmann von Kohlhaasenbrück, um plötzlich, während er ans Schafott tritt, »in geringer Entfernung von sich, zwischen zwei Rittern, die ihn mit ihren Leibern halb deckten, den wohlbekannten Mann mit blauen und weißen Federbüschen« wahrzunehmen usw.

Die gleiche »unermeßliche Menschenmenge«, die bei Kohlhaasens Hinrichtung zugegen ist, wohnt dem Zweikampf in der gleichnamigen Erzählung bei, und wieder auf dem »Schloßplatz« – selbst die »Rampe« und der von seinem Hofgesinde in reicher, malerischer Anordnung umgebene Souverän fehlen nicht.[17] Die unerwarteten Folgen des Zweikampfes machen diese virtuelle Schlußszene zu einem vorläufigen Einschnitt. Erst »der zur Hinrichtung Herrn Friedrichs und Littegardens bestimmte Tag«[18] bringt die wirkliche Schlußszene, die sich aus den gleichen Elementen aufbaut.[19] Diese zweifache dramatische Stufung zum Schlusse hin entspricht dem durch zwei Expositionen verdoppelten Ansatz[20] der Erzählung. Bei aller Größe des Finales gewinnt die Komposition damit eine Ausgewogenheit,[21] die für Kleists konstruktiven Willen in seiner letzten

---

[17] II,243. [18] II,258. [19] II,258–261. [20] Vgl. S. 37.

[21] Bedeutende Schau-Szenen im Innern bietet nur der ›Michael Kohlhaas‹. Kleist verfolgte damit eine auf den Gesamtzusammenhang gerichtete Absicht, denn dieses Werk sprengt den Rahmen einer exemplarischen Erzählung, ohne sich doch im geringsten der epischen Technik des Romans zu nähern. Auf der ganzen Erzählstrecke wird die »kurzweilige« Form dramatischen Erzählens durchgehalten: als dichte Folge stark gespannter Handlungsabläufe. Selbst die scheinbar epischen Teile nach Kohlhaasens Ankunft in Dresden – detaillierte und labyrinthisch angelegte Erörterungspartien, Maulwurfsgänge höfischer Intrige – sind von höchster innerer Spannung, weil sie in jedem Moment das zähe Ringen verborgener Interessen verraten. Unter dem Deckmantel sorgfältiger Rechtserwägungen konzentrieren sich starke, bis auf die mimische und gestische Oberfläche hindurchvibrierende Handlungsenergien. Die extreme Belastung, die diese Anspannung über so weite Erzählstrecken hin bedeutet, wird durch ein tragendes Gerüst plastisch ausgestalteter Szenen aufgefangen. Von den großen Schau-Szenen im Innern der Erzählung seien die Abdecker-

Schaffenszeit charakteristisch ist. Das Homburg-Drama, als größtes Beispiel, wird unter diesem Aspekt noch genau zu erörtern sein.

1.2. Das Problem des schweren Schlusses

Die ausgeprägte Finalstruktur ist bekanntlich ein Grundzug der Kleistschen Syntax.[22] Eine ebenfalls ungewöhnliche, vielfach kriminalistisch aufregende Finalspannung kennzeichnet die Handlungsabläufe und die analytische Konsequenz der zugrunde liegenden Denkbewegungen. Die szenisch besonders intensive Ausgestaltung des Schlusses zum Finale deutet in dieselbe Richtung. Dieser szenischen Allversammlung am Ende des Stücks entspricht die weitergehende Tendenz, den Schluß zu äußerster Wucht und Geladenheit zu führen, und allgemein der Versuch, den Schluß über das Szenische hinaus als Brennpunkt des Ganzen zu einer nichts auslassenden Totalität zu erheben. Für den Dramaturgen Kleist haben sich daraus vor allem Probleme der Ökonomie und der Proportion ergeben. Der Schluß sollte ein Maximum sein, ohne ins Breite zu gehn, ein Intensivum, ohne schwer zu werden, voller Bedeutung, ohne ein Eigenleben zu entwickeln.

Die ›Hermannsschlacht‹: Mißlingen durch bloße Anhäufung

Schon ein summarischer Überblick zeigt, daß dies nicht immer geglückt ist. Wenn der dritte (letzte) Akt des ›Amphitryon‹ mit seinen elf Szenen gegenüber den fünf Szenen des ersten Aktes und den sechs Szenen des zweiten Aktes doch ausgewogen bleibt, weil die mehrfach darin enthaltenen Sosias-Auftritte nicht nur von geringem Gewicht sind, sondern auch auflockern, so ist der fünfte Akt der ›Hermannsschlacht‹ unförmig aufgequollen. Nicht weniger als 24 Auftritte mit fünfmaligem Szenenwechsel stehn den drei Auftritten des ersten, den zehn Auftritten des zweiten, den sechs Auftritten des dritten und den abermals zehn Auftritten des vierten Aktes entgegen: ein Tausendfüßler mit einem tragischen Varus, einem edlen Septimius und einem für seinen Frevel bestraften Ventidius, mit Alraune, Barden und Bären, mit der empfindsam-grausamen Thusnelda, mit der Idealfigur Hermanns des Cheruskers und den weitausholenden

---

Szene und die zweifach wiedergegebene Wahrsage-Szene, von den kleineren das Zusammentreffen des sächsischen Kurfürsten mit Kohlhaas während eines Jagdausflugs genannt. Nirgends allerdings handelt es sich um Episoden im Sinne bunter Einlagen, denn jede dieser Szenen ist als besonderer Kristallisationskern in die Handlung integriert und wirkt selbst wiederum integrierend.

[22] Vgl. E. Staiger, Das Bettelweib von Locarno; F. Beißner, Unvorgreifliche Gedanken . . .

»innenpolitischen« Auftritten der in vielerlei Hinsicht nicht vorbildlichen germanischen Fürsten; und in allem, außer der Rachethematik, eine nur durch ihre durchgehende Unterdrückung kohärente Problematik menschlichen Handelns.[23] Die extreme Anhäufung von Auftritten gibt sich als eilige Einkleidung einer Vielzahl politischer Gebrauchsanweisungen zu erkennen. Darauf kam es Kleist in dem »einzig und allein auf diesen Augenblick«[24] berechneten Stück an. Das Seitenstück bilden die in Merkartikeln katechisierenden politischen Schriften des Jahres 1809.

Die Bewältigung der in sich geschlossenen Großform: ›Penthesilea‹

Weil dagegen die Problematik der ›Penthesilea‹ nicht von einem Spektrum politischer Möglichkeiten bestimmt, sondern aus einem Guß und von Grund auf entwickelt ist, war es leichter, den Schluß bei aller angestrebten Größe doch zu bändigen. Zunächst sind die letzten vier Auftritte, die sich zur fünften Handlungseinheit zusammenschließen,[25] zueinander in ein Verhältnis gesetzt, das nicht zersplitternd oder auffächernd, sondern konzentrierend wirkt: der 21., 22. und 23. Auftritt stellen nur kurze Anlaufschritte zum mächtigen Schlußauftritt dar. Dieser ist Brennpunkt alles Geschehens seit dem 14. Auftritt. Sein Umfang macht ihn nicht schwer und breit, sondern gehört zu der Monumentalität, die das abschließende, Zug um Zug streng schlüssige Ausschreiten der gesamten Dimension Penthesileas fordert. Alle einzelnen Bewegungen sind ja zum selben Riesenkontur durchgezogen, der diesem wahrhaft krönenden Schluß im ganzen zukommt: die pathetisch große Kurve der auf die Entsetzenstat folgenden Zustände Penthesileas – Stupor, Lysis, Wahn, Erkenntnis; der mehrfache Sturz der Heldin bis zum Todessturz; die sich gewaltig entrollende Bogen-Motivik.

Auf künftige Formentwicklung in Kleists Drama deutet das Verhältnis des Schlußauftritts zum 15. Auftritt, in dem Penthesilea die Geschichte von der Entstehung des Amazonenstaates berichtet. Dieser 15. Auftritt dauert ebenso ungewöhnlich lang wie der 24. Auftritt – beide zusammen ergeben mehr als ein Viertel der Tragödie. Daß es sich aber um ein wirklich strukturbildendes Widerlager und bei dieser Entsprechung also um mehr als

---

[23] Vgl. S. 46 f.
[24] Kleist an Collin, 20. 4. 1809 (Nr. 149, II,824). Vgl. die noch weiter gehende Äußerung vom 22. 2. 1809, wieder in einem Brief an Collin: »Indem dies Stück mehr, als irgendein anderes, für den Augenblick berechnet war, und ich fast wünschen muß, es ganz und gar zurückzunehmen, wenn die Verhältnisse, wie leicht möglich ist, nicht gestatten sollten, es im Laufe dieser Zeit aufzuführen.« (Nr. 145, II,821 f.).
[25] Vgl. die Strukturanalyse S. 129 f.

eine quantitative Zufälligkeit handelt, zeigt das innere Verhältnis des 15. Auftritts zum 24. Auftritt. Die Erzählung Penthesileas ist keine funktionslos und nur der Vollständigkeit halber nachgetragene »Vorgeschichte«, sondern der entscheidende Bericht vom Anfang des Amazonenstaats, dessen Ende der 24. Auftritt darstellt. Die beiden Auftritte verhalten sich also zueinander wie spannungschaffender Anfang zu spannunglösendem Ende: kompositorische Protasis und Apodosis. Den ungeheuren Spannungsbogen der Tragödie vermögen nur diese beiden wuchtigen Widerlager aufzufangen. Daß die Konstruktion bis ins einzelne so gewollt ist, beweisen die gegenszenischen Elemente der beiden Auftritte,[26] vor allem die doppelte Prosopopoiie des großen Bogens.

Abrundung durch betonte brevitas: ›Homburg‹

Das Homburg-Drama[27] verwandelt die tragende Konstruktion der ›Penthesilea‹, die doch noch vorwiegend inhaltlich definiert ist und außer den Entsprechungen im Umfang und den vereinzelten gegenszenischen Elementen keine formalen Kennzeichen aufweist, ganz in Struktur: in einen plastisch hervortretenden Ordnungszusammenhang. Wieder sind Anfang und Ende entschieden aufeinander bezogen, aber nun ist der Anfang des Geschehens auch wirklich der Beginn des Dramas, keine erst später im Bericht nachgeholte Exposition. Das erste und das letzte Bild entsprechen sich. Kleist hat diese szenische Entsprechung durch eine Regie-Anmerkung selbst hervorgehoben. Der innere Duktus der in szenischer Symmetrie aufeinander bezogenen Auftritte ist ebenfalls als symmetrische Umkehrung konzipiert: zuerst als Sturz vom Traum in die Wirklichkeit und dann als Aufhebung der Wirklichkeit im Traumhaften. Trotz aller Konzentration konnte der Schluß deshalb doch knapper und leichter gehalten werden. Er nimmt seine federnde Energie aus dem Kräftespiel sich gegenseitig vollkommen auswiegender Strukturelemente. Ist die ›Penthesilea‹ das monumentalste und der ›Homburg‹ das am elegantesten durchgeformte Drama Kleists, so drückt die Ponderierung der Schlußteile diese durchgehende Gestaltungstendenz am klarsten aus.

›Der zerbrochne Krug‹: Gründe und Folgen des Weimarer Debakels

Von größten Folgen für Kleist selbst und für sein Werk war das Problem des schweren Schlusses im ›Zerbrochnen Krug‹. Wie die ›Penthesilea‹ ist dieses in seiner ursprünglichen Fassung frühere Stück ohne Akteinteilung. Die in Weimar gespielte Fassung zeigte noch nicht einmal die Einteilung

---

[26] Vgl. S. 84, S. 135. [27] Zur genaueren Strukturanalyse vgl. S. 137 ff.

in Auftritte, die der Druck von 1811 bringt.[28] Dennoch hat Goethe das Lustspiel für die Weimarer Aufführung in drei Akte unterteilt. Man hat darin allgemein einen Mißgriff und den Hauptgrund für das Scheitern des Stücks gesehn. Dieses Urteil läßt sich bei näherem Zusehn nicht aufrechterhalten, mindestens nicht in so weitgehender Form.

Eine Strukturanalyse des ›Zerbrochnen Krugs‹ zeigt zunächst, daß sich die dreizehn Auftritte der Fassung von 1811 ebenso leicht und harmonisch zu fünf größeren, aktähnlichen Handlungseinheiten zusammenschließen wie die vierundzwanzig Auftritte der ›Penthesilea‹[29] – und das klassische Fünferschema ist nur eine Ausfaltung des Dreiakterschemas, insofern es der Schürzung des Knotens als zweitem Akt und der entscheidenden Peripetie als viertem Akt eigenen Raum schafft.

Die ersten fünf Auftritte des ›Zerbrochnen Krugs‹ (V. 1–413) ordnen sich zur ersten größeren Handlungseinheit zusammen: auf den klassischen Komödienbeginn einer Lever-Szene, deren vertrackte Mühsal sich durch die Nachricht von der Ankunft des inspizierenden Gerichtsrats Walter noch erhöht, auf Adams vergebliche Bemühungen in der verkehrten Welt seiner Gerichtskanzlei, auf seine dunklen Ahnungen, Walters Erscheinen und den schweren Herzens gefaßten Entschluß, den Gerichtstag kahlköpfig zu halten, folgt endlich der Eintritt der streitenden Parteien in die Gerichtsstube.

Damit beginnt der zweite »Akt« (6., 7., 8. Auftritt; V. 414–1071), der das Problem entwickelt: der Krug ist zerschlagen und also auch der gute Name Evchens. Was das in der Dorfwelt bedeutet, zeigt Marthes Krugbeschreibung – der Mythos der verlorenen Ehre, an der die ganze Existenz hängt.[30] Marthes Zeugen-Aussage (»Wer zerbrach den Krug?« ist die entscheidende Frage) gipfelt in der Beschuldigung Ruprechts, der anschlie-

---

28 Vgl. H. Sembdner, Neues zu Kleist, JbSchG 7, 1963, S. 371–382; sowie H. J. Kreutzer, Die dichterische Entwicklung, S. 161.

29 Vgl. die Strukturanalyse S. 129 f.

30 I. Graham, Der Zerbrochne Krug – Titelheld von Kleists Komödie, in: Heinrich von Kleist, Aufsätze, S. 272–295, übersieht diesen Zusammenhang und meint, es gehe dem Dichter um die Darstellung des »geistlosen Festhaltens an dem physischen Faktum, an der sicht- und greifbaren Welt der Sinne« (S. 290). Dies widerlegen allein schon Marthes Worte zu Eve vor der Krugbeschreibung und vor der Gerichtsverhandlung. Sie umreißen a limine den Verständnishorizont (V. 487–497):

> Du sprichst, wie dus verstehst. Willst du etwa
> Die Fiedel tragen, Evchen, in der Kirche
> Am nächsten Sonntag reuig Buße tun?
> *Dein guter Name* lag in diesem Topfe,
> Und vor der Welt mit ihm ward er zerstoßen,

ßend als zweiter in der Reihe der Zeugen vernommen wird und das nächtliche Abenteuer aus seiner Sicht erzählt. Als Adam Evchen, die Kronzeugin
des Hergangs, an dritter Stelle zur Aussage aufrufen muß, fühlt er seine
»Zunge sehr trocken«. Umsonst versucht er dem Gerichtsrat Wein anzu-
bieten. Dieser Höhepunkt der Spannung bringt zugleich den Handlungs-
einschnitt.

Die folgende dritte Handlungseinheit ist von ganz anderer, eigener
Art (9. Auftritt, V. 1072–1410). Während die Zeugen, die nur ein vages
oder ausschnitthaftes Wissen vom entscheidenden Vorgang besitzen, mit
plastischer Ausführlichkeit berichten konnten, muß nun die wirklich wis-
sende Hauptzeugin gegen ihren eigenen Willen die Aussage verweigern.
Daraus entstehn Konflikte, und diese füllen den dritten »Akt«. Nach
Adams einleitenden Versuchen, Evchen einzuschüchtern, kommt es zu einer
Reihe kunstvoll komponierter Streitszenen. Den Kern, Eves empfindsam-

> Wenn auch vor Gott nicht, und vor mir und dir.
> Der Richter ist mein Handwerksmann, der Schergen,
> Der Block ists, Peitschenhiebe, die es braucht,
> Und auf den Scheiterhaufen das Gesindel,
> Wenns *unsre Ehre* weiß zu brennen gilt,
> Und diesen Krug hier wieder zu glasieren.

Es geht Marthe also gerade nicht um den Krug; sie ist keineswegs so borniert,
wie sie gerne dargestellt wird. Daß sie auf Eves Hinweis, es werde sich wohl
ein »Handwerksmann« finden, der den Krug flickt, scharf widerspricht: »Du
sprichst, wie dus verstehst... Der Richter ist mein Handwerksmann...«,
widerlegt buchstäblich ein solches »Verständnis«. Nur weil Eves Ehre und das
Schicksal des Kruges so eng verbunden sind, kann es zu einer so liebevollen
und angelegentlichen Beschreibung des Kruges kommen. Wenn er schließlich
als ein durch viele Fährnisse gerettetes Ein und Alles (dieses Moment wird
durch die beinahe weltgeschichtliche Totalität der bildlichen Darstellung auf
dem Kruge unterstrichen) erscheint, so ist dies das Symbol für die Bedeutung,
welche die Ehre und die Unschuld des einzigen Kindes für Frau Marthe besitzt. Im dichterischen Ausdruck handelt es sich also um ein metaphorisches
Sprechen, im Psychologischen des Vorgangs um eine (der Frau Marthe von
vornherein bewußte) Verdrängung ins Uneigentliche, weil sie sich schämt,
statt über den Krug über die Ehre ihrer Tochter in offener Gerichtssitzung zu
sprechen. Der letzte Auftritt, in dem Frau Marthe nach der glücklichen Lösung schließlich »empfindlich« fragt, wie nun dem Krug sein Recht geschehen
könne, zeigt nur, daß sie bis zum Schluß in der Öffentlichkeit an der Fiktion
meint festhalten zu müssen, es sei ihr allein um den Krug gegangen. Im ganzen also ist auch Marthe durch jenes enthüllende Verhüllen gekennzeichnet, das
Adams Lügenspiel ausmacht – nur sind ihre Gründe die allerehrbarsten. Aus
der ständig durchschaubaren Spannung zwischen dem Bereich der Eigentlichkeit (Ehre) und dem der Uneigentlichkeit (Krug) und aus den phantastischen
(an Adams lügenhafte Ausflüchte erinnernden) Operationen Marthes, in denen
sich die symbolische Identifikation vollzieht, ergibt sich die groteske Komik
ihres Vorgehens.

komischen Konflikt mit Ruprecht, von dem sie unbedingtes Vertrauen fordern zu können meint,[31] umgeben derb-komische Randstücke: am Anfang gerät Eve mit ihrer Mutter in Streit, am Ende erhält der erneute Zank der Frauen (Marthe zu Eve V. 1199: »Hör, dir zerschlag ich alle Knochen«) durch den Parallel-Zwist Ruprechts mit seinem Vater (V. 1353: »Dir brech ich alle Knochen noch«) eine Verstärkung. Zugleich ist damit deutlich, daß sich jedem der drei Hauptbetroffenen eine jeweils charakteristisch abgewandelte Beifigur zuordnet: zum kraftvoll verschlagenen Adam gehört der geschickt denunzierende Licht, zur gefühlvollen Eve die zeternde Mutter Marthe, zum wackeren Ruprecht der polternde Vater Veit. Nicht zuletzt diese Gruppierungstechnik erzeugt den Eindruck des Figurenhaften, das dem typisierenden Lustspiel so wohl ansteht. Mit der Ladung Muhme Brigittes schließt der dritte »Akt«.

Die Zeit, die bis zu ihrem Erscheinen verstreicht,[32] nutzt Walter, um Adam ins Verhör zu nehmen: dies ist die vierte Handlungseinheit (10. Auf-

---

[31] Vgl. die Interpretation S. 157 f.

[32] Die Forschung zum ›Zerbrochnen Krug‹ zeigt allgemein die Tendenz, die Kontinuität der Gerichtsverhandlung zu betonen und Gesichtspunkte der Komposition zu vernachlässigen. Damit gerät nicht nur die kunstvolle Verteilung der Handlungsmassen schon vom Ansatz her aus dem Blickfeld. Über der oft wiederholten Formel vom pausenlosen Prozeß wird auch übersehen, daß Kleist bestimmte Prozeß-*Formen* in eigenen Prozeß-*Phasen* zusammengefaßt hat. Dadurch entstehn dramatische Relationen und Proportionen: ein variationsreiches kontrapunktisches Spiel. Die Feststellung von H.-J. Schrimpf, ›Der zerbrochne Krug‹, S. 352: »Ein Argument folgt auf das andere, eine Reaktion des Richters erzwingt die nächste, ohne Ausweichen und Abtreten, der Ablauf erlaubt keine Unterbrechung. Der Zeitnot des Helden korrespondiert die Pausenlosigkeit des Einakters ...« fordert wesentliche Einschränkungen. Ein großer Teil des Spiels ist gerade nicht argumentativ, weil z. B. Marthe und Ruprecht den Prozeß auf ein falsches Gleis schieben: Adam kommt für weite Passagen aus der Schußlinie, um dann plötzlich wieder hineinzugeraten. Ferner gibt es häufig sowohl das »Ausweichen« als auch das »Abtreten«. Licht geht ab, um Muhme Brigitte zu holen, die streitenden Parteien treten für die Dauer einer ganzen Handlungseinheit ab, die eben dadurch zustande kommt und ihren besonderen Charakter erhält: als nicht mehr öffentliche Gerichtsverhandlung, sondern als eher privates Verhör Adams durch Walter. Darin zeigt sich die Möglichkeit des »Ausweichens« aus dem öffentlich Zerstörenden des Prozesses: spätestens bei Walters Frage an Adam, ob er ihm nichts anzuvertrauen habe. Der Richter nimmt die ihm angebotene Möglichkeit nur nicht wahr. Adam selbst geht für die Dauer des 6. Auftritts ab, vor allem aber ist sein endgültiges, drastisches »Abtreten« wichtig: dadurch wird der ursprüngliche Schluß (der ›Variant‹), der ja in Weimar aufgeführt wurde, zu einem ganz eigenen Einheit, zu einem großen Schlußakt ohne die Hauptfigur. Trotz seiner Ankündigung einer Analyse der szenischen Gliederung und des Baus geht Schrimpf S. 355 f. kaum über die Feststellung einer Exposition hinaus.

tritt, V. 1411–1606), die nicht nur aufgrund ihrer Position innerhalb des fünf Einheiten umfassenden Gesamtbaues eine symmetrische Entsprechung zum zweiten »Akt« bildet. Nach dem mehrgliedrigen Agon der zentralen dritten Einheit handelt es sich nun wieder, wie im zweiten »Akt«, um ein zügig vorangetriebenes Verhör. An die Stelle der öffentlichen Taterhellung durch *Zeugenaussagen* aber, die in vage Verdächtigungen münden (Marthe verdächtigt Ruprecht, Ruprecht den Flickschuster Lebrecht), tritt nun Walters private Taterhellung durch *Indizien*. Erstes Indiz, daß Adam der Täter war, ist sein wunder Kopf, zweites Indiz die fehlende Perücke, und als Walter erfährt, daß Ruprecht zweimal des Missetäters kahles Haupt mit Evchens Türklinke bearbeitet hat, und dabei Adams beide Wunden betrachtet, steht er an der Schwelle der Gewißheit. Während also die Beweisführung durch Zeugenaussage im zweiten »Akt« ergebnislos endet, scheint die Beweisführung durch Indizien im vierten »Akt« zu gelingen. Aber Walter wird noch ein letztes Mal unsicher bei der Auskunft, Adam besuche so gut wie nie Marthes Haus. Auf diesen neuen Kulminationspunkt der Spannung folgt wiederum, nach Kleists vollkommen dramatischer Ökonomie, eine Zäsur.

Die fünfte und letzte Handlungseinheit (11., 12., 13. Auftritt, V. 1606–1974) bringt mit dem Auftritt der in der Zwischenzeit herbeigeholten Muhme Brigitte wieder die volle Öffentlichkeit der Gerichtsverhandlung und zugleich mit der nun bis zum Grotesken gesteigerten Zeugen-Verirrung auch den schlüssigen Indizienbeweis: Zu der in Marthes Spalier aufgefundenen Perücke kommt noch der »Pferdefuß«, dessen Spuren aus Marthes Haus in die Gerichtskanzlei führen. Adams Katastrophe wird schließlich ganz in Handlung verwandelt: Ruprecht will den Richter prügeln, erwischt aber nur dessen Mantel, während der seiner letzten Deckung Beraubte entkommt und über das winterliche Feld davonstampft. Dieses physische Entkommen entspricht dem »Noch einmal Davonkommen«, das Walter im Hinblick auf Adams bürgerliche Existenz konstatiert – es ist eine Komödien-Katastrophe. Die letzten beiden Auftritte haben Epilogcharakter: Versöhnung des Liebespaares, Abmilderung des Adamsfalls im eben erwähnten Sinn, schließlich Marthes komisches Beharren darauf, daß dem Krug »sein Recht« geschehen müsse.

Ein Rückblick auf den Aufbau des Stückes ergibt, daß der dritte und der vierte »Akt« jeweils aus nur einem Auftritt bestehn (9. und 10. Auftritt). Bei Abrechnung der beiden als Epilog konzipierten Schlußauftritte konzentriert sich auch die abschließende Handlungseinheit auf einen einzigen großen Auftritt. Der zweite »Akt« ist so gebaut, daß zwei kurze Randstücke das große Mittelstück der Zeugenvernehmung einrahmen. Der Beginn (6. Auftritt) ist nur ein »Auftritt« im engen Sinn: die streitenden

Parteien, Marthe, Eve, Veit und Ruprecht ziehen in den Gerichtssaal ein. Der abschließende achte Auftritt fungiert als bloße Markierung vor der für Adam atemberaubenden oder vielmehr zungenaustrocknenden Vernehmung Evchens: Eine Magd erscheint mit Wasser und Adam versucht dem Inspekteur mit Wein beizukommen. Demnach liegt das gesamte Gewicht auch der zweiten Handlungseinheit auf einem einzigen Auftritt.[33] Nicht allein die übergreifende Handlungsstruktur des Lustspiels läßt also das traditionelle Schema der fünf größeren Einheiten klar hervortreten: Die Infrastruktur der einzelnen Teile ist so entschieden integrierend und konzentrierend, daß die Tendenz zum in sich geschlossenen Akt unübersehbar ist.

Der einzige Grund, warum Kleist selbst keine Einteilung in Akte vorgenommen hat, ist die durch eine ganz konkrete Einheit des Ortes – die niederländische Gerichtsstube – und der Zeit – die Gerichtsverhandlung – *sinnfällige* Kontinuität der Handlung. Was das genauer bedeutet, zeigt ein Seitenblick auf die klassizistisch-*abstrakte*, von Molière übernommene Einheit des Ortes und der Zeit im ›Amphitryon‹, wo bei ebenfalls gleichbleibendem Schauplatz (»Die Szene ist in Theben vor dem Schlosse des Amphitryon«) doch die überlieferte Einteilung in drei Akte stattfindet.

Goethe hat also mit der Einteilung des ›Zerbrochnen Kruges‹ in drei Akte nicht gegen die Struktur der sich tatsächlich zu aktähnlichen Einheiten zusammenschließenden Handlung verstoßen – prinzipiell wenigstens nicht, denn wo er die Aktgrenzen zog, läßt sich nicht mit Sicherheit feststellen.[34] Dennoch hat er aus dem ästhetischen Horizont eines zur Abstraktion und zur Distanzierung des Bühnengeschehens tendierenden Klassizismus die »nach dem Tenier gearbeitete«[35] Konkretheit beeinträchtigt, die nur in einer voll eingehaltenen Handlungskontinuität gewahrt bleibt. Dies würde aber den Mißerfolg des Stückes in Weimar noch längst nicht erklären.

Zum Mißerfolg wurde ›Der zerbrochne Krug‹ aus einem anderen Grund, der nicht Goethe angelastet werden kann: An der Stelle des späteren, sehr knappen und epiloghaften 12. Auftritts (Versöhnung des Liebespaares und Milderung des Adamsfalls) stand noch der außerordentlich

---

[33] M. Thalmann, Das Jupiterspiel in Kleists Amphitryon, beobachtet S. 58 für den ›Amphitryon‹ in jedem der drei Akte eine ähnlich integrierende und schwerpunktbildende Hauptszene (jeweils die Jupiterszene). Es handelt sich also um eine übergeordnete Formtendenz.

[34] Eine Rekonstruktion würde allerdings mit großer Wahrscheinlichkeit gelingen. Aus dem von Sembdner, Lebensspuren, S. 179–200, gesammelten umfangreichen Material zur Aufführung des ›Zerbrochnen Kruges‹ in Weimar lassen sich alle wichtigen Daten ersehen.

[35] Kleist an Fouqué, 25. 4. 1811 (Nr. 199, II,862).

umfangreiche ›Variant‹. Dies hat Sembdner anhand eines Berichts über die Weimarer Aufführung in der ›Allgemeinen deutschen Theaterzeitung‹ vom 11.3.1808 nachgewiesen.[36] »Nun müssen wir noch«, so heißt es in diesem Bericht, »den zweiten und den (das ganze Stück verdarb dritthalb Stunde) eine Stunde währenden, dritten Akt, alles ein einziges Verhör, mit anhören«; dabei sei die Darstellerin des Evchens »die eigentliche plagende Erzählerin« gewesen. In der Tat ist es die Schwäche des ›Variants‹, daß Evchen noch einmal ausführlich alles erzählt, was der Zuschauer aus der vorangehenden Handlung auf spannendere Weise schon erfahren hat.[37] Insofern hat der zeitgenössische Kritiker recht, wenn er Evchen eine »plagende Erzählerin« nennt. Auch die von ihm gerügte Überlänge des dritten Aktes kommt nur durch den ›Variant‹ zustande. Die ursprüngliche Fassung hat 2429 Verse, die endgültige 1974 Verse: Das bedeutet eine Kürzung um 455 Verse oder 20 %. Diese Größenordnung macht deutlich, wie überschwer allein schon in formaler Hinsicht der abschließende Teil gegenüber den früheren Handlungseinheiten war. Der sonst dramaturgisch vollendet durchgegliederte und – die Strukturanalyse beweist dies – in ausgewogenen Proportionen gehaltene Gesamtbau wurde durch diese Riesenmasse aus dem Gleichgewicht gedrückt.

Zu diesem formalen Grund gesellt sich ein wichtiger thematischer Gesichtspunkt. Trotz seiner Bezogenheit auf die ungerechtfertigte, weil absolute Vertrauensforderung Eves gegenüber Ruprecht[38] wirft der ›Variant‹ noch ein neues Problem auf: das der Obrigkeit und der Autorität,[39] das Kleist von nun ab bis zu der letzten, großen Gestaltung im ›Kohlhaas‹ nicht mehr losläßt. Evchen, als Mädchen aus dem Volk, bringt zuerst das – tatsächlich vorhandene – Konskriptionselend zur Sprache und übt damit bittere Kritik an der Obrigkeit. Dann geht sie auf Adams falschen, erpresserischen Brief ein, der auf diesem Fundament erst seine Bedeutung erhält. Denn nur so kann der eine Vertrauensbruch durch den Betrug des Dorfrichters Anlaß zu einer grundsätzlichen Vertrauenskrise werden. Der sich vom besonderen Fall ins Totale ausweitenden Vertrauenskrise zu steuern, ist Walters Ziel, das er schließlich erreicht. Im ganzen also ein neues The-

---

[36] H. Sembdner, Neues zu Kleist, in: JbSchG 7, 1963, S. 371–382.
[37] Vgl. S. 159 f.
[38] Hierzu S. 157 f.
[39] G. Lukács, Die Tragödie Heinrich von Kleists, S. 42, macht dies zum Angelpunkt seiner Interpretation des ›Zerbrochnen Krugs‹. Er weist auf die »Willkür der patriarchalischen Gerichtsbarkeit auf dem Lande« hin und auf das Mißtrauen der Menschen aus dem Volke »allem gegenüber, was von ›oben‹ kommt, ihr Gefühl, daß man sich vor der Behörde nur durch Bestechung und Betrug schützen kann, einerlei ob diese Bestechung durch Geld, Geschenke oder durch sexuelle Nachgiebigkeit geschieht«.

ma, das durch seine ins Grundsätzliche und Tiefernste gehende Problematik der Komik des gerade vorgeführten besonderen Falles schweren Abbruch tat. Im ›Variant‹ bricht zerstörerisch Kleists Tendenz durch, alles konsequent bis in die äußersten Möglichkeiten hinein zu verfolgen. Demnach gibt es für die Neufassung nicht nur formale, sondern auch innere Gründe. Ohne den Mißerfolg auf der Weimarer Bühne und die Kritik am letzten Akt, dies gilt es festzuhalten, wäre der ›Zerbrochne Krug‹ nicht das Meisterwerk geworden, das wir kennen.[40]

Der Schluß als eigene Gipfelkonstruktion im ›Erdbeben‹

Auf die Erzählungen sei mit einer Ausnahme nur summarisch hingewiesen. Die meisten Erzählungen schließen mit einem knappen, eleganten Schwung und einer geistreichen Pointe, die, wenn sie sich zur Sentenz verfestigt, das Ende ideal markiert.[41] Der ›Kohlhaas‹ zeigt in der Ausweitung des Schlußteiles durch das Auftreten der Zigeunerin noch einmal die Gefahr des überlastigen und sich verselbständigenden Schlusses. Nur das ›Erdbeben‹ hat ein groß ausgestaltetes Finale. Durch einen textgeschichtlichen Zufall lassen sich die Handlungseinschnitte, die der Dichter als wesentlich betrachtete, genau bestimmen. Die Aufteilung in neunundzwanzig Absätze, die der Erstdruck in Cottas ›Morgenblatt für gebildete Stände‹ einhält, mußte in der Buchausgabe aus technisch-wirtschaftlichen Gründen[42] aufgegeben werden. Kleist hat deshalb notgedrungen nur auf den beiden wichtigsten Einschnitten bestanden. Sie teilen die Erzählung in drei große Abschnitte. Dieser Einteilung zufolge umfaßt die erste Hauptpartie die Vorgeschichte, die Anstalten zur Hinrichtung, das Erdbeben in der Spiegelung durch Jeronimos und dann Josephes Erleben, sowie die nächtliche Idylle nach der Wiedervereinigung der Liebenden; das Mittelstück (»Als sie erwachten...«[43]) den neuen Eintritt in die durch das Erdbeben scheinbar zum Positiven geänderte, weil aus ihren alten und falschen Ordnungen aufgeschreckte Gesellschaft; der Schlußteil (»Inzwischen war der Nachmittag herangekommen...«[44]) den Aufbruch aus der freien Natur in die Kirche, wo die Dominikanerpredigt die Katastrophe entfesselt.

Diese drei Hauptteile sind in sich wiederum kunstvoll gestuft. Vor allem enthalten sie deutlich das klassische Fünferschema der dramatischen

---

[40] Warum Kleist den ›Variant‹ dennoch der Buchausgabe von 1811 als Anhang beifügte, wird noch zu erörtern sein (S. 160 f.).
[41] Vgl. den Schluß der ›Marquise von O...‹, des ›Findlings‹ und des ›Zweikampfs‹.
[42] Vgl. hierzu die Angaben Sembdners zur Textüberlieferung, II,902.
[43] II,150. [44] II,153.

Handlung, und zwar so, daß sich der zweite »Akt« im ersten Hauptteil und der vierte »Akt« im dritten Hauptteil entschieden abheben. Schon die Bezeichnung »Szene« im Untertitel des Erstdrucks legt die dramatische Perspektive nahe. Aus ihr lebt der beginnende Erzähler Kleist. Zergliedert man also das Ganze in dramatische Einheiten, so folgt auf die Vorgeschichte und die Vorbereitungen zu Josephes Hinrichtung sowie auf Jeronimos Anstalten, sich zu erhängen, eine zweite Handlungseinheit, die ganz Peripetie ist, da die zerstörerische Gesellschaft durch die hereinbrechende Naturkatastrophe nun selbst zerstört wird, während ihre geschundenen Opfer Rettung finden. Auf den Mittelteil, der Ausgleich und Versöhnung anzukündigen scheint, da die Gesellschaft im Zustande der Auflösung das Bild wahrer Menschlichkeit bietet, folgt das Schlußstück, aus dem sich zunächst eine Peripetie zum Schlimmen abhebt. Die Nachricht von der Feierlichkeit in der einzigen noch übriggebliebenen Kirche verbreitet sich, alles bricht auf, die Gesellschaft formiert sich wieder zu ihren alten Vorurteilen. Dieser Übergangspassus ist deshalb von schlimmen Vorahnungen und fiebriger Euphorie erfüllt.

Die große fünfte Handlungseinheit (»Als sie in der Kirche der Dominikaner ankamen . . .«[45]) zeigt nicht nur die schon erörterte intensive szenische Ausgestaltung,[46] sondern entwickelt voll die vielfältigen Ansätze und Andeutungen des vorangehenden Geschehens. Steht am Anfang nur eine summarische Aussage über das inquisitorische Verhalten der kirchlichen Obrigkeit, die der unglücklichen Josephe den »geschärftesten Prozeß« macht, so wird nun die infernalische Haßpredigt des Klosterprälaten dargestellt. Der dramatische Bericht legt meisterhaft die Konturen einer demagogischen Rhetorik frei und gipfelt in der Bemerkung, daß der fromme Mann »die Seelen der Täter, wörtlich genannt, allen Fürsten der Hölle übergab«. Die hierauf losbrechende mörderische Massenhysterie mit ihren blutigen Greueln ist die Ausgeburt jener Moral, die der Anfang durch den knappen Hinweis auf die Erbitterung kennzeichnet, mit der »man«[47] in der Stadt über den Skandal sprach. Das ominöse »Man« selbst, das Anonyme der allgemeinen inneren Verfassung, steigert sich in der Schlußszene zu einer Vielzahl von »Stimmen«, die namenlos aus der Menge ertönen und Blut fordern. Kleist hat gerade dies zu einem Grundzug des Schlusses ausgestaltet und ihm damit die Gewalt des Schauerlichen verliehen.[48]

[45] II,155.
[46] Hierzu S. 68.
[47] Auf das Bedrohliche des anonymen »Man« in den früheren Teilen der Erzählung weist W. Müller-Seidel, Versehen und Erkennen, S. 65 f.
[48] ». . . ehe Donna Constanze diese sinnreiche zur Rettung erfundene Maßregel

Vor allem aber erhebt der Schluß den bisher nur andeutungsweise als edlen Kavalier charakterisierten Don Fernando zur vollen Größe eines »göttlichen Helden«. Aus seiner wiederholten, langsam an Intensität gewinnenden Kavaliersgeste[49] wird nun entscheidende und umfassende Aktion. Der Schlußteil gibt dadurch der gesamten Erzählung eine andere Proportion. Jeronimo und Josephe, die beherrschenden Hauptfiguren der vorangehenden Handlung, treten hinter der Gestalt Don Fernandos zurück. Dieses so typische Sich-Auswachsen des Schlusses ist der Grund, warum Kleist den nur auf die ersten Handlungsteile zutreffenden ursprünglichen Titel ›Jeronimo und Josephe. Eine Szene aus dem Erdbeben zu Chili, vom Jahre 1647‹[50] umwandelte in den allgemeineren und mehr fassenden Titel ›Das Erdbeben in Chili‹.

Die Gestalt des Helden erhält nicht nur durch seine Handlungen, sondern auch durch eine bis ins einzelne angewandte Kontrasttechnik Kontur. In kontrapunktischer Entsprechung zur Raserei anonymer »Stimmen«, zur Entmenschlichung einer sich in der Masse auflösenden Menschheit, wird der verzweifelte Kampf Don Fernandos um seine Identität thematisiert:[51] »ich bin Don Fernando Ormez, Sohn des Kommandanten der Stadt, den ihr alle kennt«. Man kennt ihn so wenig wie man den ähnlich um seine Identität kämpfenden Amphitryon erkennt. Angsterfüllt überfliegt er die versammelte Gemeinde, »ob nicht einer sei, der ihn kenne«. Josephe versichert: »dieser junge Herr ist Don Fernando Ormez, Sohn des Kommandanten der Stadt, den ihr alle kennt!« usw. Gerade daß er anonym bleibt

---

noch ausgeführt hatte, rief schon *eine Stimme,* des Chorherrn Predigt laut unterbrechend, aus: Weichet fern hinweg, ihr Bürger von St. Jago, hier stehen diese gottlosen Menschen! Und als *eine andere Stimme* schreckenvoll, indessen sich ein weiter Kreis des Entsetzens um sie bildete, fragte: wo?...« (II,156); »...Er ist der Vater! schrie *eine Stimme;* und: er ist Jeronimo Rugera! *eine andere;* und: sie sind die gotteslästerlichen Menschen! *eine dritte;* und: steinigt sie! steinigt sie! die ganze im Tempel Jesu versammelte Christenheit!« (II,157); »...Da nun Don Alonzo, welcher Josephen sehr genau kannte, mit der Antwort zauderte, und *mehrere Stimmen,* dadurch von neuem zur Wut entflammt, riefen: sie ists, sie ists!...« (II,157); »...Doch kaum waren sie auf den von Menschen gleichfalls erfüllten Vorplatz derselben (der Kirche) getreten, als *eine Stimme* aus dem rasenden Haufen, der sie verfolgt hatte, rief: dies ist Jeronimo Rugera, ihr Bürger, denn ich bin sein eigner Vater! und ihn an Donna Constanzens Seite mit einem ungeheuren Keulenschlage zu Boden streckte. Jesus Maria! rief Donna Constanze, und floh zu ihrem Schwager; doch: Klostermetze! *erscholl es* schon, mit einem zweiten Keulenschlage, von einer andern Seite, der sie leblos neben Jeronimo niederwarf.« (II,157 f.).

49 Vgl. S. 97.
50 So der Titel des Erstdrucks in Cottas ›Morgenblatt für gebildete Stände‹, Nr. 217–221, 10.–15. September 1807.
51 Hierzu und zum Folgenden II,156.

und nicht das Gewicht seines Namens und seines Standes einsetzen kann, fordert seine Bewährung als Mensch ganz, und nur dies macht sie vollkommen. Umgekehrt entläßt die Anonymität der demagogisch erregten Menge nur Unmenschen. Weiter vervollständigt sich Don Fernandos Kontur durch das Gegenbild eines »Marine-Offiziers von bedeutendem Rang« namens Don Alonzo. Kleist läßt ihn auftreten in der Sekunde höchster Not, und es ist von unnachahmlicher Kunst, wie er sein Versagen trotz seines bekannten Namens und »Rangs« charakterisiert. Es wird nicht gesagt, Don Alonzo habe nicht geholfen, er sei beiseitegestanden oder feige verschwunden – er ist nur plötzlich nicht mehr da. Nach der Katastrophe heißt es:[52] »Der Marine-Offizier fand sich wieder bei ihm ein, suchte ihn zu trösten, und versicherte ihm, daß seine Untätigkeit bei diesem Unglück, obschon durch mehrere Umstände gerechtfertigt, ihn reue; doch Don Fernando sagte, daß ihm nichts vorzuwerfen sei, und bat ihn nur, die Leichname jetzt fortschaffen zu helfen.« Schließlich ist da noch jene andere Kontrastfigur des »satanischen« Meisters Pedrillo. Ein Geflecht also von Beziehungen, die aus dem Schlußteil ein komplex durchkomponiertes, aber in keinem Moment sich verselbständigendes Ganzes machen. Dies ist nicht nur in der für die Zeit unerhörten Dichte und Konzentration[53] begründet, die aus einer modern anmutenden Abneigung gegen das bloße Geschichten-Erzählen lebt. Die Faszination dieses Ideal-Schlusses liegt darin, daß er im Rhythmus des menschlichen Untergangs auch den inneren Aufgang eines Menschen[54] darstellt – ein wahres »Erdbeben«.

---

[52] II,158.
[53] Ein zeitgenössischer Rezensent bemerkte 1810, das ›Erdbeben‹ sei »zu skizzenhaft behandelt«! (Sembdner, Lebensspuren Nr. 374).
[54] W. Kayser, Kleist als Erzähler, S. 233, behauptet von seinem Ansatz der Standpunktlosigkeit des Erzählers Kleist her: »D. Fernando ist lediglich Nebenfigur und der Erzähler ist nur in diesem Augenblick von seinem Verhalten beeindruckt.« »Nur in diesem Augenblick« – es ist allerdings der entscheidende Augenblick! Die Analyse S. 97 hat darüber hinaus erwiesen, daß dieser Augenblick und damit die entsprechende Wertung Don Fernandos eine längere und konsequente Vorbereitung erfährt. Es ist ein Grundmangel der sonst anregungsreichen Abhandlung Kaysers, daß sie das Problem des Erzählerstandpunktes mit dem Problem der Wertung so verquickt, als ob es dem Erzähler nicht möglich sei, sich der perspektivischen Bedingtheiten seiner Aussagen bewußt zu sein (vgl. hierzu S. 217 dieser Arbeit) und dennoch einen Standpunkt einzunehmen.

2. Dialektische Komposition

Bei aller final gerichteten Dynamik hat Kleist in seinen Dichtungen eine feste Architektur szenischer Verhältnisse geschaffen. Durch szenisch begründete Proportionen wird die Komposition selbst zum Bedeutungsträger. Parallel-Anordnungen, Spiegelungen und Umkehrungen probieren mit systematischer Energie das Mögliche innerhalb eines meistens durch Kampf- und Prozeßsituationen genau definierten Spiel-Raums aus. Die Allgegenwärtigkeit des Prozesses bei Kleist, ebenso seine Vorliebe für den Kampf, besonders für den Zweikampf, ist ja nicht bloß dramatische und analytische Manier, mit deren formaler Charakterisierung man sich zufrieden geben könnte. Der alles mobilisierende Reaktionsmechanismus des Kampfes und der Prozeß als radikales In-die-Enge-Treiben des Menschen sind für den Dichter besonders streng auf Erkenntnis gerichtete Experimentierformen. Als Prüfungs- und Bewährungssituationen müssen sie ihrer Natur nach alles hervortreiben an Kräften, Eigenarten, Tatbeständen. Die Erkenntnis des Wahren wird so auch zur Erkenntnis des Verborgenen. Dazu gehört das plötzliche Wahrnehmen verschütteter menschlicher Möglichkeiten. Gerade die Entdeckung einer tieferen Schicht im Menschen ist eines von Kleists großen Themen. Dies beweist die jäh einsetzende Bewährung Don Fernandos, Amphitryons plötzliches Lernen der Liebeslektion, der ungeheuerliche Schub, der den Kohlhaas ergreift, und die Wandlung des Prinzen von Homburg, dem sich eine neue und doch ihm erst ganz gemäße Dimension eröffnet.

Die szenischen Verhältnisse sind vor allem dialektisch konstruiert, nicht nur als Gegenüberstellung dramatischer Welt und Gegenwelt, sondern auch der inneren Anlage nach. Kleist hat dies so sehr zu seinem Verfahren ausgebildet, daß man von einem feststehenden Schema Szene : Gegenszene sprechen kann, das im einzelnen allerdings reiche Variationsmöglichkeiten bietet, nicht unähnlich denen des Dialogs. Es gibt Gegenszenen, die der Szene antworten, und andere, welche die Antwort versagen; Parallel-Szenen und spiegelbildliche Umkehrungen. Ein präzis anordnendes Denken sucht also die Variation gegebener Grundkonstellationen, statt immer neue Szenen-Entwürfe aneinander zu fügen. Es ist Kleists Tendenz, einen einmal gewählten Bereich als feststehenden Versuchsrahmen konsequent bis zum äußersten zu füllen und innere Totalität zu erzeugen. Was die Fabel dadurch an Buntheit einbüßt, das gewinnt das Werk an systematischer Dichte und Geschlossenheit.

2.1. Die Schematik der gegenszenischen Komposition in der ›Familie Schroffenstein‹

Das Erstlingswerk hält die gegenszenische Komposition streng schematisch durch.[1] Sie entbehrt noch weitgehend der individuellen szenischen Valeurs der späteren Dichtungen. Ist im einen der beiden miteinander verfeindeten Bruderhäuser, in Rossitz, der Bruder mörderischem Mißtrauen verfallen und seine Frau um Beilegung des Zwists bemüht, so sucht in Warwand der Bruder Vernunft und Menschlichkeit zum Siege zu führen, während seine Frau ihren krankhaften und unbegründeten Verdächtigungen freien Lauf läßt. Nach der beiderseitigen Beschuldigung wegen angeblichen Kindesmordes wird in Warwand der Herold aus Rossitz ermordet, in Rossitz der Abgesandte Warwands. Dann folgt das nächtliche Kriegsaufgebot auf beiden Seiten. Vor der Katastrophe steht ein Resümee des Gleichstands:[2]

> ... Denn es liegt alles
> Auf beiden Seiten gleich, bis selbst auf die
> Umstände noch der Tat. Du fandst Verdächtge
> Bei deinem toten Kinde, so in Warwand;
> Du hiebst sie nieder, so in Warwand; sie
> Gestanden Falsches, so in Warwand ...

Endlich kommt es zur beiderseitigen Ermordung der Kinder. Daß diese Kinder sich lieben, ist die einzige positive Gegenseitigkeit.

2.2. »Natur« und »Kunst« in symbolischen Gegenszenen

Die Rossitz- und Warwand-Handlungen laufen zunächst inhaltlich parallel, aber notwendig mit szenischer Konsequenz. Diese wird durch die Gleichheit des szenischen Rahmens noch unterstrichen. Warwand ist ebenso ein Schloß wie Rossitz, und schon in seinem ersten Werk bringt Kleist das Schloß als Szene des eingemauerten Mißtrauens, des unnatürlichen Zwanges, voller Angst-Räume wie Gänge, Türme, unentrinnbarer Höfe, in wirkungsvollen Kontrast zur fernabliegenden Naturszenerie, wo sich

---

[1] Schon Joseph Görres, Korruskationen, Aurora, München, 12. Oktober 1804, weist auf die »große architektonische Regularität in dem Stücke; wie zwei Säulenordnungen stehen die beiden Familien einander gegenüber...« (Sembdner, Lebensspuren, Nr. 135); und Otto Ludwig spricht in seinen ›Dramatischen Studien‹ 1840–1860, von der »grellen Symmetrie« in der Katastrophe der Schroffensteiner (Sembdner, Nachruhm, Nr. 328, S. 293).
[2] V. 1944–1949.

die Liebenden treffen. Diese Entgegensetzung von Bereichen künstlicher Enge und naturhafter menschlicher Freiheit bleibt ein durchgehendes, nur immer mehr verfeinertes Mittel szenischen Ausdrucks bis hin zum Homburg-Drama.

Den szenischen Entgegensetzungen der späteren Werke verleiht Kleist mehr atmosphärische Dichte.[3] Der symbolische Zug tritt lebendiger und zugleich ohne Aufdringlichkeit hervor. So konzentriert sich im ›Käthchen von Heilbronn‹ die Käthchen-Handlung im wesentlichen auf Naturszenen, die Kunigunden-Handlung dagegen auf Schloß-Szenen. Käthchen vor dem Schloß unter dem Holunderbusch träumend (IV,2), Kunigunde im Schloß bei der Toilette, ihre falschen Reize montierend (V,4) – das ist der Gegensatz in seiner eindringlichsten Form. Die Differenzierungen sind vielfältig. Wenn Kunigunde im Naturbereich erscheint, so nur, um ihre Unnatur zu verraten. In der Grottenszene (Garten – Grotte, IV,5 und IV,6) enthüllt sie ihre ganze Häßlichkeit. Umgekehrt erleidet Käthchen auf Schloß Thurneck das Schlimmste (III,6).[4] Mehrere Szenen stellen Käthchen in der reinen Natur dar. Nach dem Abschied vom Grafen befindet sie sich auf dem Weg in die Weltabgeschiedenheit eines Klosters, die Szene ist »Gebirg und Wald. Eine Einsiedelei« (III,1); in IV,1 eilt sie dem Grafen vom Strahl durch eine »Gegend im Gebirg« nach, die nach demselben wilden Urzustand, »mit Wasserfällen«, konzipiert ist, der auch die von Johann geschilderte erste Begegnung mit Agnes von Schroffenstein (I,1; V. 239 ff.) umgibt. Die reine Natur und die echte Liebe gehören zusammen. In der ›Familie Schroffenstein‹ findet die entscheidende Begegnung zwischen Ottokar und Agnes ebenfalls in einer »Gegend im Gebirge« statt (III,1), mit einer Höhle und vor allem mit einer Quelle. Es handelt sich also um Reflexe des zeitgenössischen Kults der Schweiz als eines natürlichen Ursprungsbereichs. Noch kurz vor dem glücklich erlösenden Ende flüchtet Käthchen vor den Nachstellungen der Giftmischerin Kunigunde aus deren feindlich-künstlicher Welt in »das Innere einer Höhle mit der Aussicht auf eine Landschaft« (Szenen-Anweisung zu V. 10).

Das ›Erdbeben‹ variiert dieses Schema. Wie im Erstlingsdrama finden sich die Liebenden, Josephe und Jeronimo, in einer Natur, die ganz idyllisch gemalt ist, nun allerdings mit dem narkotischen Zauber südlicher Üppigkeit als dem vollkommenen Gegenbild exotisch intensiver Schrecknisse. Die gesellschaftliche Gegenwelt in dieser Erzählung ist vor allem die Kirche mit ihren inquisitorischen Greueln und der mörderischen Hysterie einer

---

[3] Notwendig ausgenommen bleiben die Dichtungen mit nur einer Szene: ›Amphitryon‹, ›Der zerbrochne Krug‹, bis zu einem gewissen Grad auch die ›Hermannsschlacht‹.

[4] Vgl. S. 64.

fromm erbauten Gemeinde. Wie die Natur und die Harmonie der Liebe in dem friedlichen »Tal von Eden« ihre szenische Verdichtung erhält, so die Pervertierung der menschlichen Gefühle durch den Kirchenraum, wo sich die zur Katastrophe führenden Energien ungeheuer ballen und entladen – bis schließlich der Anführer der fanatisierten Menge ein Kind, Inbegriff unschuldiger Natur, »an eines Kirchpfeilers Ecke«[5] zerschmettert. Einer Szene der freien Natur, des Friedens, der Liebe und des Glücks antwortet also eine Gegenszene institutionell pervertierter Moral, des Hasses und des Kampfes. Die nicht zufällig dem Inquisitoren-Orden der Dominikaner gehörende Kirche, in der die Katastrophe hereinbricht, erinnert an die Schloßkapelle am Beginn der ›Familie Schroffenstein‹, wo nach der Zelebration einer der Rache gewidmeten Teufelsmesse die Entartung aller Gefühle ihren Gipfel erreicht in Ruperts Ausruf: »... nichts mehr von Natur ...«[6] Wie bewußt zu dieser Szene der Unnatur die Liebesbegegnung zwischen Ottokar und Agnes in der freien Natur als Gegenszene komponiert ist, zeigen die zentralen symbolischen Handlungen. Während in der Anfangsszene die Mitglieder des zum Bösen aufgehetzten Hauses Rossitz auf die Hostie Rache schwören und damit das versöhnende Abendmahl in sein Gegenteil verkehren, erhält Agnes von Ottokar reines Wasser aus der Quelle geschöpft: ein Abendmahl der Natur und der versöhnenden Liebe.

Besonders am Beispiel des ›Homburg‹, wo auf eine höchst charakteristische Weise Garten- und Schloß- sowie Gefängnisszenen wechseln, wird noch zu sehen sein, wie Kleist in seinen letzten Werken die Naturszenen mit Szenen der Gegenwelt nicht nur konfrontiert, sondern in eine dialektische Spannung bringt, die zu einer Synthese auf höherer Ebene führt. Diese Synthese ist virtuell schon immer da. Ihr vollkommener Ausdruck ist wieder das Schloß, aber nun das vom Glanz einer Überwelt umflutete Schloß, zu dem als Himmelsleiter eine Rampe hinaufführt und dessen Portal wie eine Pforte des Paradieses erscheint, die sich dem von allem Leiden Erlösten öffnet. Dies ist eine immer wiederkehrende Grundvorstellung Kleists.[7] Unter dem Aspekt eines solchen Zieles, das mit allen Mitteln szenisch ausgestaltet wird, erhalten die Naturszenen den Charakter elegischer Rückwendungen zum Naiven. Meistens kennzeichnen sie Flucht- und Ausnahme-Situationen. Insofern kommt ihnen nicht die Bedeutung von Idealbildern und von definitiven Antworten zu, auch wenn sie Gegenbilder zur Szene gesellschaftlicher Verdorbenheit sind. Der Aufsatz über das Marionettentheater bezeugt, daß Kleist ebenso wie Schiller

---

[5] II,158.
[6] V.42.
[7] Vgl. hierzu zusammenfassend F. Koch, Heinrich von Kleist, S. 168 f.

den naiven Ursprungszustand als endgültig verloren ansieht und in ihm nur ein Mittel der Zielbestimmung erkennt. Der Idealzustand, der sich über der schlechten Gegenwart erheben soll, ist auch für ihn nur mit den Kräften des Bewußtseins zu erstreben. Nicht weniger als das »Gefühl« gehört die »Natur« in den Bereich von Traum und wunschträumendem Märchen. Das Thema »Kleist und Rousseau« verkürzt sich demnach nicht auf die Feststellung einer schlichten Anhängerschaft und einer bloßen Rückwärtswendung des Dichters. Wenn er gesellschaftliche Zukunft im Namen und mit den Daten einer »Natur« fordert, die sich nur in einfachen individuellen Urverhältnissen darstellt, so ist dies nicht als soziologisches Rezept, sondern als dichterischer Appell zu verstehen.

2.3. Der Übergang zur dialektischen Struktur in der gegenszenischen Komposition: ›Penthesilea‹

Die Entgegensetzung der Naturszenen zu Szenen einer künstlich entfremdeten und verschlossenen Ordnung zeigt, wie Kleist seine geistige Welt in szenische Konstellation überträgt. Daß es sich über alle szenische Symbolik hinaus um ein allgemeineres Verfahren handelt, dafür sind schon die erörterten reziproken Elemente im Aufbau des Erstlingsdramas ein deutlicher Beweis. Die Schematik der Durchführung verrät noch den frühen dramaturgischen Versuch. In der Penthesilea-Tragödie folgt Kleist demselben Grundmuster, aber mit der Elastizität einer vollen künstlerischen Verfügungsgewalt. Die ›Penthesilea‹ ist neben dem ›Zerbrochnen Krug‹ das einzige Drama, das nicht in Akte eingeteilt ist, also nicht wie der ›Amphitryon‹ dem Dreierschema oder wie die übrigen Stücke dem klassischen Fünferschema folgt. Ihre Handlungsmassen – als dramatisches Gegenstück der Ilias hat sie nicht zufällig 24 Auftritte – ordnen sich aber so entschieden nach den inneren Gesetzen des überlieferten Dramentypus, daß sich die Konturen von fünf Akten ergeben, ohne ausdrücklich eingezeichnet zu sein. Die ersten vier Auftritte bilden eine Einheit als Exposition. Sie konturieren kunstvoll die beiden Hauptgestalten aus der Sicht anderer, um schließlich mit dem Erscheinen Achills in die offene Handlung einzumünden; die Szene ist das Lager der Griechen. Ebenfalls vier Auftritte (5–8) umfaßt der zweite »Akt«. Er spielt im Lager der Amazonen und beginnt mit dem so lange erwarteten und wirkungsvoll verzögerten Auftritt Penthesileas. Die ersten beiden Handlungsteile sind also einander szenisch entgegengesetzt: Welt der Griechen – Welt der Amazonen; und dem entspricht das Auftreten der beiden Hauptgestalten. Die Begegnung beider Welten bringt der dritte »Akt« (9.–14. Auftritt). Er führt zu fortschreitender Annäherung, um in der Euphorie Penthesileas und im Hymen-Lied zu gipfeln. Umgekehrt führt der vierte Hauptteil (15.–20. Auftritt), der klassische Ort der tragischen Peripetie, von der hohen Schwebestufe der Liebesszene zwischen Achill und Penthesilea in einem steilen, gestuften Absturz (16., 17., 18. Auftritt) bis hinab zu Penthesileas furchtbarer Reaktion auf Achills scheinbar ernstgemeinte Herausforderung. Wie der dritte Hauptteil, so endet dieser vierte mit einem Schauspiel wahnhafter Verblendung. Dem glückverheißenden Hymen-Lied am Ende des dritten »Aktes« entspricht am Ende des vierten das Rollen des Donners, der das Unheil ankündigt. Der fünfte Hauptteil schließlich (21.–24. Auftritt) ist ganz Katastrophe, Untergang Achills und – in der Steigerung zum inneren Ruin – Untergang Penthesileas. Die Handlungsführung ist also im ganzen monumental einfach – darüber darf das kämpferische Hin- und Herwogen nicht hinwegtäuschen. Sie ist Abbild der elementaren Anziehungskraft, die Achill und Penthesilea in der Doppelheit von Kampf und Liebe aufeinander ausüben, Abbild auch der Entgegensetzung zweier Welten, der griechischen und der amazonischen, die doch gleich reagieren, weil jeweils ein großer Einzelner aus ihrem Gemeinschaftsbereich ausbricht.

Die szenische Binnenstruktur ist ebenso wie die Gesamtstruktur von diesen antithetischen und zugleich parallelen Grundgegebenheiten bestimmt. Als Grundpfeiler des dramatischen Gebäudes setzen die ersten beiden großen Handlungseinheiten nicht nur im ganzen die Welt der Griechen und diejenige der Amazonen sowie die Protagonisten Achill und Penthesilea einander entgegen. Sie bauen auch zentral wichtige Szenen als genaue Gegenstücke. Jeweils der dritte Auftritt der beiden aktähnlichen Handlungseinheiten (also der 3. und der 7. Auftritt) ist nach dem Schema: Szene – Gegenszene angelegt. Die Teichoskopie der Griechen im 3. Auftritt vergegenwärtigt den ersten großen Kampf zwischen Achill und Penthesilea, in dem der von der Übermacht verfolgte griechische Held durch List siegt; die Teichoskopie der Amazonen im 7. Auftritt spiegelt das zweite Treffen wider, in dem er durch seine Kraft die Oberhand behält (der genaue Verlauf wird im 8. Auftritt berichtet). Beide Teichoskopien dienen dazu, die Helden ganz als Exponenten ihrer Welt darzustellen; sie von beiden Seiten her, von der griechischen und der amazonischen, in intensives Licht zu tauchen; sie zu der Übergröße emporzuheben, die sie, wenn nicht ebenbürtig, so doch als Gegner erscheinen läßt, die einander einzig würdig sind, »wie zwei Sterne«.[8] Achill erscheint in beiden Kampfszenen geradezu als Helios. Damit wird er zugleich zum Symbol für Penthesileas Streben nach dem Unmöglichen. Dieses Streben artikuliert sich

---

[8] V. 1080.

alsbald zu Beginn der dritten großen Handlungseinheit: im 9. Auftritt faßt die im Kampf unterlegene Amazonenkönigin den offensichtlich nicht ausführbaren Vorsatz, Achill doch noch zu besiegen – und wird nach einem langen Blick in die Sonne ohnmächtig.[9] Die beiden Parallelszenen, die Achill als den sowohl durch List wie durch Kraft Überlegenen zeigen, drängen zu der Konsequenz, daß er, der Listige, nur als scheinbar Unterlegener Penthesilea gewinnen kann. So ergibt sich die ganze weitere Handlung. Schon die erste Kampfszene, wo die heftig verfolgende Penthesilea sich mit ihrem Gespann überschlägt, als Achill zur taktischen List Zuflucht nimmt, deutet zeichenhaft auf die Katastrophe voraus.

Ähnlich parallel angelegt sind die Auftritte 4 und 5, d. h. der letzte Auftritt des ersten und der erste Auftritt des zweiten »Aktes«. Lassen die beiden als Gegenszenen konstruierten Teichoskopien Achill und Penthesilea indirekt Gestalt gewinnen, so treten hier die beiden Helden jeweils zum ersten Mal selbst offen in Erscheinung. Einem Szenenpaar indirekter Darstellung entspricht demnach ein Szenenpaar mit direkter Darstellung. Kleist hat diese beiden unmittelbareren Szenen auch unmittelbar nebeneinandergerückt, und so, daß zuerst Achill und dann die eigentliche Hauptgestalt, Penthesilea, auf die Bühne kommt: Alles dient der Konzentration und der Steigerung zum Monumentalen.[10] Im einzelnen bedarf es nur weniger Hinweise auf die Parallel-Konstruktion. Beide Auftritte leben aus einer doppelten Spannung: aus dem aufbrechenden Konflikt mit der eigenen Gemeinschaft und aus der Erwartung des geliebten Gegners. So tritt Achill vor die Griechen, Penthesilea vor die Amazonen; beide geben ihrer erwachten Liebes- und Jagdleidenschaft Ausdruck, beide auch ihrer Distanz zum Anliegen des eigenen Volks, in dem Augenblick, wo das persönliche Gefühl sich ihrer ganz bemächtigt. Gerade durch die Parallelität aber werden auch die Unterschiede zwischen beiden herausgearbeitet: zwischen dem zur freien Entscheidung fähigen Mann und der von vornherein zwanghaft verstrickten Frau. Während Achill den Anspruch der Griechen auf Fortführung des Krieges gegen Troja selbstbewußt und brüsk abweist,[11] versucht die Amazone ihre eigentlichen Beweggründe zu verdrängen (»Denk ich bloß mich, sinds meine Wünsche bloß...«[12]) und

---

[9] Zur Helios-Metaphorik vgl. vor allem V. 1320–1390.
[10] Der Auftritt Achills ist bis zur Schlußpassage, wo er die Entscheidung kundtut, eher ein Nicht-Auftritt zu nennen: so sehr überhört und übersieht der ganz von seiner Leidenschaft zu Penthesilea eingenommene Held die ihn umringenden und auf ihn einredenden Griechen – so sehr aber auch überragt er sie. Wie sein Nicht-Erscheinen während der ersten drei Auftritte, so dient also auch sein Nicht-Reden, nachdem er aufgetreten ist, der Emporhebung seiner Gestalt ins Monumentale.
[11] V. 587 ff.   [12] V. 682 ff.

ihre Leidenschaft gar mit der Staatsräson ihres Volkes zu identifizieren. Achill hat es leicht und wiegt deshalb auch soviel leichter im Geschehen; Penthesilea gerät sogleich in den schweren Konflikt, der sie zur tragischen Heldin werden läßt. Achill verkörpert eine klare und unproblematische Leidenschaft – auch insofern ist die hyperbolische Gleichsetzung mit Helios treffend; Penthesileas Leidenschaft ist eine schmerzlich-stürmische Zerrissenheit, tragisches Leiden. Nicht zuletzt solcher Kristallisation der Unterschiede und damit der Konturierung des jeweils Besonderen und Eigenen dienen die Parallelszenen.

Schließlich kommt es vor Achill zur Ankündigung der kampfbereiten Penthesilea und umgekehrt vor Penthesilea zur Ankündigung Achills, und die Griechen versuchen ebenso umsonst ihren Helden zurückzuhalten wie die Amazonen ihre Königin. Wie sehr Kleist den bloßen äußeren Verlauf zugunsten konstruktiver Absichten vernachlässigt, erhellt daraus, daß die beiden als Gegenszenen gestalteten Auftritte in realer Handlungszeit nicht aufeinander folgen, sondern nur gleichzeitig stattfinden können. Wenn Achill die Ankündigung Penthesileas hört und deshalb in den Kampf aufbricht, so kann Penthesilea nicht noch eine große Auseinandersetzung mit den Ihren durchfechten und diese gar erst bei der Ankündigung von Achills Nahen beenden.[13] Kleist hat also simultanes Geschehen in die Darstellungsform eines zeitlichen Nacheinanders übertragen, um das Verhältnis Achills und Penthesileas zu ihrem Volk und die besondere Art ihrer leidenschaftlichen Betroffenheit durch die Technik der Gegenbilder ins Licht zu rücken und voneinander abzuheben. Diese Verfahrensweise, die sich vor allem aus Kleists Streben nach exakt herausexperimentierten Sachverhalten erklärt, entspricht zugleich seiner Tendenz zum malerischen Kontrast. Nicht zufällig gebraucht er selbst den Begriff der »Folie«.[14] So dienen Szene und Gegenszene einander als Folie.

Daß in der ›Penthesilea‹ die mehrfache Gestaltung von Parallelszenen und Gegenszenen aus der inneren Struktur der Handlung entspringt, als Ausdruck einer Gegen-seitigkeit der Leidenschaften, das zeigen auch Szenen, die zwar nicht als Gegenstücke zu anderen Szenen konstruiert sind, aber in sich selbst, in Dialog und Gestik, den gegenszenischen Parallelismus ausbilden. Sie enthalten dieses Strukturprinzip in einem gleichsam noch nicht voll entfalteten Zustand. Als sich Achill und Penthesilea kurz vor der Katastrophe entscheiden müssen, wer von beiden sich dem andern gefangen geben soll, macht sich in ihnen noch einmal zerstörerisch das

---

13 Der beiderseitige Aufbruch führt zu dem im 7. Auftritt teichoskopisch dargestellten Zweikampf.
14 Vgl. ›Penthesilea‹, V. 1042.

Eigene, die Gebundenheit an den Herkunftsbereich geltend. Ganz parallel laufen die Anstrengungen, den geliebten Menschen in die eigene Heimat mitzuziehn:[15]

> Penthesilea. O Neridensohn!
> Du willst mir nicht nach Themiscyra *folgen?*
> Du willst mir nicht zu jenem Tempel *folgen,*
> Der aus den fernen Eichenwipfeln ragt?
> Komm her, ich sagte dir noch alles nicht –
> Achilles nun völlig gerüstet, tritt vor sie und reicht ihr die Hand.
> Nach Phtia, Kön'gin.
> Penthesilea. O! – Nach Themiscyra!
> O! Freund! Nach Themiscyra, sag ich dir,
> Wo Dianas Tempel aus den Eichen ragt!
> Und wenn der Sel'gen Sitz in Phtia wäre,
> Doch, doch, o Freund! nach Themiscyra noch,
> Wo Dianas Tempel aus den Wipfeln ragt!
> Achilles indem er sie aufhebt.
> So mußt du mir vergeben, Teuerste;
> Ich bau dir solchen Tempel bei mir auf.

Der achtzehnte Auftritt bringt eine pantomimische Steigerung. Von Achill heißt es:[16] »Er will die Königin mit sich fortziehen«, von Penthesilea: »ihn nach sich ziehend«. Bis in den Wortlaut der Regie-Anweisungen hinein also erstreckt sich der Parallelismus. Und noch ein letztes Mal versucht sie es:[17] »Du *folgst* mir nicht? *Folgst* nicht?« Auf den Begriff des »Folgens« konzentriert sich durchgehend dieses nicht vereinigende, sondern trennende Bemühen.[18] Die beiden kurzen Auftritte sind von tiefer Bedeutung, denn alsbald zeigt sich, daß die in der Entgegensetzung gleiche Haltung der Hauptgestalten von beiden – erneute Parallele – überwunden wird. Es kommt zur Überwindung des Ichs, soweit es konventionell gebunden

---

[15] V. 2280–2292.
[16] Nach V. 2294.
[17] V. 2295.
[18] Unmittelbar vor dem Tod Penthesileas klingt das Motiv des Folgens noch einmal auf, in entscheidender und abschließender Weise. Die Amazonenkönigin löst sich vom Amazonentum mit den Worten: »Ich sage vom Gesetz der Fraun mich los, / Und *folge* diesem Jüngling hier« (V. 3012 f.). Im Tode also »folgt« sie dem Achill und sagt sie sich vom Amazonischen los – wie sie sich losgesagt hätte, wenn sie früher dem Lebenden gefolgt wäre. Die im 17. und 18. Auftritt mit höchster Heftigkeit aufbrechende Problematik findet hier, am Ende, ihre Lösung. Dieser Lösungscharakter des Endes darf über dem tragischen Zu spät nicht vergessen werden.

ist, durch die Liebe. Erst in dieser Selbstüberwindung erweisen sich Achill und Penthesilea als große Liebende. Als die von den Amazonen befreite Penthesilea ihre Befreiung verflucht und sich in griechische Gefangenschaft zurückwünscht,[19] tut sie innerlich den Schritt, der ihr kurz vorher noch unmöglich schien. Und ebenso wandelt sich Achill. Er, dessen Sinn zuerst nur auf Erjagen und Besiegen der geliebten Beute geht, auf leidenschaftliches Unterwerfen, er beschließt nun,[20] sich selbst besiegen zu lassen. Das schmerzliche Zu spät in Penthesileas entscheidendem seelischen Durchbruch – der einer unausgesprochenen Lösung vom Gesetz des Amazonenstaats gleichkommt – und Achills mißverständliche Herausforderung zum Kampf, in dem er sich doch nur, und ebenfalls zu spät, ergeben will, machen die Katastrophe vollkommen tragisch. Wenn sich Penthesilea erst durch die Katastrophe selbst vom Amazonischen lösen könnte, dann wäre dies gleichbedeutend mit einem Drama mangelnder Seelengröße oder einer naturalistischen Omnipotenz der gesellschaftlichen Umwelt. So aber wird das große Individuum, indem es über die falschen Zwänge siegt und sich von ihnen befreit, von den nicht mehr aufholbaren Auswirkungen dieser Zwänge wie von einer zurückschlagenden Woge noch einmal ergriffen und zerschmettert. Der Zeitfaktor also, den Kleist mit soviel Präzision ins Spiel bringt, ist ein Grundelement seiner Tragödie.[21] Deutlicher noch als bei der Heldin wird das tragische Zu spät an Achill. Während er nach dem Sieg über Penthesilea zwar für eine glückliche Stunde in den Trug willigt, als sei er ihr Gefangener, dann aber doch Penthesilea als Gefangene mit sich ziehn möchte, entschließt er sich nach der Trennung erst zu dem entscheidenden Schritt: sich ihr in einem Scheinkampf zu ergeben. Bestimmend für seine wie für Penthesileas tragische »Verspätung« ist nicht eine Schuld, sondern die Zeit, die der seelische Prozeß bis zum Stadium der vollendeten Liebe notwendig braucht – bis das Ich mit all seinen Ansprüchen sich selbst aufgibt, um dem Du zu gehören. Insofern ist Kleists ›Penthesilea‹ nicht nur eine Tragödie des Zusammenstoßes von Ich und falscher Ordnung, sondern auch ein Seelendrama der Liebe mit einer großen inneren Entwicklung. Die von beiden Hauptgestalten erreichte innere Vollendung erklärt Penthesileas seltsames, mitten in der Selbstvernichtung ge-

---

[19] 19. Auftritt, V. 2298 ff.
[20] 21. Auftritt.
[21] W. Müller-Seidel, Versehen und Erkennen, S. 175–178, hebt zu Recht den Aspekt des zu späten *Erkennens* als eines Grundelements der Kleistschen Tragödie auch für die ›Penthesilea‹ hervor: Penthesilea erkennt zu spät, daß sie in einer falschen Ordnung steht. Dieser Aspekt bedarf aber der Ergänzung durch das oben dargelegte tragische Zu spät im zentralen Geschehen der *Liebe*. Die Erkenntnisproblematik ist ein Korrelat der »Vollendung der Liebe«.

sprochenes Wort von der »Hoffnung«.[22] Sie ist der Lichtstreif in der Finsternis der Katastrophe.

Beinahe zur Manier wird der Bau von Parallelszenen im 21. und 22. Auftritt. Beide Auftritte dienen (der 22. nur in seinem ersten Teil) der Retardation der Katastrophe, die dadurch um so größere Wucht erhält. Wie Achill im 21., so bricht Penthesilea im 22. Auftritt zum Kampf auf – sie in ihrer Verblendung zum tödlichen Ernst, während sich Achill nur gefangen geben will. Und wie die Griechen ihren Helden binden wollen, um ihn an der Ausführung seines Planes zu hindern, der offensichtlich auf wahnwitziger Täuschung über Penthesileas Absichten beruht, so versuchen die Amazonen ihre Königin zu fesseln, die »mit allen Zeichen des Wahnsinns« sich ebenfalls über die Absichten des geliebten Gegners täuscht. Gleich in der Entgegensetzung, und dies reicht hinter das Szenische zurück und gibt ihm seine Grundlage, sind sich die beiden in der Liebe zueinander. Denn Achills Entschluß, dessen ganze innere Tragweite sich an seinem zuallererst vorgetragenen Plan bemißt, der Gegnerin Penthesilea das Schicksal Hektors zu bereiten,[23] ist Ausdruck einer vollkommenen Liebe, und ebenso die Tat Penthesileas, denn nur aus unendlicher Liebesleidenschaft, wenn sie sich verhöhnt glaubt, entsteht solche Rachewut.

Mit Entschiedenheit gegenszenisch gestaltet sind die beiden nach Funktion und gegenseitiger Bezogenheit schon analysierten Prosopopoiien des großen Bogens:[24] der von Penthesilea mit allen szenischen Vorgängen berichtete erste Sturz des Bogens bei der Gründung des Amazonenreichs, und der zweite Sturz, der den Untergang besiegelt und den der Schlußauftritt direkt in Szene setzt. Als größtes Beispiel dieser im Sinne von Vorausdeutung und Erwartung einerseits und von Eintreffen und Erfüllung andererseits entworfenen Gegenszenen wird die Rahmenkonstruktion des Homburg zu erörtern sein.[25]

Schließlich hat Kleist wesentliche Teile seiner *Regie* gegenszenisch im eigentlichen Sinne des Wortes angelegt. Die Aufmerksamkeit des modernen Regisseurs kann sich deshalb nicht auf eine isolierte Behandlung der Regie-Anweisungen an ihrem jeweiligen Ort beschränken, sondern muß das antithetische Element spürbar machen. So ist die totale, in allen Ein-

---

[22] V. 3031.
[23] V. 610–615:   den Wagen dort
Nicht ehr zu meinen Freunden will ich lenken,
Ich schwörs, und Pergamos nicht wiedersehn,
Als bis ich sie zu meiner Braut gemacht,
Und sie, die Stirn bekränzt mit Todeswunden,
Kann durch die Straßen häuptlings mit mir schleifen.
[24] Vgl. S. 84.
[25] Vgl. S. 137 f.

zelheiten durch Regie-Anweisungen markierte Selbstentwaffnung Penthesileas, auf die der Tod allein durch »ein vernichtendes Gefühl«[26] folgt, eine szenische Gegenwendung zu der ebenso totalen Bewaffnung, mit der sie zur Vernichtung Achills losstürmt: mit Pfeil und Bogen, Hunden, Elefanten, unter rollendem Donner.[27]

2.4. Erzählerische Gegenbilder

Aus der Fülle der in die Erzählungen antithetisch eingeordneten Szenen können zwei Beispiele aus dem ›Kohlhaas‹ der kategorialen Erweiterung und Präzisierung dienen. Die farbige, mit einer Fülle individueller Züge ausgestattete Szene auf dem Marktplatz zu Jüterbock, wo die Kurfürsten von Sachsen und Brandenburg die rätselhafte Zigeunerin befragen und Kohlhaas mit der Kapsel seinen entscheidenden Trumpf in die Hand bekommt, wird zweimal dargestellt. Dabei erfährt das Schema der Parallel-Szene insofern eine Steigerung, als es sich nicht um die gleiche Strukturierung verschiedener Szenen, sondern um die doppelte Spiegelung einer und derselben Szene handelt. Das auf zwei Reflexionsebenen zugeschliffene Juwel virtuoser Erzählkunst erhält seinen Reiz durch den gegenperspektivischen Bericht: Einmal erzählt Kohlhaas den Hergang aus seinem Horizont, dann der Kurfürst von Sachsen aus dem seinigen.

Für die Denkform, aus der die dialektische Komposition erwächst, ist die Gegenüberstellung des sächsischen und des brandenburgischen Kurfürsten aufschlußreich. Ihr liegt eine parallele Konstellation in allen entscheidenden Einzelheiten zugrunde. Deshalb braucht der »Chronist« nicht zu werten, ja er kann falsche Wertungen geben: Das andere Verhalten des brandenburgischen Kurfürsten in der gleichen Situation macht das Tun des sächsischen Kurfürsten als Unrecht kenntlich. Das gesamte, erst nach dem Phöbusfragment entworfene Zweistaatenschema entspricht dem Gegenszenen-Schema, indem es durch Gleiches Vergleiche herausfordert, die zur Bestimmung des Verschiedenen führen. Die wechselseitige Erhellung von Szene und Gegenszene, die in diesem Fall nicht sosehr szenischen als allgemeinen Konstellationscharakter haben, konturiert die Gestalten der Handelnden zu Kontrastfiguren – hier zu den in einer langen Tradition stehenden Gegentypen von rex iustus und rex iniustus. Generell dient demnach die Gleichheit der Situation der Wahrnehmung des Besonderen an den Gestalten: die Umstände und »Zufälle« werden zur bloßen Folie.

---

26 V. 3027.
27 Vgl. die Regie-Anweisung nach V. 2419.

Schon die Werkstruktur widerspricht also jedem Versuch, Zufall und Schicksal zu entscheidenden Größen zu erheben. Gerade das Gegenteil ist richtig, und nicht zuletzt zu dessen Demonstration inszeniert Kleist Zufälle. Wohl steht er immer unter dem bedrohlichen Eindruck von Zufällen und vertrackten Situationen, aber seine Dichtungen ringen um den Spielraum der Freiheit, die dem Menschen zukommt, und sie behaupten ihn. Dies zeigen am Anfang die beiden Brüder Schroffenstein ebenso wie am Ende die beiden Kurfürsten.

2.5. Totalität der Durchführung und vollendete innere Dialektik: ›Homburg‹

Wenn das Erstlingsdrama das Schema von Szene und Gegenszene noch in mechanischer Manier durchführt, aber doch schon zum kompositorischen Prinzip erhebt, wenn es der ›Penthesilea‹ sehr weitgehend zugrunde liegt und die anderen Werke es immer wieder wenigstens in wichtigen Einzelteilen aufnehmen, so bietet der ›Homburg‹ den Höhepunkt und die Vollendung dieser Darstellungstechnik. Das letzte Drama ist am konsequentesten durchgestaltet: mit der Symmetrie des französischen Gartens, in dem der Prinz träumt, mit einer Eleganz, die alles Schematische aufhebt und nur die Poesie einer inneren Ausgewogenheit und einer vollkommenen Harmonie des Baus vermittelt. Das Telos der dialektischen Komposition ist hier erreicht. Oft betont und von Kleist selbst ausdrücklich als Regie-Anweisung formuliert wurde die Entsprechung des ersten und des letzten Bildes. Über der Schlußszene steht die Anweisung: »Schloß, mit der Rampe, die in den Garten hinabführt; *wie im ersten Akt. –* Es ist *wieder* Nacht.« Und wieder ist der Prinz von der ganzen kurfürstlichen Hofgesellschaft umgeben. Die letzte Szene aber vollzieht in der äußerlich parallelen Konstruktion die innere Umkehrung: Der Beginn des Stückes zeigt den Prinzen, der seinen Traum für Wirklichkeit nimmt und deshalb in die Kollision mit der Wirklichkeit treibt; am Schluß dagegen löst sich ihm die Wirklichkeit im Traumhaften auf [28] – obwohl es sich um die Verwirklichung seines ursprünglichen Traumes handelt und er nun tatsächlich erhält, was er anfangs erstrebt. Auch diese Umkehrung wird nicht nur im Dialog, sondern vor allem in jeweils einer ausführlichen Regie-Anweisung deutlich.[29]

[28] Vgl. S. 93 f.
[29] Die Regie-Anweisung im 1. Auftritt lautet (nach V. 64): »Der Kurfürst nimmt ihm den Kranz aus der Hand; der Prinz errötet und sieht ihn an. Der Kurfürst schlingt seine Halskette um den Kranz und gibt ihn der Prinzessin; der

Die Symmetrie reicht weiter. Wie die Randszenen, so entsprechen einander auch die zweite Szene des ersten Aktes und die erste Szene des letzten Akts. Nicht nur, daß die Szenen-Anweisung beide Male »Saal im Schloß« lautet; auch die Atmosphäre ist die gleiche: diejenige einer buntbewegten Militär- und Hofwelt. In der Paroleszene des ersten Aktes wird den zum Aufbruch in den Kampf bereitstehenden Offizieren der Schlachtplan diktiert, während die Damen auf ihre Evakuierung warten, umgekehrt dringen im 5. Akt die Militärs aus dem Feldquartier in die Welt des Schlosses ein, um unter gespannter Anteilnahme der »unter der Türe« erscheinenden Damen ihre Petition zugunsten des Prinzen vorzubringen. Beide Szenen sind Erörterungs- und Beratungsszenen. Das eine Mal wird der Plan für die bevorstehende Aktion festgelegt, das andere Mal um die Bewertung der nun zurückliegenden Handlung gerungen. Wichtig ist in den Randakten auch die Umkehrung im Verhältnis der jeweils zwei Szenen zueinander. Im ersten Akt geht die Entwicklung vom Bild des im Garten träumenden Prinzen über in die Welt einer lauten, fordernden und verwirrenden Wirklichkeit, im letzten Akt aus dieser Wirklichkeit in die wieder träumerische, aber nicht traumbefangene, sondern traumbeseligte Garten-, ja Blumenwelt des Prinzen, in der sich schließlich Traum und Wirklichkeit gegenseitig aufheben und versöhnen.

Nicht allein die Randszenen also, sondern *die Randakte im ganzen* sind von den äußeren szenischen Gegebenheiten bis in die inneren Bewegungen hinein symmetrisch gestaltet. Neu ist, daß Kleist sich nicht mehr darauf beschränkt, einzelne da und dort stehende Szenen in sprechende Relation zueinander zu setzen. Die Szenen bringen aufgrund ihrer Position im ganzen des Dramas diese Relation nun zugleich als übergreifende Struktur zur Erscheinung. Damit erhält die Komposition eine eigene Ausdruckskraft, sie wird zur aufschlußreichen Form. Umgekehrt erhält sie als gelungene Mimesis der dramatischen Bewegung eine innere Rechtfertigung, die sie als harmonische Konstruktion und nicht bloß als geschickte Anordnung überzeugend macht. Nach dem heftig und hart Arrangierten in der Komposition des Erstlingswerkes und nach den wohl kunstvollen, aber in ihrer Vereinzelung eher konstellationshaften Szenenverhältnissen der

---

Prinz steht lebhaft auf. Der Kurfürst weicht mit der Prinzessin, welche den Kranz erhebt, zurück; der Prinz mit ausgestreckten Armen, folgt ihr.« – Und die Regie-Anweisung im letzten Auftritt (nach V. 1851): »Der Kurfürst gibt den Kranz, an welchem die Kette hängt, der Prinzessin, nimmt sie bei der Hand und führt sie die Rampe herab. Herren und Damen folgen. Die Prinzessin tritt, umgeben von Fackeln, vor den Prinzen, welcher erstaunt aufsteht; setzt ihm den Kranz auf, hängt ihm die Kette um, und drückt seine Hand an ihr Herz. Der Prinz fällt in Ohnmacht.«

späteren Dramen bietet das letzte Werk ein Bild äußerster Vollkommenheit in der Totalität der Durchführung wie in der Eleganz der einzelnen szenischen Darstellung.

Die Durchführung ist vollständig, weil *dritter und vierter Akt* nach dem gleichen Szenen-Umkehrungsschema gebaut, d. h. im Verhältnis zueinander ebenso spiegelbildlich angelegt sind wie die beiden Randakte. Die erste Szene des dritten Aktes spielt im *Gefängnis.* Nach der Beendigung des Gesprächs mit Hohenzollern, in dem ihm der ganze Ernst der Lage erstmals bewußt wird, bricht der Prinz als verzweifelter Bittsteller ins *Schloß* auf. Die beiden ersten Szenen des vierten Aktes spielen, nur durch eine Zimmertür voneinander getrennt und also eng zusammengehörig, im *Schloß.* Von dort geht Natalie ins *Gefängnis,* um dem Prinzen die Nachricht von seiner Begnadigung zu überbringen. Über die Szenenordnung hinaus erscheint der vierte Akt in jeder Einzelheit als Replik des dritten Aktes:

III. Akt

A) (I. Szene): Gefängnis

    1. Auftritt: Großer Dialog
(Prinz–Hohenzollern)

    2. Auftritt: Aufbruch zum Schloß.

B) (II. Szene:) Schloß

    3. Auftritt: Stimmungsbild der Prinzessin – währenddessen Weg des Prinzen zum Schloß.

    4. Auftritt: Ankündigung der Ankunft des Prinzen.

    5. Auftritt: Großer Dialog
      a) Prinz–Kurfürstin
      b) Prinz–Natalie

IV. Akt

A) Schloß
    (I. Szene: Zimmer des Kurfürsten)

    1. Auftritt: Großer Dialog
(Prinzessin–Kurfürst)
(II. Szene: Zimmer der Prinzessin)

    2. Auftritt: Aufbruch zum Gefängnis.

B) (III. Szene:) Gefängnis

    3. Auftritt: Stimmungsbild des Prinzen – währenddessen Weg der Prinzessin zum Gefängnis.

    4. Auftritt: Ankündigung der Ankunft Nataliens.

    Großer Dialog

    Natalie–Prinz

Die Struktur des inneren Geschehens ist ähnlich symmetrisch wie die Szenen-Anordnung und der äußere Aufbau der Handlung. Im dritten Akt stürzt der Prinz aus seiner heiteren Ahnungslosigkeit über den Ernst der

Lage bis hinab in verzweifelte Todesangst; im vierten Akt erhebt er sich von der Wiedergewinnung der Fassung[30] über stoische Weltbetrachtung bis zur Höhe eigener Entscheidung und mutiger Tat.

Nach allem bilden die Randakte und die zentralen Akte zwei symmetrische Systeme, in deren jedem äußere Struktur und innere Bewegung zu weitgehender Deckung gelangen. Kleist hat in diesem Werk das Äußerste an beziehungsmächtiger Gedrungenheit verwirklicht. Denn die beiden Rahmenakte und die Innenakte bilden nicht nur jeweils für sich ein genau abgestimmtes System; die beiden Systeme stehen auch untereinander in einem beziehungsreichen Verhältnis, vor allem in dem der Analogie:

Garten		Gefängnis
1. Akt:		3. Akt
	Schloß	Schloß
	Schloß	Schloß
5. Akt:		4. Akt
	Garten	Gefängnis

Wie auf die extrovertierte Denkweise des Prinzen (III,1, 1. Szene) der Zusammenbruch folgt (III,5, 2. Szene) und vom Finden des eigenen Selbst her (IV,3, 2. Szene) sich schließlich der Schritt zur inneren Freiheit ergibt (IV,4, 2. Szene), so resultiert aus der Träumerei des Anfangs (I,1, 1. Szene) das äußere Versagen (I, 5, 2. Szene) und aus der erklärten Anerkennung einer Ordnung (V,7, 1. Szene) die anerkennende Emporhebung innerhalb dieser Ordnung (über die Ironie des Schlusses wird noch zu sprechen sein). Durch das symmetrische Moment gelangen die analogen Vorgänge zu organisch überzeugender Darstellung. Während zuerst der Weg vom äußeren, symptomatischen Geschehen (1. Akt) bis zur schonungslosen Enthüllung der seelischen Verfassung führt (3. Akt), entwickelt sich von innen, aus dem neugewonnenen Seelenzustand (4. Akt) die neue »Wirklichkeit« (5. Akt).

---

[30] Das entsprechende Handlungsstück ist verdeckt: Während die Prinzessin zum Kurfürsten geht und mit ihm spricht, hat man sich den Prinzen auf der Rückkehr zum Gefängnis zu denken, wobei er ein zweites Mal in sein Grab blickt, die innere Fassung wiedergewinnt und sich ermannt, wie es Natalie am Schluß von II,5 von ihm gefordert hatte. All dies spiegelt sich in dem kurzen und wichtigen Auftritt IV,3, vor Nataliens Ankunft im Gefängnis.

Der *zweite Akt* nimmt in dem festgefügten szenischen System eine Sonderstellung ein. Er allein spielt nicht in Fehrbellin, und er beruht fast ganz auf indirekter Darbietung durch Bericht und Teichoskopie. Ausnahme ist er auch als Handlungsmasse. Die Entwicklung des Prinzen macht keinen Fortschritt. Aber die äußeren Fakten, die den Konflikt heraufbeschwören, müssen geschaffen werden, und der Hauptzweck des zweiten Aktes ist es, die Tat des Prinzen und die Reaktion des Kurfürsten auf höchst dramatische Weise einander gegenüberzustellen.

Unter dem Gesichtspunkt der Entscheidung allerdings rückt neben den zweiten der – im fünfaktigen Drama von der Position her ohnehin symmetrisch entsprechende – *vierte Akt*. Nach der Peripetie zum Schlimmen im zweiten Akt begründen sowohl der Kurfürst als auch der Prinz im vierten Akt eine neue Lage und damit die Wende zum Guten.[31] Zwischen den beiden Wendepunkten liegt auch die gesamte innere Entwicklung des Prinzen. Die Peripetie zum Guten im vierten Akt ist kein einfacher Umschwung, sondern mit höchster Kunst als ein kleines Drama im Drama gestaltet, gemäß der Tendenz Kleists, klassische Einzelbestandteile, wie Exposition, Peripetie, Katastrophe, und typische Situationen, z. B. die Anagnorisis, zu eigenen hochdifferenzierten Abläufen auszubilden. Durch Nataliens Erzählung vom Zusammenbruch des Prinzen betroffen und »verwirrt«, entschließt sich der Kurfürst zur Begnadigung, mit der vielsagenden Klausel allerdings:[32] »Wenn er den Spruch für ungerecht kann halten / Kassier ich die Artikel: er ist frei! –« Dieser Umschwung findet im 1. Auftritt des 4. Aktes statt, mit der kraftvoll entschiedenen Kürze, die allem Tun des Souveräns eigen ist. Mit energischem Einsatz also kommt das Peripetie-Geschehen in Gang, um dann, im letzten Auftritt dieses Aktes, in der Peripetie von seiten des Prinzen zu gipfeln. Er erklärt den Spruch für gerecht. Seine Antwort an den Kurfürsten ist das Ergebnis einer Entwicklung, deren entscheidender Beginn als verdecktes Geschehen gleich-

---

31 Kleist hat mehrfach das Drama mit zwei Peripetien erprobt. Wie der ›Homburg‹, so bringt das ›Käthchen‹ im 2. Akt die Peripetie zum Schlechten (in II,13 entscheidet sich der Graf vom Strahl für Kunigunde) und im 4. Akt die Peripetie zum Guten (nach der Holunderbuschszene in IV,2 nimmt der Graf in IV,3 Käthchen in seine Burg auf). – In der Brechung des Lustspiels bietet der ›Zerbrochne Krug‹ das Zwei-Peripetien-Schema. Im 7. Auftritt, d. h. im Zentrum der 2. aktähnlichen Handlungseinheit (vgl. die Strukturanalyse S. 115) lenkt Marthe den Verdacht fälschlich auf Ruprecht: Adam wittert Morgenluft (»Auf, aufgelebt, du alter Adam!«, V. 605); im 10. Auftritt, der dem 4. »Akt« entspricht (vgl. S. 117 f.), ereignet sich die Peripetie zum Schlimmen (für Adam), als Walter an Ruprecht die Frage richtet, wie oft er mit Evchens Türklinke zugeschlagen hat, und die Auskunft mit den beiden Löchern in Adams Kopf vergleicht.

32 V. 1185 f.

zeitig mit den ersten Auftritten des vierten Aktes zu denken ist[33] und deren Schlußphase der 3. Auftritt (»Das Leben nennt der Derwisch eine Reise...«) signalisiert. Anfang und Ende des vierten Aktes (1. und 4. Auftritt) sind ganz nach Kleists Art markante Einschnitte: Der Anfang bringt die Peripetie von seiten des Kurfürsten, das Ende diejenige von seiten des Prinzen.

Das Wechselspiel zwischen Prinz und Kurfürst, das den Kern des Peripetie-Geschehens bildet, ist äußerst komplex. Es findet zwar keinen gegenszenischen Ausdruck, enthält aber in seiner dialektischen Struktur, in der lebendigen Gegenseitigkeit der beiden Handelnden jenen dichten Verhältnis- und Gefügecharakter, jene fugenlose und beinahe tänzerische Harmonie, die eben die Eigenart der gegenszenischen Kunst in diesem Stück ausmacht. Jede These und Antithese ist immer schon ein Teil der Synthese, und es gibt kein Bild, das nicht schon im Erscheinen seine Spiegelung erfährt.

Inwiefern der Kurfürst sich über das rechtskräftige Urteil hinwegsetzen und die Begnadigung aussprechen kann, ist zunächst die Frage, die alles Interesse verdient – nicht das oft diskutierte Scheinproblem, ob er den Prinzen von Anfang an nur habe erziehen wollen und es mit dem Todesurteil zu keinem Zeitpunkt ernstgemeint habe.[34] Jenseits aller Argumente, mit denen man ihn fürbittend bestürmt und die doch zur Sache, weil zur Sphäre des Menschlichen und damit zum Fundament einer lebendigen staatlichen Ordnung gehören, eröffnet sich dem Kurfürsten die Möglichkeit der Gnade schon durch das Geschehen selbst.[35] Weder ist er ein

---

[33] Vgl. S. 140.

[34] Gegen einen Erziehungsplan sprechen mehrere äußere Gründe: 1. Der Kurfürst glaubt aufgrund einer falschen Nachricht, ein anderer als Homburg habe die Reiterei geführt – und auch diesen vermeintlich anderen fordert er vor das Kriegsgericht. Die Anklage auf Leben und Tod ist also ohne Ansehen der Person ernstgemeint. 2. Der Prinz sieht schon sein offenes Grab. 3. Das Regiment für die Totenfeier ist bereits kommandiert (V. 1364 ff.); und ein innerer Grund: der Prinz selbst argumentiert im Stadium seines optimistischen Leichtsinns, der Kurfürst meine es nicht ernst mit dem Todesurteil (V. 844 f.).

[35] Daß der Kurfürst schon vor den Plädoyers des Obristen Kottwitz und des Grafen von Hohenzollern und also unabhängig von diesen die längst entschiedene Begnadigung des Prinzen und sogar die Verlobung mit Natalie in die Tat umsetzt, erhellt aus den letzten Versen des unmittelbar vorangehenden Auftritts V,4. Der Kurfürst befiehlt seinem Adjutanten (V. 1479–1481): »Prittwitz! – Das Todesurteil bring mir her! – – Und auch den Paß, für Gustav Graf von Horn, / Den schwedischen Gesandten, will ich haben!« Dies gegen die Interpretation von S. Streller, Das dramatische Werk, S. 218 f., nach der Kottwizens Plädoyer zur Sinnesänderung des Kurfürsten wesentlich beiträgt (noch entschiedener S. 224: »Letztlich triumphieren mit dem Beschluß der Begnadigung Kottwizens Ideen«). Daß dies außerdem der Kottwizschen Ar-

142

brutaler Erzieher, noch bedeutet seine Sinnesänderung – denn darum handelt es sich – wie beim Prinzen eine Abkehr vom menschlich Unzulänglichen. Vielmehr besteht eine entscheidende Interdependenz zwischen den sich im Prinzen abspielenden Vorgängen und den inneren Möglichkeiten des Kurfürsten. Dies ist dramatisch, und die vermittelnde Botschafterrolle Nataliens ist es ebenfalls. Sie ist »Rolle« in dem idealen Sinn, daß sie sowohl ihrer Trägerin vollkommen ansteht als auch von dem vermittlungfordernden Verhältnis zwischen Prinz und Kurfürst funktional geradezu hervorgebracht wird.

Nataliens Bericht vermittelt dem Kurfürsten die wesentliche Erkenntnis, daß die Tat des Prinzen nicht judizierbar ist, da er sich seiner gesamten Verfassung nach nicht zurechnungsfähig zeigt.[36] Die Traumverlorenheit des Anfangs stellt dies symbolisch dar. Und wie der Prinz aus dem Traum wachgerufen werden muß, so muß ihn der Kurfürst nun erst zum Gefühl eigener Verantwortung wecken. Der Souverän nimmt diese Möglichkeit sofort wahr, indem er den Prinzen selbst zur Entscheidung auffordert. Zugleich steht für ihn bereits in diesem Augenblick die Begnadigung fest – so oder so. Die Klausel: »Wenn er den Spruch für ungerecht kann halten...« bedeutet nicht etwa, daß der Kurfürst noch die Hinrichtung für den (erhofften!) Fall erwägt, in dem der Prinz das Urteil anerkennt. Vielmehr will er ihm damit eine würdevolle statt der sonst schmählichen Begnadigung zukommen lassen. Diese aus dem Gesamtzusammenhang sich ergebende Deutung wird bestätigt durch die Formel, mit welcher der Kurfürst die Prinzessin zum Prinzen schickt: »So kann er, für sein Leben, gleich dir danken.«[37] Es ist undenkbar, daß der Kurfürst dieses Wort spricht, wenn er noch für irgendeinen Fall die Vollstreckung des Todesurteils erwägt. Die Formel hat aber, wie die ausdrucksvoll einschränkende Position des Passus »für sein Leben« zwischen zwei Kommata zeigt, noch einen Hintersinn: es ist damit etwas anderes gesagt, als wenn bloß

---

gumentation gar nicht zuzutrauen wäre, weil sie auf das Verhalten des Prinzen nicht anwendbar ist, hat schon die frühere Forschung erkannt (vgl. etwa G. Fricke, Kleists Prinz von Homburg, S. 258 f. und W. Müller-Seidel, Versehen und Erkennen, S. 180 f.).

[36] D. h. daß der Kurfürst als wahrhaft Gerechter sich nicht vom bloßen Zweckdenken der Staatsräson, sondern wesentlich vom Motivdenken bestimmen läßt, für das die Verfassung des Täters relevant ist. Vgl. dagegen G. Fricke, Kleists Prinz von Homburg, der den Positionswechsel des Kurfürsten auf dessen angebliche Einsicht zurückführt: »Ein General, *dieser* General, der protestierend und um Gnade flehend vor dem Heere aufträte – das wäre nicht die Rehabilitierung, sondern die Katastrophe der soldatischen Moral... Der um sein Leben flehende Homburg – ihn zu seinem und des Heeres Schaden laufen zu lassen, wäre immer noch das geringere Übel.« (S. 255).

[37] V. 1198.

143

dastünde: »so kann er für sein Leben gleich dir danken«. Für sein Leben kann der Prinz zwar gleich danken – aber es wird sich zeigen müssen, ob zu diesem Dank für das nackte Fortleben noch derjenige für ein neues, erhöhtes Dasein kommt.

Die allgemeine Möglichkeit der Begnadigung selbst, um dies noch einmal hervorzuheben, ist neu. Sie ergibt sich aus der dem Kurfürsten neuen Einsicht in die Wesensverfassung des Prinzen. Bisher konnte er nur die isolierte Tat sehen. Die vielbesprochene Verwirrung des Kurfürsten unter dem ersten Eindruck von Nataliens Bericht läßt sich demnach exakt definieren. Es ist keine »Verwirrung des Gefühls«, keine persönliche Unsicherheit,[38] sondern die überraschende Erkenntnis, daß die Voraussetzungen des Urteils hinfällig sind, zu denen nicht nur der abstrakte Tatbestand, sondern auch die Verfassung des Täters gehört. Die »Verwirrung« ist um so größer, als diese neueröffnete Perspektive dem Kurfürsten aufgrund seiner eigenen, ganz entgegengesetzten inneren Verfassung unerwartet bis zum Unglaublichen ist. Daher auch zuerst sein wiederholtes ungläubiges Fragen »im äußersten Erstaunen«.[39] Seine erste praktische Reaktion – zu ihr gehört die Regie-Anweisung »verwirrt« – ist der für ihn nun neuen Situation vollkommen angemessen:[40] Er erklärt den Prinzen für frei und begnadigt. Von dieser allgemeinen Maßgabe findet er alsbald zu der erörterten Klausel, die ein Appell ist, von dem er hofft, er werde seine Wirkung nicht verfehlen, damit die Gnade einen der Gnade Würdigen finde.

Nach allem kann man nur von einer souveränen Sinnesänderung des Kurfürsten sprechen, nicht von der Änderung einer subjektiv falschen Haltung.[41] Er macht keine menschliche Entwicklung durch wie der jugend-

---

[38] Soweit stimme ich mit W. Müller-Seidel, Versehen und Erkennen, S. 185, überein: »Im ›Prinzen von Homburg‹ sollte allein die Kürze dieser Verwirrung davor bewahren, eine Entwicklung hineinzudeuten, um die es nicht geht.« Der Versuch allerdings, der »Verwirrung« aufgrund ihrer kurzen Dauer jede Substanz abzusprechen und ihr damit auch die Qualität einer fundamentalen zugunsten einer nur erziehungsmethodischen Veränderung im Verhältnis des Kurfürsten zum Prinzen zu bestreiten, hat schon den Terminus »Verwirrung« und das ganze Pathos gegen sich, mit dem die Verwirrung durch vorausgehendes »äußerstes Erstaunen« (V. 1156) betont wird.

[39] V. 1156.

[40] Dies gegen R. Samuel, Prinz Friedrich von Homburg, S. 194: »In seiner ›Verwirrung‹ faßt der Kurfürst einen ebenso raschen, emotionell begründeten Entschluß wie in II,9, als er Homburg ungehört verdammt.«

[41] Aus der Vielzahl der Interpretationen in diesem Sinne seien nur genannt: R. Samuel, der in den Erläuterungen zu seiner Ausgabe des Homburg-Dramas in den ursprünglichen Maßnahmen des Kurfürsten bloße Despotie sieht, dann aber seine Größe darin erblickt, »daß er sich ändern kann« (S. 198). Im Augenblick der Verwirrung, nach Nataliens Erzählung, beginne der Kurfürst zu

liche Prinz. Der Prinz muß erst seine inneren Notwendigkeiten entdecken, der Kurfürst findet nur neue Möglichkeiten aufgrund neuer und früher auch nicht möglicher, sondern erst durch den Gang der Ereignisse freigesetzter Erkenntnisse. Andererseits wird der Kurfürst nicht zum gottähnlichen Souverän[42] verklärt, denn es zeigt sich, wie sehr er auf lebendige Erfahrung angewiesen bleibt, um richtig zu erkennen und zu entscheiden.

Überblickt man das so verstandene Homburg-Drama als Ganzes, so stellt sich der eigentümlich schlüssige Verlauf des Geschehens nicht als Meisterleistung des überlegen Regie führenden Kurfürsten dar, auch nicht als ein allseitig in Gang kommender Wandel, der notwendig zur Harmonisierung der Positionen führt, sondern als – Glück. Keine gerichtliche Untersuchung hätte dem Kurfürsten den Einblick verschaffen können, den ihm Natalies Bericht gewährt; und umgekehrt konnte nur der volle Ernst der Verurteilung den Prinzen in der Verfassung zeigen, von der Natalie dem Kurfürsten berichtet und deren Kenntnis für die Begnadigung entscheidend ist. Unter prinzipiellen Gesichtspunkten bedeutet dies, daß nie ein fertiges Urteil möglich ist, weil die Urteilsbildung nie zum Abschluß kommen kann. Diese Problematik vollends deutlich zu machen, das ist die eigentliche Funktion der Plädoyers von Kottwitz und vor allem von Hohenzollern,[43] die doch beide faktisch nichts zu der bereits beschlossenen

---

verstehen, »was er angerichtet hat«, er bekomme dadurch »einen schweren Stoß versetzt« und versuche sich »aus der Schlinge« zu ziehen (S. 194); ferner S. Streller, Das dramatische Werk, S. 196: »Jede der Hauptgestalten macht im Verlaufe des Dramas eine Wandlung durch ... in extenso wird dies an der Titelgestalt demonstriert, ebenso tiefgreifend aber auch beim Kurfürsten« und S. 215: »Aus der Verwirrung heraus, die seine bisherige Starrheit in der Anwendung des Gesetzes zerstört, faßt der Kurfürst nun – selbst aus dem Gefühle handelnd – einen richtigen Entschluß: er läßt den Prinzen selbst entscheiden.«

[42] Am entschiedensten vertritt W. Müller-Seidel, Versehen und Erkennen, S. 183–186, diese Position, die eine Radikalisierung der vielfach vertretenen These vom Kurfürsten als Erzieher darstellt (hierzu vgl. S. 142). Die auf den »verwirrenden« Moment gemünzte Formulierung: »Nur die Mittel ändern sich, die Homburg auf den rechten Weg führen sollen« (S. 185) enthält die These, der Kurfürst habe auch bisher den Prinzen nur auf den rechten Weg führen, d. h. erziehen wollen. Doch konnte der Kurfürst bisher nicht wissen, daß der Prinz sich innerlich nicht »auf dem rechten Weg« befunden hat; deshalb konnte er auch nicht versuchen, ihn auf diesen rechten Weg zu bringen. Er kannte nur das factum brutum der Befehlsübertretung, die er unter Voraussetzung der klaren Selbstverantwortlichkeit des Prinzen durch Hinrichtung ahnden wollte.

[43] Daß der Kurfürst während Hohenzollerns Ausführungen »in Gedanken« fällt, zeigt exakt das Innewerden dieser tieferen Dimension am konkret schon entschiedenen besonderen Fall an. Sie bleibt grundsätzlich von Bedeutung auch

Begnadigung des Prinzen beitragen. Damit öffnet sich, über den konkreten Entscheidungsfall hinaus, ein Raum der freien Möglichkeiten, von denen die Gnade eine ist. In diese Richtung deuten auch die Worte des Prinzen: [44]

> Er handle, wie er darf;
> Mir ziemts hier zu verfahren, wie ich soll! [45]

Daß es sich bei der Lösung des Homburg-Dramas nur um eine Möglichkeit, um eine von besonderem menschlichem Glanz und von der besonderen Gunst der Umstände umgebene Möglichkeit und nicht um eine notwendige Konsequenz handelt, zeigt der nur wenig früher liegende Schluß des ›Kohlhaas‹. Wiederum ist es dort der brandenburgische Kurfürst, der als idealer Souverän hinrichten oder begnadigen muß. Und wie schließlich der Prinz von Homburg, so unterwirft sich Kohlhaas dem Gesetz nicht nur, sondern er bejaht es voll und freudig. Aber in der Erzählung entscheidet sich der Kurfürst gegen das auf Begnadigung hoffende Volk (diese Rolle

---

dann, wenn der Kurfürst Hohenzollerns Schlußfolgerung mit Recht zurückweist, weil dessen gesamte Argumentation umkehrbar ist (vgl. hierzu auch S. 30).

[44] V. 1374 f.

[45] G. Baumgärtel, Zur Frage der Wandlung in Kleists ›Prinz Friedrich von Homburg‹, in: GRM 16, 1966, S. 264–277, schreibt hierzu: »Ungelöst bleibt vor allem der Zusammenstoß mit dem Absolutheitscharakter der Anwendung eines von Sterblichen verwalteten objektiven Prinzips, also die Frage, *wie weit* der Kurfürst in der Wahrung des Gesetzes gehen ›darf‹ ... Dieses Problem bedeutet das Dilemma auch des Souveräns als potentiell tragischer Gestalt und nicht nur Homburgs in der Abhängigkeit davon ... Wie das Gesetz definieren, das das, was er ›Willkür‹ nennt, gestattet, um nicht ›unmenschlich‹ zu sein? (IV,1). Wie das Gesetz im allgemeinen anwenden aber im besonderen aussetzen? Wie die ›Willkür‹ und die ›Unmenschlichkeit‹ zugleich vermeiden?« (S. 275). Das »Dürfen«, von dem der Prinz spricht, bezieht sich in der Tat nicht einseitig auf die Gefahr der Unmenschlichkeit aus Gesetzestreue, sondern ebensosehr auf die einer willkürlichen Begnadigung. In diesem Zusammenhang sei auf den in allen entscheidenden Fragen als Pendant zum ›Homburg‹ konstruierten ›Kohlhaas‹ hingewiesen: auf die ungerechtfertigte Amnestie, die der sächsische Kurfürst dem Kohlhaas gewährt. Sie ist ein Ausdruck derselben korrupten Willkür, die diesen Herrscher auch sonst kennzeichnet (F. Koch, Heinrich von Kleist, meint dagegen S. 280, »für Kleist« bedeute nicht schon die Gewährung der Amnestie eine Schuld des Kurfürsten – dies wird zum Verdammungsurteil über die Erzählung und ihren Autor). – R. Samuel, Prinz Friedrich von Homburg, S. 196 f., sieht in den zitierten Versen den »Angelpunkt, von dem die ganze Ausdeutung des Stückes abhängt«. Seine Interpretation: »Der Kurfürst, obwohl er als ein Würdiger dasteht (1380), hat doch immer noch etwas von der Tyrannei der starren Antike an sich, *er* kann handeln, ›wie er darf‹ (1374)« ist allerdings in sich widersprüchlich. Der Begriff des »Dürfens« steht dem der Tyrannei entgegen.

übernehmen im ›Homburg‹ die fürsprechenden Militärs). Kohlhaasens Hinrichtung wird mit allen Zeichen der Achtung, ja der Ehrung vollzogen, sie steht unter dem Begriff der *Versöhnung* [46] – es ist das Los, das Natalie dem Prinzen voraussagt: [47]

> Mein süßer Freund!
> Die Regung lob ich, die dein Herz ergriff.
> Das aber schwör ich dir: das Regiment
> Ist kommandiert, das dir Versenktem morgen,
> Aus Karabinern, überm Grabeshügel,
> *Versöhnt* die Totenfeier halten soll.

Das Problem hat Kleist nicht mehr losgelassen, bis er im ›Homburg‹ gegenüber der zwanghaften Konsequenz der ›Kohlhaas‹-Lösung einen weiteren Spielraum menschlicher Entscheidung herausexperimentierte: einen kaum mehr irdischen Spielraum, einen »Traum, was sonst?«

---

[46] Vgl. II,100: »Hierauf erschien nun, unter einer allgemeinen Bewegung der Stadt, die sich immer noch nicht entwöhnen konnte, auf ein Machtwort, das ihn rettete, zu hoffen, der verhängnisvolle Montag nach Palmarum, an welchem er die Welt . . . *versöhnen* sollte.«
[47] V. 1362–1367.

IV. Die zentrale Form: Perspektivische Darstellung

Kleists Gestalten agieren auf verschiedenen Bewußtseinsebenen. Nicht ein Wille tritt dem anderen dramatisch entgegen wie bei Schiller, sondern ein Bewußtsein überlagert das andere. Daraus entstehn die für Kleist typischen Formen des Aneinander-Vorbeiredens und -Vorbeihandelns. Es kommt aber auch zu einer eigentümlichen Relativierung der Positionen. Das Mittel zu dieser Relativierung ist weniger die direkte Aussage als eine mit hoher Virtuosität geübte Kunst der Perspektive. Zunächst handelt es sich um Perspektiven der agierenden Personen, deren Bewußtsein unter dem Eindruck starker Erlebnisse charakteristische Verschiebungen erfährt. In ähnlicher Weise ist der Erzähler in seine Erzählung perspektivisch verstrickt. Bald schlüpft er in die Maske eines obrigkeitstreuen und ordnungsliebenden Chronisten (im ›Kohlhaas‹), bald adaptiert er die Erlebnisfarbe seines Helden, bald läßt er sich vom Erzählten selbst zu Prädikationen hinreißen, die mit der in der Darstellung durchscheinenden Realität offensichtlich wenig zu tun haben.

Die damit erzielte Aufhebung fester Positionen kann ganz verschiedene Funktionen erfüllen. Kritisch ist die Funktion, wenn der Verzerrungsfaktor der Perspektive an andern, bewußt eingesetzten Daten meßbar wird. Dies ist der Fall, wo sich Täuschung oder Vorurteil der handelnden Personen durch die Darstellung der sie umgebenden Wirklichkeit genau feststellen läßt; ferner – eine Vermittlungsebene höher –, wo die wertenden Aussagen des Chronisten seinen Bericht nicht decken. Damit wird das falsche oder unzulängliche Verständnis einer schwierigen Geschichte, wie des ›Kohlhaas‹, in die Geschichte selbst eingeführt, als solches entlarvt und näher bestimmt – hier als die brave Gewohnheit systemkonformen Erzählens. Diese oft ironische Verfremdungstechnik stößt den Leser energisch auf die nicht ausgesprochene richtige Deutung.

Eine andere, weitergehende Funktion der Kleistschen Perspektivenkunst ist die grundsätzliche Relativierung. Sie läßt die Ambivalenz eines Geschehens hervortreten, das einmal so, einmal anders erscheinen kann und sich damit jeder gültigen Feststellung, jedem »Sinn« entzieht; die Unwirklichkeit einer Lösung, die mindestens ebenso ein bloßer Glücksfall ist; schließlich die Relativierung der Menschen und der »Welt« überhaupt zum »Gebrechlichen« hin, das keinen absoluten Ansprüchen genügt, sondern die Humanität der Resignation fordert.

Diese Kunst der Perspektive umfaßt einen großen Reichtum verschiedener Darstellungsformen – bis hin zum Wechsel von der statischen zur dynamischen Perspektive, wenn der Erzähler plötzlich seinen fixierten Standpunkt aufgibt und selbst, begeistert, gerührt, erschüttert, der perspektivischen Verführung erliegt, sich in eine Identifikation begibt, die Kitsch wäre,[1] wenn sie nicht deutlich den selbst schon wieder ironisch reflektierten Ausnahmezustand markierte. Im ganzen verleiht die Perspektivenkunst der Dichtung Kleists einen hohen Grad von Irritation und Herausforderung. Wenn es seiner fundamentalen Lebens- und Denknotwendigkeit entspricht, daß er allem einseitigen Dasein absagt, gleichgültig ob es durch Konvention, spezialistische Wissenschaft oder Beruf bedingt ist,[2] so versucht er als Künstler das Ausschnittartige, Eindeutige und Verkürzte zu vermeiden und den »Totaleindruck« als die tiefere Wahrheit des vieldeutigen Wirklichen zu erreichen. Verkürzende Perspektiven, die nur um ihrer Aufhebung willen eingeführt werden, sind ihm dafür das bevorzugte Experimentiermittel.

1. Subjektive Projektionen der agierenden Personen

1.1. Eve im ›Variant‹

Die prinzipielle Bedeutung der Perspektiven agierender Personen wurde schon am Beispiel der religiösen Projektionen im ›Erdbeben‹ und in der ›Marquise von O...‹ erörtert.[3] Die Analyse der Dramen ist schwieriger als die der Erzählungen. Denn die Erzählungen setzen doch immer gewisse, und seien es noch so versteckte Markierungen, aus denen die Ironie des distanzierten Erzählers spricht. Das Drama kennt nur die unmittelbarere Ebene der Handlung, und selten ergeben die Regie-Anweisungen Anhaltspunkte. Die Deutung des Perspektivismus in den Dramen fordert deshalb eine weitergehende Berücksichtigung des Kontextes.

---

[1] Hierzu gehören die noch näher zu untersuchende Nachtszene im ›Erdbeben‹, die nach dem Vorbild der Nouvelle Héloise entworfene Rührszene zwischen Vater und Tochter in der ›Marquise von O...‹, sowie mehrere Partien in der ›Penthesilea‹ und vor allem im ›Käthchen‹.

[2] Vgl. die Analyse der Jugendbriefe S. 7 ff.

[3] S. 16 ff.

Das erste Beispiel nach der Chronologie der Werke bietet der ›Variant‹, der ursprüngliche Schluß also des ›Zerbrochnen Krugs‹, mit jenen Worten Eves, die immer eine crux interpretum waren:[4]

Ob ihr mir Wahrheit gabt? O scharfgeprägte,
Und Gottes leuchtend Antlitz drauf. O Jesus!
Daß ich nicht solche Münze mehr erkenne!

Vom Verständnis dieser Verse hängt wesentlich die Bestimmung des Deutungshorizontes nicht nur für den ›Variant‹, sondern für den ›Zerbrochnen Krug‹ im ganzen ab. Handelt es sich um tiefreligiösen Ernst – oder um eine Bewußtseinsverschiebung nach Art der schon erörterten Projektionen ins Absolute? Der Zusammenhang mit dem vorausgehenden Geschehen kann allein die Antwort sichern.

Im ›Variant‹ geht es um die Schwierigkeiten Walters, der durch Adams Verhalten an der Justiz und an der Obrigkeit irre gewordenen Eve wieder Vertrauen einzuflößen. »Sieh da! So arm dein Busen an Vertrauen?« lautet seine bedauernde Feststellung,[5] und er versucht auf alle erdenkliche Weise, ihr Mißtrauen in Vertrauen umzuwandeln. Dabei stellt sich das Problem der Glaubwürdigkeit in fast auswegloser Schärfe. Zuerst weist Walter schlicht darauf hin, daß Adams angeblicher Amtsbrief, der von Ruprechts todbringender Verschickung nach Batavia handelt, Betrug und Fälschung ist. Dieser einfachen Aussage folgt die Bekräftigung:[6] »Ja, ich versichr' es dich.« Als Eve zweifelnd nach der Sicherheit dieser Versicherung fragt: »Wie könnt Ihr mir das tun? O sagt –«, steigert er die Affirmation durch einen Zeugen. Aber Lichts Bestätigung hilft nicht weiter, denn Aussage steht wider Aussage: Eve weiß aus Adams falschem Brief, daß die Bevölkerung über den wahren Charakter der Konskription zur Landmiliz getäuscht werden soll.

Da die sachlichen Möglichkeiten derart ins Leere führen, muß Walter seine Person ins Spiel bringen. Wo er nicht beweisen kann, muß er überzeugen. Daher der dritte, nun ganz subjektive Versuch in seinem Ringen um Vertrauen:[7] »Wenn ich mein Wort dir gebe –.« Darauf Eve voll ablehnender Skepsis: »O gnädger Herr!« Nun begründet Ruprecht Eves radikales Mißtrauen noch durch eine Ausweitung ins Allgemeine. Er gibt dem in schlechten Erfahrungen wurzelnden volkstümlichen Mißtrauen gegen die Obrigkeit Ausdruck: »Wahr ists, es wäre das erstemal wohl nicht... Vor sieben Jahren soll was Ähnliches / im Land geschehen sein.« Aber vergeblich weist Walter diese Worte als sachlich falsch zurück: »Wenn die Regierung / Ihn hinterginge, wärs das erstemal.« Denn alles Geschichtliche,

---

[4] V. 2375–2377.   [5] V. 2340.   [6] V. 2315.   [7] V. 2326.

alle Erfahrung ist schwankender Boden. Warum sollte nicht dieses Mal das erste Mal sein? Was besagt historische Erfahrung, ob nun in Ruprechts oder in Walters Sinne ausgemünzt? Daß die Wahrheit oft nicht auf seiten der Wahrscheinlichkeit – und also auch nicht auf seiten der historischen Wahrscheinlichkeit – stehe, ist eine Grundanschauung Kleists.[8] Eve geht daher sowohl über Ruprechts Argument wie über Walters Gegenargument hinweg, ohne es auch nur eines Wortes zu würdigen: »Schweig! s'ist umsonst – . . . komm . . .«

Walter, in wachsender Hilflosigkeit, steigert nun sein persönliches Engagement. Nachdem er umsonst »sein Wort« gegeben hat, weiß er in der nächsten Phase dieser ständig wachsenden Anstrengung um Vertrauen nur noch das Prinzip der Gegenseitigkeit zum moralischen Appell zu erheben:[9] »Dir glaubt ich Wort vor Wort, was du mir sagtest. / Ich fürchte fast, daß ich mich übereilt.« Als er auch damit keinen Eindruck macht und die theoretische Aporie offenkundig ist, zerhaut er auf höchst überraschende Weise den gordischen Knoten der Verwirrung und schafft »Klarheit«. Die Lösung ist akrobatisch elegant:[10]

Walter:	Bleib. Mein Versprechen will ich lösen.
	Du hast mir deines Angesichtes Züge
	Bewährt, ich will die meinen dir bewähren,
	Müßt ich auf andre Art dir den Beweis
	Auch führen, als du mir. Nimm diesen Beutel.
Eve:	Ich soll –.
Walter:	Den Beutel hier, mit zwanzig Gulden!
	Mit so viel Geld kaufst du den Ruprecht los.
Eve:	Wie? Damit –?
Walter:	Ja, befreist du ganz vom Dienst ihn.
	Doch so. Schifft die Miliz nach Asien ein,
	So ist der Beutel ein Geschenk, ist dein.
	Bleibt sie im Land, wie ichs vorher dir sagte,
	So trägst du deines bösen Mißtrauns Strafe,
	Und zahlst, wie billig, Beutel, samt Intressen,
	Vom Hundert vier, terminlich mir zurück.

Das Angebot des Beutels, mit dessen Inhalt Eve ihren Ruprecht vom Militärdienst loskaufen könnte, leistet hypothetisch ebensoviel wie Adams falsches Attest über Ruprechts schlechten Gesundheitszustand, aber nicht wie bei Adams erpresserischem Vorgehn auf Kosten Eves, sondern auf Kosten Walters selbst. Jede Möglichkeit des Betrugs und der Unwahr-

---

8 Vgl. die Anekdote ›Unwahrscheinliche Wahrhaftigkeiten‹ (II,277–281).
9 V. 2342.   10 V. 2345–2358.

heit ist damit ausgeschlossen. Walter macht sich selbst für die Wahrheit seiner Aussagen auf eklatante und unmittelbar verbindliche Weise haftbar: mit seinem Geld. Er bringt zwar nicht den – unmöglichen – Tatsachenbeweis, aber er vermag zu überzeugen.

Das »Menschliche« ist bei diesem Vorgehn ex concessis so definiert, wie es dem Mißtrauen Eves nach ihren Erfahrungen mit dem »alten Adam« entspricht: als eigensüchtig und verborgenen Interessen dienend. Diese dialektische Beweisführung,[11] die das Mißtrauen als Mittel zum Zwecke neuen Vertrauens nutzt, meint Walter, wenn er einleitend sein eigenes Verfahren mit einem Ton des Bedauerns und der Trauer über die von Adam angerichtete Seelenverwüstung als andersartig im Vergleich zu Eves Vorgehen kennzeichnet: »...Müßt ich auf andre Art dir den Beweis / Auch führen, als du mir.« Eve konnte ganz einfach auf Walters Bereitschaft zum Vertrauen gegenüber ihrem Wort hoffen. Walter setzt an die Stelle von Worten, die in jedem Fall auf Eves Unglauben stoßen, eine überzeugende, »bewährende« Tat. Die Bewährung der »Züge seines Angesichts«, von der er spricht, lenkt auf den Anfang des ›Variants‹ zurück, wo die hilfesuchend zu seinen Füßen liegende Eve der Aufforderung zum Aufstehn mit den Worten begegnet:[12] »Nicht eher, Herr, als bis Ihr Eure Züge, / Die menschlichen, die Euch vom Antlitz strahlen / *Wahr macht* durch eine Tat der Menschlichkeit« – worauf Walter entgegnet: »Mein liebenswertes Kind! Wenn du mir deine / Unschuldigen *bewährst,* wie ich nicht zweifle, / *Bewähr* ich auch dir meine menschlichen.« Die »Bewährung« ist wörtlich zu nehmen als Wahrmachen durch eine Tat der Menschlichkeit, wie Eve sie fordert. Sie gehört in den Bereich der Wahrheit, die schließlich bis zur Vergöttlichung gefeiert wird. Eve allerdings meint mit dieser Bewährung etwas, über das Walters Tat dann weit hinausgeht. Durch Adams falschen Amtsbrief mit immer noch anhaltendem Erfolg getäuscht, fürchtet sie eine betrügerisch-verderbliche Konskription, und die von ihr geforderte »Tat der Menschlichkeit« ist demnach nur als Entsprechung zu Adams falschem Gesundheitsattest zu denken: Nun soll Walter durch praktisches Eingreifen vor der Konskription retten. Durch das Angebot des Beutels und die damit verbundenen Bedingungen führt er sie

---

[11] Die entschieden zugespitzte Dialektik ist eine auffällige Grundstruktur gerade der beiden Komödien Kleists. Die genauere Analyse des ›Amphitryon‹ wird dies noch besonders zeigen. Goethe hat diesen Grundzug im ›Zerbrochnen Krug‹ als undramatisch kritisiert auf dem Hintergrund einer offensichtlich recht handfesten eigenen Vorstellung von Dramatik: »Das Talent des Verfassers, so lebendig er auch darzustellen vermag, neigt sich doch mehr gegen das Dialektische hin...« (An Adam Müller, 28. August 1807; Sembdner, Lebensspuren, Nr. 185).

[12] V. 1952–197.

aber nicht nur zur Erlösung vom falschen Schein und zur zweifelsfreien Erkenntnis der Wahrheit, die eine »Tat der Menschlichkeit« in Eves Sinn unnötig macht. Seine tiefer reichende Tat der Menschlichkeit ist die innere Rettung Eves aus zerrüttendem Mißtrauen. Als Gegenfigur zu dem nicht bloß scherzhaft mit dem Pferdefuß ausgestatteten Adam, der mit seinen falschen Angaben auf Eves naiv starke Seele diabolisch, verwirrend wirkt, ist Walter der Mann der Wahrheit und Klarheit. Er gibt ihr die grundlegende Möglichkeit des Vertrauens wieder.

Doch hat Walter mit dem kunstvoll berechneten Angebot des Beutels voll neugeprägter Gulden – mit dieser »Goldprobe« im wirklichen wie im metaphorischen Sinn [13] – nicht sofort den Erfolg, den die Logik fordert. Eve wiederholt sich Walters Bedingungen bei der Beutelübergabe Wort für Wort, um sich ihrer Bedeutung zu vergewissern, bricht dann aber ab und »sieht Ruprecht an« – ein Zögern auf der Schwelle des Begreifens. Und Ruprecht, den der ganze bisherige Verlauf des Stücks als gutherzigen, aber mit Blindheit geschlagenen Tölpel erwiesen hat, als den im Vergleich zu Eve soviel Schwerfälligeren, er hinkt ohne Argument hinterdrein: »Pfui! s'ist nicht wahr! Es ist kein wahres Wort!« Damit aber kommt erneut der entscheidende Begriff der Wahrheit ins Spiel: [14]

Walter: Was ist nicht wahr?
Eve: Da nehmt ihn! Nehmt ihn! Nehmt ihn!
Walter: Wie?
Eve: Nehmt, ich bitt Euch, gnädger Herr, nehmt, nehmt ihn!
Walter: Den Beutel?
Eve: O Herr Gott!
Walter: Das Geld? Warum das?
Vollwichtig, neugeprägte Gulden sinds,
Sieh her, das Antlitz hier des Spanierkönigs:
Meinst du, daß dich der König wird betrügen?
Eve: O lieber, guter, edler Herr, verzeiht mir.
O der verwünschte Richter!
Ruprecht: Ei, der Schurke!
Walter: So glaubst du jetzt, daß ich dir Wahrheit gab?
Eve: Ob ihr mir Wahrheit gabt? O scharfgeprägte,
Und Gottes leuchtend Antlitz drauf. O Jesus!
Daß ich nicht solche Münze mehr erkenne!

---

[13] Seit Eves Worten über Adam: »Wenn er log, ihr Herrn, konnt ichs nicht *prüfen*. / Ich mußte seinem Wort vertraun«, weiß Walter, daß es auf eine Prüfung, auf eine sichere Wahrheitsprobe hinauslaufen wird. Er nimmt auch sofort Eves Worte auf: »Ganz recht. / Du konntest es nicht *prüfen*.«
[14] V. 2366–2377.

Ruprechts blinder Fehlgriff mit seinem gefühlshaften Appell wirft zwar auch Eve noch einmal zurück, macht aber Walters Spiel um so leichter. Denn nun reduziert sich die persönliche Wahrheitsfrage auf eine dingliche Echtheitsfrage. Walter braucht nur noch, fast wie zum Überfluß, zu demonstrieren, daß es sich um »vollwichtig, neugeprägte Gulden« handelt. Eve »erkennt« denn auch »solche Münze« und damit definitiv die Wahrheit. Die Wahrheit ist für sie jetzt buchstäblich bare Münze.[15] Soviel zum Zusammenhang, aus dem sich Eves umstrittener Ausruf allein verstehen und begründen läßt. Denn nur dieser Kontext erhellt die Bedeutung der »Wahrheit« für Eves ganzes Lebensgefühl.

Ist die mit äußerster Konsequenz Zug um Zug fortgeführte Bemühung um die Evidenz der Wahrheit, die eine Anstrengung zur Schaffung neuen Vertrauens ist (Eves Ausruf: »O der verwünschte Richter!« gilt auch dem nun erkannten und wieder gutgemachten Zerstörungswerk im eigenen Innern), auf dem Höhepunkt der durchbrechenden Erkenntnis von besonders tiefsinnigen, zu theologischen Deutungen herausfordernden Wendungen begleitet? Auch wenn man Eves Ausruf: »O Jesus!«, der mit ähnlichen ihres Inhalts beraubten Redensarten dutzendfach in Kleists Werken und besonders häufig im ›Zerbrochnen Krug‹ mit seinem volkstümlichen Kolorit vorkommt, keinerlei tiefere Bedeutung zumißt – es bleiben die Wendungen vom Antlitz des Spanierkönigs und von Gottes leuchtendem Antlitz. Ist Eve eine schlechte Protestantin, die sich mit ihrem Mißtrauen gegen die Obrigkeit an der über jeden Zweifel erhabenen, nach Römer 13,1 gottgewollten Autorität des Königs versündigt hat und sich nun dafür zurechtgewiesen sieht? Kehrt sie reumütig zur Orthodoxie zurück, da sie in der geheiligten Obrigkeit Gott selbst wiederfindet, »Gottes leuchtend Antlitz«? Eine solche Interpretation der Verse muß konsequent zu einer durch das ganze Stück rückwirkenden Charakterisierung Eves als einer

---

[15] I. Graham, Der zerbrochne Krug, in: Heinrich von Kleist, Aufsätze..., S. 272–295, wertet auf S. 290 diese Stelle im Gegensinn: »Eve erkennt die gängige Münze der Wahrheit, sobald sie sie erblickt. Aber nirgends wandelt sich ihr Wissen in einen reinen, von äußeren Zeichen und Indizien ungestützten Glauben an eine letzte Wahrheit des Gefühles.« Diese »letzte Wahrheit des Gefühles« wäre doch nur ein Postulat, dessen Nichtberechtigung und weltfremden Charakter zu erweisen geradezu ein Sinn der Komödie ist (vgl. S. 157 f.). Gilt dies schon für Eves ursprüngliche Vertrauensforderung an Ruprecht, so erst recht für die ganze Verhandlung gegen Adam, die nicht notwendig wäre, mit ihren Zeugen-Aussagen und Indizien, wenn es eine alleserkennende »Wahrheit des Gefühls« gäbe. Wenn I. Graham S. 293 zu Recht bemerkt: »In Kleists Komödie sind die Pforten des Paradieses verschlossen. Der Sündenfall hat stattgefunden«, so gibt es nur die Folgerung, daß alle absoluten Ansprüche an das Gefühl als in dieser Welt rührend schöne und zugleich komischdeplazierte Paradieses-Erinnerungen zu »spielen« sind.

Sünderin führen, die der »Rechtfertigung« bedarf.[16] Eine entsprechende Verbindung mit dem »Adamsfall« macht dann das Sünderpaar Adam–Eva zum melancholisch belehrenden Exempel, und Kleist hätte seinem Stück zu Unrecht den Untertitel ›Ein Lustspiel‹ verliehen.

Die immer wieder fälschlich herangezogene biblische Zinsgroschen-Episode[17] scheint allgemein die Sphäre religiöser Betrachtung zu begründen. Die Geschichte vom Zinsgroschen hat aber nur sehr äußerliche Berührungspunkte mit Walters »Goldprobe«; dem eigentlichen Gehalt nach ist sie anders orientiert. Es geht in ihr um die Abgabepflicht, den »Zins«, nicht um die Echtheit der Münze. Und wenn die Geschichte vom Zinsgroschen in der Belehrung gipfelt: »Gebt dem Kaiser, was des Kaisers ist (den Zins nämlich), und Gott was Gottes ist«, so hat diese Trennung gewiß nichts mit der Ineinssetzung des Königs-Antlitzes auf Walters Gulden mit Gottes leuchtendem Antlitz zu schaffen – ganz im Gegenteil!

Dennoch bleibt die Ineinssetzung von König und Gott schwierig. Wenn Walter sagt: »Sieh her, das Antlitz hier des Spanierkönigs: / Meinst du, daß dich der König wird betrügen?«, so läßt sich zunächst feststellen, daß er Eve damit nicht Luthers Obrigkeitslehre nahebringen, sondern die Echtheit der Gulden dartun will. Das Konterfei des Königs ist das sicherste Zeichen für die Echtheit des Geldes: ein Echtheitsstempel. Der Spanierkönig selbst ist den Niederländern und also auch für Eve ein verhaßter Tyrann. »... der Hispanier / Versöhnt sich mit dem Niederländer nicht, / Und die Tyrannenrute will er wieder / Sich, die zerbrochene, zusammenbinden«,[18] sagt sie schon früher zu Walter. Es kommt also nur auf die *Prägung* der Gulden als Zeichen ihrer Echtheit an. »Vollwichtig, *neugeprägte* Gulden sinds...« Und deshalb geht auch Eve noch einmal auf die Prägung als das Entscheidende ein: »Ob Ihr mir Wahrheit gabt? O *scharfgeprägte*...« Daß sie fortfährt: »Und Gottes leuchtend Antlitz drauf«, wo doch nicht Gottes, sondern des – verhaßten! – Spanierkönigs Antlitz zu sehen ist, kann demnach nur eine der perspektivischen Verschiebungen zum Unendlichen sein, zu denen Eve ebenso wie die Marquise von O... und die Liebenden im ›Erdbeben‹ von der Gewalt eines erschütternden Erlebnisses hingerissen wird. Das erlösende Erlebnis der Wahrheitserkennt-

---

16 So H.-G. Delbrück, Zur dramentypologischen Funktion von Sündenfall und Rechtfertigung in Kleists ›Zerbrochnem Krug‹, in: DVjS 45, 1971, S. 706–756. Delbrück spricht von Eves »eigentlicher Schuld« als einer Schuld gegenüber der Obrigkeit.

17 Matth. 22,19–22: »Weiset mir die Zinsmünze! Und sie reichten ihm einen Groschen dar. Und er sprach zu ihnen: wes ist das Bild und die Überschrift? Sie sprachen zu ihm: des Kaisers. Da sprach er zu ihnen: so gebet dem Kaiser, was des Kaisers ist, und Gott, was Gottes ist.«

18 V. 1962–1965.

nis beseligt sie, über alle Realität hinweg, zu dieser hyperbolischen Projektion eines göttlich leuchtenden Antlitzes. Sie selbst erfährt die Wahrheit in ihrer seit Adams schlechtem Streich von Mißtrauen und Angst verdunkelten Seele wie »Gottes leuchtend Antlitz«. Die abschließenden Worte zu dieser Sache: »O Jesus! / Daß ich nicht solche Münze mehr erkenne!«[19] zeigen, wie sehr sie nachträglich erschrickt über die verfinsternde Macht des Mißtrauens.

Exkurs:
Rückschlüsse auf die Gesamtdeutung des ›Zerbrochnen Krugs‹

Eve verkörpert den Typus des naiven Menschen, für den Wahrheit und Vertrauen elementare Notwendigkeiten sind, der deshalb unbekümmert noch in der zwielichtigsten Situation für sein eigenes Tun Vertrauen verlangt, selbst aber, wenn er einmal irregemacht worden ist, ebenso vehement und gründlich mit Mißtrauen reagiert. Das Hyperbolische, die perspektivische Überzeichnung im erregenden Moment, gehört zu Eves empfindungsstarker Natur. Nicht zuletzt verherrlicht sie sich selbst durch diese indirekte Verherrlichung der Wahrheit. Damit sich aber das Lustspiel nicht zu sehr über seine Sphäre erhebt, hat dieses elementare Angelegtsein auf Wahrheit im ›Variant‹ auch ein niedliches, jungmädchenhaft-komisches Pendant:[20]

Eve: . . . . ich log, ich weiß,
Doch log ich anders nicht, ich schwörs, als schweigend.
Ruprecht: Mein Seel, sie sprach kein Wort, das muß ich sagen.
Frau Marthe: Sie sprach nicht, nein, sie nickte mit dem Kopf bloß,
Wenn man sie, obs der Ruprecht war, befragte.

---

[19] H.-G. Delbrück, S. 744 f., grenzt das Zitat folgendermaßen ab: »Ob Ihr mir Wahrheit gabt? O scharf geprägte, / Und Gottes leuchtend Antlitz drauf. O Jesus!« und versucht damit die Wendung »O Jesus!« (die Kleist in der Buchausgabe durch das Wort »Himmel« ersetzt hat, vgl. Sembdner I, S. 959 zu V. 2376) in einen bedeutungsvollen Zusammenhang mit »Gottes leuchtendem Antlitz« zu bringen, statt sie als Interjektion aufzufassen, die zum folgenden Vers überleitet. Aus dieser Zuordnung zieht Delbrück den Schluß: »Erst als Walter sie auf das Bild des Spanierkönigs aufmerksam machte, wurde entsprechend auch Eve an Jesu Gleichnis (vom Zinsgroschen) erinnert.« Folglich würde es nicht um die Echtheit der Münze und die damit erwiesene Wahrheit, sondern im Sinne der Obrigkeitslehre um die »unbedingte Pflichterfüllung« gehen (S. 742). Daß gerade das Konterfei des verhaßten Spanierkönigs wie Gottes leuchtend Antlitz erscheint, wird sogar zum Zeichen für die Unbedingtheit des Pflichtgebots.
[20] V. 2276–2289.

Ruprecht:	Ja, nicken. Gut.
Eve:	Ich nickte? Mutter!
Ruprecht:	Nicht?
	Auch gut.
Eve:	Wann hätt ich –?
Frau Marthe:	Nun? Du hättest nicht,

Als Muhme Suse vor dir stand, und fragte:
Nicht, Evchen, Ruprecht war es? ja genickt?

Eve: Wie? Mutter? Wirklich? Nickt ich? Seht –

Ruprecht: Beim Schnauben,

Beim Schnauben, Evchen! Laß die Sache gut sein.
Du hieltst das Tuch, und schneuztest heftig drein;
Mein Seel, es schien, als ob du'n bissel nicktest.

Eve verwirrt: Es muß unmerklich nur gewesen sein.

Das virtuose Handhaben solcher Gegengewichte ist typisch für die beiden Lustspiele Kleists. Sie erhalten ein kunstvolles Gleichgewicht, das den Ernst erlaubt, ja die Herzensangst Unschuldiger kennt, aber sofort balanciert. Diesem inneren Gleichgewicht dient im ›Zerbrochnen Krug‹ Adams schwitzende Angst, ohne die Eves mißliche Lage unerträglich wäre, ebenso wie im ›Amphitryon‹ das Scheitern der verliebten Ambition Jupiters, ohne das Alkmenes Prüfung einer widerwärtigen Schikane gleichkäme.[21]

Wie immer man den ›Variant‹ beurteilt, es steht fest, daß er ein solches Gleichgewicht auch im Entscheidenden mit starker Betonung herausarbeitet, während die endgültige Fassung darauf verzichtet. Es handelt sich um das am meisten diskutierte Problem des Stückes: um die Vertrauenskrise zwischen Ruprecht und Eve. In ihr hat man immer wieder einen Ansatz zum Tragischen gesehn.[22] Bekanntlich verweigert Ruprecht das von Eve

---

21 Daß dies nur für den Vordergrund der Handlung gilt, wird eine genaue Analyse des ›Amphitryon‹ erweisen, vgl. S. 161 ff.

22 So in der neueren Literatur H.-J. Schrimpf, Kleist, ›Der zerbrochne Krug‹, S. 343, S. 361 f. Dagegen betonen F. Martini, Kleists ›Der zerbrochne Krug‹ und K. L. Schneider, Heinrich von Kleists Lustspiel ›Der zerbrochne Krug‹, durchgehend den Lustspielcharakter. Generell läßt sich feststellen, daß alle Verfechter der Komödienposition die Vertrauenskrise zwischen Ruprecht und Eve möglichst umgehen oder bagatellisieren und daß umgekehrt die Vertreter des »Tragischen« sie zum Mittelpunkt machen, soweit nicht gar Adam als tragische Hauptgestalt fungiert: als der »Gezwängte und Bedrängte, Geschundene und Gehetzte« (Schrimpf, S. 352). Gegenüber beiden Positionen scheint es geboten, Eves Vertrauensanspruch als Zentrum der Krise genauer zu prüfen. Das Moment der erkennenden Aufhebung, das durch den ›Variant‹ gesichert ist, erlaubt die Integration in den Lustspielhorizont nicht einer heiteren, sondern einer beschränkten und gebrechlichen Welt (vgl. S. 149 ff.). Es ist derselbe

wider allen äußeren Anschein geforderte Vertrauen mit den Worten:[23] »Was ich mit Händen greife, glaub ich gern.« Nun wird Eve in dem erörterten Stück des Variants selbst durch eine Krise des Vertrauens geführt, mit nicht minder triftiger Veranlassung als Ruprecht. Und wie sie Ruprecht zugerufen hat:[24] »Pfui, Ruprecht, pfui, o schäme dich, daß du / Mir nicht in meiner Tat vertrauen kannst«, so sagt nun Walter zu ihr:[25] »Sieh da! So arm dein Busen an Vertrauen?« Dieser Vorwurf ist im selben, nicht eben sehr hohen Grade begründet wie derjenige Eves gegenüber Ruprecht. Wesentlich aber ist, daß sie, indem sie selbst in Ruprechts innere Lage gerät, Verständnis für sein Verhalten gewinnt. Ja, wie Ruprecht Eve, so muß Eve Walter um Verzeihung bitten: »O lieber, guter, edler Herr, verzeiht mir.« Sie erfährt die conditio humana: daß das Festhalten am Vertrauen oft genug kaum zu leisten ist; daß das Vertrauen in der gebrechlichen Einrichtung einer schwierigen Welt Bedingungen unterliegt und daß deshalb ihre radikale Forderung nach unbedingtem Vertrauen ins Unmögliche geht. Dieses Unmögliche kommt, genau besehen, schon in der bis ins »Jenseits« reichenden Vertrauensforderung mit der ganzen Seelenschönheit und Komik unerfahrener Jugend zum Ausdruck:[26] »Du hättest denken sollen: Ev ist brav, / Es wird sich alles ihr zum Ruhme lösen, / Und ists im Leben nicht, so ist es jenseits, / Und wenn wir auferstehn ist auch ein Tag.« Wäre dies ihr Anspruch noch am Schluß, so käme keine Versöhnung aus fröhlichem und leichtem Herzen zustande, und das Ende des Lustspiels wäre durch eine nur notdürftig geflickte Verlobung belastet. Die eigene Vertrauenskrise als Gegengewicht zu derjenigen Ruprechts aber bringt sie in einen höheren Stand menschlicher Erkenntnis. Dies erst erlaubt die Harmonie mit Ruprecht aus vollem Herzen.[27]

Horizont, unter dem so manche Szene in der ›Marquise von O . . .‹, trotz der etwas anderen Orientierung der Erzählung im ganzen, ins Komische, ja ins Groteske gerät (zu den schon öfter bemerkten lustspielhaften Zügen in der ›Marquise von O . . .‹ vgl. zusammenfassend und mit aufschlußreichem Hinweis auf Lessings ›Hamburgische Dramaturgie‹ (28. Stück): H. Himmel, Geschichte der deutschen Novelle, 1963, S. 67 f.).
[23] V. 1176. [24] V. 1164 f. [25] V. 2340. [26] V. 1171–1174.
[27] H. Arntzen, Die ernste Komödie, weist S. 195 auf das Problem des erforderlichen harmonischen Komödienschlusses hin: ». . . obwohl sie am Schluß wieder als Liebende miteinander sprechen, ja sich küssen, muß Veit sie erst zueinander führen: ›Küßt und versöhnt und liebt euch‹«, um dann zu betonen, Veit könne mit diesen Worten »nur den richtigen Komödienschluß einmahnen«, aber nicht herstellen (S. 200). Diese Feststellung eines notdürftig harmonisierten Schlusses trifft, bei unserer Deutung des ›Variants‹, für die ursprüngliche Fassung nicht zu. Die von Arntzen vermißte Aufklärung des Bewußtseins (S. 200) erfährt Eve im ›Variant‹ durch ihre eigene Vertrauenskrise. Zur endgültigen Fassung vgl. S. 161.

Auch der ›Zerbrochne Krug‹ also endet in einer Reifung durch relativierende Selbsterkenntnis, wie die anderen Stücke Kleists. Hier, im Lustspiel, wird die Selbsterkenntnis nicht wie in der Tragödie zur tödlichen Durchbruchsstelle, sondern zu einer wirklichen Lust des Erkennens, weil Quelle des Glücks. Ja, die Krise, die Eve und Ruprecht durchschreiten, führt nicht zur bloßen Wiederherstellung des vorigen Einverständnisses, sondern zu neuer Begegnung der Liebesleute in einem höheren Bewußtsein.

Die Erkenntnis der Wahrheit, auf die das ganze analytische Spiel angelegt ist, stuft sich demnach mehrfach. Zuerst wird aufgedeckt, wer in Wahrheit den Krug zerbrochen hat. Dann entdeckt die durch Adam mißtrauisch gewordene Eve, daß Walter ihr »Wahrheit« gibt. Dadurch gewinnt sie die Möglichkeit des Vertrauens wieder. Schließlich kommt sie im Erkennen der von Walter gebotenen Wahrheit zur Selbsterkenntnis, zur Entdeckung einer menschlichen Wahrheit, die ihr eine neue und bessere Verbindung mit Ruprecht beschert. Kleist hat deshalb die neue Liebeserklärung Eves an Ruprecht präzise nach der Erkenntnis der »Wahrheit« plaziert. Die Anagnorisis[28] ist, nach dem aristotelischen Ideal, mit der Peripetie verbunden. Zu Beginn des ›Variants‹ weist Eve Ruprechts Bitte um Vergebung zurück:[29] »Geh, laß mich sein ... Du hörst. Ich will nichts von dir wissen.« Nach der unmittelbar auf die Goldprobe folgenden Erklärung Ruprechts:[30] »Ich geh nach Utrecht, / Und stehe tapfer auf den Wällen Schildwach« aber sagt sie herzlich und versöhnt: »Und ich geh einen Sonntag um den andern, / Und such ihn auf den Wällen auf, und bring ihm / Im kühlen Topf von frischgekernter Butter: / Bis ich ihn einst mit mir zurückenehme.«

Dennoch wirkt die spätere, nach der mißglückten Weimarer Aufführung entstandene Fassung vollkommener.[31] Denn im ›Variant‹ ist Eve, wie schon der zeitgenössische Kritiker in der ›Allgemeinen deutschen Theaterzeitung‹ vom 11.3.1808 bemerkt,[32] »eine plagende Erzählerin«. Sie breitet in direktem Bericht all das aus, was der Zuschauer aus dem Verlauf der Gerichtsverhandlung auf viel amüsantere Weise schon längst indirekt erschlossen hat – ohne daß seine Phantasie so dingfest gemacht worden wäre wie durch die detaillierte Schilderung des Hergangs im ›Variant‹. So spricht Adam aufgeregt schon zu Beginn der Verhandlung und vollends

---

[28] Der Terminus »Anagnorisis« ist hier in der vollen Weite der Definition verstanden: als Umschlag des Nichtwissens eines Spielers in Wissen (Aristot. poet. II.1452 a 29 – b 8).
[29] Vgl. 1913, 1919.
[30] V. 2380–2385.
[31] Zum Problem der Weimarer Aufführung und zur Umarbeitung vgl. S. 119 ff.
[32] Sembdner, Lebensspuren, Nr. 247.

geistesabwesend vor Verwirrung, als er hört, bei Eve sei ein Krug zerbrochen, »für sich«:[33] »Verflucht! ... / Es klirrte etwas, da ich Abschied nahm –«; Licht schreckt ihn auf: »Herr Richter! Seid ihr –?« (»Seid ihr taub?« will er fragen, da Adam Walters Anweisungen für den Beginn der Verhandlung überhört). Adam bezieht diesen Frage-Ansatz Lichts irrtümlich sofort auf seine nächtliche Übeltat, weil er sich schon ertappt glaubt: »Ich? Auf Ehre nicht! / Ich hatte sie behutsam drauf gehängt, / Und müßt ein Ochs gewesen sein –.« Der bereits hellhörige Leser oder Zuschauer bemerkt sehr wohl, daß »sie« die Perücke ist und »drauf« den Krug meint. Solch enthüllendes Versteckspiel – um nur dieses eine Beispiel zu bringen – macht die ausdrückliche und breitangelegte Schilderung im ›Variant‹ zur beschwerlichen Wiederholung:[34] »... Und nimmt sich die Perücke förmlich ab, / Und hängt, weil der Perückenstock ihm fehlt, / Sie auf den Krug dort ...«

Ferner schadet die außerordentliche Länge des Variants der inneren Ausgewogenheit des Stücks. Als abschließende Handlungseinheit erhält er, wie die Strukturanalyse beweist,[35] gegenüber den früheren Teilen ein starkes Übergewicht. Schließlich gewinnt der ›Variant‹ auch qualitativ eine Sonderstellung, indem er mit bohrender Konsequenz das Problem der Wahrheit und des Vertrauens erörtert. Er geht dabei gelegentlich bis an die Grenze des Theoretischen und hat trotz mancher launigen Einlage zuviel innere Schwere. Vor allem fehlt dem ›Variant‹ der pfiffige Übeltäter Adam und damit die sonst durch das ganze Lustspiel sprudelnde Hauptquelle des Vergnügens. Während die endgültige Fassung nach Adams Flucht ein kurzes, mit wenigen Strichen hingeworfenes happy end inszeniert, das sich schon durch die Regie-Anweisung (»Die Vorigen ohne Adam. Sie begeben sich alle in den Vordergrund der Bühne«) als Epilog und als Abschied vom Publikum ausweist, hat der ›Variant‹ nichts von dieser frischen und schwungvollen Rundung. Er ist ein Appendix sui generis.

Wenn Kleist seiner Buchausgabe des ›Zerbrochnen Krugs‹ von 1811 dennoch den ›Variant‹ beigegeben hat, als ein für sich stehendes Stück, so ist nach den Gründen zu fragen; denn wir wissen, daß er nicht zu jenen Dichtern gehört, denen jedes Stück aus ihrer eigenen Feder heilig ist und die sich gerne selbst dokumentieren. Offensichtlich hat er doch noch diesem ursprünglichen Schluß eine gewisse innere Notwendigkeit zuerkannt. Da das Gewicht des ›Variants‹ ganz auf Eves Vertrauenskrise liegt, mit der schon besprochenen Funktion des Gegengewichts zu Ruprechts Vertrauenskrise, der Schaffung neuer Erkenntnis für Eve und damit neuer Harmonie zwischen den Liebenden – muß Kleist selbst die von der Forschung immer

---

[33] V. 545–549.   [34] V. 2209–2211.   [35] S. 115 ff.

wieder als »tragischen« Ansatz beurteilte Vertrauenskrise Ruprechts als eine gewisse Gefahr für den Duktus des Lustspiels empfunden haben: als eine Gefahr für den Fall, daß Leser und Zuschauer das Komisch-Übertriebene und zugleich Sympathisch-Unzulängliche in Eves Forderung nach absolutem Vertrauen wider alle Wahrscheinlichkeit und gar mit Jenseitsperspektive nicht unmittelbar realisieren. Die Forschungsgeschichte zeigt, daß die Parteigänger des »absoluten« Gefühls, die dem Gefühl einen eigenen unbeirrbaren Erkenntniswert zubilligen, tatsächlich so entschieden haben, wie es Kleist nicht wollte, aber doch schon fürchtete. Insofern also ist der ›Variant‹ eine wesentliche Stütze für die richtige Bewertung der Vertrauenskrise auch in der endgültigen Fassung. Daraus ergibt sich eine praktische Folgerung für die Bühne: Eves Vertrauensanspruch muß, bei aller ergreifenden Naivität, dezidiert komisch gespielt werden. Dann können sich, in der endgültigen Fassung, die Liebenden am Schluß ohne die weiteren Umstände des Variants auch einfach wieder »küssen«, und Veits Segen ist so unkompliziert zu nehmen wie er klingt:[36] »Küßt und versöhnt und liebt euch; / Und Pfingsten, wenn ihr wollt, mag Hochzeit sein.«

1.2. Das Jupiterspiel im ›Amphitryon‹, Höhepunkt des Illusionismus in Kleists Werk

Eine ähnliche Bedeutung, wie sie den Worten von »Gottes leuchtendem Antlitz« als einer perspektivisch verzerrenden Projektion aus Eves großem Wahrheitserlebnis zukommt, ist der Jupiterrolle im ›Amphitryon‹ zuzumessen. Die Parallele reicht erstaunlich weit: Wie Eve im großen Erlebnis der Wahrheit ein irdisches Gesicht zu »Gottes leuchtendem Antlitz« verklärt, so verklärt – dies wird im einzelnen noch aufzuweisen sein – Alkmene aus dem großen Erlebnis der Liebe ihren menschlichen, allzumenschlichen Ehemann zum Gott. Beide Male handelt es sich um ein gefühlshaftes Unendlichsetzen des Endlichen, um eine Vergottung des Menschlichen. Während aber die Worte über »Gottes leuchtend Antlitz«, bei aller Wichtigkeit der Wahrheit in einer Komödie der Irrungen, doch eher ein Sonderproblem des ›Variants‹ sind und nur durch religiöse Deutungen zum Angelpunkt für die Auslegung des ›Zerbrochnen Krugs‹ erhoben wurden, ist Alkmenes vergöttlichendes Liebesgefühl für den ›Amphitryon‹ bis in jede Einzelheit der Handlung hinein konstitutiv.

Zunächst muß die Frage gestellt werden, ob Kleist zu Anfang des 19. Jahrhunderts noch einen antiken Gott in seinem Spiel auftreten lassen

---

[36] V. 1952 f.

konnte.[37] Wenn man diesen Gott so ganz als aus dem Olymp herabgestiegen nimmt, wie ihn das Spiel zunächst zu präsentieren scheint, ist dann noch irgendeine seiner Wirkungen von Interesse? Alle Verwechslungen, alle Scherze und alle Leiden, alle menschlichen Erkenntnisse schließlich wären substanzlos, weil schon in den Voraussetzungen nicht nachvollziehbar. Die gelungenste Dramaturgie und die schönste Sprache vermöchten diesen Mangel nicht zu beheben. Aber Kleist hat sowenig wie Hölderlin mythologische Gottheiten einfach übernommen, auch nicht zu den ernsten Scherzen dieses Spiels.[38]

---

[37] Tieck nennt in der ›Vorrede zu Kleists Hinterlassenen Schriften‹ 1821 Kleists ›Amphitryon‹ eine »Verirrung« im Vergleich zu Molières Werk und begründet seine Meinung vor allem mit folgendem Hinweis: »... die Hauptfiguren haben nur Sinn, wenn sie, wie bei Molière und Plautus, etwas oberflächlich gehalten werden; die ziemlich unbegreifliche Liebe Jupiters bei Kleist kann uns nicht interessieren, sondern nur die tolle märchenhafte Begebenheit des Stückes; je mehr diese hervortritt, je besser, um so eher ertragen wir den Schluß, der immer nur willkürlich und unbefriedigend bei den Neueren ausfallen kann.« (Sembdner, Nachruhm, Nr. 632). Das Mißverständnis kann kaum vollständiger sein, es legt aber doch das Problem frei, indem es den kritischen Ansatz wagt. – Mit journalistischem Temperament schlägt Alfred Kerr in dieselbe Kerbe: »Daß ein Mythos die Dinge so darstellt, geht mich einen Quark an. Ich lebe 1915. Dann ist eben der Mythos ein Quark – sobald er aufhört, ein Spaß zu sein. – Kann einer zum Schluß diesen windigen Gott, wie Kleist verlangt, bitter ernst nehmen? Kann einer, wie Kleist verlangt, zum Schlusse glaubensbrennend vor ihm knien? Kleist verlangt es wirklich. (Nicht nur von Amphitryon; sondern vom Zuschauer.) – Molière (den hier Kleist bearbeitet) hat es knapp vom Amphitryon verlangt. Erst recht nicht vom Zuschauer. – Kleist aber wird nach allen Späßen der Verwechslung stockfeierlich. Von jeher ist beobachtet worden, daß er bei der Verkündung von des Herkules Geburt auf Bestandteile des christlichen Glaubens anspielt. – Aber vom Spaß zum Heilands-Ernst; vom schoflen Zeus zu einer obersten Licht-Allmacht schwebt in seiner Bearbeitung für mich kein Fahrstuhl.« (Der Tag, Berlin, 30. Okt. 1915; Sembdner, Nachruhm Nr. 642b). – Und am 18. Mai 1953 schreibt Gottfried Benn an Friedrich Siems aus Anlaß einer ›Amphitryon‹-Inszenierung: »... mir scheint, Alkmene und ihre Nacht kommen heute nicht mehr ganz bei uns an ...« (Sembdner, Nachruhm, Nr. 645).

[38] W. Wittkowski, Der neue Prometheus, in: Kleist und Frankreich, 1968, S. 27–82, sieht in dem von der Forschung meist nicht in Frage gestellten Mythos ebenfalls einen Stein des Anstoßes. Er interpretiert aber das Stück so, als komme es Kleist darauf an, »den Mythos und damit die autoritäre Ideologie ad absurdum zu führen« (S. 26), was in der sittlichen Selbstbehauptung des Menschen: im Triumph Alkmenes über den Gott geschehe, der damit kein Gott mehr ist. Wird aber so der Mythos nicht doch noch über Gebühr ernst genommen? Konnte Kleist um 1800 als Zertrümmerer eines antiken Mythos auftreten? Denn nur darum würde es sich handeln. Es gibt kaum eine Möglichkeit, die verliebte Ambition des Gottes allgemein mit der »Autorität der Religion« gleichzusetzen – dies gegen Wittkowski S. 57. Die Lösung kann also nicht im

Jupiter in Amphitryons Gestalt, der Alkmene sein »angebetetes Geschöpf« nennt, ist in wesentlichen Aspekten ein Geschöpf Alkmenes. Dies
entspricht Kleists Umgestaltung der bei Molière nur zweitrangigen Rolle
der Alkmene zur zentralen Rolle des Stücks. Bei Kleist ist Jupiters Auftreten nur aus der Innerlichkeit dieser Frau zu definieren;[39] Molières
Jupiter dagegen ist höfisch-gesellschaftliche[40] Metapher, er definiert sich
aus den souverän verliebten Launen des Roi soleil gegenüber seinen Hofdamen. Ganz Versailles erkannte in Alcmène die schöne Marquise von
Montespan, die eben zur Entstehungszeit von Molières Lustspiel Gegenstand königlich galanter Bemühungen war.[41] Die Komödie ist ein der
höfischen Gesellschaft vorgehaltener Spiegel, wenn auch immerhin nicht
allein ein amüsant bestätigender, sondern ebenso ein kritischer Spiegel.[42]

Zertrümmern des Mythos liegen, sondern nur im Entmythologisieren. Wenn
sich der moderne Dichter des Mythos von Göttern und Menschen bemächtigt,
so deshalb, weil er in ihm eine ideale Konfiguration zur Darstellung *menschlicher* Dinge: hoher und weniger hoher Menschlichkeiten erblickt. – Die Dimension der Deutung Wittkowskis ist diejenige des Euripides, der eine (ver-
lorene) Tragödie mit dem Titel ›Alkmene‹ gedichtet hat. In ihrem Mittelpunkt
stand die unschuldig leidende Frau. Die entscheidende Szene des ›Alkmene‹
des Euripides ist auf einem Mischkrug im Britischen Museum überliefert (Cat.
IV, F. 149). F. Stoessl, Amphitryon, Wachstum und Wandlung eines poetischen
Stoffes, in: Trivium 2, 1944, S. 93–117, rekonstruiert daraus S. 96 f. überzeugend den Gang der Handlung.

39 Diesen zentralen Aspekt hat vor allem H. Arntzen, Die ernste Komödie, in
   seiner ›Amphitryon‹-Interpretation (S. 200–245) hervorgehoben.

40 P. Szondi, Amphitryon, Kleists Lustspiel nach Molière, in: Satz und Gegensatz, Sechs Essays, 1964, S. 44–57, hat S. 46–50 Kleists bis in einzelne sprachliche Wendungen hineinreichende Abkehr von Molières Gesellschaftsdichtung
   nachgewiesen. – Vgl. unter diesem Gesichtspunkt auch die aufschlußreiche Studie von H. H. de Leeuwe, Molières und Kleists Amphitryon, in: Neophilologus 31, 1946, S. 174–193.

41 Die treffendste Erörterung bei A. Adam, Histoire de la littérature française
   au XVII siècle, tome III, 1956, S. 364 f. – H. Plard, Gottes Ehebruch? Sur
   l'arrière-plan religieux de l'›Amphitryon‹ de Kleist, in: EG 16, 1961, S. 345,
   schreibt ohne jede Begründung gegen W. Herzog, Heinrich von Kleist, Sein
   Leben und sein Werk, 1911, S. 649 f.: »C'est ainsi qu'il croit encore à la vieille
   légende selon laquelle l'›Amphitryon‹ de Molière ferait allusion aux amours
   de Louis XIV; même en 1911, elle était réfutée depuis longtemps.«

42 Das Stück wurde zwar am Hofe aufgeführt, aber allzu große Freude scheint
   der Sonnenkönig nicht darüber empfunden zu haben, denn es kam zu einer
   einzigen Vorstellung – vielleicht wegen der recht unverblümten Auslassungen
   am Ende, wo Sosie (Molière selbst spielte diese Rolle!) sagt:
      Messieurs, voulez-vous bien suivre mon sentiment?
      Ne vous embarquez nullement
      Dans ces douceurs congratulantes:
      C'est un mauvais embarquement,

Molière rührt allerdings die tiefere Problematik kurz an, die Kleist dann zum Grundzug seines Dramas macht. Auf das Argument:

> Si cette ressemblance est telle que l'on dit,
> Alcmène, sans être coupable ...

antwortet Amphitryon, der nicht ausschließlich als lächerlicher cocu gesehen ist:

> A! sur le fait dont il s'agit,
> L'erreur simple devient un crime véritable,
> Et, sans consentement, l'innocence y périt.
> De semblables erreurs, quelque jour qu'on leur donne,
> Touchent les endroits délicats,
> Et la raison bien souvent les pardonne,
> Que l'honneur et l'amour ne les pardonnent pas.   (III,7)

Dies ins Innere der Alkmene gewendet, ergibt ein gutes Stück der Kleistschen Zentralhandlung. Goethe hat die Mittelstellung Molières zwischen Plautus und Kleist charakterisiert:[43] »Der antike Sinn in Behandlung des Amphitryons ging auf Verwirrung der Sinne, auf den Zwiespalt der Sinne mit der Überzeugung ... Molière läßt den Unterschied zwischen Gemahl und Liebhaber vortreten, also eigentlich nur ein Gegenstand des Geistes, des Witzes und zarter Weltbemerkung ... Der gegenwärtige, Kleist, geht bei den Hauptpersonen auf die Verwirrung des Gefühls hinaus.« »Sinne« – »Geist« – »Gefühl«, so ist Goethes Schema von der Antike bis zur Moderne. Molières Schwerpunkt in der geistreich-»zarten Welt-

---

> Et d'une et d'autre part, pour un tel compliment,
> Les phrases sont embarassantes.
> Le grand Dieu Jupiter nous fait beaucoup d'honneur,
> Et sa bonté sans doute est pour nous sans seconde;
> Il nous promet l'infaillible bonheur
> D'une fortune en mille biens féconde,
> Et chez nous il doit naître un fils d'un très grand cœur:
> Tout cela va le mieux du monde.
> Mais enfin coupons aux discours,
> Et que chacun chez soi doucement se retire.
> Sur telles affaires, toujours,
> Le meilleur est de ne rien dire.

Schon unmittelbar auf Jupiters Erscheinung in seiner göttlichen Gestalt, als deus ex machina, dessen Rede auf den Ton abgestimmt ist: »Un partage avec Jupiter / N'a rien du tout qui déshonore«, bemerkt Sosie sarkastisch: »Le Seigneur Jupiter sait dorer la pilule« (nach Rotrou: »On appelle cela lui sucrer son breuvage«).

43 W. A., I,36, S. 388,5.

bemerkung« ist dabei getroffen – nur weist Goethe nicht auf die Ironie, mit der Molière die im Rahmen des preziösen Gesellschaftsspiels bleibende Unterscheidung Jupiters zwischen Gemahl und Liebhaber traktiert;[44] die kritischen Schatten läßt er vollends unbeachtet. Entscheidend indes ist es, daß der Alcmène Molières, an deren reiner Liebe das Gesellschaftsspiel scheitert, die peinigende Konfrontation mit dem factum brutum erspart bleibt. Sie erscheint im letzten Akt nicht mehr. Dies hat durchaus eine höhere poetische Logik, die in dem Bewußtsein gründet, daß es tatsächlich keinen Jupiter gibt. In dialektischer Umkehrung heißt das entweder: Man müßte schon ein wirklicher Jupiter sein, um das – wenn auch sehr äußerliche – Vergnügen zu genießen...; oder (und wahrscheinlicher): wenn nur die Frau wirklich echt liebt... Der letzte Akt hat dann nur noch die Funktion der Kritik am Versailler Jupiter. Es geht aber nicht um moralische Kritik, die sich etwa auf den (poetisch aufgehobenen) Ehebruch bezöge, sondern um die Kritik an den herrschaftlichen Demütigungen, die sich noch mit dem Schein der Gnade vergolden. Nicht zufällig sind die einschlägigen Formulierungen in den Mund des Dieners gelegt, den Molière selbst spielte – die niederste Rolle, die Rolle der Wahrheit.

Inwieweit aber ist Kleists Alkmene selbst Ursache des komischen und zugleich schmerzhaften Erkenntnisprozesses, den ihr Jupiter bereitet? Kleist hat die Fabel ganz von innen her durchdrungen. Alkmene ist die junge, groß und naiv Liebende, die ihre Liebe wie den Geliebten absolut setzt. Sie ist in den »Flitterwochen«, wie es gleich zu Beginn heißt. Diese Absolutsetzung ist edel und groß, Alkmene verherrlicht sich damit selbst.[45]

---

[44] Bei Molière handelt es sich nicht nur um ein Spiel auf der Normalebene einer nicht verinnerlichten Begegnung, sondern gerade im Ausspielen der Gegensätze von époux und amant um eine auf die zeitgenössische Denkschablone der Preziösen gemünzte Darstellung. Vgl. A. Adam, S. 363 f.: »Les subtiles différences que Jupiter découvre entre la qualité d'époux et celle d'amant, ce n'est rien d'autre qu'un des lieux communs de la métaphysique précieuse. L'amour ne doit pas s'appuyer sur un devoir. Il est pur choix, élection gratuite, liberté. Il n'a d'égards, ni pour la fortune, ni pour le rang. Molière prête a son Jupiter les mêmes propos que Précieux et Précieuses tenaient depuis une dizaine d'années, et les galants spectateurs de sa pièce n'éprouvaient à les entendre nul embarras, mais un divertissement délicat...«

[45] L. Ryan, Amphitryon: doch ein Lustspiel!, in: Kleist und Frankreich, 1968, S. 83–121, deutet im Gegensinn: Jupiter sei der befreiende Gott, welcher Alkmene aus ihrer bereits zu enger Ehepflicht und -moral degenerierten Liebe zur Lebensglut und Herzensweite wirklicher Liebe erwecken wolle. Aber paßt dies zu Alkmene, die doch »so urgemäß dem göttlichen Gedanken« liebt? Und Jupiter müßte dann wieder als der Gott, als eine von außen her einwirkende Kraft verstanden werden, und nicht einmal als Verführer, sondern als Lehrmeister der Liebe! (vgl. auch S. 91: »Zu einem solchen neuen Verständnis ihrer

Aber die Absolutsetzung des Geliebten bedeutet eine täuschende Eigen-
mächtigkeit des Herzens, die zur Isolierung von der Wirklichkeit und zur
Verselbständigung des inneren Idealbildes führen muß: Jupiter. Das
Idealbild trägt zwar alle Züge der Wirklichkeit, überhöht diese aber, so
daß das Menschliche »ins Göttliche verzeichnet« erscheint. Nun beginnt
die schmerzhafte Schizophrenie: ein innerlich zerreißendes Zwischensta-
dium. Das Idealbild wird zum Feind der Wirklichkeit, der »Geliebte« stellt
sich gegen den »Gatten«. Was bald als Quälerei des Gottes, bald als
Triumph seines Geschöpfes allzu buchstäblich genommen wird, weil es in
dieser Form erscheint, sind Metaphern für die Schmerzen und den Glanz
der Liebe, das Seelendrama der Alkmene. Indem sie sich weigert, den Geliebten und den Gatten voneinander zu trennen, versucht sie die Spannung
auszuhalten, die sich ihrer bemächtigt und sie zu zerrütten droht. Der Verlust der Identität der beiden Gestalten – des Geliebten und des Gatten –
im Innern Alkmenes erhält schließlich sein Symbol in der 4. Szene des

---

Liebe zu Amphitryon will Jupiter sie bewegen«). Mehrere Einzelinterpretatio-
nen zu Alkmenes Haltung scheinen mir in diesem Zusammenhang nicht zuzu-
treffen. Wenn etwa auf Jupiters Frage:
  Ob den Gemahl du heut, dem du verlobt bist,
  Ob den Geliebten du empfangen hast? (V. 456 f.)
Alkmene antwortet:
  Geliebter und Gemahl! Was sprichst du da?
  Ist es dies heilige Verhältnis nicht,
  Das mich allein, dich zu empfahn, berechtigt? (458–460)
so kann man ihr nicht entgegenhalten: »Warum ist sie nicht bereit zuzugeben,
daß sie ihren Ehemann auch – oder sogar vornehmlich – aus Liebe empfangen
hat (oder empfangen könnte), nicht nur wegen des Zwanges des ›Gesetzes‹?«
Alkmene spricht ja den vermeintlichen Amphitryon gerade nicht nur als Ge-
mahl, sondern als »Geliebten und Gemahl« an, und der »Geliebte« steht an
erster Stelle! »Dies heilige Verhältnis«, das »berechtigt«, ist demnach nicht der
öde Ehezwang, sondern eine Ehe, wo der Gemahl zugleich und vorrangig
Geliebter ist. Geradezu entscheidend aber für Ryans Deutung ist sein Ver-
ständnis der Verse 487–492. Alkmene sagt zu Jupiter:
        Nicht, daß es mir entschlüpft
  In dieser heitern Nacht, wie, vor dem Gatten,
  Oft der Geliebte aus sich zeichnen kann;
  Doch da die Götter eines und das andre
  In dir mir einigten, verzeih ich diesem
  Von Herzen gern, was der vielleicht verbrach.
Ryan kommentiert S. 88:
        verzeih ich diesem (dem Ehegatten)
  Von Herzen gern, was der (der Geliebte) vielleicht verbrach.
Der Kontext fordert eindeutig die umgekehrte Reihenfolge der ergänzenden
Zusätze:
        verzeih ich diesem (dem Geliebten)
  Von Herzen gern, was der (der Ehemann) vielleicht verbrach.

2. Aktes, wo auf dem Diadem des Labdakus plötzlich das J statt des A zu sehen ist.

In der 5. Szene des 2. Aktes, am Ende seines zweiten großen Gesprächs mit Alkmene, rechtfertigt Jupiter sein Handeln durch den Vorwurf der Idolatrie. Alkmene habe durch die Vergötzung Amphitryons den Unwillen Jupiters gereizt. Er, der Gott, sei deshalb herabgestiegen, um sich die ihm allein zukommende höchste Liebe und Verehrung zu erzwingen und sich zugleich für die Vergötzung eines Sterblichen zu »rächen«. Beruhigend fügt er hinzu: [46] »Er straft [47] nicht mehr dich, / Als du verdient.« Er straft sie, indem er sie zur Unterscheidung zwischen göttlicher Idealität und menschlicher Unvollkommenheit führt. [48] Entmythologisiert heißt dies: Eben durch die Vollkommenheit ihrer Liebe, die sich auf den mit menschlicher Notwendigkeit unvollkommenen Amphitryon richtet, durch die »Vergötzung« also, hat Alkmene unbewußt den Grund gelegt für einen schrittweise ins Bewußtsein und zur Erkenntnis führenden Prozeß. Die »Vergötzung«, letztlich ihre eigene Liebesvollkommenheit, ruft Jupiter auf den Plan – als sich verselbständigendes Idealbild, das nun eigentätig zur Konfrontation mit der Wirklichkeit und zur »strafenden« Unterscheidung drängt. Die Dialoge Jupiters mit Alkmene stellen mit höchster Virtuosität die innere Dialektik zwischen einer im platonischen Sinne zu verstehenden Idee und der Wirklichkeit dar, wobei die Wirklichkeit unterliegen, das Ideal aber sich schließlich entziehn muß. Den beiden Amphitryonen gegenübergestellt, entscheidet sich Alkmene für Jupiter, kaum aber ist die Unterscheidung und Entscheidung getroffen, so entschwebt Jupiter zum Olymp.

---

[46] V. 1467 f.

[47] W. Müller-Seidel, Die Vermischung des Komischen mit dem Tragischen in Kleists Lustspiel ›Amphitryon‹, in: JbSchG 5, 1961, S. 118–135, macht das Motiv der Strafe zum Angelpunkt seiner Interpretation und konstatiert, ganz im Sinne eines mythologisch auftretenden Jupiters, die Strafe treffe Alkmene, weil sie nicht zwischen Göttern und Menschen unterscheide; es gehe um eine Strafe für das »Vergessen der Götter nicht zuletzt« (S. 125). Diese Deutung läßt die Substanz der verhängten Strafe außer acht: Sie besteht in der Unterscheidung selbst. Daraus folgt, daß auch der Begriff der Strafe entmythologisiert zu verstehen ist: Es handelt sich um einen schmerzenden Erkenntnisprozeß. Demnach »mildert« Jupiter nicht auf unbestimmte Weise die zuerst angedrohte »ganz unangemessene Form der Strafe« (S. 122) gleich wieder ab, wenn er beruhigend sagt (V. 1467 f.): »Fürchte nichts. Er straft nicht mehr dich, / Als du verdient.« Vielmehr ist mit dieser Betonung der vollkommenen Angemessenheit der »Strafe« ausgedrückt, daß die Desillusionierung nur soweit wie die Illusion reicht.

[48] Vgl. die folgenden Verse: »Doch künftig wirst du immer / Nur ihn, versteh, der dir zur Nacht erschien, / An seinem Altar denken, und nicht mich.« (V. 1468–1470).

Die durch Alkmenes Liebe in Gang gebrachte Dialektik zwischen Menschlichem und Göttlichem, zwischen Wirklichkeit und Ideal,[49] ist an keiner Stelle zu durchbrechen. Daher Jupiters vergebliche Bemühung, Alkmene zu einer prinzipiellen Trennung und Unterscheidung zu führen. Einerseits ist die Hinwendung zum Göttlichen nicht möglich, ohne daß dieses Göttliche die Züge des geliebten Menschen annimmt:[50]

Jupiter: Weshalb warfst du aufs Antlitz dich? – Wars nicht,
                Weil in des Blitzes zuckender Verzeichnung
                Du einen wohlbekannten Zug erkannt?
                . . . . .

Alkmene: Ach, ich Unsel'ge, wie verwirrst du mich.
                Kann man auch Unwillkürliches verschulden?
                Soll ich zur weißen Wand des Marmors beten?
                Ich brauche Züge nun, um ihn zu denken.[51]

Andererseits muß die Liebe, indem sie eine menschliche Wirklichkeit innig ergreift, diese zum Ideal, zum Göttlichen erhöhen. Solange also Jupiter in Amphitryons Gestalt und allein erscheint, ist eine Unterscheidung doppelt unmöglich, die Forderung nach Unterscheidung doppelt verwirrend. Daher der Reiz der falschen Identifikationen und der Gedankenspiele, die Jupiter mit Alkmene treibt. Wie aber soll Jupiter anders erscheinen, da er in seiner Eigentlichkeit notwendig unvorstellbar ist?

Die Dialektik muß, da sie sich nicht durchbrechen läßt, aufgehoben werden. Dies ist nur durch die schon von Molière vorgegebene, aber nicht auf Alkmene bezogene Konfrontation der beiden Amphitryonen möglich. Wenn Kleists Alkmene von Jupiter in diese Konfrontation hineingeführt wird, so bedeutet dies, daß das durch ihre eigene Liebesvollkommenheit entworfene Idealbild nach einem Übergangsstadium verwirrender Anfechtungen, denen sie sich noch heroisch entgegenstellen konnte, schließlich einen äußersten Grad der Selbständigkeit erreicht, wo sich ihr die Unterscheidung zwingend auferlegt. Amphitryon in zwei nebeneinander zu gleicher Zeit auftretenden Gestalten – das ist der Augenblick, wo die göttliche Inkarnation über das Menschliche, das auskristallisierte Ideal über die

---

[49] Vgl. die Bemerkungen bei De Leeuwe, Molières und Kleists Amphitryon; H. Arntzen, Die ernste Komödie, S. 200–245, deutet in derselben Richtung das ganze Spiel als Komödie des Bewußtseins, ohne allerdings Alkmene gerecht zu werden; die dialektische Spannung zwischen Ideal und Wirklichkeit betont ebenfalls G. Jancke, Zum Problem des identischen Selbst in Kleists ›Amphitryon‹.

[50] V. 1443–1457.

[51] Jupiter bestätigt dies aus umgekehrter Perspektive V. 1514–1533.

trübe zurückstehende Wirklichkeit siegt. Jupiters Sieg ist aber zugleich seine Niederlage. Denn im Moment der Unterscheidung muß sich das Ideal nicht nur als das Höhere, sondern auch als das überwirklich Unwirkliche zu erkennen geben. Mit innerer Logik begibt sich deshalb »Jupiter« unmittelbar nach Alkmenes Unterscheidung zurück auf den Weg zum Olymp. Alkmenes Unterscheidung ist der – wieder nur Kleist gehörende – Gipfelpunkt des Dramas.[52] Sie löst einen Katarakt dramatisch sich vertiefender Erkenntnis aus.

Die ganze Schluß-Szene ist eine mehrfach gestufte Anagnorisis. Nach der Einleitung, die den Erwartungshorizont des Erkennens[53] mit größter Dringlichkeit entwirft, und nach Alkmenes Unterscheidung, mit der die Vergötzung des irdisch-menschlichen Amphitryon drastisch endet, wird dieser Amphitryon von dem siegreichen Ebenbild in seine, in die ihm wahrhaft zukommende Identität eingesetzt:[54]

Jupiter: Wohlan! Du bist Amphitryon.
Amphitryon: Ich bins! –

Darauf folgt die für Kleist so typische Frage: »wer bist du?«:

              Und wer bist du, furchtbarer Geist?

In diesem Ton steigert der Dialog den Erkenntnisvorgang bis zur Selbstoffenbarung Jupiters. Schon bevor die Evidenz erreicht ist, sprechen die Menschen mit Jupiter wie mit einem Gott, einem ganz Anderen, nicht Sterblichen: »...furchtbarer Geist... Das faßt kein Sterblicher«, sagt Amphitryon, und Alkmene:[55] »Laß ewig in dem Irrtum mich, soll mir / Dein Licht die Seele ewig nicht umnachten.« Jupiter selbst nennt sich in hieratischer Allheitsumschreibung »das Licht, der Äther, und das Flüssige«, und (mit der homerischen Formel): »Das was da war, was ist, und was sein wird.«[56]

Auf Amphitryons ultimative Aufforderung:[57] »Heraus jetzt mit der Sprache dort: Wer bist du?« folgt die entscheidende Antwort, ohne »Sprache«: mit »Blitz und Donnerschlag«. Und Kleist, der in seinen Dramen-

---

[52] V. 2231 ff.

[53] »Erkennen« ist das vielfach wiederholte Grundwort V. 2192–2226. H. Badewitz, Kleists ›Amphitryon‹ (Bausteine zur Geschichte der deutschen Literatur 27), 1930, hat die Erkenntnisproblematik in das Zentrum des Stücks gerückt. Ähnlich mißt W. Müller-Seidel, Die Vermischung des Komischen mit dem Tragischen, gegenüber Frickes Hauptkategorien Gefühl und Existenz dem Erkennen die zentrale Bedeutung zu, allerdings eingebettet in eine Theodizee (S. 133–135).

[54] V. 2291 f.   [55] V. 2305 f.
[56] V. 2299 f.   [57] V. 2309.

schlüssen kein Mittel der Aufgipfelung versäumt, stürzt nun die Konstellation der Fragenden und Antwortenden wirkungsvoll um, indem er seinen Jupiter fragen läßt: »Wer bin ich?« Worauf die Menschen antworten: »Jupiter!«. Alkmene fällt bei diesem Namen ohnmächtig »in Amphitryons Arme«, sie erleidet den fast vernichtenden Rückstoß vom Ideal zur Wirklichkeit. Als sie wieder zu sich kommt, ist ihr erstes und einziges Wort:[58] »Amphitryon!«. Durchaus nicht nur ein Kundtun schöner Treue, sondern eine Anagnorisis, eine Erkenntnis Amphitryons in seiner menschlichen Form, ein Wiederfinden, aber auf neuer Basis, ein Ton der Liebe und des Schmerzes in Einem. Amphitryons erstes und einziges Wort wiederum ist, in ungemein pathetischer Entsprechung, auch nur ihr Name:[59] »Alkmene!« Auf dieses im Namen-Nennen sich vollziehende neue gegenseitige Ergreifen und Erkennen der beiden Liebenden, und unmittelbar auf den Ausruf »Alkmene!«, folgt das »Ach!«. Es ist der Höhepunkt des Erkenntnisprozesses, ein Ausdruck der Selbsterkenntnis – gar nicht so rätselhaft als Echo auf den eigenen Namen. Alkmenes »Ach!« gerade als Antwort auf den Namensanruf kommt aus der nun vollendeten Einsicht in ihr eigenes Wesen und in dasjenige der Liebe. Nur die Kraft ihrer Liebe hat sie in diesen schmerzhaften Erkenntnisprozeß geführt. Das Jupiterspiel ist das Spiel ihres eigenen Herzens: die dialektisch begründete Erkenntnisfunktion der großen Illusion.

Daß sie aber so groß lieben konnte, bleibt ihre Herrlichkeit. Jupiter, der nicht als blinder Zufall und als fremdes peinigendes Schicksal von außen in ihr Leben einbricht, sondern ganz »ihr« Jupiter ist, muß sie deshalb mit innerer Notwendigkeit zu dem immer wieder angekündigten Triumph führen. Der durch ihre vergöttlichende Liebe vom Olymp gelockte Gott vergöttlicht am Ende sie selbst: eine dialektische Rückwendung zum Ursprung des Geschehens, aber nun auf der Ebene des Bewußtseins. »Du Göttliche! Glanzvoller als die Sonne! / Dein wartet ein Triumph...«[60], so redet er sie unmittelbar vor der entscheidenden Enthüllung an, und schon am Ende der 5. Szene des 2. Aktes nennt er sie »So urgemäß, dem göttlichen Gedanken, / In Form und Maß, und Sait und Klang«.[61] Jupiters letztes Wort zu Alkmene:[62]

O Fluch der Seligkeit, die du mir schenktest,
Müßt ich dir ewig nicht vorhanden sein,

[58] V. 2349.
[59] V. 2362.
[60] V. 2270 f.
[61] V. 1571 f.
[62] V. 2307 f.

eines der schwierigsten im ganzen Drama,[63] gehört in den zentralen Problemkreis der neuen menschlichen Erkenntnis, zu der Alkmene am Ende gelangt. Als Antwort auf ihr erkenntnis- und bewußtseinsflüchtiges

> Laß ewig in dem Irrtum mich, soll mir
> Dein Licht die Seele ewig nicht umnachten

bedeutet es, daß sie von nun ab in ihrem Bewußtsein »ewig« (Jupiter nimmt das von ihr zweimal gebrauchte Wort pointierend auf) die Dimension der höchsten Liebe festhalten soll, in der sie bisher unbewußt gelebt hat. Fluch gebührte der erlebten Liebesvollkommenheit nur, wenn beim Abschluß des durch sie in Gang gebrachten Bewußtseinsprozesses eben diese Dimension selbst verloren ginge, aus einer Art von niederem Realismus, dem alles Große nicht existent ist, nur weil die äußere Realität es nicht bietet.[64] »Jupiter« also hofft und wünscht, Alkmene möge die Kraft haben, das aus dem eigenen Erleben entworfene »Ideal« nicht der Wirklichkeit zu opfern, zu der sie sich nun nach abgeschlossenem Erkenntnisprozeß herablassen muß. Sie hat in immer lebendig bleibender Spannung die beiden Amphitryonen zu unterscheiden und zugleich zu vereinen.

Von dieser perspektivischen Interpretation des Alkmene-Jupiter-Spiels, die das gesamte Geschehen als Seelendrama der Alkmene deutet und damit das sonst unauflösbare irrationale Mythologem[65] zugunsten eines voll-

---

[63] Es handelt sich um einen Konditionalsatz, wie schon H. H. de Leeuwe, Molières und Kleists ›Amphitryon‹, S. 186, bemerkt (»Wenn du nicht für immer etwas besäßest, das von mir kommt oder mir gleich ist«). Vgl. auch Ryan, Amphitryon..., S. 99 (»die Jupiter von Alkmene geschenkte Seligkeit würde seinem Fluche verfallen, wenn er ihr nicht mit Sicherheit ewig vorhanden wäre«).

[64] Das notwendige Pendant, daß nämlich Alkmene keine romantische Dame ist, die eine Flucht ins »Ideale« antritt und darüber die Wirklichkeit verzehrt, wird schon in den Versen 1506–1510 deutlich. Dort antwortet Alkmene dem Imponiergehabe des Gottes, der ihr klarzumachen versucht, sie werde noch »weinen«, daß sie »ihm nicht folgen« darf in den Olymp:
Nein, nein, das glaube nicht, Amphitryon.
Und könnt ich einen Tag zurücke leben,
Und mich vor allen Göttern und Heroen
In meine Klause riegelfest verschließen,
So willigt ich –

[65] Zur prinzipiellen Unauflösbarkeit des Mythologems gesellt sich das Sonderproblem, daß Jupiter als mythologische Gestalt in sich widersprüchlich ist. Zur Kennzeichnung der Crux und zum Versuch, sie innerhalb des mythologischen Horizonts zu überwinden vgl. vor allem G. Fricke, Gefühl und Schicksal, S. 78 f. (Jupiter nur als »Hilfskonstruktion« zur Verherrlichung Alkmenes), W. Müller-Seidel, die Vermischung des Komischen mit dem Tragischen, S. 133 f. (Jupiter als der »Überlegene«, der alle Widersprüche über-

ziehbaren psychologischen Vorgangs aufhebt, bleibt auch die Gestalt des Amphitryon nicht unberührt. Zwar sieht sich Amphitryon durch das Jupiterspiel »entamphitryonisiert«, wie Kleist in Übernahme der scherzhaften Prägung Molières sagt; um so entschiedener aber wird er in seine tiefere Identität eingesetzt, von der alles Konventionell-Uneigentliche abgestreift ist. In einer für Kleist typischen, schmerzhaften Operation wird ihm das eigene Ich bis zu einem Grade streitig gemacht, wo alle äußeren »Eigenschaften« dieses Ichs von ihm abfallen und er sich nur noch bewähren kann. So tritt seine innere, bisher verschüttete Substanz ans Licht – seine Liebe zu Alkmene ohne alle Beimischung von Ansprüchen der Eigenliebe, ohne Rücksicht auf gesellschaftliche Stellung, Ruhm und Ehre. Als in der Stunde der erkennenden Entscheidung Volk, Anhänger, Feldherrn, sämtliche gesellschaftlichen Sicherungen also, ins Wanken geraten, und nachdem Alkmene schon gegen ihn und für den andern »Amphitryon« ent-

---

greift); für W. Wittkowski, Der neue Prometheus, dient die Widersprüchlichkeit der Jupitergestalt zur Entthronung des Mythos. – H. W. Nordmeyer, Kleists ›Amphitryon‹, Zur Deutung der Komödie, Monatshefte 38, 1946, S. 1–19, S. 165–176, S. 268–283, S. 349–359, und 39, 1947, S. 89–125, versucht die Widersprüche auf sich beruhen zu lassen und Jupiter schlicht als das zu nehmen, »als was er sich gibt, einen griechischen Gott (eben in dieser Rolle ist er aber widersprüchlich!), vorgestellt im mythischen Als-ob« (Bd. 39, S. 89), um dann kategorisch zu erklären: »Wir bleiben also dabei, daß das Geschehen, das Alkmene durchlebt, lediglich von außen hervorgerufen ist, durch nichts andres als des Olympiers ›verliebtes Erdenabenteuer‹« (S. 92). Daraus folgt eine weitgehende Annäherung an Fricke in der Grundposition: als Ereignis »von außen« wird Jupiter notwendig zum »Schicksal in all seiner Unentrinnbarkeit« (S. 95). – Seit Gundolf (Heinrich von Kleist, 1922, S. 86: »Gott hat als Gott keinen Charakter ...«), der Kleist als verqueren Phantasten aburteilt, weil er in der Gestalt Jupiters Griechisches, Christliches und Pantheistisches, Göttliches und Menschliches vermengt habe, gilt allerdings weitgehend das negative Urteil, das sich auf die gar nicht zur Konzeption des »Olympiers« passenden »Widersprüche« und »Brüche« beruft. Vgl. dazu den Forschungsbericht von H. Plard, Gottes Ehebruch? Sur l'arrière plan ... (1961). Plard selbst unterscheidet einen künstlerisch gelungenen Alkmene-Part und einen mißlungenen Jupiter-Part: »comme synthèse des diverses conceptions du Divin, la pièce est confuse et mal construite« (S. 374, Anm. 140). H. Arntzen, Die ernste Komödie, dagegen konstatiert, daß die Handlung zwar nur »im Rahmen des mythischen Schemas« verständlich ist (S. 217), daß aber die Götter in diesem Spiel Objektivationen und Agentien eines Bewußtseinsprozesses sind. – Der dargestellte Versuch einer Entmythologisierung hebt auch das Sonderproblem auf. Denn in der aus Alkmene eignem Innern sich entwickelnden Dialektik ist es geradezu unabdingbar, daß die Jupitergestalt in der Spannung von Göttlichem und Menschlichem, von Pantheistischem (= Idealem) und Personhaft-Plastischem (= Realem) erscheint. Zur besonderen Funktion der Vermengung des Griechischen mit dem Christlichen vgl. S. 175.

schieden hat, ruft er schmerzerfüllt aus:[66] »Alkmene!« und »Geliebte!«.
Es handelt sich um Rufe in höchster Not, aber nicht nur um Hilferufe, sondern auch um ein Aufleben der innerlich echtesten Regung. Es ist der Augenblick einer doppelten Selbstentäußerung.[67]

Wenn Amphitryon bis zum Schluß nur ein selbstgewiß-engstirniger
Ehemann und Renommiergeneral bliebe, so könnten er und Alkmene einander nicht wiederfinden, und Alkmenes »Ach!« wäre die Besiegelung der
Katastrophe. Deshalb arbeitet Kleist am Ende bei Amphitryon die alle
andern Lebenswerte überholende Liebe zu Alkmene heraus. Jupiter spricht
in der Abschiedsrede immer wieder von Amphitryons »Ruhm«, ja von
seinem »Triumph«. Amphitryon selbst, der solchen Werten durchaus nicht
absagt, möchte diesen Ruhm in einem großen Sohn verkörpert sehn. Aber
während seine Offiziere nach Jupiters Abschied die Worte des Gottes über
den Ruhm goutieren,[68] sagt Amphitryon eben nur »Alkmene!«.

Erster Feldherr: Fürwahr! Solch ein Triumph –
Zweiter Feldherr: So vieler Ruhm –
Erster Oberster: Du siehst durchdrungen uns –
Amphitryon: Alkmene!
Alkmene: Ach!

Statt in das Ruhm-Gerede mit einzustimmen, spricht er den Namen der
Liebe aus. Eigentlich erwartet man von ihm als dem Oberkommandieren-
den eine höchste Steigerung der von den Feldherrn in komischer Glorien-
trunkenheit und zugleich peinlicher Betretenheit kaum bewältigten Aussage. Kleist hat durch die Täuschung dieser Erwartung dem Anruf »Alkmene!« das Vollgewicht von Pathos und Bedeutung verliehen.

Dennoch wird die Erwartung in einem tieferen Sinne erfüllt. Was ist
Amphitryons wirklicher Ruhm? Die entscheidenden Worte in Jupiters Abschiedsrede lauten:[69]

    Laß deinen schwarzen Kummer jetzt entfliehen,
    Und öffne dem Triumph dein Herz,
    Was du, in mir, dir selbst getan, wird dir

---

66 V. 2234 und 2236.
67 W. Müller-Seidel, Die Vermischung des Komischen mit dem Tragischen,
   S. 130, betont ebenfalls, daß Amphitryon zur »Wahrheit der Liebe« finde und
   verweist dafür schon auf die Verse 2208–2210, wo Amphitryon Alkmene geradezu seine »Braut« nennt – er »muß um die Gattin erneut werden«.
68 Bei Molière sagt nur einer der Feldherrn: »Certes, je suis ravi de ces marques
   brillantes...« (III,10). Kleist hat diese »douceurs congratulantes« also bewußt ausführlicher dargestellt, um seine besondere Wirkung zu erzielen.
69 V. 2319–2326.

Bei mir, dem was ich ewig bin, nicht schaden.
Willst du in meiner Schuld den Lohn dir finden,
Wohlan, so grüß ich freundlich dich, und scheide.
Es wird dein Ruhm fortan, wie meine Welt,
In den Gestirnen seine Grenze haben.

Wieder steht das Wort »ewig« im Zentrum, wie in Jupiters letzten Worten zu Alkmene. Kleist spielt in der orakelhaft verklausulierten Sprache des Gottes auf die Dialektik zwischen Ideal und Wirklichkeit an. Was Amphitryon in der Gestalt Jupiters, d. h. durch das idealisierte Bild seiner selbst, sich selbst getan – Alkmenes Erkenntnis der beschränkten menschlichen Wirklichkeit war das Ziel des »Tuns« –, bedeutet keine Herabminderung seines Wertes vor dem »ewigen« Sein des Ideals. Denn dieses Ideal ist seinerseits nur aus der Idealisierung der Wirklichkeit zu denken, und die hat Alkmene in der Liebe zu Amphitryon geleistet. Amphitryons Ruhm ist also – Alkmenes Liebe. Er ist so geliebt worden, wie es nur einem Gott zukommt. Kleist hat damit das Doppelthema des Molièreschen ›Amphitryon‹ – honneur und amour – auf höchst geistreiche Weise aufgelöst. Sein malträtierter Amphitryon hat am Ende das Vergnügen, zu erkennen, daß er wie ein Gott geliebt wurde, aber zugleich geht Alkmene mit ihm in eine neue Art der Gemeinsamkeit. Mit den »Flitterwochen«[70] ist das Lustspiel zu Ende.

Der Wunsch nach einem Sohn vom »Vater Zeus« und die Verkündigung von Herakles' Geburt schließlich ist der Mythos von der Sehnsucht der Menschen nach einem Ausbruch aus dem nun als beschränkt und unvollkommen erkannten Dasein; der Mythos der Hoffnung auf eine Synthese von Mensch und Gott,[71] von Ideal und Wirklichkeit. Kleist hat diesen

---

[70] V. 541.

[71] Ähnlich De Leeuwe, Molières und Kleists ›Amphitryon‹, S. 100; in dieselbe Richtung deutet auch Peter Szondi, Amphitryon, S. 57, allerdings mit einer Verengung auf das gesellschaftliche Moment und mit mythologischem Gott: »Jene Absage Kleists an das gesellschaftliche Moment in Molières Komödie kehrt so thematisch bei Alkmene als Absage ihres Gefühls an den Amphitryon der positiven Welt von Staat und Ehegesetz wieder. Die von Molière übernommene »scherzhafte« Unterscheidung endigt in dem tragischen Widerspruch von Alkmenens Gefühl, das sich bewährt, indem es versagt. Die Überwindung dieser Tragik aber stellt die nicht mehr erschlichene Synthese von Gott und Mensch in dem Halbgott Herakles dar, mit dessen Verkündigung Kleists ›Amphitryon‹ schließt.« H. Arntzen, Die ernste Komödie, interpretiert S. 242: »Und wenn Jupiter diesem neuen Menschen (Amphitryon in seinem neuen Bewußtsein) den Sohn Herkules verheißt, so kündet er darin den neuen Äon an, in dem das menschliche Werk als Objektivation des Selbstbewußtseins den Menschen mit dem Göttlichen für immer versöhnt.« Ähnlich, aber mit stärkerer Betonung des Prozeßcharakters und der geschichtlichen Dimension:

Hoffnungscharakter des Geschehens präzise gestaltet, indem er nicht einfach den scheidenden Jupiter die Geburt des Herakles verkünden läßt (wie Molière), sondern dem Amphitryon selbst den Wunsch nach einem großen Sohn in den Mund legt. Solche Sehnsucht und Hoffnung hat die desillusionierende Erkenntnis der condition humaine und zugleich Alkmenes illusionsträchtige Liebesvollkommenheit zur Voraussetzung. Insofern also steht auch die oft kritisierte Verheißung von der Geburt des Herakles in der inneren Konsequenz des dargestellten Geschehens, sie ist nicht bloß ein vom mythischen »Stoff« diktierter, funktionsloser Appendix. Wenn die Kritik sich endlich besonders gegen die ans Christliche anklingende Form der Verheißung wendet[72] (V. 2335 f.: »Dir wird ein Sohn geboren werden, / Deß Name Herkules«), so ist zu fragen, ob es Kleist in diesem Zusammenhang auf spezifisch Christliches ankommen konnte. Daß er durch sprachliche Mittel bewußt die Verkündigung von der Geburt des christlichen Erlösers mit derjenigen von der Geburt des griechischen Soter vermengte, in dichterischem Synkretismus, heißt doch, daß der Wunsch, in dem das Stück gipfelt, zum Ursprung *aller* Religion erhoben wird: als ein Ausdruck menschlicher Sehnsucht nach höchster Vollkommenheit.

Doch wird nicht der Mystik das Wort geredet. Die Religion erscheint nicht als reale Rettung, sondern nur als ein in der Substanz psychologisch aufgelöster Ausdruck nie erfüllbarer Hoffnungen. Die Menschen können, nach der Erkenntnis, nur noch von der Hoffnung leben – und sie hoffen.[73]

G. Jancke, Zum Problem des identischen Selbst in Kleists ›Amphitryon‹, S. 101 f.

[72] Lang ist die Reihe der Kritiker in diesem Punkt; vgl. dazu den ganz unter dem »religiösen« Aspekt konzipierten Forschungsbericht von H. Plard, Gottes Ehebruch? ... Plard schließt sich selbst den von ihm aufgezählten negativ wertenden Stimmen an. Positiv, aber im Sinne eines wirklichen »Mysteriums«, A. Sauer, Zu Kleists ›Amphitryon‹, Euphorion 1913, S. 93–104. Sauer gibt eine umfassende Sammlung der ins Christliche gehenden Wendungen, schießt allerdings in mehreren Fällen über das Ziel hinaus und kommt schließlich zu der weitergehenden Folgerung (S. 111): »Die Beziehungen auf das Mysterium der Empfängnis Christi können nichts Zufälliges oder Sekundäres sein, sie sind vielmehr der Kern des Werkes und die Anlehnung an Molière das zweite und nebensächliche.« Bekannt ist Goethes Äußerung zu Riemer vom 14. Juli 1807: »Das Stück Amphitryon von Kleist enthält nichts Geringeres, als eine Deutung der Fabel ins Christliche, in die Überschattung der Maria vom Heiligen Geist. So ist's in der Szene zwischen Zeus und Alkmene.« (W. A. I, 36, S. 388,5).

[73] Vgl. zu dieser Interpretation im Sinne aufhebender Ironie die Gegenposition von G. Jancke, Zum Problem des identischen Selbst in Kleists ›Amphitryon‹, der die Hoffnungsdimension optimistisch ernst nimmt: »Die im Menschen angelegte Differenz zwischen seiner gegebenen Wirklichkeit und seiner vollkommenen Verwirklichung wird zur Aufgabe seiner Geschichte als eines Prozesses der Aufhebung jener Differenz zur wahren Identität ...« (S. 101); »In-

Damit erreicht das Tragikomische seinen Gipfel. Mit artistischem Takt allerdings ist das spezifisch Tragikomische auf Amphitryon konzentriert, den man sich naiv und kräftig postiert zu denken hat (»Alles wirft sich zur Erde außer Amphitryon«) in seiner wiedergewonnenen Identität, deren Relativierung ihm den Wunsch nach einem großen Sohn so dringlich macht. Das Wort des scheidenden Jupiter über Alkmene dagegen: [74] »Sie wird dir bleiben; / Doch laß sie ruhn, wenn sie dir bleiben soll« deutet mehr auf den tragischen Schatten der erkannten Unzulänglichkeit des Lebens, der »Gebrechlichkeit der Welt«, und auf die hinwegraffende Gewalt des einmal aus der eigenen Gefühlsvollkommenheit entworfenen Ideals.

Adam Müller hat in seinem bekannten Brief vom 25. Mai 1807 an Gentz gerade die aufklärerische Ironie in der Darstellung des nun zukunftsgerichteten Illusionsmechanismus nicht gesehen, aus dem sich die religiösen Hoffnungen des ›Amphitryon‹-Schlusses entladen. »Der Amphitryon«, so schreibt er,[75] »ist ... gerade aus der hohen, schönen Zeit entsprungen, in der sich endlich die Einheit alles Glaubens, aller Liebe und die große, innere Gemeinschaft aller Religionen aufgetan, aus der Zeit, zu deren echten Genossen Sie und ich gehören.« Thomas Mann bewundert zwar in seinem Essay über ›Amphitryon‹[76] Kleists formale Brillanz, aber ein späterer Brief[77] zeigt doch, wie sehr er sich durch die Deutung Adam Müllers den Blick hat trüben lassen: »Ich ... war zeitweise wirklich verliebt (von allen Werken Kleists) nur in das freilich auch quälerische, aber höchst geistreiche Amphitryon-Spiel – nicht unwissend über die im Grunde auch verdächtige Sphäre nach- und gegenrevolutionärer Mystik, der es angehört.«

1.3. ›Die Marquise von O . . .‹ als Seitenstück und ›Der Findling‹ als Umkehrung des ›Amphitryon‹

Die ungefähr gleichzeitig mit ›Amphitryon‹ entstandene Erzählung ›Die Marquise von O . . .‹ und ›Der Findling‹ sind weitere Zeugnisse für den in der Komödie zentralen Ansatz der perspektivischen Verzerrung

---

dem das Ideal erkannt wird als ein in der historischen Praxis zu verwirklichendes, strukturiert sich die Zeit zur Geschichte« (S. 109). Dieser progressive Optimismus bildet ein aufschlußreiches Pendant zum reaktionären Optimismus Adam Müllers, von dem gleich noch die Rede sein wird.

[74] V. 2346 f.

[75] Sembdner, Lebensspuren, Nr. 173.

[76] Thomas Mann, Amphitryon, Eine Wiedereroberung, Neue Rundschau 39, 1928, S. 574–608; auch in: Heinrich von Kleist, Aufsätze..., S. 51–88.

[77] An Hans L. Wolff, 19. Januar 1949 (Sembdner, Nachruhm, Nr. 500a).

durch subjektive Projektion; ferner für die damit gegebene Tendenz quasi-religiöser Absolutsetzung; schließlich für das symbolistische Verfahren, das den subjektiven Realitäten eine objektive Gestalt verleiht und sie als lebendige »Person« auftreten und »handeln« läßt.

Der schon erläuterte Entwicklungsgang der Marquise[78] gleicht in den Grundzügen demjenigen Alkmenes. Gerade aufgrund ihres idealisierenden Gefühls, das den russischen Grafen zum Engel erhebt – dem entspricht Alkmenes »Vergötzung« des Amphitryon[79] – gerät sie exzentrisch in einen Gemütszustand, aus dem heraus sie ihn als »Teufel« bezeichnet – das Pendant ist Alkmenes radikale Herabwürdigung und Verfluchung des »irdischen« Amphitryon in der Unterscheidungsszene.[80] Schließlich gelangt sie zur Erkenntnis von der »gebrechlichen Einrichtung der Welt«, in der das Maß des Menschlichen gilt – dies ist Alkmenes »Ach!«. Im ›Amphitryon‹ geht der Dichter insofern weiter, als die Konzentration auf das innere Leben der Frau vollständiger wird. Es gibt kein objektives Vergehen mehr wie dasjenige des Grafen an der ohnmächtigen Marquise. Der unbewußte Ehebruch Alkmenes hat keinen fremden Anlaß. Was als »Jupiters« Tat erscheint, ist ein Werk ihrer eigenen Liebesvollkommenheit.

Der symbolistische Zug im ›Findling‹ ist eine Konsequenz der Verinnerlichung – derselbe symbolistische Zug, der sich im leibhaftigen Auftreten Jupiters ausprägt. Ebenso wie Jupiter tritt der Findling Nicolo als Doppelgänger auf. Und ebenso ist er kein fremd von außen hereinbrechendes Schicksal, sondern eine aus dem Innern einer Frau heraufbeschworene und durch sie erst lebensmächtige Erscheinung. Die entscheidende Differenz liegt denn auch nur im Innern der beiden Frauengestalten begründet und läßt sich daraus definieren. Während Alkmene sich der aus ihr selbst entstehenden Dissoziation zwischen »Geliebtem« und »Gemahl« mit äußerster Kraft widersetzt, kultiviert die »kurzsichtige« Elvire[81] (auch Alkmene wird »kurzsichtig« genannt,[82] aber in aufschlußreichem Gegensinn) die Spaltung ihres Daseins zwischen der äußeren Gegenwart des alternden, ungeliebten, bei aller Rechtschaffenheit und Güte nur seinen Geschäften hingegebenen[83] Gatten Piachi und der im Andenken dauernden inneren Gegenwart des jungen und schönen genuesischen Edelmannes Colino, der ihr einst das Leben gerettet hat. Mit seinem Bild treibt sie heimlich Idola-

[78] Vgl. S. 16 ff.

[79] Auf diese Entsprechung weist schon W. Muschg, Kleist, 1923, S. 226 ff.

[80] V. 2236 ff.

[81] II,210.

[82] V. 1372.

[83] A. Heubi, H. v. Kleists Novelle ›Der Findling‹, Diss. Zürich 1948, hat dies S. 39–49 als ein konstituierendes Element des Geschehens erkannt. Vgl. auch W. Müller-Seidel, Versehen und Erkennen, S. 68.

trie – Alkmene aber »vergötzt« (auch dieses Moment der Übereinstimmung ist gegeben) den eigenen Gatten! Während also Alkmenes Idolatrie aus einem idealen Höchstmaß reiner Liebe entspringt, erliegt Elvire einem Verdrängungsphantom, das seinen eigentlichen Ursprung in der gefühlsarmen und unerfüllten Ehe hat und dessen Kristallisationskern die ferne Rettergestalt Colinos ist. Elvirens schattenhaftes und witwenartig freudloses Dasein ist das genaue Gegenteil der glanzerfüllten »Flitterwochen« Alkmenes. So flüchtet sie sich, wie Thomas Mann bemerkt,[84] in einen »romantischen und sittlich nicht einwandfreien geheimen Liebeskult«. Sie schließt sich in ihrem Zimmer ein, um vor dem lebensgroßen *»Bild«* Colinos (Alkmene sagt von der Ähnlichkeit Jupiters mit Amphitryon: »Ich hätte für sein *Bild* ihn halten können, / Für sein *Gemälde*«,[85]) sich ganz diesem geheimen Liebeskult, dem romantischen Ehebruch, hingeben zu können. Alkmene möchte sich zwar auch in ihrer »Klause riegelfest verschließen«,[86] aber in gegenteiliger Absicht: um aller Beehrung durch »Götter und Heroen« entledigt zu sein.

Nach diesen Grundgegebenheiten ist es nur folgerichtig, daß der Doppelgänger im ›Findling‹ nicht als Doppelgänger des Ehemanns, wie Jupiter im ›Amphitryon‹, sondern als Doppelgänger des heimlich geliebten Colino auftritt, und nicht als Überhöhung ins Göttliche, sondern als Perversion ins Teuflische, ins schlimm Zerstörerische. Die Chiffre des Namensanagramms bringt das Perversionsmoment »buchstäblich« zum Ausdruck: Colino heißt der Geliebte, Nicolo der teuflische Findling. Auch faktisch ist Nicolo in einem präzisen Sinn die Perversion Colinos. Während dieser als strahlender Retter figuriert, erscheint der Findling ganz als Verderber und Zerstörer. Der Findling ist die zur Vernichtung treibende Inkarnation des tiefen menschlichen Versagens sowohl des alten »Güterhändlers« Piachi als auch seiner Ehefrau Elvire. Er ist der vernichtende Dämon einer nichtigen Ehe. Piachis unendliche, bis in die Hölle reichende Rache an Nicolo schließlich ist das Gegenteil der menschlichen Erkenntnis am Schlusse des ›Amphitryon‹: keine klärende Rückwendung auf sich selbst, sondern Ausdruck einer vermittlungs- und daher rettungslosen Verfangenheit, die sich in ohnmächtig verzweifelter Rachewut selbst in den Abgrund stürzt.

Im ganzen also ist der ›Findling‹ eine gründlich durchgeführte Umkehrung des ›Amphitryon‹. Sie zeigt, wie systematisch Kleist ein einmal erfaßtes Problem in seinen verschiedenen Möglichkeiten durchexperimentiert. Nimmt man hinzu, daß ›Die Marquise von O . . .‹ nur eine Variation desselben zentralen Ansatzes darstellt, so ergibt sich eine geschlossene Grup-

---

[84] Thomas Mann, Heinrich von Kleist und seine Erzählungen, Gesammelte Werke, 1955, Bd. 11, S. 650.
[85] V. 1189 f.   [86] V. 1508 f.

pierung von Dichtungen, von denen mindestens zwei, ›Amphitryon‹ und
›Die Marquise von O . . .‹, auch entstehungsgeschichtlich benachbart sind.
Endlich ist die geheimnisvolle Zigeunerin im ›Kohlhaas‹ zu nennen. Nach
der Jupitergestalt und dem Findling Nicolo ist sie die dritte Ausprägung
des Doppelgängermotivs in Kleists Werk. Ihre Bedeutung im komplexen
Gefüge der Kohlhaas-Erzählung kann nur im Zusammenhang mit der
übergeordneten Erzählerperspektive näher definiert werden.[87]

Exkurs:
Kleists Doppelgängergestalten im zeitgenössischen Kontext

Die dreimalige Verwendung des Doppelgängermotivs durch Kleist fordert
den historischen Vergleich, denn er hat damit einem Hauptmotiv der Romantik,[88] das sich durch die Vermittlung Jean Pauls aus der Identitäts-
philosophie des deutschen Idealismus, vor allem Fichtes, herleitet, einen
wichtigen Platz in seinem Werk eingeräumt. Hier müssen einige skizzie-
rende Hinweise genügen. Der subjektive Idealismus spaltet das Dasein in
Ideal und Wirklichkeit: Das Ideal stellt die Sphäre romantischer Unend-
lichkeitssehnsucht dar, während die Wirklichkeit vollständig abgewertet
erscheint, als enttäuschender Unwert. Bei Jean Paul sind Doppelgänger
Leute, die sich selber sehen, und zwar so, daß das von romantischen Ideal-
vorstellungen erfüllte Ich mit dem realen Ich in seiner Kleinheit konfrontiert wird und vor diesem erschauert. So geht es dem Helden im 16. Hundsposttag des ›Hesperus‹, im Angesicht der wächsernen Kopie seiner selbst,
und im 28. Hundsposttag, wo das höhere Ich mit seinen idealen Ansprüchen eine Leichenrede auf den Leichnam des realen Ich hält. Der ›Titan‹
steigert diese Problematik noch. Kleist hat die gleiche Gegenüberstellung
von realem und idealem Ich in der Erkennungsszene des ›Amphitryon‹
gestaltet, wo der irdische Amphitryon seinem göttlichen Ebenbild begegnet. Die Perspektive ist aber umgekehrt: Das reale Ich erfährt die Überlegenheit des idealen Ich, nicht dieses die Erbärmlichkeit seiner irdischen
Entsprechung. Es ist konsequent, daß diese Form des Doppelgängertums
nicht wie bei Jean Paul durch Ich-Spaltung zustande kommt, sondern
durch das idealisierende Erlebnis eines anderen Menschen, dem das reale
Ich nicht genügen kann.

---

[87] Vgl. S. 187 ff.
[88] Vgl. W. Krauss, Das Doppelgängermotiv in der Romantik. Studien zum romantischen Idealismus. 1930 (Germanische Studien 99). In diesem nützlichen
Überblick fehlen allerdings Kleists ›Findling‹ und die Zigeunerin aus dem
›Kohlhaas‹.

Brentanos Doppelgängergeschichte vom ›Urmacher Bogs‹ verwandelt den Gegensatz von Ideal und Wirklichkeit zu demjenigen von Phantasie und Wirklichkeit. Indirekt bleibt die ursprüngliche, von Jean Paul übernommene Polarität gewahrt, denn die Phantasie lebt aus den idealen Ansprüchen des mit der Realität zerfallenen Ichs. Während nun Brentano ein bloß launiges Plädoyer für die Phantasie entwirft, eine Affirmation des Romantischen, eröffnet Kleist mit seinem ›Findling‹ eine tiefere Dimension: Er gibt schon eine Kritik der Romantik, sofern diese sich aus Enttäuschung über die philiströse Alltagswirklichkeit dem Phantastischen ausliefert. Elvire zerstört gerade durch ihre Wirklichkeitsflucht und ihre Hingabe an ein Phantom sich selbst und ihre Umgebung. Eine weitere Doppelgängererzählung Brentanos, die ›Geschichte von den mehreren Wehmüllern‹ konzentriert sich spielerisch auf das mit dem Doppelgängermotiv verbundene Verwirrungs- und Verwechslungsgeschehen, das Kleist im ›Amphitryon‹ zugleich streng rational und verwirrend virtuos inszeniert. Während Brentano, wie etwa auch Arnim in seinem Doppelgängerdrama ›Der echte und der falsche Waldemar‹, die Caprice kultiviert, die humorvolle, ironisch sich über alle Wirklichkeit hinwegsetzende Darstellung des Wunderlichen, arbeitet Kleist auch noch als Komödiendichter mit analytischer Energie auf die relevanten, tatsächlichen Gefühlsaktivitäten hin, die alle Verwirrungen und Verwechslungen hervorrufen. Am Ende steht bei ihm deshalb Erkenntnis und Selbsterkenntnis des Menschen. Wenn er die beiden aus dem Doppelgängermotiv folgenden Ursituationen, die eines verwirrenden Verwechslungsgeschehens und diejenige der Konfrontation der Doppelgänger, als äußerlich tragende Elemente der ›Amphitryon‹-Handlung übernimmt, so gerade nicht um der phantastisch-tollen Begebenheit willen, deren märchenhafte Gestaltung allein schon eine prinzipielle und vorgängige Absage an das wirkliche Leben wäre, eine bereits totale Ironie, sondern um die Mythologie als zeichenhaftes Medium innerer und sehr ernst zu nehmender Vorgänge zu benutzen. Deshalb entsteht allein bei ihm ein psychologisch geschlossener Binnenraum.

Als letzter von den Romantikern und zugleich mit der höchsten Intensität hat E. T. A. Hoffmann das Doppelgängermotiv verwendet. Es durchzieht sein ganzes Werk, von der ›Prinzessin Brambilla‹ über die ›Elixiere des Teufels‹ bis zur ›Biographie des Johannes Kreisler‹, und ist ebenfalls – besonders deutlich in der ›Prinzessin Brambilla‹ – aus der Idee des Gegensatzes von Traum und Wirklichkeit, Phantasie und Philisterwelt, unendlicher Sehnsucht und Gefangenschaft im Endlichen konstruiert. Im Hinblick auf Kleist am wichtigsten ist Hoffmanns realistisch-objektivierende Behandlung der Traumwelt, der »idealen« Doppelgängersphäre also. Er geht dabei so weit, daß der Projektionscharakter des Ideal-Phantastischen nicht mehr durchschaubar ist. Es präsentiert sich als eigene, selbständig bestehende Welt, ohne erkennbare Abhängigkeit von einem idealisierenden und phantasierenden Ich. In dieser Selbständigkeit und ausgestattet mit allen realistischen Eigenschaften vermengt sich die phantastische Welt mit der wirklichen zu einem schier unauflöslichen Zusammenhang. Wenn nicht mit der Gestalt Jupiters, so mindestens mit derjenigen Nicolos im ›Findling‹ und der Zigeunerin im ›Kohlhaas‹ hat Kleist durch betont realistische Züge und eine distanzierende Sachlichkeit der Darstellung diese spätere Konsequenz E. T. A. Hoffmanns vorweggenommen. Sie läßt sich allgemeiner verstehen als äußerste Form eines Entwirklichungsprozesses. Denn wo das Irreale so real erscheint, muß die Wirklichkeit, die sich nun nicht mehr abgrenzen läßt, ihrerseits ins Unwirkliche entgleiten. Immerhin bleibt festzuhalten, daß Kleist, auch wenn er auf diesem Wege unverkennbar fortschreitet von der frühen Konzeption der Jupitergestalt über die des Findlings bis zu derjenigen der Zigeunerin im ›Kohlhaas‹, doch noch entschieden psychologisch verfährt, nicht bloß »phantastisch«.

2. Erzählerperspektiven

2.1. Der Chronist im ›Kohlhaas‹

Das Problem der Erzählerperspektive im ›Kohlhaas‹ ist schon behandelt worden.[1] Trotz seines Mitgefühls mit dem Schicksal des Helden befindet sich Kleists »Chronist« keineswegs auf der Höhe der von ihm erzählten Tatsachen. Sein Systemkonformismus, verbunden mit einer schläfrigen Durchschnittlichkeit des Urteils, zeigt sich vor allem in den negativ wertenden Aussagen über Kohlhaas und in seiner obrigkeitsfrommen Anteilnahme am Los des sächsischen Kurfürsten.

Zunächst übernimmt der Chronist in seinem Bericht von Kohlhaasens Rachefeldzug gegen die Obrigkeit die Methode oberflächlicher Wertung, die sich nicht nach den Motiven, sondern nur nach den Folgen und dem äußeren Anschein richtet. Deshalb nennt er Kohlhaas, dessen »goldgleiche« Redlichkeit und Gerechtigkeit das Thema der ganzen Vorgeschichte dieses Rachefeldzuges ist, nun plötzlich einen »entsetzlichen Wüterich«,[2] er spricht von seinem »unerhörten Frevel«,[3] von dem »Drachen, der das Land verwüstete«,[4] vom »Mordbrenner«.[5] Schließlich sieht er in seinen Mandaten nur »eine Schwärmerei krankhafter und mißgeschaffener Art«[6]

---

[1] Von R. M. Müller, Kleists ›Michael Kohlhaas‹, DVjS 1970, S. 101–119.
[2] II,37.   [3] II,36.   [4] II,37.   [5] II, 38, 39, 41.   [6] II,36.

oder eine »Art von Verrückung«.[7] Diese klischeehaften Prägungen, die bis zur volkstümlichen Mythologisierung des Unverstandenen reichen (»Drachen«), fordern den Leser um so energischer zu eigener Deutung heraus. Die Irritation durch die Chronistenperspektive wird nicht nur zur Warnung vor der nächstliegenden Fehlinterpretation, sondern auch zum Agens eigener Erkenntnisbemühung.

Höhepunkt solcher Herausforderung des Lesers ist das Sendschreiben Luthers an Kohlhaas. Es ordnet sich zwar nicht der Erzählperspektive des Chronisten ein, entspricht ihr aber als ehrwürdiges chronikalisches Testimonium und erklärt sie. Luther, durchdrungen von seinem Glauben an die Obrigkeit, baut »auf ein tüchtiges Element in der Brust des Mordbrenners«, wie es einleitend schon verräterisch genug heißt. Die Stilisierung, ja Rhetorisierung seines Sendschreibens[8] ist ein Meisterwerk indirekter Entlarvung, das nur noch von der Dominikanerpredigt im ›Erdbeben‹ übertroffen wird. Mit einer Fülle abgegriffener Wendungen – »Schwert der Gerechtigkeit«, »vom Wirbel bis zur Sohle«, »mit Feuer und Schwert«, »wie der Wolf der Wüste«, »Krieger des gerechten Gottes«, »Rad und Galgen« – verfehlt der in seinem Kämmerlein spintisierende Büchermann[9] die innere Situation Kohlhaasens ebenso wie die äußere.[10] Denn wenn er die Obrigkeit salviert, weil sie von dem ganzen Vorgang nichts weiß – dies ist Luthers Hauptargument –, so denkt er einseitig von oben her, ohne Rücksicht auf die Entrechtung Kohlhaasens, der vergeblich alle Mittel ausgeschöpft hat, um sich beim Souverän Gehör zu verschaffen.[11]

---

[7] II,41. – Die Qualifizierungen hat schon G. Fricke, Kleists ›Michael Kohlhaas‹, in: G. Fricke, Studien und Interpretationen, 1956, S. 214–238, als Verzerrungen aus der Chronistenperspektive erkannt (S. 215 f., S. 228, S. 233 f.).

[8] II,42 f.

[9] Dieses Moment wird mehrmals herausgearbeitet: ». . . Luther, der unter Schriften und Büchern an seinem Pulte saß . . .« (II,44); »Bei diesen Worten kehrte ihm Luther, mit einem mißvergnügten Blick, den Rücken zu, und zog die Klingel. Kohlhaas, während, dadurch herbeigerufen, ein Famulus sich mit Licht in dem Vorsaal meldete, stand betreten, indem er sich die Augen trocknete, vom Boden auf; und da der Famulus vergebens, weil der Riegel vorgeschoben war, an der Türe wirkte, Luther aber sich wieder zu seinen Papieren niedergesetzt hatte . . .« (II,48).

[10] Vgl. auch die entsprechende Darstellung des lutherischen Geistlichen an Lisbeths Sterbebett (II,30): »Denn da ein Geistlicher lutherischer Religion . . . neben ihrem Bette stand, und ihr mit lauter und empfindlich-feierlicher Stimme, ein Kapitel aus der Bibel vorlas: so sah sie ihn plötzlich, mit einem finstern Ausdruck, an, nahm ihm, als ob ihr daraus nichts vorzulesen wäre, die Bibel aus der Hand . . .«

[11] G. Fricke, Kleists Michael Kohlhaas, S. 228 f., charakterisiert sämtliche Unrichtigkeiten und falschen Anschuldigungen in Luthers Schreiben. – C. A. Bernd, Der Lutherbrief in Kleists ›Michael Kohlhaas‹, ZfdPh 86, 1967, S. 627–633,

Der weitere Gang der Geschichte macht deutlich, daß Luther auch in der grundsätzlich positiven Beurteilung der sächsischen Regierung irrt. Denn der sächsische Kurfürst ist bis ins Mark verderbt. Nicht unglückliche Zufälle, nicht das »Schicksal« haben Kohlhaasens Rechtssache zum Scheitern gebracht.[12] Daß seine Petitionen nicht vor den Kurfürsten als die letzte obrigkeitliche Instanz gekommen sind, sondern von korrupten Günstlingen abgefangen werden konnten, dafür ist die Korruption des Kurfürsten selbst die tieferliegende Ursache. Die »Dame Heloise«, Ehefrau des fatalen Kämmerers, befindet sich mit kammerherrlichem Einverständnis – die Berufsangabe allein schon ist eine Satire – in einem Liebesverhältnis mit dem Kurfürsten, und dessen Dank besteht eben in der Vorzugsstellung des Kämmerers am Hofe.[13] Der Kurfürst läßt sich von diesem Kämmerer schließlich zum offenen Unrecht verführen und bricht die dem Kohlhaas gegebene Zusicherung freien Geleits.

Kleists größte Erzählung ist demnach ein scharfer Angriff auf den Jun-

---

behandelt Luthers Brief unter diesem Gesichtspunkt. Er deutet die Widersprüche aber nicht als indirekte Kritik an Luthers übereiltem Urteil, sondern nur als das der »Dichtung innewohnende Formelement der Verwirrung« (S. 633). Zudem beruhen die meisten der dargestellten »Widersprüche« auf einem Mißverständnis. So, wenn der Satz »ist eine Bank voll Gerichtsdiener und Schergen, die einen Brief, der gebracht wird, unterschlagen, oder ein Erkenntnis, das sie abliefern sollen, zurückhalten, deine Obrigkeit?« für dunkel und nicht zu den Umständen passend erklärt wird. Mit den Gerichtsdienern und Schergen ist die Sippschaft derer von Tronka am Hofe des sächsischen Kurfürsten als des obersten Gerichtsherrn gemeint. Und ausdrücklich kommt die Unterschlagung von Kohlhaasens Beschwerdebrief durch den Kämmerer Kunz zur Sprache (II,50). Der Vergleich von Luthers historischem Brief vom 8. Dezember 1534 an Hans Kohlhase mit dem von Kleist fingierten Brief kann keinerlei Aufschlüsse gewähren, da Kleist bei seiner dichterischen Fiktion nicht von der Grundlage dieses historischen Briefes ausging. Seine Quelle war die ›Diplomatische und curieuse Nachlese der Historie von Ober-Sachsen und angrentzenden Ländern‹, 3. Teil, Dresden und Leipzig 1731, in der sich die ›Nachricht von Hans Kohlhasen, einem Befehder derer Chur-Sächsischen Lande. Aus Petri Haftitii geschriebener Märckischer Chronic‹ befindet. Darin steht nur eine summarische Erwähnung von Luthers Brief (wiedergegeben in Sembdners Erläuterungen, II,897, zu II,42, Z. 19 ff.). – Die Bemerkung von W. Silz, Heinrich von Kleist, His works and literary character..., S. 186: »The Luther episode is the only authentic element of history in a story that throughout creates the impression of documentary realism« trifft nicht zu. Weder handelt es sich um ein authentisches Element, noch – wenn man den Begriff des Historischen weiter faßt – um das einzige historische Element. Historisch überliefert ist ja Kohlhaasens Befehdung der Obrigkeit aus verletztem Rechtsgefühl, also die ganze Grundsituation.

[12] Dies vor allem gegen G. Fricke, Kleists ›Michael Kohlhaas‹, S. 237 und B. v. Wiese, Die deutsche Novelle..., S. 50, 53, 57–61.

[13] Vgl. die eingehende Analyse bei R. M. Müller.

kerstaat, dessen unerträgliche Zustände als die Folge der Herrschaft einer Kaste erscheinen. Den ganzen Staat überzieht das Spinnennetz dieser Kaste, innerhalb deren jeder mit jedem, »Hinz« mit »Kunz«, verwandt ist. Demjenigen, der ihr nicht angehört, droht das Dasein des outlaw. Indem Kohlhaas das tödliche Netz zu zerreißen sucht, bringt er erst dessen Fäden alle in Bewegung und macht es erkennbar. Ein großer Teil der Erzählung gilt diesem mit Ingrimm studierten Geschehen. Als Reaktion entwickelt es sich aus Kohlhaasens Aktionen, schließlich wächst es sich zum zweiten Schwerpunkt der Erzählung aus. Die vielfach geübte einseitige Konzentration der Analyse auf Kohlhaasens individuelles Schicksal und die bedauernd getroffene Feststellung, auf manchen Strecken verschwinde der Held beinahe aus der Geschichte, verkennt ein für Kleist wesentliches Anliegen. Sein Werk zerfällt deshalb keineswegs in zwei heterogene Teile: der integrierende Oberbegriff, unter dem der einzelne wie der Staat steht, ist die Gerechtigkeit.

Die Schärfe und die immer wieder spürbare Grundsätzlichkeit der Kritik Kleists wird aber durch die Sympathie des Chronisten für die Obrigkeit verschleiert, am meisten durch sein Mitgefühl mit dem sächsischen Kurfürsten. Damit ist das unkritische, systemkonforme Erzählen als ein Teil der durch die Sprache der Tatsachen erhellten umfassenden Korruption in die Erzählung selbst eingeführt und aufs Korn genommen. Denkbar wäre auch der eigene Schutz vor der preußischen Zensur, mit der Kleist als Journalist unliebsame Erfahrungen machen mußte.[14] Denn allzu leicht

---

[14] Die preußische Zensur griff ständig in die Berichterstattung der allerdings erst nach Erscheinen des ›Kohlhaas‹ (September 1810) herausgegebenen Berliner Abendblätter ein. Kleist selbst schrieb am 20. Mai 1811 an Wilhelm Prinz von Preußen (Nr. 201, II,864), daß »die Zensurbehörde, durch die willkürlichsten und unerhörtesten Maßregeln (wofür ich mir den Beweis zu führen getraue), das Blatt, dessen tägliche Erscheinung nur mit der größten Anstrengung erzwungen werden konnte, ganz zu vernichten drohte«. Vgl. den Brief Arnims an Wilhelm Grimm, Anfang 1811: »Deine Rätsel sind sehr angenehm, ich will sie dem Kleist für die Abendblätter geben; freilich kommen sie da nicht immer in die beste Gesellschaft, aber der arme Kerl hat seine bittre Not mit der Zensur, der wegen einiger dem hiesigen Ministerio darin anstößiger Aufsätze beinahe gar nichts mehr abdrucken darf, beinahe zehn Aufsätzen von mir ist das Imprimatur verweigert ...« (Sembdner, Lebensspuren, Nr. 461a; vgl. auch Nr. 479 und 480). Die k.u.k. Zensoren in Wien gar, die schon Hölderlins ›Hyperion‹ auf den Index besonders gefährlicher Bücher gesetzt und nur gegen Sondererlaubnis zugänglich gemacht hatten, verfuhren mit Kleists »unmoralischen« Erzählungen nicht besser (vgl. den Auszug aus den Wiener Zensur-Akten bei Sembdner, Nachruhm, Nr. 646). Eine ausführliche Darstellung und eine ganze Reihe neuer Dokumente bietet die soeben erschienene Abhandlung von D. Grathoff, Die Zensurkonflikte der ›Berliner Abendblätter‹, in: Ideologiekritische Studien zur Literatur, 1972, S. 35–168.

war sonst die Kritik an den preußischen Zuständen selbst zu erkennen, für die etwa die Formel zu gelten hat: die Zustände in Sachsen: Preußen, wie es wirklich ist; das Verhalten des brandenburgischen Kurfürsten: Preußen, wie es sein sollte. So konnte Kleist die Dichtung der Wirklichkeit in doppeltem Sinn gegenüberstellen – als Spiegel und als Gegenbild.

Wie aber verzerrt die Chronistenperspektive im einzelnen das berichtete Geschehen? Bekanntlich versucht der sächsische Kurfürst, nachdem er die geheimnisvolle Kapsel im Besitz Kohlhaasens weiß, des inzwischen der brandenburgischen Gerichtshoheit unterstellten Roßhändlers mit allen Mitteln wieder habhaft zu werden. In seiner Abhängigkeit vom Inhalt der Kapsel – von der Prophezeiung über die Zukunft seines Hauses – erweist sich der Souverän als schlechthin unsouverän. Die Machenschaften, zu denen er sich hinreißen läßt, um in den Besitz der Kapsel zu gelangen, charakterisieren seinen Mangel an Substanz. Bar aller ihm zukommenden Autonomie unterliegt er einer abstrakten Fremdbestimmung. Seine Lähmung durch die Drohung der Zukunft ist Symptom einer Mentalität, die nur das Wandelbare von Glück und Erfolg, nicht aber die Dauer des Willens zum Recht kennt. Er ist ein Herrscher ohne »Tugend« und deshalb ohne Kraft. Schärfster Ausdruck solch defekter Grundbeschaffenheit sind seine immer wiederkehrenden Ohnmachten angesichts der vergeblichen Bemühungen um den Besitz der Kapsel. In den Ohnmachten gipfelt die permanente Destruktion des Macht-habers. Als zweiter Prometheus bestraft, ja vernichtet der revoltierende Kohlhaas allein durch die Vorenthaltung seines Zukunftswissens den Mächtigen – aber er vermag dies nur aufgrund der fundamentalen Schwäche des Gegners.

Kleist hat den ganzen Vorgang nicht bloß um der poetischen Gerechtigkeit willen ersonnen, obwohl ihr so in vollkommener Weise Genüge geschieht und er sich wieder als Meister jenes prekären Gleichgewichts erweist, das der Angst Eves Adams Angst, der Qual Alkmenes das Scheitern Jupiters entgegensetzt: So bricht der sächsische Kurfürst in dem Moment, wo Kohlhaas auf das Schafott steigt, »ohnmächtig, in Krämpfen nieder«.[15] Vor allem geht es bei diesem verbissenen Duell zwischen dem Verfechter des Rechts und dem Inhaber äußerer Machtbefugnisse um eine Definition des Verhältnisses von Macht und Recht. Die Macht, die ihr Selbstbewußtsein nicht auf die innere Dauer des Rechts oder doch des Willens zum rechten Handeln gründet, kann zwar äußerlich trotz vieler Gefahren weiterbestehn. Sie muß sich aber innerlich zerrütten, weil sie sich selbst in dem Maße manipulierbar macht, in dem sie andere manipulieren zu können glaubt. Die ganz auf das Problem von Recht und Gerechtigkeit angelegte

---

[15] II,103.

Erzählung entwirft demnach als Korrelat eine Problematik der Macht. Deren in Handlung übertragene Erörterung reicht von Kohlhaasens »souveräner«, weil auf dem Rechtsgefühl basierender Machtausübung während seines Aufstandes über die zu seinen Gunsten ausgehende »Machtprobe« mit dem nur äußerlich souveränen sächsischen Kurfürsten bis zur Konfrontation der beiden Kurfürsten, die ein gegensätzliches Verhältnis von Macht und Recht verkörpern.

Der Chronist nun kann es sich nicht versagen, den sächsischen Kurfürsten in seiner Ohnmacht zu bemitleiden, er nennt ihn einen »unglücklichen Herrn«,[16] und vor allem beschönigt er seine Korruption. Als ein rechtlich gesonnenes Mitglied des sächsischen Staatsrats für die gewaltsame Niederwerfung des von Kohlhaas geführten Aufstands, zugleich aber für die Verhaftung des Kämmerers plädiert, der Kohlhaasens Petition unterschlagen hat, wird der Kurfürst »über das ganze Gesicht rot«, in seiner Verlegenheit tritt er »ans Fenster«.[17] Schließlich »berichtet« der Chronist:[18] »Es schien, die Präliminar-Maßregel, deren der Prinz gedacht (Verhaftung des Kämmerers), hatte seinem für Freundschaft sehr empfänglichen Herzen die Lust benommen, den Heereszug gegen den Kohlhaas, zu welchem schon alles vorbereitet war, auszuführen.« Die »Freundschaft« ist in Wirklichkeit die – in diesem Stadium der Erzählung allerdings noch nicht bekannte – Liaison des Kurfürsten mit der Frau des Kämmerers. Eine doppelte Verhüllung also durch einen Chronisten, der die Zusammenhänge nicht zu durchschauen scheint. Sämtliche Vorgänge in Dresden, besonders am kurfürstlichen Hofe, erhalten dieselbe Schönfärbung. Die Wirklichkeit ist durchgehend die der Korruption des »Souveräns« und seiner Umgebung, mit dem einzigen Unterschied, daß die Höflinge offen und aktiv ihr Spiel treiben und daß der Kurfürst mit schlechtem Gewissen, vor allem aber auf die Wahrung des Scheins bedacht, sich treiben läßt. Das Räderwerk, in das Kohlhaas gerät, ist nicht dasjenige des Zufalls, des »Schicksals«, der »Mächte«,[19] vielmehr weiß die intrigante Welt des Hofes jeden »Zufall« planvoll zu benutzen, um Kohlhaas zu vernichten.[20]

Dem Chronisten selbst ist nicht die Ironie zuzutrauen, die seine Worte im Bewußtsein des erkennenden Lesers erzeugen und die Kleists tiefere Absicht ist. Denn er ergreift keineswegs nur einseitig für den sächsischen Kurfürsten oder gegen Kohlhaas Partei. Er ist vielmehr um eine etwas kurzsichtige Billigkeit nach allen Seiten bemüht. Für Kohlhaas zeigt er

---

[16] II,89 und II,99.   [17] II,51.   [18] II,52.
[19] So B. v. Wiese, Die deutsche Novelle . . ., S. 50, 53, 57–61.
[20] Zur ausführlichen Analyse aller einzelnen Vorgänge und zur Auseinandersetzung mit der Dämonisierung angeblich schicksalhafter Momente vgl. wiederum R. M. Müller S. 112–116.

immer wieder, wenn nicht Verständnis,[21] so doch lebendiges Mitgefühl;
und die Junkersippschaft derer von Tronka, gegen die er eindeutig Stellung nimmt, erhält gelegentlich auch ein unangebrachtes Lob, wenn er ihre
versteckten Motive selbst nicht mehr zu erkennen vermag.[22] Nur über die
ganz hohen Autoritäten, über Luther als die geistliche und den sächsischen
Kurfürsten als die weltliche Autorität, wagt er keinerlei respektwidriges
Urteil. Vom Volk schließlich, dessen Verhältnis zur Junkerherrschaft ein
entscheidendes Hintergrundsmotiv ist, spricht er nur mit moralisierender
Schreiberdistanz. Als der Junker Wenzel von Tronka aus der von Kohlhaas mehrfach angezündeten Stadt Wittenberg abgeführt wird, steigen,
wie der Chronist mit frommem Schauder zu berichten weiß, »gotteslästerliche und entsetzliche Verwünschungen gegen ihn (den Junker) zum Himmel auf. Das Volk ... nannte ihn einen Blutigel, einen elenden Landplager
und Menschenquäler, den Fluch der Stadt Wittenberg, und das Verderben
von Sachsen.«[23]

Ebenso wie durch das von ihm Erzählte fordert also der Chronist durch
die Art seines Erzählens und seines Urteilens die Kritik des Lesers heraus:
die Kritik an einer von Kleist doch offenbar für typisch und zugleich für
gefährlich gehaltenen Befangenheit und an den daraus entspringenden
Schwierigkeiten, die Wahrheit zu schreiben. Diese kunstvolle Perspektivik,
die eben das spezifisch Perspektivische erkennbar macht, führt den Leser
zur widersprechenden Reflexion auf den wahren Gehalt, der mit um so
schärferen Konturen ins Bewußtsein tritt.

2.2. Die Zigeunerin im ›Kohlhaas‹: die ironische Objektivierung des Doppelgängers aus der Erzählerperspektive als letzte Stufe der Verfremdung

In anderer Form und komplizierter, weil nicht mehr auf den Chronisten
fixierbar, stellt sich das Problem der Perspektive im Schlußteil des ›Kohlhaas‹. Die vielgescholtene, gegen alle Wahrscheinlichkeit konzipierte Ge-

---

21 Noch das letzte, durchaus nicht von Antipathie genährte Urteil über Kohlhaas zeigt, daß der Chronist von dem Geschehen nichts verstanden hat. Er
   spricht vom Hinrichtungstag Kohlhaasens, »an welchem er die Welt, wegen
   des allzuraschen Versuchs, sich selbst in ihr Recht verschaffen zu wollen, versöhnen sollte« (II,100) – als ob Kohlhaas »allzurasch« und nicht langmütig
   und beherrscht bis zum Äußersten gewesen wäre, und als ob er auf anderem
   Wege jemals zu seinem Recht gelangt wäre.
22 Hierzu R. M. Müller, S. 113.
23 II,39.

stalt der Zigeunerin[24] mit ihrer geheimnisvollen Wahrsagung gehört in das Geschlecht Mignons und der Zigeunerin im ›Maler Nolten‹. Sie steht außerhalb alles gesellschaftlichen Zusammenhangs, ist von rätselhafter Herkunft, Bote einer anderen Welt, und deshalb die Stimme absoluter Freiheit. Aus magischer Verbundenheit mit der Existenz des Kohlhaas bringt sie diese auf ein ideales Maximum. Vor allem aber ist sie eine Doppelgängerin seiner verstorbenen Frau Lisbeth.

Schon die vergleichende Analyse des ›Amphitryon‹ und des ›Findlings‹ beweist Kleists systematische Absicht bei der Gestaltung des Doppelgängermotivs. Die Zigeunerin ist wie der Findling Nicolo und der Gott Jupiter scheinbar aus dem Nichts entsprungen, um in das Geschehen mit einer letzten, entscheidenden Wirksamkeit einzugreifen. Und wenn sich die tiefere Identität des Findlings aus Elvires Verhalten und diejenige Jupiters aus Alkmenes Liebe herleitet, so ist es konsequent, daß die Zigeunerin einzig und allein von der Persönlichkeit des Kohlhaas her bestimmbar ist. Der für die Marquise von O... und Evchen im ›Variant‹ voll ausreichende Begriff der Projektion genügt allerdings hier wie im ›Amphitryon‹ und im ›Findling‹ nicht zur Deckung des gesamten Geschehens. Denn Nicolo erscheint nicht nur der in den Wahn flüchtenden Elvire, Jupiter nicht nur der ideal liebenden Alkmene, die Zigeunerin nicht nur dem ganz von seinem Rechtsgefühl beseelten Kohlhaas, sondern auch den andern in das Geschehen verwickelten Personen. Diese irritierende allseitige Wahrnehmbarkeit verwehrt eine einlinige Reduktion: ein paradoxer Zug, der nur im zeitgenössischen Kontext der Romantik gewürdigt werden kann.[25] Wesentlich aber für Kleists besondere Perspektivenkunst bleibt die dramatische und erzählerische Funktion der Perspektive: die durch Verfremdung erst geleistete Aufdeckung des Eigensten in Alkmene, in Elvire, in Kohlhaas.

---

[24] Schon Tieck bemängelt in seiner lange nachwirkenden ›Vorrede zu Kleists Hinterlassenen Schriften‹ 1821 die Schlußpartie als schwache Romantik: »daß der Dichter, nachdem er uns durch Wahrheit und Natur so lange angezogen hat ... uns noch auf 50 Seiten durch eine phantastische Traumwelt führt, die sich mit der vorigen, die wir durch ihn so genau haben kennen lernen, gar nicht vereinbaren will. Diese wunderbare Zigeunerin, ... diese grauende Achtung, die der Verfasser plötzlich selber vor den Geschöpfen seiner Phantasie empfindet, alles dies erinnert an so manches schwache Produkt unserer Tage und an die gewöhnlichen Bedürfnisse der Lesewelt, daß wir uns nicht ohne eine gewisse Wehmut davon überzeugen, daß selbst so hervorragende Autoren, wie Kleist (der sonst nichts mit diesen Krankheiten des Tages gemein hat), dennoch der Zeit, die sie hervorgerufen hat, ihren Tribut abzahlen müssen.« (Sembdner, Nachruhm, Nr. 659).
[25] Vgl. S. 180 f.

188

Inwiefern ist die Zigeunerin eine innere Stimme des Kohlhaas? Der Roßhändler kämpft nicht nur für sein persönliches Recht,[26] sondern tritt als Repräsentant des von den Junkern unterdrückten Volkes für das allgemeine Recht ein. Kleist hat dies an mehreren Stellen seiner Erzählung betont.[27] Das Volk solidarisiert sich immer wieder mit Kohlhaas gegen die Junker und hält selbst dort zu ihm, wo es unter seinem Rachefeldzug zu leiden hat. So heißt es etwa:[28] »Die Nachricht, daß der Würgengel da sei, der *die Volksbedrücker* mit Feuer und Schwert verfolge, hatte ganz Dresden, Stadt und Vorstadt, auf die Beine gebracht.« Diese Stimmung trägt das Hintergrundsthema der Revolution. Luthers Sendschreiben an den sächsischen Kurfürsten, in dem zwar mit »einem bitteren Seitenblick« auf die Junker Gerechtigkeit für Kohlhaas gefordert wird, gipfelt doch in einer Überlegung politischer Opportunität, in einem Hinweis auf die Revolutionsgefahr:[29] »Die öffentliche Meinung, bemerkte er, sei auf eine höchst gefährliche Weise, auf dieses Mannes Seite, dergestalt, daß selbst in dem dreimal von ihm eingeäscherten Wittenberg, eine Stimme zu seinem Vorteil spreche; und da er sein Anerbieten, falls er damit abgewiesen werden sollte, unfehlbar, unter gehässigen Bemerkungen, zur Wissenschaft des *Volks* bringen würde, so könne dasselbe leicht in dem Grade verführt werden, daß mit der Staatsgewalt gar nichts mehr gegen ihn auszurichten sei.« Zuletzt wird Kohlhaas »unter einer allgemeinen Klage des *Volks*« in den Sarg gelegt.[30]

Die Zigeunerin ihrerseits ist in dem zweimal – zuerst von Kohlhaas und dann vom sächsischen Kurfürsten – geschilderten Wahrsage-Auftritt auf dem Marktplatz zu Jüterbock eindringlich als »Zentrum der Volksmenge«[31] dargestellt, während zugleich Kohlhaas als Angehöriger des Volks dieses Volk wie ein Anführer überragt. Die Zigeunerin tritt aus der Mitte

---

26 Dies gegen Fricke, Kleists ›Michael Kohlhaas‹, S. 215.

27 »Hierauf erzählte er Lisbeth, seiner Frau, den ganzen Verlauf und inneren Zusammenhang der Geschichte, erklärte ihr, wie er entschlossen sei, die öffentliche Gerechtigkeit für sich aufzufordern, und hatte die Freude, zu sehen, daß sie ihn, in diesem Vorsatz, aus voller Seele bestärkte. Denn sie sagte, daß noch mancher andre Reisende, vielleicht minder duldsam, als er, über jene Burg ziehen würde; daß es ein Werk Gottes wäre, Unordnungen, gleich diesen, Einhalt zu tun...« (II,20). – Kohlhaas selbst betont den Grundsatz der Verantwortlichkeit selbst noch bei seiner abschließenden Rache: »...daß die Kinder selbst, wenn sie groß wären, ihn, um seines Verfahrens loben würden, und daß er, für sie und ihre Enkel nichts Heilsameres tun könne, als den Zettel behalten.« (II,98).

28 II,54. 29 II,49. 30 II,103.

31 R. M. Müller, S. 118. Für die ausführliche Analyse und die genauen Nachweise im Zusammenhang mit dem Motiv des »Volks« sei wiederum auf diese Abhandlung verwiesen.

des sie umringenden Volkes und gibt Kohlhaas als dem überragenden Vertreter des Volks die geheimnisvolle Kapsel. Die Ironie der Szene liegt in der Erscheinung gerade zweier outcasts als der wahren Vertreter des Volks. Die Zigeunerin muß nach allem als magische Repräsentanz der Verantwortlichkeit Kohlhaasens gegenüber dem Volke angesehen werden.

Neben dieser sozialethischen Thematik steht das scheinbar nur Persönlich-Private. Die Zigeunerin ist geheimnisvoll identisch mit Kohlhaasens verstorbener Frau Elisabeth. Sie trägt deren Namen, begegnet ihm am Tage nach dem Tod seiner Frau zum ersten Mal und wird schließlich auch von einem anderen, zuverlässigen Zeugen gespenstisch als Kohlhaasens Frau erkannt.[32] Sie erhält damit eine tiefe innere Verbindlichkeit: als Autorität, die aus dem Bereich jenseits aller Irrungen das Wahre und Richtige für Kohlhaas tut.

Kohlhaasens Frau wiederum, der die Zigeunerin so geheimnisvoll gleicht, vertritt den christlichen Vergebungsgedanken gegenüber Kohlhaas, der nicht vergeben will. Damit ist nicht nur das Problem von Rache und Versöhnung aufgeworfen, sondern überhaupt Kohlhaasens bedingungsloser Anspruch auf Gerechtigkeit in Frage gestellt – allerdings nur unter einem entschieden christlichen Horizont. Sterbend und also mit dem Pathos des Vermächtnisses zeigt Kohlhaasens Frau auf die Bibelstelle: ›Ver-

---

[32] Lugowski, S. 204, verkennt den Zusammenhang: »Der Kastellan, der ihm (Kohlhaas) den Brief (unmittelbar vor der Hinrichtung) bringt, ist verstört im Gesicht. Auf Kohlhaasens Frage, ob er das Weib kenne, antwortet er: ›Kohlhaas, das Weib‹, stockt dann aber ›auf sonderbare Weise‹, indem er an allen Gliedern zittert, so daß Kohlhaas, der fortgerissen wird, nichts weiter hören kann. Auch der Leser erhält keine Aufklärung über diese geheimnisvollen Zusammenhänge . . .« Lugowski zieht dann u. a. aus dieser Stelle die Folgerung: »Alle diese Dinge bleiben in der Schwebe. Es wäre sinnlos, sie durch Konjekturen aufklären zu wollen. Es ist, als würde das Unerklärliche, das Geheimnis hier zu einer bewußten Stilgebärde.« (S. 205) – In Wirklichkeit läßt sich exakt erschließen, was das sonderbare Verhalten des Kastellans bedeutet. Im Anfangsteil der Erzählung bittet Lisbeth den Kohlhaas, ihr die Mission am Hofe des Kurfürsten von Brandenburg anzuvertrauen, weil sie dort Beziehungen habe: ». . . daß der Kastellan des kurfürstlichen Schlosses, in früheren Zeiten, da er zu Schwerin in Diensten gestanden, um sie geworben habe; daß derselbe zwar jetzt verheiratet sei, und mehrere Kinder habe; daß sie aber immer noch nicht ganz vergessen wäre . . .« (II,29). Wenn also am Ende der Geschichte (II,101 – soviel Konzentration fordert der Erzähler Kleist!) der Kastellan, der dem Kohlhaas den von »Elisabeth« signierten Zettel im Hinrichtungszug überreicht, auf Kohlhaasens Frage, »ob er das wunderbare Weib, das ihm den Zettel übergeben, kenne?« nur abgerissen antwortet und »an allen Gliedern zu zittern« scheint, so heißt das, daß er, der sich liebevoll und genau Erinnernde, in der Zigeunerin Kohlhaasens Frau Lisbeth gespenstisch wiedererkannt hat.

gib deinen Feinden; tue wohl auch denen, die dich hassen‹, und dabei, so heißt es, drückte sie ihm »mit einem überaus seelenvollen Blick die Hand, und starb.«[33] Im letzten Entscheidungsmoment jedoch, unmittelbar vor Kohlhaasens Hinrichtung, spielt ihm die Zigeunerin einen Zettel mit der Unterschrift »Deine Elisabeth« zu, der erst die Vollendung der Rache ermöglicht. Die Begleitumstände dieser abschließenden Handlung der Zigeunerin und die Namensunterschrift weisen sogar mit besonderem Nachdruck auf die »wunderbare« Identität mit Kohlhaasens Frau hin.[34] Und doch handelt es sich nicht um einen Widerspruch zur Mahnung der sterbenden Elisabeth. Es ist hier von wesentlicher Bedeutung, daß Kohlhaas zwar erst durch die Nachricht der Zigeunerin seine Rache am sächsischen Kurfürsten vollenden kann, daß diese Nachricht aber keine Anweisungen zum Handeln, sondern nur informierende Hinweise enthält.[35] Durch sie schafft die Zigeunerin ebenso wie durch die frühere Übergabe der Kapsel lediglich die technischen Voraussetzungen für die Rachehandlung des Kohlhaas. In auffälliger Weise überläßt sie ihm die Entscheidung, *wie* er die ihm durch ihr Wissen verliehene Macht anwenden will – ob zu seiner eigenen Rettung oder zur Vernichtung des sächsischen Kurfürsten. Allein um diese Alternative geht es in ihrem Gespräch mit dem gefangenen Kohlhaas;[36] die Möglichkeit einer Nichtanwendung des Machtmittels um der Vergebung willen kommt nicht zur Sprache. Diese Entfernung von der Mahnung der sterbenden Elisabeth gilt es allerdings festzuhalten.

Das Thema der Vergebung und Versöhnung verbindet sich nicht nur mit der schon geisterhaft ins Jenseitige reichenden Gestalt der sterbenden Elisabeth, sondern auch mit der geistlichen Autorität Luthers. Beides muß zusammen gesehn werden. Bei aller Liebe zu seiner Frau lehnt Kohlhaas die Mahnung, seinen Feinden zu vergeben, im stillen sofort ab. »So möge mir Gott nie vergeben, wie ich dem Junker vergebe!«,[37] denkt er mit ingrimmiger Verkehrung des Wortes »vergeben« in sein Gegenteil,[38] um auch

---

[33] II,30.

[34] Vgl. S. 190.

[35] K. Schultze-Jahde, Kohlhaas und die Zigeunerin, S. 128–131, weicht dieser Differenzierung aus, um seine Deutung zu sichern, derzufolge Kohlhaasens Rache durch die Zigeunerin eine himmlische Legitimation und Sanktionierung erhält.

[36] II,97 f. Diese Interpretation ergibt sich aus dem Text. Allerdings ist die Rettung, von der die Zigeunerin spricht, dem Stand der Dinge nach nicht mehr möglich, denn Kohlhaas befindet sich nicht mehr unter sächsischer Jurisdiktion. Derartige Widersprüche sind in Kleists Erzählungen nicht selten.

[37] II,30.

[38] Im selben Sinne z. B. K. Schultze-Jahde, S. 127, G. Blöcker, S. 222; G. Fricke, Kleists ›Michael Kohlhaas‹, S. 224 f., wendet sich zwar zu Recht gegen Inter-

alsbald das »Geschäft der Rache«[39] zu übernehmen. Erst auf Luthers Intervention hin lenkt er ein. Er fordert aber weiterhin die wiedergutmachende Gerechtigkeit durch den Junker. Auf Luthers Frage:[40] »Doch hättest du nicht, alles wohl erwogen, besser getan, du hättest, um deines Erlösers willen, dem Junker vergeben, die Rappen, dürre und abgehärmt, wie sie waren, bei der Hand genommen, dich aufgesetzt, und zur Dickfütterung in deinen Stall nach Kohlhaasenbrück heimgeritten?« – auf diese Frage gibt Kohlhaas eine eigentümliche Antwort: »Kohlhaas antwortete: kann sein! indem er ans Fenster trat: kann sein, auch nicht! Hätte ich gewußt, daß ich sie mit Blut aus dem Herzen meiner lieben Frau würde auf die Beine bringen müssen: kann sein, ich hätte getan, wie Ihr gesagt, hochwürdiger Herr, und einen Scheffel Hafer nicht gescheut!« Auf das religiöse Argument Luthers geht er also mit keiner Silbe ein. Die für Kleist typische Dialogsituation des Aneinandervorbeiredens dient dazu, die Grundverschiedenheit zweier Welten darzutun, zwischen denen es keine Verständigung geben kann. Wie radikal Kohlhaasens Forderung nach Gerechtigkeit ist, geht daraus hervor, daß er ein »kann sein« statt eines »Ja« selbst für den Fall überlegt, daß seine Frau hätte am Leben bleiben können.

Dennoch möchte Kohlhaas aus alter Verwurzelung in dem Bereich, dessen Grenzen er nun durchbricht, die »Wohltat des heiligen Sakraments« empfangen. Doch als Luther die Vorbedingung stellt, er müsse dem Junker vergeben, hält er ihm entgegen:[41] »der Herr auch vergab allen seinen Feinden nicht«. Damit ist das zum erstenmal am Sterbebett der Frau aufgeworfene Problem der Vergebung und der Versöhnung zu höchstem Rang

pretationen, die den schwierigen Wortlaut so deuten, als ob dastünde: »Gott möge mir nie vergeben, wenn (statt wie) ich dem Junker vergebe«; wenn er aber urteilt: »Auch die Auslegung: so wenig möge mir Gott nie vergeben, wie ich dem Junker, nämlich gar nicht, ist töricht und unfromm zugleich«, so spricht dagegen die Tatsache, daß Kohlhaas nicht vergibt, sondern zur Rache schreitet, und auch bei Luther die von diesem geforderte Vergebung ausdrücklich und wörtlich ablehnt. Frickes eigener Vorschlag: »er ist bereit, dem Junker zu vergeben, aber eben, wie man einem Erbärmlichen seine Erbärmlichkeit vergibt. Das aber hat mit seiner Pflicht vor Gott, vor der Gemeinschaft und vor sich selber, die nackte und eindeutige Niedertracht in ihre Schranken zu weisen und das von ihr zertretene Menschenrecht wiederherzustellen, nichts zu tun« (S. 225) – dieser Vorschlag, dessen erstes Argument keinerlei Anhaltspunkt im Text hat, gipfelt in der Spaltung des Begriffs »Vergebung« in eine angeblich christliche Bereitschaft, »seinem Feinde vor Gott zu vergeben«, und in eine andere, schlechte, »die fünf gerade sein läßt« (S. 232). Dagegen ist festzustellen, daß die bloße »Vergebung vor Gott« ohne praktische Konsequenzen ein unchristlicher und unbiblischer Sophismus ist (vgl. »Mein ist die Rache, spricht der Herr«, 5. Moses 32,35, usw.), der aus dem Roßhändler einen subtilen Kasuisten macht.

[39] II,31.　　　　　[40] II,47.　　　　　[41] II,48.

erhoben. Kohlhaas muß fortgehn ohne die »Wohltat versöhnt zu werden«.[42] Mit der tyrannischen Geste des selbstsicheren Heilsverwalters kehrt ihm Luther den Rücken zu, zieht die Klingel und läßt den Knieenden von einem Famulus aus dem Zimmer befördern.

Nun geschieht aber das Merkwürdige, daß Luther dem Kohlhaas unmittelbar vor dessen Hinrichtung die früher verweigerte »Wohltat der heiligen Kommunion«[43] als Zeichen der Versöhnung überbringen läßt. Die mit betäubender Intensität inszenierte Stimmung des »Ende gut, alles gut« täuscht allzu leicht über die damit aufgeworfenen Fragen hinweg. Kohlhaas hat dem Junker nicht vergeben.[44] Vielmehr nimmt er mit höchster Genugtuung zur Kenntnis, daß dieser eine zweijährige Gefängnisstrafe verbüßen muß und daß die Rappen, Symbol der geschundenen Gerechtigkeit, wiederhergestellt sind. Die Wiedergutmachung auf Heller und Pfennig wird eindringlich vorgeführt. Sogar der Knecht Herse erhält die auf der Tronkenburg zurückgelassenen Habseligkeiten postum zurückerstattet. All das klingt nicht nach Vergebung, sondern nach endlich und voll durchgesetztem Recht. Wie Kohlhaas aber nicht nur nach der Verwirklichung des Rechts strebt, sondern an dem Junker, der es ihm verweigert, Rache übt durch Niederbrennen seiner Burg, so rächt er sich noch zum Schluß an demjenigen, der bis zuletzt ungerecht bleibt: am sächsischen Kurfürsten. Durch Verschlucken des Zettels richtet er ihn, der als oberster Gerichtsherr vor kein Gericht gezogen werden kann, innerlich hin.[45] Bis zum Schafott also lebt Kohlhaas für Gerechtigkeit und Rache. Zu dieser radikalen Durchsetzung des Rechtsgefühls am allerwenigsten stimmt die Kommunion unter der von Luther früher genannten Bedingung der Vergebung.

Wenn Kohlhaas in bedeutungsvollem Gegensatz zu dem alten Piachi, der am Ende des ›Findlings‹ das »heilige Entsühnungsmittel«[46] von sich weist, dennoch mit »Genugtuung« das Versöhnungssakrament entgegen-

[42] II,48.

[43] II,100.

[44] Seine Bereitschaft zur Vergebung ist an eine Bedingung geknüpft, die nicht erfüllt wird. Vgl. II,64.

[45] In diesem Sinne, mit kaum zu überbietender Schärfe, sagt Kohlhaas zu einem Abgesandten des sächsischen Kurfürsten (II,86): »Wenn Euer Landesherr käme, und spräche, ich will mich, mit dem ganzen Troß derer, die mir das Szepter führen helfen, vernichten – vernichten, versteht Ihr, welches allerdings der größte Wunsch ist, den meine Seele hegt: so würde ich ihm doch den Zettel noch, der ihm mehr wert ist, als das Dasein, verweigern und sprechen: du kannst mich auf das Schafott bringen, ich aber kann dir weh tun, und ich wills!«

[46] II,214.

nimmt, so kann dies nur heißen, daß er sich zwar nicht im christlichen oder jedenfalls nicht in dem früher von Luther geforderten Sinne, aber doch im eigenen Innern mit allem im reinen weiß. Von Luther selbst heißt es mit hintergründiger Ironie, sein Abgesandter sei »mit einem eigenen, ohne Zweifel sehr merkwürdigen Brief, der aber verloren gegangen ist«,[47] zu Kohlhaas gekommen.[48] Wie immer, wenn Autorität zerstört wird, muß der Leser die Erklärung selbst finden. Hat Luther seine alte Bedingung – die Vergebung – rückgängig gemacht? Das scheint unmöglich. Hat er sich inzwischen zu Kohlhaasens Schriftauslegung bekehrt, der ihn darauf hingewiesen hatte, daß auch der Herr allen seinen Feinden nicht vergab? Hat er seinen Obrigkeitsglauben suspendiert, nachdem er durch das Verhalten des sächsischen Kurfürsten eines Besseren belehrt wurde? Und vor allem: zieht er durch die Gewährung der Kommunion nur mit den von der nunmehr zuständigen Obrigkeit – dem Kaiser – geschaffenen neuen Fakten gleichauf, womit die Sinnentleerung seines Handelns bewiesen wäre? Denn nachdem der Junker Wenzel verurteilt ist, braucht ihm Kohlhaas nicht mehr zu »vergeben« – und wenn damit die Forderung nach Vergebung hinfällig ist, so ist, nach derselben Subtraktionslogik, auch die Verweigerung der Kommunion nicht mehr begründet. Daß Kohlhaas sich schließlich am sächsischen Kurfürsten noch schwer rächen wird, kann Luther nicht wissen. Würde er die Kommunion verweigern, wenn er es wüßte? Sicher ist allein, daß die Kommunion nicht zu dem am Ende noch sich schwer rächenden Kohlhaas paßt – daß Luther auch mit diesem letzten Akt wie früher an Kohlhaas vorbeiredet und vorbeihandelt, weniger aus persönlicher Unzulänglichkeit als aufgrund einer unzulänglich konstruierten geistlichen Autorität. Ob er verweigert oder gewährt: Er verfehlt die Situation wie der lutherische Geistliche am Sterbebett Lisbeths.[49] Kleist hat seinen Kohlhaas, wenn nicht überhaupt außerhalb der Grenzen des Christlichen, so doch entschieden außerhalb der Grenzen bestimmter Auslegungen des Christlichen angesiedelt. Das Auftreten Luthers als Vertreters mindestens der positiven Religion und Repräsentanten der geistlichen Autorität ist insofern nicht nur Episode, sondern von kategorialer Bedeutung für die ganze Erzählung.

---

[47] II,100.

[48] J.-J. Anstett, A propos de Michael Kohlhaas, in: EG 14, 1959, S. 150–156, scheint die fiktive Angewiesenheit des Erzählers auf die »alte Chronik« ernst zu nehmen (S. 155): »Nous déplorons, comme Kleist, la perte de la lettre ›sans aucun doute fort curieuse‹ que lui fit remettre en même temps le Réformateur, homme de Dieu lui aussi, car elle expliquait peut-être son revirement, bien que Michael Kohlhaas n'ait toujours pas pardonné.«

[49] Vgl. S. 182.

Zusammenfassend läßt sich sagen, daß Kleist die geistliche Autorität in der Gestalt Luthers ebenso ad absurdum führt wie die weltliche Autorität in der Gestalt des sächsischen Kurfürsten.

Wenn aber die Zigeunerin als Reinkarnation der Frau Kohlhaasens deren auf Vergebung angelegtes Vermächtnis nicht lebendig hält,[50] sondern im Gegenteil dem Kohlhaas im letzten Augenblick seines Daseins die Möglichkeit zur vollkommenen Rache schafft (ohne ihn allerdings zur Rache aufzufordern), so erklärt sich dies, im Unterschied zu der Wandlung im Verhalten Luthers, nicht als Unhaltbarkeit der einstigen wie der jetzigen Position. Der Tod trennt die ursprüngliche Forderung nach Vergebung von der späteren Aktivität der Zigeunerin. Es handelt sich um einen Neueinsatz. Sterbend ist Lisbeth noch die Frau des Kohlhaas. Ihre Forderung nach Vergebung, die der Held innerlich sofort ablehnt, ist ein Anspruch, der noch von außen an ihn herangetragen wird, wenn auch aus der christlichen Sphäre, in der er selbst bisher lebte. Die Zigeunerin dagegen ist eine ganz verinnerlichte, mit Kohlhaas gleichgestimmte Autorität. Als outcast ist sie außerhalb gängiger Wertvorstellungen und Wertungen und deshalb eine ideale Verkörperung dieser in radikaler Unabhängigkeit aus dem eigenen Innern lebenden Verantwortlichkeit. Deshalb auch findet sich Kohlhaas bereit, ihr unbedingt zu folgen, sie geradezu zu seinem Orakel zu machen[51] – wie sie umgekehrt mit magischer Anhänglichkeit an seinem Schicksal Anteil nimmt.

Daß nun die Zigeunerin dem Kohlhaas selbst die Entscheidung über die Verwendung der Kapsel anheimstellt, und zwar – bei völliger Entfernung von der christlichen Mahnung der sterbenden Elisabeth – nur unter dem Gesichtspunkt der Alternative von Rettung oder Rache, heißt erstens, daß

---

50 K. Schultze-Jahde, Kohlhaas und die Zigeunerin, resümiert S. 131 seine Auslegung: »Die Zigeunerin dient in erster Linie dazu, Kohlhaasens Haß und Rache durch den Himmel sanktioniert und ihm seine Meinung von Jesu Nichtvergebung an die Feinde mit der Gottwohlgefälligkeit von Haß und Rache bestätigen zu lassen ... Diese Zigeuneringeschichte hat also etwa die Rolle eines ›Nachspiels im Himmel‹, aber in ganz realistischer, in die Erzählung verwobener Symbolik, etwa im Stil von Hauptmanns ›Pippa‹, um ein ungefähres Vergleichsbeispiel für solche realistische Symbolik anzuführen.« – O. F. Best, Schuld und Vergebung, Zur Rolle von Wahrsagerin und ›Amulett‹ in Kleists ›Michael Kohlhaas‹, in: GRM 20, 1970, S. 180–189, bringt trotz des Titels seiner Abhandlung nichts zu diesem entscheidenden Zusammenhang.

51 Vgl. II,98: »... nur deine Forderung, bestimmt und unzweideutig(!), trennt mich, gutes Mütterchen, von dem Blatt, durch welches mir für alles, was ich erlitten, auf so wunderbare Weise Genugtuung geworden ist.« Als echtes Orakel erhebt die Zigeunerin keine bestimmte und unzweideutige Forderung, sondern stellt ihm sein Handeln frei; sie sagt: »daß er in mancherlei Hinsicht recht hätte, und daß er tun und lassen könnte, was er wollte!«

die Dimension der Vergebung irrelevant ist, und zweitens, daß Kohlhaas in seinem Innern noch zwei Stimmen vernimmt: die der *Klugheit,* die für die Rettung spricht, und die der *Rache.* Er entscheidet sich für die Rache. Dies ist seine klare Reaktion auf die Bemerkung der Zigeunerin, sie halte es für »klug«, durch Übergabe des Zettels »Freiheit und Leben« zu retten:[52] »Kohlhaas, der über die Macht jauchzte, die ihm gegeben war, seines Feindes Ferse, in dem Augenblick, da sie ihn in den Staub trat, tödlich zu verwunden, antwortete: nicht um die Welt, Mütterchen, nicht um die Welt!« Ein eindeutiger Entschluß zur Rache also, denn im Zentrum steht der Vergeltungsgedanke. Wesentlich aber ist es, daß Kohlhaas über den bloßen Rachegedanken hinausgeht. In einem zum äußern Dialog gestalteten Kampf innerer Stimmen antwortet die Zigeunerin: »nicht um die Welt, Kohlhaas, der Roßhändler; aber um diesen hübschen, kleinen, blonden Jungen!« Mit innerer Folgerichtigkeit erhebt sich gegen den Vorsatz einer persönlich befriedigenden Rache das Gefühl der Verantwortung für die Kinder. Diese Verantwortung kann nur unter dem Gesichtspunkt einer höheren, weil allgemeineren Verantwortung, nämlich derjenigen für die Gerechtigkeit, aufgehoben werden. Kohlhaas erwidert denn auch,[53] »daß die Kinder selbst, wenn sie groß wären, ihn, um seines Verfahrens loben würden, und daß er, für sie und ihre Enkel nichts Heilsameres tun könne, als den Zettel behalten«. Der durchaus fortbestehende Gedanke persönlicher Genugtuung wird fundiert durch die Idee der Gerechtigkeit. Es handelt sich zuletzt also nicht mehr um die Alternative: Klugheit oder Rache, sondern um die Wahl zwischen *Klugheit* und *Gerechtigkeit.* Unter diesem Aspekt wird der Hinweis der Zigeunerin auf die Kinder für Kohlhaas geradezu zur Versuchung, der Gerechtigkeit im äußersten Augenblick doch noch zu entsagen. Kleist hat dieses Versucherische in einem sehr sprechenden Bild eingefangen: die Zigeunerin lacht Kohlhaasens »hübschen, kleinen, blonden Jungen« nicht nur an, sie herzt und küßt ihn nicht nur, sondern reicht ihm auch einen Apfel. Gerade durch diese Versuchung aber erhält Kohlhaasens Entscheidung für die Gerechtigkeit erst ihr volles Gewicht. Insofern ist die Zigeunerin ein letztes Agens innerer Selbstverwirklichung.

Abschließend läßt sich feststellen, daß Kohlhaas die Gerechtigkeit nur zum Siege führen kann, weil die Zigeunerin auf das Geschehen einwirkt. Soweit diese Einwirkung, wie in dem zuletzt erörterten Textstück, nichts als eine teilweise Ausfaltung der sich in Kohlhaas selbst abspielenden Vorgänge ist und die geheimnisvolle Alte also nur Kohlhaasens innere Stimmen repräsentiert, bedeutet sie kaum mehr als die wohlbekannten Projek-

---

[52] II,97.   [53] II,98.

tionen: eine objektive Erscheinung subjektiver Gegebenheiten. Indem er seinen Gewissenskampf durchficht, trägt Kohlhaas einen *inneren* Sieg für die Gerechtigkeit davon. Soweit dagegen die Einwirkung der Zigeunerin nicht eine klärende Unruhe in Kohlhaasens *Gewissen* ist, sondern aus einem wunderbaren, aller Wahrscheinlichkeit spottenden *Wissen* besteht, wie es die Kapsel enthält, ermöglicht sie ihrem Schützling zwar auch einen *äußeren* Sieg für die Gerechtigkeit, nämlich die Bestrafung des sächsischen Kurfürsten, aber eben durch das Ingrediens des Wunderbaren wird diese Möglichkeit ironisch und pessimistisch dementiert.

Auf dem Plan des äußeren Geschehens erhält die Zigeunerin [54] ebenso wie der im letzten Augenblick eingreifende Kurfürst von Brandenburg [55] die Rolle eines deus ex machina. Wenn also am Ende sich alles zur tief-inneren Zufriedenheit des Kohlhaas in den Grenzen der bestehenden

---

[54] C. E. Passage, Michael Kohlhaas: Form Analysis, in: GR 30, 1955, S. 181–197, stellt die allgemeine dramatische Funktion der entschieden dem Überirdischen zugeordneten Zigeunerin dar (S. 190): »From the world beyond death and as a representative of that world she comes, for the widening circles of the cause of justice have now spread beyond the terrestrial sphere ... (soweit also in Übereinstimmung mit Schultze-Jahde) ... The literary symbols – gypsy woman and capsule and prophecy – are, as has been mentioned, unappealing to the modern taste, though no doubt vivid enough to Kleist's temporaries. Their purport, however, remains awesome. The autor conceived of the original isolated act of injustice, the theft of the horses, as a stone dropped into still water: its circles spread infinitely until justice is achieved. From the wronged individual they widen over home, district, province, and empire; they affect every station in life; they are felt beyond the frontier of death; they extend into times and men yet unborn. Justice is a timeless and a universal cause.« – B. v. Wiese, Die deutsche Novelle, S. 47–63, zieht sich auf die Leerformel »magischer Realismus« zurück und konstatiert den »über das Sichtbare hinausreichenden Zusammenhang der Dinge, den wir zwar oft falsch auslegen, der aber dennoch in der Welt wirklich vorhanden ist.« (S. 62). – Im selben Sinne spricht G. Blöcker, S. 225, vom »Total-Realismus« dieser Episode, die »keiner Rechtfertigung« bedürfe, da es Kleist darauf angekommen sei, »irrationale Verhältnisse wie rationale anzusehen«! – O. F. Best, S. 186 f., meint dagegen zur Zigeunerin, sie habe »nichts eigentlich Geisterhaftes. Ihr Auftreten, Gebaren und Verschwinden wird vom Autor präzise, exakt beobachtet, ohne jede reflektierende Stellungnahme wiedergegeben. Man kann die Begegnung mit der Wahrsagerin mithin als durchaus unromantisch, sogar alltäglich deuten.«

[55] C. E. Passage, S. 192, schreibt zur Funktion des Brandenburgischen Kurfürsten: »the Brandenburg Elector with his question prefigures Christ rendering, with justice and with love, and amid final clarity, ultimate judgement unto the sinner.« Welchen Sinn aber hätte eine Präfiguration? Doch höchstens den, daß solche Lösungen erst im Jenseits zu erwarten wären. Die christliche Sphäre stimmt nicht zu Kohlhaasens unversöhnlicher, »vernichtender« Rache am sächsischen Kurfürsten, vor dessen Augen er den Zettel verschluckt.

Rechtsordnung löst und er außerdem noch Rache und Gerechtigkeit erlangt, so wird doch klar, daß die revolutionären Konsequenzen, die er zunächst zieht und deren notwendige Begleiterscheinungen ihn selbst unglücklich machen, höchstens mit viel Optimismus und einem jenseits aller Wahrscheinlichkeit liegenden Glück [56] zu vermeiden sind. Ohne den Aufstand wäre Kohlhaas zwar am Leben geblieben, aber er hätte das nicht lebenswerte Dasein eines Entrechteten führen müssen. Nach dem Aufstand wäre er unter »normalen« Umständen gerade wegen seiner von Luther im Vertrauen auf die Obrigkeit empfohlenen Rückkehr auf den Rechtsweg gescheitert und elend zugrunde gegangen – ein in jeder Hinsicht Hingerichteter.

Die Vision des Abgrunds wirkt durch die erzählerische Artistik am Rande des Abgrunds noch eindringlicher. Im selben Maße, wie Kleist Traum- und Wunschbilder aufbaut, neigt er zur pessimistisch-zerstörenden Desillusion.[57] An den Traum- und Wunschbildern selbst noch zeigt sich

---

[56] Unterstrichen wird dieses Moment durch den »ungeheuren« Zufall, daß der Kämmerer auf seiner heimlichen Mission in Berlin, wo er dem gefangenen Kohlhaas das Kapselgeheimnis abzulocken versucht, sich zu seinem Zwecke gerade der Zigeunerin bedient: »... und wie denn die Wahrscheinlichkeit nicht immer auf Seiten der Wahrheit ist, so traf es sich, daß hier etwas geschehen war, das wir zwar berichten: die Freiheit aber, daran zu zweifeln, demjenigen, dem es wohlgefällt, zugestehen müssen: der Kämmerer hatte den ungeheuersten Mißgriff begangen, und in dem alten Trödelweib, das er in den Straßen von Berlin aufgriff, um die Zigeunerin nachzuahmen, die geheimnisreiche Zigeunerin selbst getroffen, die er nachgeahmt wissen wollte.« (II,96). – In dieser Richtung deutet auch H. P. Herrmann, Zufall und Ich, S. 396.

[57] Zur Gegenposition: B. v. Wiese, Die deutsche Novelle..., S. 63: »Aber so sehr auch Kleist den unvermeidlichen, ja tragischen Antagonismus von Ordnung und Chaos darstellt ... über dem Ganzen steht die Auflösung des Antagonismus, steht die ausgleichende Wahrheit...«; H. Kreuzer, Kleistliteratur 1955–1960, S. 128, betont im gleichen Sinne gegen Anstett, A propos de Michael Kohlhaas: »Doch wird man sagen dürfen, daß Kleist und Kohlhaas zuletzt das Mögliche in seiner Relativität sinnvoll akzeptieren.« Kreuzer nimmt also mit dieser Gleichsetzung von Autor und Gestalt keine ironische Erzählerperspektive an. Anstett bemerkt zum Schluß des ›Kohlhaas‹ treffend: »... cette harmonie sonne faux« (S. 156), er begründet dies aber nicht mit der ironisch dargestellten Unwahrscheinlichkeit im ganzen (ironisch versteht er nur die Wendung von Kohlhaasens glücklichen Nachkommen – als eine trügerische Verheißung besserer Zukunft), sondern damit, daß 1. Kohlhaas den Zettel verschlingt: dies sei nicht bloß »Rache« am sächsischen Kurfürsten, sondern ein Ausdruck der Unzufriedenheit mit dem Todesurteil (S. 154) – dies widerspricht eindeutig dem Text; 2. daß Luther durch Überbringen der Kommunion sich vom Urteil distanziere (S. 155) – dafür gibt es keine Anhaltspunkte; 3. daß die Unterstützung durch die in der Zigeunerin reinkarnierte Frau Elisabeth für Kohlhaasens letzten Akt der mangelhaften Justiz nachhelfe. Zwar läßt sich die Feststellung: »il (Kohlhaas) parfait la justice bâtarde du monde

gerade im ›Kohlhaas‹, wie tief der Pessimismus ist. Denn was würde es bedeuten, wenn die als unwahrscheinlicher, ja undenkbarer Glücksfall dargestellte »Lösung« akzeptiert würde? Doch nur, daß einer, um Gerechtigkeit in der Welt zu finden, wider Willen zum »Räuber und Mörder« werden und sein eigenes Leben verlieren muß.[58]

Während sich die Divergenz der beschränkten Chronistenwertung und der berichteten Tatsachen sowie die Ironie in der geschwollenen Rhetorik des Lutherschen Sendschreibens verhältnismäßig exakt bestimmen lassen, ist die tragische Ironie des Schlußteiles weniger leicht zu fixieren. Nach strengen Maßstäben ist sie nicht evident, sondern nur indirekt durch ein Aufwerfen der Sinnfrage zu erschließen. Das setzt voraus, daß der Interpret aus dem naiven, nicht ironischen Verständnis des Textes keinen einleuchtenden Sinn gewinnen kann, weil er sich weigert, dem Dichter Kleist die Ausflucht in eitlen Wunderglauben zuzutrauen. Diese Weigerung liegt allerdings um so näher, als auch im übrigen Werk die Dimension der Erkenntnis, der Desillusionierung und der kritischen Ironie wesentlich und insbesondere die erneute Verwendung des Doppelgängermotivs im Hinblick auf die früheren Gestaltungen kategorial bestimmbar ist.

2.3. ›Der Zweikampf‹ und ›Die heilige Cäcilie‹ als ironisch erzählte Legenden

In Kleists letztem Werk, im ›Zweikampf‹, tritt an die Stelle des Gespenstisch-Wunderbaren, wie es der Schlußteil des ›Kohlhaas‹ und das ›Bettel-

---

terrestre avec l'approbation de l'envoyée céleste« (S. 155) aufrechterhalten, mit der einen Einschränkung, daß die Zigeunerin ihm nur Wissen und Macht verschafft, aber keine direkte Billigung (approbation) seines Handelns ausspricht. Doch durchbricht Anstetts anschließender Satz: »Cette approbation êut-elle été accordée à un assassin et à un bandit?« (S. 155) diesen Argumentationszusammenhang, der auf die Vollendung der Gerechtigkeit in Hinsicht auf den sächsischen Kurfürsten abhebt, aber keineswegs die Ungerechtigkeit des über Kohlhaas selbst gefällten Urteils dartut. Die Frage ist ja nicht, ob Kohlhaas ein Räuber und Mörder ist, sondern wie sich unter den Umständen, die ihn dazu machen, Gerechtigkeit verwirklichen läßt.

58 Diese Deutung ergibt sich auch aus einer Interpretation des Rappen-Symbols. Der jeweilige Zustand der Rappen weist nicht allein auf den jeweiligen Zustand der Rechtssache (dies hat B. v. Wiese, Die deutsche Novelle . . ., S. 47–63, hervorgehoben); er ist auch dem jeweiligen äußeren, »irdischen« Befinden Kohlhaasens entgegengesetzt (so Ch. E. Passage, S. 194 f., der dies als komisches Element wertet). Daß die vordem geschundenen Rappen am Schluß »von Wohlsein glänzen« (II,101), ihr Herr aber um dieses nun erreichten Zieles willen gleichzeitig auf das Schafott steigen muß, ist zum Äußersten gesteigerte Ironie.

weib von Locarno‹ bieten, das Religiös-Wunderbare. Dadurch rückt ›Der Zweikampf‹ in unmittelbare Nachbarschaft der ›Heiligen Cäcilie‹, die aufgrund dieses Religiös-Wunderbaren schon im Untertitel ausdrücklich ›Legende‹ heißt. ›Der Zweikampf‹ ist die legendäre Erzählung von einem Gottesurteil. Worin aber unterscheidet sie sich von einer Legende des 13. Jahrhunderts? Wenn eine alte Legende nicht nur in ihrer formalen Vollendung gefällt, sondern auch in ihrer Substanz interessant ist, so deshalb, weil sie aus dem historischen Kontext verstanden wird. Bei Kleist bliebe nur eine artistisch gekonnte, ja abwegige Erzählung – wenn man die Geschichte so versteht, wie sie sich in ihrem dramatischen Hergang zunächst aufdrängt. Sie wäre dann schlechte Romantik als Flucht des Dichters aus seiner Bewußtseinsrealität in eine heile Welt.

Gegen ein solches Sich-Abfinden mit der bloßen Fabel[59] lassen sich Argumente ins Feld führen. Sie liegen prinzipiell auf derselben Ebene wie für das Schlußstück des ›Kohlhaas‹, insofern das Wunderbare als nur operative Größe in einem auf kritische Erkenntnis angelegten Gesamtplan zu definieren ist, und können deshalb mit dem notwendigen Bezug auf die andere Handlung knapp zusammengefaßt werden.

Das »Gottesurteil«, wenn man es als solches ernst nimmt, ist in sich widersprüchlich. Es stellt sich nicht als ein einfacher Schiedsspruch dar, sondern als ein ganzes langes Verfahren, das zwar die Wahrheit ans Licht bringt, aber in einer Prozedur, die dem Sinn und Zweck der endlich herbeigeführten Entscheidung zuwiderläuft. Sonst müßte der Zweikampf *sofort* zuungunsten Rotbarts ausgehn. Damit wäre nicht nur seine Blutschuld (der Brudermord), sondern auch Littegardes Unschuld am Tage. Bedenklich scheint ferner die Rücksicht auf Rotbarts subjektiv aufrichtige und nur

---

[59] H. Meyer, Kleists Novelle ›Der Zweikampf‹, JbKG 1933–1937, 1937, betont den »naiven Wunderglauben« (S. 150) dieser Dichtung, das »wunderbare Vorsehungswalten« (S. 151); er findet im ›Käthchen‹ und im ›Zweikampf‹ die »gleiche seelische Grundstimmung, den gleichen hoffnungsfrohen Vorsehungs- und Wunderglauben« (S. 157). – H. Oppel, Kleists Novelle ›Der Zweikampf‹, DVjS 22, 1944, S. 92–105, sieht zwar für den Moment, wo der Kaiser an eine Fehlentscheidung des Gottesurteils glauben muß, »das Verhältnis Gottes zu seiner Welt von Grund auf in Frage gestellt«, aber findet dann doch, daß mit der Erklärung des wahren Sachverhalts »Gottes Güte und Gerechtigkeit ihren Glanz zurückerhält« (S. 103). – J. Müller, Literarische Analogien in Heinrich von Kleists Novelle ›Der Zweikampf‹, 1969, hebt dagegen auf die »Kritik an der geheiligten Institution« (S. 22) des Zweikampfes ab, vor allem mit einem Argument zum Ende der Erzählung (S. 23): »Wenn aber, so ist doch die implizite Intention des Dichters, in einer erst post festum zu erschließenden Paradoxie die Wahrheit zu Tage kommt, kann es keine Eindeutigkeit im Zweikampf geben, er wird als Gottesgericht fragwürdig, und so hilft sich der Kaiser als der oberste Gerichtsherr dadurch, daß er ›in die Statuten des ge-

objektiv falsche Teil-Aussage (über die Liebesnacht mit der vermeintlichen Littegarde) und damit die formalistische Anpassung Gottes an Rotbart auf Kosten Littegardes und Friedrichs. Die göttliche Gerechtigkeit, wenn sie es wäre, die schließlich die Unschuldigen rettet, wäre für sie doch eine »Strafkolonie«.

Umgekehrt, aus der kritisch-ironischen Perspektive: Was ist das für eine göttliche Gerechtigkeit, die den Unschuldigen alle Qualen der Hölle bis zum Scheiterhaufen bereitet und sie nur gerade noch vor dessen Flammen rettet? Und dies, um ihre eigene himmlische Vollkommenheit zu beweisen, indem sie die Wahrheit bis in die letzten Hintergründe hinein aufdeckt? Die mildeste Lesung ist diejenige, daß die göttliche Gerechtigkeit, eben weil sie göttlich ist, vollkommen und bis zur Abstraktheit gründlich und deshalb unmenschlich sein muß – mindestens so unangemessen, daß sie Unschuldige an den Rand des Abgrunds bringt. Die Schlußzeilen deuten noch weiter: [60] Der Kaiser läßt in die Statuten des »geheiligten göttlichen Zweikampfs«, überall wo vorausgesetzt wird, daß die Schuld dadurch »*unmittelbar*« ans Tageslicht komme, die Worte einrücken: »wenn es Gottes Wille ist«. Grundsätzlich kann das heißen, daß sich die Aufdeckung der Schuld bis zum Sankt-Nimmerleins-Tag aufschieben läßt. Der *Zeitfaktor* also entscheidet. Das menschliche Dasein wird unter die Hauptkategorie der Zeit gestellt und so dem Göttlichen ferngerückt.

Daß Littegarde und Friedrich von Trota im letzten Augenblick doch noch gerettet werden, ist bloßes Glück. Ebensogut hätte ihre Unschuld durch die Folgen des Zweikampfes noch später an den Tag kommen können, für sie beide zu spät: nach dem Tod auf dem Scheiterhaufen. Und

---

heiligten göttlichen Zweikampfs‹ – die Attribute wirken wie eine beschwörende Abwehr – die Klausel setzt: ›... wenn es Gottes Wille ist‹, was einer reservatio mentalis gleichkommt.« Dabei wird aber übersehen, daß diese »reservatio« sich nicht auf das Gottesurteil schlechthin bezieht, sondern nur auf die Feststellung, daß dadurch »die Schuld unmittelbar ans Tageslicht komme«. Damit ist also lediglich die Zeit ins Spiel gebracht, und die Wahrheit kommt auch nicht in einer nachträglich »zu erschließenden Paradoxie«, sondern durch das tatsächliche Geschehen selbst zu Tage, wie es sich nach dem Zweikampf als dessen Folge entwickelt. Grundsätzlich wäre zu fragen, ob man Kleist im Jahre 1811 ein so anachronistisches Unterfangen wie die »Kritik an der geheiligten Institution« des mittelalterlichen Gottesurteils zutrauen soll. – Nach Abschluß des Buches sehe ich, daß W. Wittkowski, ›Die heilige Cäcilie‹ und ›Der Zweikampf‹. Kleists Legenden und die romantische Ironie. In: CG 1972, S. 17–58, in der gleichen Richtung deutet. Es handelt sich um eine aufschlußreiche Ergänzung der vorliegenden Interpretation, gerade weil sie nicht von der hier zentralen Zeitkategorie, sondern von andern Argumenten ausgeht.
[60] II,261.

damit wäre das Gottesurteil nicht einmal widerlegt, denn es soll ja fataler-
weise nur Schuld oder Unschuld an den Tag bringen, ohne Rücksicht auf
Rechtzeitigkeit für die Betroffenen. Das Gottesurteil ist also eine Mythologisierung des Geschichtsprozesses, in dessen unendlichem Fortgang alles
irgendwann einmal seine Aufklärung erfährt, und sei es, wie hier, durch
das Geständnis einer Kammerzofe. Daß diese buchstäbliche Hintertreppen-
pengeschichte die Substanz des angeblichen Gottesurteils bildet, ist von
kaum zu überbietender Ironie: der versteckte, aber eigentliche Eklat der
Schlußpartie. Nur darum hat Kleist das Liebesabenteuer des Rotbarts mit
der Zofe so sorgfältig ausgeführt und nur so erhält die einläßliche Kol-
portage ihre höhere Rechtfertigung im Gesamtzusammenhang.

Diese Deutung unter dem zentralen Aspekt der Zeit ergibt sich nicht
nur aus dem Gang der Handlung, sondern auch aus der Gesprächsszene, in
der Friedrich von Trota zuerst gegenüber seiner Mutter und dann gegenüber Littegarde den Sinn des »Gottesurteils« zu ergründen sucht. Es handelt sich um eine charakteristische Fehldeutung, die gerade dadurch, daß
sie die vom Blickzwang des Gläubigen bedingte perspektivische Verengung
erkennbar werden läßt, auf die richtige Deutung hinführt. Schon im Gespräch mit seiner Mutter argumentiert Friedrich von Trota mit der Zeit:[61]
Nur »auf einen Augenblick« sei er unterlegen, und solange nicht einer der
beiden Kämpfer tot sei, könne der Zweikampf nicht als abgeschlossen
gelten. Da dies den geltenden Bestimmungen widerspricht, nach denen das
Gottesurteil unmittelbar aus Sieg oder Niederlage beim Zweikampf zu
ersehen ist, unterscheidet Friedrich zwischen göttlichem Urteil und »diesen
willkürlichen Gesetzen der Menschen«.[62] Schon daraus folgt, daß das angebliche göttliche Urteil, an das Friedrich nicht weniger als Littegarde
glaubt, in Wirklichkeit nur aus diesen willkürlichen Gesetzen und Auslegungen der Menschen besteht. Denn Friedrichs eigene Auslegung: erst der
Tod eines der beiden Kämpfer entscheide, ist ebenso »willkürlich«. Warum sollen die durch den Zweikampf ausgelösten Vorgänge Schuld und Unschuld nicht vollends erst nach dem Tode der Unschuldigen an den Tag
bringen? Denn es geht ja nur darum, daß durch den Zweikampf die Wahrheit überhaupt irgendwann einmal an den Tag kommt: *Alle* auf besonderen Auslegungen beruhenden Fixierungen eines bestimmten Zeitpunkts
sind willkürlich – und sie wären doch das eigentlich Relevante. Damit aber
wird das Gottesurteil als höhere Instanz hinfällig, es versinkt im Lauf der
Geschichte. Friedrich selbst schreitet auf dem Höhepunkt seines Gesprächs
mit Littegarde, das auf dasjenige mit der Mutter folgt, in diese Richtung
weiter, wenn auch immer noch in frommer Überzeugung. Er spricht ge-

---

[61] II,248.   [62] II,249.

genüber der geliebten Frau, die auf den Augenblick des Zweikampfes fixiert ist, nicht mehr, wie gegenüber der Mutter, vom Tod eines der beiden Kämpfer als dem entscheidenden Zeitpunkt, sondern schon von einer unendlichen Zukunft, von der »Ewigkeit«:[63] ». . . Wo liegt die Verpflichtung der höchsten göttlichen Weisheit, die Wahrheit im Augenblick der glaubensvollen Anrufung selbst, anzuzeigen und auszusprechen? O Littegarde‹, beschloß er, indem er ihre Hand zwischen die seinigen drückte: ›Im Leben laß uns auf den Tod, und im Tode auf die *Ewigkeit* hinaus sehen, und des festen, unerschütterlichen Glaubens sein: deine Unschuld wird, und wird durch den Zweikampf, den ich für dich gefochten, zum heitern, hellen Licht der Sonne gebracht werden!‹«

Die durch das Gottesurteil aufgeworfene Frage nach der göttlichen Gerechtigkeit führt nicht zuletzt auf die Frage nach Gott. Wie im ›König Ödipus‹ der Chor um den Hingang des Göttlichen bangt,[64] als das Orakel doch im Unrecht scheint, so ist der Kaiser bestürzt, als die erste Nachricht von der Unschuld Littegardes und von Rotbarts Schuld eintrifft:[65] »Wie? rief der Kaiser, indem er sich leichenblaß von seinem Sitz erhob, hat das geheiligte Urteil Gottes nicht für die Gerechtigkeit seiner Sache entschieden, und ist es, nach dem was vorgefallen, auch nur zu denken erlaubt, daß Littegarde an dem Frevel, dessen er sie geziehen, unschuldig sei? – Bei diesen Worten stieg er betroffen vom Altan herab...« Die Befürchtung des Kaisers, der alle Ordnung in Gefahr sieht, die er nur von Gottes Gnaden zu bewahren weiß, wird alsbald zerstreut. Aber Kleist fügt nicht nur eine äußerlichdramatische Schrecksekunde vor dem alles lösenden Schluß ein. Der Schrecken des Kaisers wird zum Denkanstoß für den Leser, der sich spätestens hier in einen größeren Horizont eingewiesen sieht. In diesem erscheint der »geheiligte, göttliche(!) Zweikampf« und das »Gottesurteil« als eine fragwürdige, weil Endliches und Unendliches unerlaubt verbindende Konkretisierung und Aktualisierung des Göttlichen. Und wenn gerade der bestürzende Augenblick vor der vollendenden Lösung das »ad maiorem dei gloriam« dieser Lösung wirkungsvoll verstärkt, so ist das eine drängende Aufforderung zu grundsätzlicher Reflexion: zur Reflexion auf das Gottesurteil als eine paradigmatische Versuchsanordnung, an der sich erweist, wie sinnlos ausgeliefert in der Zeit der Mensch ist, selbst wenn es einen Gott geben sollte. Dies ist die Leistung des gegebenen Experimentiermittels »Gottesurteil« – denn es ist Kleist am Anfang des 19. Jahrhunderts weder darum gegangen, das legendäre mittelalterliche Gottesurteil zu verherrlichen, noch darum, es zu widerlegen. Es handelt sich um die für Kleists Epoche bezeichnende Säkularisation göttlichen Waltens zum bloßen

---

[63] II,254.   [64] V. 906–910.   [65] II,259.

Gang der Geschichte. Kleist säkularisiert aber radikaler als Hegels idealistische Geschichtsphilosophie, die ihren theologisch-heilsgeschichtlichen Ausgangsbereich in der Annahme eines sinnhaften Fortschreitens der Geschichte konserviert. Kleist kennt keinen »Sinn« und »Geist« des Geschehens. An die Stelle dieser metaphysischen Bestimmungen sind die sogenannten Realfaktoren, vor allem gesellschaftliche Verhältnisse und gelegentlich eine – in der Kammerzofenepisode des ›Zweikampfs‹ bis zum Grotesken getriebene – blinde Zufälligkeit und Unvernünftigkeit des Geschehens getreten. Diese aber wird nicht zum Schicksal stilisiert: sie wirkt, bei allem Pessimismus und aller Ironie, als Appell an die regulativen Fähigkeiten der Vernunft und der Menschlichkeit. Daß gerade die großen letzten Erzählungen, ›Kohlhaas‹ und ›Zweikampf‹, in diesem Sinn nicht nur als einzelne Geschichten, sondern als exemplarische Fälle von Geschichte gemeint sind, zeigt die auffällige Verlagerung der entscheidenden Zuständigkeit auf die höchste und allumspannende Autorität, auf die des Kaisers. ›Der Zweikampf‹ geht noch insofern über den ›Kohlhaas‹ hinaus, als er direkt die Frage nach dem Wirken Gottes in der Geschichte aufwirft und die Unendlichkeitsdimension der Zeit ins Spiel bringt: Dies deutet auf einen sich zum Schluß hin entschieden verstärkenden Zug zur Totalität.

Die Definition der Perspektive, aus welcher der Zweikampf und das Gottesurteil entworfen sind, ergibt eine neue Bewertung des zweiten Geschehenskomplexes: des Seelendramas der Littegarde und des ihr in Liebe verbundenen Friedrich von Trota. Vor allem wird die Integration der beiden Komplexe, die sonst nur äußerlich und lose zusammenhängen, erst auf dieser Grundlage einsichtig.

Littegardes Lage ist nach dem für ihre Sache zunächst unglücklich verlaufenden Zweikampf ähnlich verzweifelt wie diejenige der Marquise von O . . . nach der Entdeckung ihrer Schwangerschaft. Beide sind unschuldig, aber vor den Augen der Welt erscheint die Marquise durch die Sprache der Tatsachen ebenso schuldig wie Littegarde durch das Gottesurteil. Umsonst wirbt die Marquise in ihrer eigenen Familie um Vertrauen. Dagegen findet Littegarde bei ihrem »edlen und vortrefflichen Freunde« trotz des wider sie zeugenden Scheines Verständnis. Dennoch gerät sie in noch größere Not. Im unauflösbaren Widerspruch zwischen Unschuldsbewußtsein und Schuldspruch hält sie sich nicht wie die Marquise an ihr eigenes Bewußtsein, sondern unterwirft sich dem Schuldspruch, weil er göttlich legitimiert scheint. Deshalb stößt sie alle andern von sich fort und sich selbst in eine absolute, verzweifelte Isolation. Erst durch religiöse, d. h absolute Fixierungen kommt also auch absolute Verzweiflung zustande. Die Marquise wird verstoßen, Littegarde verstößt sich selbst. Zentral für die Darstellung der beiden Frauenschicksale ist das Motiv des Wahnsinns. Die

Marquise vermag der Bedrohung durch den Wahnsinn mit letzter Kraft zu widerstehn:[66] »Ihr Verstand, stark genug, in ihrer sonderbaren Lage nicht zu reißen«, findet sich mit dem Unerklärlichen ab; Littegarde dagegen ruft dem Freunde zu:[67] »geh, meine Sinne reißen, und meine Kraft bricht...«

Das letzte Werk bringt also eine Verschärfung. Kleist hat die Verlorenheit des Menschen radikaler gestaltet. Und doch bliebe es nur eine Variation des in der ›Marquise von O...‹ behandelten Problems, wenn nicht ein anteilnehmender, liebender Mensch entscheidend würde. Das frühere Werk entwickelt das Schicksal der Hauptgestalt monologisch aus deren Innerem allein, das spätere ist dialogisch angelegt. Vom einen Menschen zum andern wirken nun lösende Kräfte. In der Gestalt Friedrich von Trotas hat Kleist ganz am Ende das lebendige Du als not-wendende Kraft entdeckt. Kein magisches, ins Absolute projiziertes alter ego, das mit abgründiger Ironie nur in seiner dezidierten Unwirklichkeit dem Ich zu seiner letzten Verwirklichung zu helfen vermag, wie die Zigeunerin im ›Kohlhaas‹, sondern ein lebendiges menschliches Gegenüber. So kann der wichtige Abschnitt über Friedrichs und Littegardes Begegnung im Kerker mit der Feststellung schließen, daß Herr Friedrich in sein Gefängnis zurückkehrte, »nicht ohne das Bewußtsein, einigen Trost gegeben und empfangen zu haben«.[68]

Unter dem Aspekt einer ironisch in ihrer ganzen Fragwürdigkeit dargestellten göttlichen Gerechtigkeit erhält solches menschliche Handeln erst sein besonderes Pathos: als einziger Lebenswert und als einziger Halt. Die innere Einheit der Erzählung ist damit dialektisch begründet und von äußerster Dichte, während sonst die Krisis der Littegarde durchaus nur episodische Züge trüge – und zur Episode wiederum hat sie zuviel Gewicht in sich selbst.

Ein Rückblick auf das ›Erdbeben in Chili‹ zeigt, daß dort das Verhalten Friedrich von Trotas gegenüber Littegarde im Verhalten Don Fernandos gegenüber Josephe schon gegeben ist: vorbildhafte Hilfsbereitschaft eines edlen Mannes gegenüber einer bedrängten Frau. Nur geht es im ›Erdbeben‹ um die Tat eines in überraschender Bewährungssituation seiner selbst erst innewerdenden jungen Menschen; in Friedrich von Trota dagegen gestaltet Kleist den schon fest geformten Mann, der in seinem Handeln nicht sich selbst erst auf die Spur gerät, sondern die Echtheit und Kraft seiner Liebe beweist. An die Stelle der eher losen und zufälligen Konstellation Don Fernando – Josephe tritt hier der Konnex zweier innerlich aufeinander bezogener Menschen. Dem entspricht die wirklich per-

---

[66] II,126.   [67] II,251.   [68] II,254.

sönliche Begegnung und das Gespräch, vor allem in der Gefängnisszene, während Don Fernando aus dem Pathos einer allgemeineren Menschlichkeit gestaltet ist und im Zusammengehn mit Josephe beinahe ohne Worte bleibt. Der entscheidende gemeinsame Nenner beider Erzählungen aber ist, daß menschlicher Edelmut und menschliche Hilfe den einzigen Halt in einer gottverlassenen Welt gewähren. Friedrich von Trotas »Edelmut« – eines der Hauptmotive – entspricht dem »Adel« Don Fernandos.

Während im ›Erdbeben‹ die Gottverlassenheit der Liebenden, die immer wieder den Himmel und die Heiligen anrufen, eklatant und der Gegensatz zur menschlichen Helfertat Don Fernandos deutlich faßbar ist, entwirft das späte Werk, der ›Zweikampf‹, diesen Gegensatz hintergründiger, weil die Ironie in der Darstellung des Gottesurteils soviel indirekter und in die perspektivenerzeugende Anordnung des Werkes selbst verlagert ist. Dies stimmt in das Gesamtbild der erzählerischen Entwicklung Kleists, der von straff gearbeiteten »exemplarischen Novellen« seinen Ausgang nimmt – Musterstücke sind das ›Erdbeben‹ und die ›Marquise‹ –, um mit den beiden letzten Erzählungen – ›Kohlhaas‹ und ›Zweikampf‹ – die Gattung bis zum äußersten Rande ihrer Möglichkeiten zu führen und schon teilweise aufzusprengen. Sowohl im Aufbau wie ihrer inneren Struktur nach sind diese Werke außerordentlich komplex und differenziert. Ihren dunklen Hintergrund verhüllen sie. Nicht zuletzt wird diese Verhüllung in den falsch vergoldeten happy ends spürbar, die voller Trostpreise sind.[69]

Noch entschiedener als in der großen Erzählung vom Gottesurteil hat Kleist das Legendäre in dem kurzen Prosastück ›Die heilige Cäcilie oder Die Gewalt der Musik‹ gestaltet.[70] Ebenso wie der ›Kohlhaas‹ trägt diese

---

[69] Kohlhaas erhält sein Hab und Gut zurück, seine Söhne werden zu Rittern geschlagen und zur Erziehung in eine Pagenschule gegeben. Littegarde erhält das von ihren Brüdern geraubte Eigentum zurück und wird gar mit dem Hermelin der Kaiserin bekleidet; Herr Friedrich darf sich einer kaiserlichen »Gnadenkette um den Hals« (II,261) erfreuen.

[70] Zu Recht weist G. Graf, Der dramatische Aufbaustil der Legende Heinrich von Kleists ›Die heilige Cäcilie oder Die Gewalt der Musik‹, Ein Interpretationsversuch, in: EG 24, 1969, S. 346–359, darauf hin (S. 346 f.), daß die Kleistforschung dieses Werk früher kaum beachtet und eher hilflos beiseite geschoben hat: »So spricht z. B. Johannes Klein vom ›Übergang zur Romantik‹, der sich in dieser Legende verrate, und davon, daß ›okkultische Dinge‹ mitspielten und vor allem die ›Gewalt der Musik‹ glaubhaft gemacht werden sollte; für Fritz Lockemann ist die Musik in dieser Legendennovelle ›Trägerin göttlicher Ordnungsmächte . . .‹, und Günther Blöcker findet in ihr das ›gleichzeitig Zerstörerische und sowohl Disziplinierte als auch Disziplinierende der Musik in seiner merkwürdigen Zweideutigkeit dargestellt‹; Walter Müller-Seidel schließlich verweist auf den ›wunderbaren Vorgang‹ in der Legende, Friedrich

Erzählung einen Untertitel. Er lautet nicht: ›Aus einer alten Chronik‹, sondern: ›Eine Legende‹. Es kommt weder auf den Chronistenbericht dort noch aufs Legendenerzählen hier an. Dies ist auch der Grund, weshalb die schlichte Gelegenheitsarbeit der Erstfassung, das ›Taufangebinde für Cäcilie Müller‹ (die Tochter Adam Müllers), in die zweite Fassung umgearbeitet wurde.[71] An keiner Dichtung Kleists läßt sich besser demonstrieren, welche Tendenzen er als Künstler verfolgte. Während die sehr viel kürzere Erstfassung noch ein flächiges Erzählstück ist, das die wunderbare Begebenheit in einem Zuge durchnimmt, erhält die zweite Fassung eine intensiv gestufte Tiefenform. Dies bewirkt vor allem der neu eingeführte Besuch der Mutter, die dem unglücklichen Schicksal ihrer Söhne nachforscht. Ihr Erkundungsgang erstreckt sich über mehrere Stationen, die zusammen keineswegs nur eine Summe der Ereignisse erbringen, sondern Stufe um Stufe die tieferen Zusammenhänge freilegen. Durch kunstvolle Inszenierung ersteht aus jedem der Einzelberichte eine lebendige, farbig individuelle Situation voll vergegenwärtigender Kraft.[72]

Über die dramatische Stufung und die Inszenierung hinaus erreicht die zweite Fassung gegenüber dem knapp und anekdotisch zugeschnittenen ›Taufangebinde‹ ihre eigentliche Dimension allerdings erst durch die Per-

---

Braig versucht eine ›christliche‹ Interpretation, und Hans Peter Herrmann sieht in der Legende eine Verdichtung des Zufalls zur ›mächtigen Religion‹; zur Darstellungen Gerhard Frickes und Friedrich Kochs halten sie kaum einer Erwähnung wert« (Stellennachweise bei Graf). Graf seinerseits aber stellt fest, »daß unsere Erzählung, auf Grund der besonderen Struktur des Legendenstoffes, sich ... einer ausführlicheren gehaltlichen Deutung verschließt« (S. 347). – Mit Nachdruck ist auf zwei neuere Abhandlungen hinzuweisen: auf W. Hoffmeister, Die Doppeldeutigkeit der Erzählweise in Heinrich von Kleists ›Die heilige Cäcilie oder die Gewalt der Musik‹, in: Festschrift für Werner Neuse, FIDES anläßlich des vierzigjährigen Bestehens der Deutschen Sommerschule am Middlebury College und der Emeritierung ihres Leiters. Hrsg. von H. Lederer und J. Seyppel, 1967, S. 44–56; sowie auf W. Wittkowski, ›Die heilige Cäcilie‹ und ›Der Zweikampf‹, Kleists Legenden und die romantische Ironie. In: CG 1972, S. 17–58.

[71] Vgl. M. Scherer, Die beiden Fassungen von Heinrich von Kleists Erzählung ›Die heilige Cäcilie oder Die Gewalt der Musik‹, in: Monatshefte 56, 1964, S. 97–102 (Scherer interpretiert im Sinne der »Wahrheit des Religiösen«); G. Graf, Zum Vergleich der zwei Fassungen von Heinrich von Kleists Legende ›Die heilige Cäcilie‹, in: EG 25, 1970, S. 66–68.

[72] Das wohl eindrucksvollste Beispiel für die Umarbeitung bietet der Bericht von dem schauerlichen Gesangsauftritt der Brüder in der Geisterstunde: in der ersten Fassung nur wenige, kurz zusammenfassende Worte des Gastwirts, bei dem sich der Auftritt abspielte (II,296); in der zweiten Fassung die groß inszenierte und dramatisierte Darstellung Veit Gotthelfs (II,223 f.). Vgl. ferner die schön ausgebaute, bildhafte Szene bei der Äbtissin (II,225 f.) gegenüber der ersten Fassung mit ihrer bloß informatorischen Andeutung (II,297).

spektive, die sich in der Stufung herstellt. Perspektivische Vertiefung war es, was Kleist letztlich zur Umarbeitung mit soviel sorgfältigem Aufwand lockte.

Wenn das ›Taufangebinde‹ nur mit wenigen Worten am Ende andeutet: daß das wunderbar scheinende, aber doch durch die »Gewalt der Musik« zu erklärende Geschehen erst durch Sanktionierung zur Legende erhoben wurde,[73] so führt die zweite Fassung den *Prozeß der Legendenbildung* selbst vor Augen. Im Anfangsteil berichtet der Erzähler das seltsame Geschehen nüchtern und knapp, ohne jede religiöse Deutung. »Sechs Jahre darauf« kommt »die Mutter dieser vier Jünglinge« – so beginnt der zweite Teil – und findet sie im Irrenhaus. Sie sind seit der Aufführung jener wunderbaren Musik im wahrsten Sinne des Wortes ver-rückt. Die Mutter nun geht, wie es im entscheidenden zweiten Abschnitt dieses Erzählungsteiles heißt, »um über die Veranlassung dieser ungeheuren Begebenheit Auskunft zu erhalten, am Morgen des folgenden Tages, zu Herrn Veit Gotthelf, berühmten Tuchhändler der Stadt«.[74] Was sie erfährt, ist der ganze mit der »Anhebung der Musik«[75] beginnende und sich bis zum schauerlichen Auftritt in der Geisterstunde steigernde Vorgang der Verrückung: eine psychologische und physiognomische Meisterstudie Kleists, ein Seelendrama im Grenzbereich, das keinen Augenblick die analytische Energie einer bloßen Gespensterromantik opfert. Was wirklich bloße Romantik ist, ordnet sich als Ansatz der Legendenbildung der Perspektive des »berühmten Tuchhändlers« zu, der die typische volkstümliche Wertung repräsentiert. Gleich zu Beginn seines Berichts begegnet die aus der ›Marquise von O . . .‹ wohlbekannte Ansicht (dort ist die Rede von der »heiligen und unerklärlichen Einrichtung der Welt«, wobei aus der Unerklärlichkeit fälschlich auf die Heiligkeit geschlossen wird), daß das »unbegreifliche« Geschehen auf den »Himmel selbst« verweise:[76] »Wodurch diese Tat, zu deren Ausführung alles, auf das Genaueste, mit wahrhaft gottlosem Scharfsinn, angeordnet war, gescheitert ist, ist mir *unbegreiflich; der Himmel selbst* scheint das Kloster der frommen Frauen in seinen heiligen Schutz genommen zu haben.« Der wackere Tuchhändler trägt also seinen Namen nicht zufällig: er ist ein »Gotthelf«, indem er der Legende Vorschub leistet.[77]

---

[73] »Demnach sprach der Erzbischof von Trier, an welchen dieser sonderbare Vorfall berichtet ward, zuerst das Wort aus, mit welchem die Äbtissin, aus mancherlei Gründen(!), nicht laut zu werden wagte: nämlich daß die heilige Cäcilia selbst dieses, zu gleicher Zeit schreckliche und herrliche, Wunder vollbracht habe. Der Papst, mehrere Jahre darauf, bestätigte es . . .« (II,297 f.).

[74] II,220.   [75] II,221.   [76] II,221.

[77] Diesen ganzen von Veit Gotthelfs Bericht geprägten Teil interpretiert W. Hoffmeister, dessen Deutung mit der hier vorgelegten sonst vielfach über-

Die hier im entscheidenden Ansatz vorgeführte Legendenbildung erfährt ihre Vollendung durch die kirchlichen Instanzen. Dies ist der Sinn
des dritten Hauptteiles, der den »drei Tage darauf«[78] stattfindenden Besuch
der Mutter am Schauplatz der wunderbaren Ereignisse selbst darstellt: im
Kloster, in dem die Musik aufgeführt wurde. Die Äbtissin, über deren Erscheinung der Erzähler die vornehme Kühle eines Vermeerschen Damenbildnisses ausbreitet,[79] ist doch nicht von der gleichen edlen Scheu wie ihre
Vorgängerin in der ersten Fassung, die »aus mancherlei Gründen«[80] nicht
mit dem Wort laut zu werden wagt, das der Erzbischof von Trier dann
ausspricht: daß die heilige Cäcilia selbst das Wunder vollbracht habe. In
der zweiten Fassung erklärt die Äbtissin ganz im Sinne Veit Gotthelfs,
aber schon ohne dessen vermutendes »scheint« (»der Himmel selbst *scheint*
das Kloster der frommen Frauen in seinen heiligen Schutz genommen zu
haben«):[81] »Gott selbst *hat* das Kloster ... beschirmt.«[82] Sie versucht
diese Aussage durch den Bericht eines weiteren unerklärlichen Vorfalls zu
erhärten,[83] um dann abzuschließen: »Auch hat der Erzbischof von Trier,

---

einstimmt, im Gegensinn (S. 48–50): »Kleist hat den Aussagen des Tuchhändlers ein Höchstmaß an Glaubwürdigkeit und Verläßlichkeit verliehen ...«,
»seine Rolle« sei es, »als Hauptzeuge für den menschlich erkennbaren Teil der
Wahrheit einzutreten.« Dagegen spricht nicht nur die zitierte Vermutung Gotthelfs, der Himmel habe seine Hand im Spiele gehabt, sondern auch die hochpoetische (gerade nicht »verläßliche« und »glaubwürdige«) Übertreibung in
der Darstellung der Geisterstunde. So heißt es etwa: »die Pfeiler des Hauses,
versichere ich Euch(!), erschütterten, und die Fenster, von ihrer Lungen sichtbarem Atem getroffen, drohten klirrend, als ob man Hände voll schweren
Sandes gegen ihre Flächen würfe, zusammen zu brechen« (II,223). Besonders
aufschlußreich an dieser Darstellung der Geisterstunde aber sind zwei Vergleiche, welche durch die Aufspaltung der Welt in eine Unterwelt und in eine
Überwelt das sich bereits im Sinne der Legendenbildung verzerrende Bewußtsein des Veit Gotthelf spiegeln. Zuerst: »So mögen sich Leoparden und Wölfe
anhören lassen, wenn sie zur eisigen Winterzeit, das Firmament anbrüllen«,
und dann die Steigerung in der Charakterisierung des »schauderhaften und
empörenden Gebrülls«, das »wie von den Lippen ewig verdammter Sünder,
aus dem tiefsten Grund der flammenvollen Hölle, jammervoll um Erbarmung
zu Gottes Ohren heraufdrang.« (II,223).

[78] II,224.
[79] Man öffnet der zur Audienz gebetenen Mutter »die Flügeltüren des schön gebildeten Söllers ... Daselbst fand sie die Äbtissin, welches eine edle Frau, von
stillem königlichem Ansehn war, auf einem Sessel sitzen, den Fuß auf einem
Schemel gestützt, der auf Drachenklauen ruhte; ihr zur Seite, auf einem Pulte,
lag die Partitur einer Musik.« (II,225 f.).
[80] II,298.
[81] II,221.
[82] II,227. W. Hoffmeister, S. 51 f., weist in einer feinsinnigen Verhaltensstudie
nach, daß die Äbtissin ganz auf Autorität stilisiert ist.
[83] Zur kritischen Analyse dieses Teils vgl. im einzelnen W. Hoffmeister, S. 52 f.

an den dieser Vorfall berichtet ward, bereits das Wort ausgesprochen, das ihn allein erklärt, nämlich, ›daß die heilige Cäcilie selbst dieses zu gleicher Zeit schreckliche und herrliche Wunder vollbracht habe; und von dem Papst habe ich soeben ein Breve erhalten, wodurch er dies bestätigt.« Damit ist die ganze Skala der Legendenbildung von den gefühlshaft bestimmten und noch vagen Anfängen über die faktensetzende Feststellung und die Sanktionierung bis zur Dogmatisierung durchlaufen.

Kleist erzählt die Legende so, daß sie sich durch die Art seines Erzählens als Legende aufhebt. Diese Aufhebung und die aus ihr resultierende kritische Erkenntnis ist das eigentliche Ziel der Erzählung. Voll erreicht wird es aber nur, weil die zweite Fassung die gegenüber der Erstfassung neu eingeführte perspektivische Stufung durch einen ebenfalls neu geschaffenen Parameter meßbar macht. Es handelt sich um die eindringliche Darstellung des Verrückungsprozesses als eines rational faßbaren psychologischen Vorgangs, den die »Gewalt der Musik« auslöst und der sich schließlich in dem mehrfach betonten Zustand einer unheimlichen »Heiterkeit« stabilisiert. Die marionettenhafte Mechanik, mit der die Ver-rückten während der Geisterstunde jede Nacht das »gloria in excelsis« absingen, gehört in denselben Horizont wie ihre ernste »Heiterkeit«:[84] in den ungeheuren Schwingungen der Musik ist der alte – schon durch den Protest[85] des Bildersturms exzentrisch bewegte – Schwerpunkt zersplittert, und an seiner Stelle regiert nun das musikalische Gesetz selbst, das im »gloria in excelsis« sein Summum erreicht. Ihm sind sie deshalb zwanghaft verfallen. Mehr ahnend als verstehend kommt die unglückliche Mutter auf die Wahrheit, daß es »die Gewalt der Töne« gewesen sei, »die, an jenem schauerlichen Tage, das Gemüt ihrer armen Söhne zerstört und verwirrt habe«.[86]

Nach allem hat der Titel der Erzählung ›Die heilige Cäcilie oder Die Gewalt der Musik‹ nicht als deutend ausführliche Überschrift, sondern als die Formulierung einer Alternative zu gelten, die durch die Erzählung

---

[84] E. Edel, Heinrich von Kleist, ›Die heilige Cäcilie oder Die Gewalt der Musik. Eine Legende‹, in: WW 19, 1969, S. 105–114, hat das Motiv der »Heiterkeit« hervorgehoben und in Beziehung zur Marionette gebracht. – R. Mühlher, Heinrich von Kleist und seine Legende ›Die hl. Cäcilie oder die Gewalt der Musik‹, Jahrbuch des Wiener Goethe-Vereins, Bd. 66, 1962, S. 149–156, versucht ganz im romantischen Legendensinne eine Deutung aus anderen »Bildern und Symbolen«, vor allem aus dem Bild des Gewölbes und des Blitzes.

[85] Nur am Rande kann hier darauf hingewiesen werden, daß Kleist in dieser »Legende« auch eine Psychologie des Protestantismus im Verhältnis zum Katholizismus entwickelt. Zur weiter zurückreichenden Typologie des zugrunde liegenden psychologischen Schemas vgl. S. 236, besonders A. 35.

[86] II,226.

selbst zugunsten der »Gewalt der Musik« entschieden wird. Daß Kleist damit auch seine Stellung zur katholischen Kirche – Faszination und kritische Distanz – parabolisch faßt, macht vollends das am Schluß aufklingende Thema der Konversion deutlich.[87] Die ›Legende‹, deren allerdings noch unentwickelte Erstfassung er der Tochter Adam Müllers als Taufangebinde schenkte, ist also eine Gelegenheitsdichtung im besten Sinn. Der Dichter kennzeichnet aus freundschaftlichem Abstand den Unterschied zwischen seiner – nicht etwa protestantischen, sondern aufklärerischen – Position und derjenigen des konvertierten Adam Müller, die gerade im Taufakt für seine Tochter wieder aktuell wurde.[88]

Ein Vergleich des perspektivischen Verfahrens in der ›Cäcilie‹ mit demjenigen der zeitlich benachbarten Erzählungen zeigt zunächst, daß diese Erzählung sowenig eine Legende wie der ›Kohlhaas‹ eine Chronik ist. Allerdings werden die legendenhaften Züge nicht in Analogie zur obrigkeitsfrommen Chronistenperspektive des ›Kohlhaas‹ durch eine kirchenfromme Erzählerperspektive aufgehoben. Andererseits führt sich das Wunder auch nicht durch immanente Widersprüche selbst ad absurdum wie das scheinbar göttlich gelenkte Geschehen im ›Zweikampf‹, wo das Perspektivische ganz im Schein des Objektiven aufgeht. Die Perspektivenkunst der ›Cäcilie‹ entspricht exakt der zeitlichen Zwischenstellung zwischen ›Kohlhaas‹ und ›Zweikampf‹: das Legendenhafte erscheint ausschließlich in den vom Erzähler zwar objektiv berichteten, aber selbst als nicht objektiv erkennbaren Erzählungen und Behauptungen von Personen, die in der ›Legende‹ auftreten. Die Reihenfolge ihrer Aussagen richtet sich nach dem Grad der Abweichung von der Wahrheit: Die Erzählung ist damit selbst nach dem Gesetz der perspektivischen Verzerrung aufgebaut. Die Form der Erzählung als objektive Wiedergabe nichtobjektiver Erzählungen Dritter vermittelt also zwischen der nur teilweise, nämlich im Bericht der Tatsachen, objektiven Chronistenerzählung des ›Kohlhaas‹ und der inneren Unverhältnismäßigkeit des prätendierten höheren Geschehens selbst im ›Zweikampf‹. Deutlich ist die Entwicklung zum immer undurchdringlicher strukturierten Schein des Objektiven: die Tendenz zur vollkommenen Verhüllung. Die Vielfalt der dafür verwendeten Methoden deutet aber auch auf jenes systematische Experimentieren, das nie bei einer einmal gefundenen Form stehenbleibt.

---

[87] Von der unglücklichen Mutter heißt es, daß sie »durch diesen Vorfall tief bewegt, in den Schoß der katholischen Kirche zurückkehrte.« (II,228).

[88] Sie wurde in einem durchaus nicht eindeutigen Sinn aktuell: Adam Müller ließ, trotz seines eigenen Übertritts zur katholischen Kirche, seine Tochter Cäcilie protestantisch taufen. Vgl. J. Baxa, Die Taufe der Cäcilie Müller. In: Euphorion 53, 1959, S. 92–102.

Exkurs:
Kleists »Legenden« als Kritik an der Romantik

›Die heilige Cäcilie‹ und ›Der Zweikampf‹ erlauben es, Kleists Verhältnis zur Romantik näher zu bestimmen. Denn diese »Legenden« bieten sich zum Vergleich mit denjenigen der Romantiker geradezu an. Herder verfaßte noch Legenden,[89] denen alle religiös-wunderbaren Züge fehlen; sie erschöpfen sich in empfindsam-rationaler Deutung, vor allem aber in moralischer Exempelhaftigkeit. Schon kurz nach der Jahrhundertwende aber kultiviert man das Wunderbare. »In eine kindliche Vergangenheit flüchtend, wo der Glaube Berge versetzte«,[90] gab Kosegarten seit 1804 mehrere Bücher mit Legenden heraus, Fouqué wirkte als Herausgeber an einem von 1812 bis 1817 erscheinenden ›Taschenbuch der Sagen und Legenden‹ mit, Friedrich Schlegel warb um Legenden für sein ›Deutsches Museum‹, und 1820 legte er in der ›Concordia‹ den Entwurf einer neuen christlichen Legendensammlung vor. Aus der großen Zahl romantischer Legendendichtungen ist besonders Arnims ›Markobrunnen‹ zu nennen, ferner die ›Christuslegende‹ sowie das Legendendrama über ›Die Päpstin Johanna‹; von Brentano die ›Legende von der hl. Marina‹; von Tieck das bedeutende Legendendrama ›Die hl. Genoveva‹; von Fouqué die Legendendramen ›Des hl. Johannis Nepomuceni Märtyrertod‹ und ›Herzog Kanut der Heilige‹. Also gerade die Berliner Romantiker, mit denen Kleist engen Kontakt hatte, widmeten sich der Legende. Die Legende trat nun an die Stelle der griechischen Mythologie, aber nicht etwa nur als christliche Mythologie, sondern in einem verbindlichen, religiösen Sinn.

Wenn Kleist auf dem Höhepunkt dieser Entwicklung seine beiden Legenden: ›Die heilige Cäcilie‹ und den ›Zweikampf‹ schrieb, so muß er sich seiner Modernität, ja der Aktualität seines Unternehmens bewußt gewesen sein. Um so bezeichnender für seinen Nonkonformismus, für die Leidenschaft seines aufklärenden Denkens ist es, daß er mit seinen ›Legenden‹ Antilegenden geschaffen hat und Widerstand gegen eine entmündigende literarische Mode leistete, einen Widerstand, dessen intellektuell raffinierte Verhüllung die Verwandtschaft mit dem gleichzeitig unter den Bedingungen der preußischen Zensur ins Werk gesetzten politischen Widerstand erkennen läßt. Wesentlich an dieser Gegenunternehmung ist es, daß sie keineswegs das geistige Stadium der Aufklärung wiederholt. Kleist liefert nicht bloß eine natürliche Erklärung für das scheinbar übernatürliche, »le-

---

[89] Vgl. Herder, Sämtliche Werke, hrsg. v. B. Suphan, Bd. 28, S. 172–229; S. 231–242. Herder hat auch eine Abhandlung ›Über die Legende‹ verfaßt (Bd. 16, S. 387-398).

[90] Nach H. Rosenfeld, Legende, 3. Aufl. 1972, S. 77.

gendäre« Geschehen – dies wäre nicht viel mehr als der aufklärerische Angriff gegen volkstümlichen Aberglauben. Vielmehr dringt er in die Bewußtseinsstrukturen ein, aus denen sich Legenden erst bilden und aufgrund deren sie immer wieder aufleben können. Damit versucht er auf indirekte Weise eine Psychologie der Romantik: eine aufklärende Kritik seiner Epoche in einem ihrer bevorzugten Bereiche. Wohl mochte er sich an die Attakken der Aufklärer gegen jeglichen Wunderglauben erinnern oder an Wielands Legendenparodie ›Clelia und Sinibald‹, aber der Herausforderung durch eine geistige Strömung, die so kurz nach der Aufklärung und trotz der Aufklärung in Deutschland bestimmend wurde, mußte mit der psychologisch vertieften Methode der Bewußtseinsanalyse begegnet werden.

Aufschlußreich ist auch ein Vergleich der in Kleists ›Legenden‹ implizierten Kritik am romantischen Geisteszustand, wie er sich gerade im Verfassen von Legenden kundtat, mit Hegels Analyse der »romantischen Kunstform« im zweiten Teil der ›Ästhetik‹. Hegel beschäftigt sich in einem eigenen Abschnitt mit den »Wundern und Legenden« im »religiösen Kreis der romantischen Kunst«:[91] »... Wir können ... die Wunder als die Konversationsgeschichte der unmittelbaren natürlichen Existenz bezeichnen. Die Wirklichkeit liegt als ein gemeines, zufälliges Dasein vor; dies Endliche wird vom Göttlichen berührt, das, insofern es in das ganz Äußerliche und Partikulare unmittelbar einschlägt, dasselbe auseinanderwirft, verkehrt, zu etwas schlechthin anderem macht, den natürlichen Lauf der Dinge, wie man gewöhnlich zu sagen pflegt, unterbricht. Das Gemüt nun, als von solchen unnatürlichen Erscheinungen, in welchen es die Gegenwart des Göttlichen zu erkennen glaubt, ergriffen, in seiner endlichen Vorstellung überwunden darzustellen, ist ein Hauptinhalt vieler Legenden. In der Tat aber kann das Göttliche die Natur nur als Vernunft, als die unwandelbaren Gesetze der Natur selber, die Gott ihr eingepflanzt hat, berühren und regieren ...«

Was Hegel als den Hauptzweck vieler Legenden definiert, nämlich »das Gemüt ... in seiner endlichen Vorstellung überwunden darzustellen«, ist auch die Grundlage der Kleistschen Legenden. Die ›Cäcilie‹ evoziert die romantische Sphäre des »Gemüts« mit höchster Intensität. Aber indem Kleist nicht nur die »Gesetze der Natur«, in diesem Fall diejenigen der Musik, als die einzig wahrhaft wirksamen darstellt, sondern die Aufmerksamkeit auf die Verfassung des Gemüts selbst lenkt, macht er die subjektiven Voraussetzungen der »Überwindung« durch das zunächst Unerklärliche sichtbar. Er folgt wiederum seinem großen Thema: dem der Selbsterkenntnis, der Bewußtseinserhellung, der Gefühlskorrektur. Und wäh-

---

[91] G. W. F. Hegel, Werke in zwanzig Bänden, Bd. 14, Vorlesungen über die Ästhetik II, Frankfurt 1970, S. 168 f.

rend Hegel das Göttliche in das Naturgeschehen selbst zurücknimmt und damit, bei aller säkularisierenden Reduktion, die Sinnhaftigkeit dieses Naturgeschehens behauptet, läßt Kleist alles offen.

2.4. Rückblick auf die ersten Ansätze der Spätstufe: Perspektivenwechsel im ›Erdbeben‹

Kleists Perspektivenkunst erreicht ihre größte Elastizität und Dynamik, ihre dramatischste Form, im Perspektivenwechsel: wenn der Erzähler sich der Verführung des von ihm selbst Erzählten hingibt, weil es so bewegend ist, daß er sich in seiner Distanz scheinbar nicht mehr zu halten vermag. Entweder adaptiert er dann plötzlich die Erlebnisfarbe seiner Helden oder er gibt doch Wertungen, die von seinem menschlichen (aber erzählerisch konstruierten) Hingerissensein zeugen. Nicht zufällig bietet die weitaus dramatischste der Erzählungen, das ›Erdbeben‹, ein besonders eindrucksvolles Beispiel dieses für die Spiegelung starker Gemütsbewegungen geeigneten Perspektivenwechsels. Jeronimo und Josephe verfallen nach ihrer ans Wunderbare grenzenden Rettung der Illusion, der Himmel selbst greife für sie ins Weltgeschehen ein. Nicht nur die weiteren Ereignisse, sondern auch einige kaum merklich eingefügte Orientierungsdaten zerstören diese Illusion. Mehrmals aber begibt sich der Erzähler, mitbeseligt und scheinbar seiner selbst vergessen, gefühlshaft in eine Identifikation mit dem Erlebnis der Liebenden. So, wenn er schreibt:[92] »Mit welcher Seligkeit umarmten sie sich, die Unglücklichen, die ein Wunder des Himmels gerettet hatte!« Hier glauben sich nicht nur die Liebenden durch ein Wunder des Himmels gerettet. Der Erzähler selbst teilt in der Bewegung des großen Augenblicks ihre Meinung.

Ihren Höhepunkt und zugleich ihre größte Extensität erreicht diese Identifikation in der Schilderung der Nacht, die Jeronimo und Josephe nach allen Drangsalen miteinander verbringen:[93]

... Indessen war die schönste Nacht herabgestiegen, voll wundermilden Duftes, so silberglänzend und still, wie nur ein Dichter davon träumen mag. Überall, längs der Talquelle, hatten sich, im Schimmer des Mondscheins, Menschen niedergelassen, und bereiteten sich sanfte Lager von Moos und Laub, um von einem so qualvollen Tage auszuruhen. Und weil die Armen immer noch jammerten; dieser, daß er sein Haus, jener, daß er Weib und Kind, und der dritte, daß er alles verloren

---

[92] II,148.
[93] II,149 f.

habe: so schlichen Jeronimo und Josephe in ein dichteres Gebüsch, um durch das heimliche Gejauchz ihrer Seelen niemand zu betrüben. Sie fanden einen prachtvollen Granatapfelbaum, der seine Zweige, voll duftender Früchte, weit ausbreitete; und die Nachtigall flötete im Wipfel ihr wollüstiges Lied. Hier ließ sich Jeronimo am Stamme nieder, und Josephe in seinem, Philipp in Josephens Schoß, saßen sie, von seinem Mantel bedeckt, und ruhten. Der Baumschatten zog, mit seinen verstreuten Lichtern, über sie hinweg, und der Mond erblaßte schon wieder vor der Morgenröte, ehe sie einschliefen. Denn Unendliches hatten sie zu schwatzen vom Klostergarten und den Gefängnissen, und was sie um einander gelitten hätten; und waren sehr gerührt, wenn sie dachten, wie viel Elend über die Welt kommen mußte, damit sie glücklich würden!

So einzigartig dieses Stück der Erzählung sich aus seiner Umgebung heraushebt mit der alles lösenden Stimmung der Liebe nach dem Toben haßerfüllter Moral, mit der einwiegenden Träumerei der Nacht nach dem zerrüttenden Chaos des Erdbebens, so einzigartig ist auch sein Stil: keine gestauten und gespannten Sätze, wie sie für den dramatischen Erzähler Kleist typisch sind, sondern fast nur Parataxe oder ruhige Wellenbewegung. Der volle Glanz der Stunde aber, die Atmosphäre der einen Nacht, deren Vergänglichkeit zwischen einer zerstörerischen Tagwelt nur um so fühlbarer wird, kommt erst dadurch zustande, daß der Erzähler keinerlei distanzierende Bewegung tut, keinerlei überschauendes Wissen hervorkehrt, sondern selbst ganz mitschwingt in sympathetischer Nähe mit den Liebenden. Nicht bloß Anpassung der »Form« an den »Inhalt«, sondern der sich unter dem Eindruck der eigenen Erzählung aus seiner Position entfernende und sich der Identifikation hingebende Erzähler macht die Besonderheit dieses Erzählstücks aus. Aus der inneren Fülle dieser Identifikation erst wird der quasi-lyrische Überschuß möglich: »wundermild ... silberglänzend ... prachtvoller Granatapfelbaum ... und die Nachtigall flötete im Wipfel ihr wollüstiges Lied.« Einleitend schaut sich der Dichter mit romantischer Ironie selbst über die Schulter: »... wie nur ein Dichter davon träumen mag.« Damit ist der tiefere Grund der Identifikation angegeben, die insgesamt fragwürdig wäre, wenn sie nicht vom Bewußtsein überschattet bliebe, das den Erzähler immer wieder sagen läßt: »als ob«.[94]

---

[94] Auf dieses mehrfach wiederkehrende, charakteristische »Als-ob« ist wiederholt hingewiesen worden. Vgl. vor allem W. Müller-Seidel, Versehen und Erkennen, S. 138–140. – W. Kayser, Kleist als Erzähler, geht entschieden zu weit (S. 234): »Der Erzähler besitzt, so hat sich bisher ergeben, keinen sicheren Standpunkt, von dem aus eine endgültige Sinngebung und Wertung möglich

So schließt gerade auch der unmittelbar vorangehende Abschnitt mit der Wendung:[95] »... und fand ihn hier, diesen Geliebten, im Tale, und Seligkeit, *als ob* es das Tal von Eden gewesen wäre.«[96] Vom psychologisch durchsichtigen Übertragungs- und Identifikationsvorgang führt der Weg des Erzählers zu der von der Gefühlssphäre des schon ermordeten Liebespaares freien und allein aus dem erregenden Augenblick entspringenden *Wertung*:[97] »Don Fernando, dieser *göttliche* Held, stand jetzt, den Rücken an die Kirche gelehnt; in der Linken hielt er die Kinder, in der Rechten das Schwert. Mit jedem Hiebe wetterstrahlte er einen zu Boden: ein *Löwe* wehrt sich nicht besser. Sieben *Bluthunde* lagen tot vor ihm, der *Fürst der satanischen Rotte* selbst war verwundet...« Wie oft, wenn ein Geschehen den Höhepunkt erreicht, ergreift Kleists hyperbolische Sprache, die elementar hyperbolisch ist, weil sie über den Bereich des Menschlichen hinausgeht, Bilder aus dem Tierischen und dem Jenseitigen. Und doch kann hier nicht die Rede sein von bloß poetischen Hyperbeln. Der Akt des Wertens selbst wird als prinzipiell hyperbolisch, weil transzendierend ausgewiesen. Der Erzähler, der seinen Helden Don Fernando ähnlich wie den Kohlhaas im Bilde des rächenden

---

wäre« – es ist ja gerade der Standpunkt des Erzählers, daß sich kein Sinn feststellen läßt. Von Kaysers Position aus muß freilich der ironische Passus »wie nur ein Dichter davon träumen mag« als »glatter Stilbruch« (S. 236) wirken.

[95] II,149.

[96] Auf demselben Vorgang einer Identifikation, die dem Dichter jeden Moment bewußt bleibt, beruht die von Rousseaus ›Nouvelle Héloise‹ inspirierte Versöhnungsszene zwischen Vater und Tochter in der ›Marquise von O . . .‹. Diese Szene wäre nur schwer erträglich, wenn sie sentimental statt sentimentalisch wäre. Als Rührszene reinster Prägung, die vom Dichter nirgends aufgesprengt wird, gerät sie doch indirekt in ironische Beleuchtung, weil der Gefühlsüberschwang des Kommandanten gegenüber seiner Tochter als Ausdruck desselben inneren Ungleichgewichts und desselben fragwürdigen Familiensinns erkennbar bleibt, der zur maßlos heftigen Verstoßung aus dem elterlichen Hause geführt hat. Kleist hat sich hier wie auch an anderen Stellen seines Werks (besonders im ›Käthchen‹) und in einzelnen seiner Bildbereiche sogar durchgehend – es sei nur an die intensive Engel-Metaphorik erinnert – bis an die der ganzen Frühromantik gefährlich nahe Grenze des Kitsches begeben. Zu dieser noch zu wenig behandelten Problematik sei nur auf seine eigentümlich gefärbte Bewunderung für Guido Reni und den »göttlichen« Raffael (Brief Nr. 56, II,701) verwiesen. Doch ist in seinem Werk die skeptische Brechung und die ironische Aufhebung im größeren Zusammenhang immer spürbar. Ebenso spürbar bleibt allerdings, daß er gegen eine Versuchung kämpft, die so illusionistisch schöngefärbt, von so problemloser Glätte ist, wie es eine aus dem »absoluten Ich« stammende Gefühlssicherheit wäre. Nicht zuletzt dieses Versucherische ist eine Triebkraft seines Dichtens.

[97] II,158.

216

Engels sieht, wertet mit einem pointierten Dennoch auf einem Hintergrunde, der solches Werten am Beispiel von Jeronimos und Josephes illu-
sionär am Göttlichen orientierten Bezugssystem absurd erscheinen läßt.[98]
Wenn Kleists Perspektivenkunst in den Aufhebungen alles Positionshaf-
ten ihre höchste bewußtseinskritische Leistung erreicht, so demonstriert er
hier mit der Behauptung einer Position, die in der Erzählung bereits aufgehoben wurde, ein Ethos, das sich zugleich durch ein besonderes Pathos
auszeichnet: eine Tat des Erzählers. Er bestimmt damit selbst seinen Ort
in der von der Erzählung gedeuteten Welt, die keinen Halt kennt, sondern
nur Verhaltensweisen und – hoffnungslos und bewunderungswürdig –
Haltung. Im Erzählen wird der Erzähler seiner selbst bewußt. Dieses
doppelte Hervorkehren der wertenden Subjektivität, an den Gestalten
der Erzählung und am Erzähler selbst, bildet einen denkbar scharfen
Kontrast zur Verhüllungskunst und Scheinobjektivität der letzten Erzählungen. Die gleichzeitige Aufhebung des subjektiven Erzählerstandpunktes
im Reflexionszusammenhang der Erzählung deutet aber die spätere Entwicklung als Möglichkeit an.

---

[98] Vgl. die Ausführungen S. 21 f.

V. Gesichtspunkte der Periodenbildung

1. Formgeschichtliche und thematische Zwischenergebnisse zur Periodenbildung

Kleists dramatisches Werk ist nicht nur relativ schmal, sondern auch heterogen. Neben zwei Komödien stehn zwei Tragödien und ein Tragödienfragment sowie drei »Schauspiele«. Man kann also nicht durch systematischen Vergleich einer größeren Anzahl von Dramen desselben Typs zu einem weitreichenden entwicklungsgeschichtlichen Überblick gelangen. Das schon im Ansatz breit aufgefächerte dramatische Schaffen entspricht der unruhig suchenden Geistesart des Dichters, die sich nicht damit begnügt, eine einmal gelungene Form fortzuführen und zu entwickeln, sondern immer neuen Experimentierfeldern zustrebt. Allerdings wird noch zu prüfen sein, ob nicht gerade die Aufgliederung der dramatischen Dichtungen in Komödien, Tragödien und »Schauspiele« Hinweise auf bestimmte Stilperioden gibt.

Noch größere Schwierigkeiten bieten die Erzählungen, die alle in einem Zeitraum von nur fünf Jahren entstanden sind: von 1806/07 bis 1810/11. Für Frühdatierungen fehlt jeder Anhaltspunkt.[1] Unter solchen Voraussetzungen bleiben entwicklungsgeschichtliche Analysen der Erzählungen problematisch.[2] Immerhin läßt sich feststellen, daß die ersten Erzählungen, das ›Erdbeben‹ und die ›Marquise von O . . .‹, bis zum äußersten ge-

---

[1] Vgl. die detaillierten und überzeugenden Darlegungen zur Chronologie der Erzählungen bei H. J. Kreutzer, Die dichterische Entwicklung, S. 186–193.

[2] Auf unergiebigen Analysen beruht eine Reihe älterer Arbeiten: K. Günther, ›Der Findling‹ – die früheste der Kleistschen Erzählungen, Euphorion, 8. Ergänzungsheft, 1909, S. 119–153; Ders., Die Konzeption von Kleists ›Verlobung in St. Domingo‹. Eine literarische Analyse, Euphorion 17, 1910, S. 68–95, S. 313–331; Ders., Die Entwicklung der novellistischen Kompositionstechnik Kleists bis zur Meisterschaft. Diss. Leipzig 1911; H. Davidts, Die novellistische Kunst Heinrich von Kleists, 1913; am wichtigsten noch K. Gassen, Die Chronologie der Novellen Heinrich von Kleists, 1920.

straffte exemplarische Novellen sind,[3] während so auffällig komplexe Gebilde wie ›Michael Kohlhaas‹ und ›Der Zweikampf‹ der letzten Phase angehören – wozu die Nachricht gut stimmt, Kleist habe im Sommer 1811 auch einen Roman abgeschlossen. Zwar gehören in diese Spätphase auch die beiden vergleichsweise einfachsten Erzählungen, ›Bettelweib‹ und ›Cäcilie‹, aber sie nehmen als anekdotisch zugeschnittene Beiträge zu den ›Berliner Abendblättern‹ eine vom publizistischen Rahmen diktierte Sonderstellung ein. Die ›Cäcilie‹ hat dann für den 1811 erschienenen zweiten Band der ›Erzählungen‹ noch die erörterte Umgestaltung erfahren,[4] die den gleichen Zug zur komplexen Stufung erkennen läßt, der am ›Kohlhaas‹ und am ›Zweikampf‹ auffällt. Thematisch schließlich sticht die große Bedeutung des – nach unserer Interpretation ironisch zu verstehenden – Wunderbaren und Geheimnisvollen in den Erzählungen der Spätphase hervor.

Im wesentlichen also wird sich eine Erörterung der künstlerischen Entwicklung auf die dramatische Form konzentrieren und die Erzählungen gelegentlich ergänzend heranziehen. Mehrere typische Eigenheiten Kleists, so ist von vornherein einschränkend festzustellen, zeigen weder eine vollendende Entwicklung noch eine konsequente Wandlung: Die Physiognomik ist durchgehend intensiv ausgeprägt und der Schluß ist vom ›Amphitryon‹ bis zum ›Homburg‹ als großes Finale gestaltet. An einer ganzen Reihe wichtiger Kunstmittel aber lassen sich Entwicklungen ablesen: so an der Leitmotivik mit ihrer zunehmenden Tendenz zur plastischen Prägung und zur Integration[5] sowie an der gegenszenischen Dramaturgie, die vom grellen Schematismus über den freien und lockeren Gebrauch zum harmonischen Bau führt.[6]

Der Entwicklung von bloß antithetischer zu dialektischer Komposition entsprechend haben sich Hinweise für eine Entwicklung von monologischer Menschengestaltung in der Phase des monumentalen Stils der Jahre 1806/07 zu einer eher dialogischen Gestaltung in der Spätphase ergeben.[7] Dies wiederum entspricht dem in den Erzählungen und in den Dramen beobachteten Zug vom Einfachen zum Komplexen, vom großen Pathos zur vermittlungsbestimmten Differenzierung. Das Gespräch erhält im ›Zweikampf‹ und im ›Homburg‹ überragende Bedeutung für die Handlung selbst.[8] Es kann als Zeichen sowohl für den Unterschied des früheren vom späteren Werk als auch für eine von Anfang an schon vorhandene Tendenz genommen werden, daß Sylvester in der ›Familie Schroffenstein‹ mehrfach

---

[3] Dies bezieht sich auf die Struktur dieser Erzählung; vom Umfang her übertrifft die ›Marquise von O . . .‹ den ›Zweikampf‹.

[4] Vgl. S. 207 f.   [5] Vgl. S. 78 ff.

[6] Vgl. S. 126 ff.   [7] Vgl. S. 205.   [8] Vgl. S. 142 ff. und 205 f.

an entscheidender Stelle und vergebens ein Gespräch mit dem Bruder wünscht.[9]

An der für Kleists Werk geradezu konstitutiven Kunst der Perspektive ist weniger eine zunehmende Vollendung als Wandlung und Übergang zu beobachten. In der frühen Phase herrscht die subjektiv-eruptive Perspektivik der Gestalten selbst vor – Beispiele dafür sind Evchen im ›Variant‹, die Marquise von O..., Alkmene im ›Amphitryon‹, wo der Objektivierungsprozeß schon deutlich wird, Jeronimo und Josephe im ›Erdbeben‹ und teilweise der sich mit ihnen identifizierende Erzähler, der aber seine engagierte Wertung durch die Gesamtkonstellation objektivierend aufhebt.[10] Die spätere Phase gehört ganz dem im Schein des Objektiven verschanzten Erzählerstandpunkt: dies zeigen die Erzählungen ›Kohlhaas‹, ›Findling‹, ›Cäcilie‹, ›Zweikampf‹.[11] Inwiefern die letzten Dramen sich diesem Bereich scheinhafter Objektivität zuordnen, wird noch näher zu erörtern sein. Die Stichworte »Märchen« und »Traum« für das ›Käthchen‹ und den ›Homburg‹ verraten schon die innere Verwandtschaft zu den späten Erzählungen mit ihren »Wundern«.

Für die Tendenzen künstlerischer Vollendung im einzelnen Fall wurde auf die Umarbeitung der ersten zur zweiten Fassung der ›Cäcilie‹ verwiesen,[12] wo sie sich exemplarisch und zugleich exakt nachweisen lassen: Kleists Ideal ist die möglichst große Dichte an physiognomischer und szenischer Gestaltung sowie an dramatischer und perspektivischer Stufung. Da die beiden Fassungen der ›Cäcilie‹ im Abstand von nur wenigen Monaten aufeinander folgen, schließen diese Beobachtungen jedes Entwicklungsmoment aus. Sie erlauben nur die Kategorie der Vollendung – einer Vollendung allerdings auf der schon erreichten höchsten Entwicklungsstufe.

Die Frage nach einer thematischen Periodenbildung für Kleists Werke wird seit jeher so beantwortet, daß auf eine vom Aufklärertum geprägte vordichterische Phase der Einschnitt der ›Kantkrise‹ folge, daß mit diesem angeblichen Schwellenerlebnis die erste Phase der dichterischen Produktion beginne, die ganz unter dem Zeichen Rousseaus stehe und dementsprechend in grundsätzlicher Gesellschaftsfeindlichkeit die Natur und die Freiheit, vor allem aber das »Gefühl« des Individuums verherrliche; daß nach dieser individualistischen und subjektivistischen Phase mit Höhepunkt in der ›Penthesilea‹ sich schließlich eine »vaterländische Wende« ereigne,

---

[9] Vgl. S. 33.

[10] Zum ›Variant‹ vgl. S. 149 ff., zur ›Marquise‹ S. 16 ff., zum ›Amphitryon‹ S. 161 ff., zum ›Erdbeben‹ S. 21 ff.

[11] Zum ›Kohlhaas‹ vgl. S. 181 ff., zum ›Findling‹ S. 176 ff., zur ›Cäcilie‹ S. 206 ff., zum ›Zweikampf‹ S. 199 ff.

[12] Vgl. S. 207 f.

deren gültige Zeichen die ›Hermannsschlacht‹ und der ›Homburg‹ seien, wo der einzelne seine eigene Erfüllung erst durch Einordnung in die Gesellschaft oder gar in der bedingungslosen Hingabe an »Volk, Staat und Vaterland«[13] finde.

Wenn auch die These von der »Kantkrise« nicht aufrechtzuerhalten ist,[14] so ergeben die entsprechenden Briefe immerhin die Markierung zwischen vordichterischer und dichterischer Zeit. Daß Kleists Werk dann ganz im Banne Rousseaus steht, unterliegt keinem Zweifel, aber das Bild der Dichtung ist doch so differenziert, daß pauschale Kategorien wie »Verherrlichung des Gefühls« oder »Individualismus« nicht mehr ausreichen. Penthesileas Revolte ist trotz aller Herrlichkeit der großen und starken Einzelnatur, die sich in ihr zeigt, dezidiert als geschichtliche Notwendigkeit konzipiert,[15] und generell steht das »Gefühl« im Horizont des – auf Helvétius zurückzuführenden – Illusionismus: das wird an Gestalten wie Alkmene oder an der Marquise von O ... deutlich. Kleist gehört also, kaum daß die von Rousseau so wesentlich inspirierte Romantik begonnen hat, schon zu jenen Geistern des neunzehnten Jahrhunderts, die gerade aus der tiefen Faszination durch das Romantische dessen Gefahren voll ermessen, sie aber nicht verdrängen, sondern analysieren. Und während sich bei den Späteren die Waage zum Pessimismus der »verlorenen Illusionen« neigt, repräsentiert Kleist in einmaliger Ausprägung den spannungsreichen Zustand, der erkennende Desillusionierung, Pessimismus und Resignation (man denke an die mehrfach wiederkehrende Formel von der »gebrechlichen Einrichtung der Welt«) zwar schon als Wesentliches einschließt, es aber noch verhüllt und durch ein trotz allem groß gewolltes Menschentum in der Schwebe hält. Sein Held kann zwar irren und untergehn, im ›Homburg‹ beinahe scheitern und in die Entstellung geraten, aber es gibt noch kein Verderben und Sterben, nicht den endgültig abgewirtschafteten, müden und häßlichen »Helden«.

So wenig wie das romantisch absolut-gesetzte Gefühl mit dem ihm dialektisch entsprechenden totalen inneren Zusammenbruch findet sich auf der anderen Seite bei Kleist das dämonische »Schicksal«, wie es die romantischen Schicksalsdramen geistloser Machart präsentieren. Die Analyse hat ergeben, daß sich das angeblich Schicksalhafte fast durchgehend auf gesell-

---

[13] So K. J. Obenauer, Kleists Weg zu Volk, Staat und Vaterland, JKG 1933–1937, 1937, S. 59–73. – S. Streller hat sein Buch ›Das dramatische Werk ...‹ wesentlich unter demselben Gesichtspunkt konzipiert. Die »individualistische« Phase subsumiert er dem Thema ›Die weibliche Seele als Schlüssel zur Welt‹ (Eve, Alkmene, Penthesilea, Käthchen), die vaterländische dem Thema ›Dichter der nationalen Befreiung‹ (Kohlhaas, Hermannsschlacht, Homburg).

[14] Vgl. S. 4 ff.   [15] Vgl. S. 41 f.

schaftliche Ursachen reduziert, daß es also, wie in der Sphäre des Gefühls, auf Kritik und Erkenntnis ankommt.[16] Der Zufall sogar ist nicht eine bloße Verkörperung des Sinnlosen, das mit romantischem Schauder goutiert wird, sondern trotz der lebhaft empfundenen Bedrohung eine Herausforderung zu menschlicher Bewährung, Anlaß zu einem Ringen um den Spielraum der Freiheit.[17]

Die These schließlich von der »vaterländischen Wende« der Spätphase vermag nicht zu überzeugen. Die ›Hermannsschlacht‹ ist von Kleist selbst als bloße Gebrauchsanweisung gedacht, aus der Not des Augenblicks entstanden und auf sie gemünzt, nicht nur ohne jeden weiteren Anspruch, sondern auch mit einer ausdrücklichen revocatio für jeden weiteren Betracht versehen.[18] Dies läßt die vor 1945 gängigen Lobpreisungen wie die nach 1945 in Schwang gekommenen Verurteilungen und nicht weniger den Versuch etwaiger Ehrenrettungen von vornherein als falsch plaziert erscheinen. Warum also sollte man aus der ›Hermannsschlacht‹ eine grundsätzliche Wende zu einer National- und Gemeinschaftsideologie konstruieren? Das genauere Hinsehn lehrt zudem, wie tief dieser Hermann die Gemeinschaft in ihren Repräsentanten verachtet – nicht zuletzt, weil sie nicht existiert – und wie hoch er sich über sie erhebt, indem er sich anschickt, sie als höchsten Wert zu behandeln. Ist dieser Wert nicht ganz sein eigenes, mit heimlicher Verzweiflung und in kaum verhüllter Selbstzerstörung[19] vollbrachtes Werk? Ein Werk, das offensichtlich zu nichts und ins Nichts führt? Die romantische National- und Gemeinschaftsideologie hat im allgemeineren geistigen Horizont Kleists dieselbe Bedeutung wie der von ihm mehrfach behandelte romantische Aspekt des Katholizismus und überhaupt der Religion. Zwar geht er mit »Germanien« nicht so weit wie mit dem hintergründig aufgelösten Cäcilienwunder, dem ad absurdum geführten Gottesurteil (das selbst nur wieder repräsentativen Charakter hat) oder der sich zu nichts verflüchtigenden Botschaft Luthers im ›Kohlhaas‹. Die politische ›Heimat‹ wird nicht wie die religiöse mitten in der Darstellung ihrer Faszination skeptisch zerstört. Aber es ist nur allzu deutlich, daß sich Kleist gewaltsam jenen eher verzweifelten als ernst zu nehmenden »Tropfen Vergessenheit«[20] gönnt, den er als unerlaubt empfindet. Lediglich so ist auch die Formulierung ganz zu verstehen, die ›Hermannsschlacht‹ sei nur »für den Augenblick berechnet«.[21] Man hat darin eine Ungültigkeitserklärung aus dem integralen Horizont des dichterischen Bewußtseins zu sehen.

---

[16] Vgl. S. 27 ff.
[17] Vgl. S. 32 f.
[18] Vgl. S. 113, besonders Anm. 24.
[19] Vgl. S. 47. [20] Vgl. S. 9. [21] Vgl. S. 113, Anm. 24.

Im ›Kohlhaas‹ und im ›Homburg‹, die ebenfalls für den nationalen Gedanken oder doch für die angeblich endlich gelingende Synthese von Individuum und Gemeinschaft in dieser letzten Phase in Anspruch genommen werden, hat unsere Interpretation Ironie und (im ›Homburg‹) traumhafte Aufhebung durch Entwirklichung, also ein ironisches Entgleiten, vor allem in der Gestaltung des Schlusses festgestellt. Nach den früheren Antithesen steht am Ende zwar eine versöhnende Synthese, aber indem diese Synthese in das Licht des bloßen schönen Scheins getaucht wird, löst sie sich sofort wieder auf und läßt ein Dunkel einbrechen, aus dem nun, nach diesen äußersten Unternehmungen, nichts mehr hinauszuführen vermag.

2. Die prägende Kraft literarischer Begegnungen bis zur ›Penthesilea‹-Phase

Eine differenziertere Periodenbildung hat die einzelnen Werke untereinander ins Verhältnis zu setzen. Dies soll zunächst unter dem Gesichtspunkt der intensiven künstlerischen Auseinandersetzung Kleists besonders mit den großen Vorbildern der Tragödie geschehen – nicht im Sinne wechselnder »Einflüsse«, sondern in dem der strukturbildenden Begegnungen.

2.1. Die Shakespeare-Manier der Frühstufe: ›Die Familie Schroffenstein‹

»Einflüsse« in der Form nicht anverwandelter Übernahmen zeigt nur das Erstlingsdrama, das auch sonst alle Kennzeichen des tastenden und suchenden Anfangs trägt. Dazu gehört der erläuterte harte Parallelschematismus des Baus,[1] die Unausgeglichenheit des sprachlichen Ausdrucks, der teils gewollt und poetisierend, teils eng prosaisch ist und im ganzen die Wachstumsspannung verrät, die Kleists Briefe aus derselben Zeit deutlich werden lassen, wenn er seine Reiseeindrücke zum Anlaß poetischen Exerzitiums macht und dabei vor allem die beliebte zeitgenössische Methode einer »Erweiterung der Einbildungskraft« zur Entwicklung der metaphorischen Ausdrucksmöglichkeiten befolgt;[2] ferner das Figurenhafte der dramatischen Personen, die noch nicht wie in den späteren Werken lebendige Gestalten, sondern abstrakte Funktionsträger sind;[3] die thesenhaft eindringliche, bei-

---

[1] Vgl. S. 126.
[2] Vgl. die Briefe aus der Zeit der Würzburger Reise.
[3] Hierzu S. Streller, Das dramatische Werk, S. 40.

nahe aufdringliche Präsentation des Themas, wo später die leitmotivische Kunst ganz indirekt und plastisch verfährt;[4] das Durchscheinen der mehr illustrierten als vermittelten – von Rousseau stammenden – theoretischen Grundlagen und des poetischen Vorbildes: Romeo und Julia.

Nicht nur die dramatische Grundsituation deutet auf ›Romeo und Julia‹.[5] Eine weitreichende und manierierte Aneignung Shakespearescher Besonderheiten kennzeichnet das ganze Stück. Dazu gehört der Auftritt eines Wahnsinnigen: Ruperts »natürlicher« Sohn Johann verkörpert zuletzt in seiner Sinnzerrissenheit die widernatürliche Zerrissenheit seines Geschlechts. Seine makabre Lustigkeit mitten in der Katastrophe ist zugleich von der Shakespeareschen Narrenrolle gefärbt.[6] Gegenüber diesem frühen, chiffrenhaften und undynamischen Gebrauch des Wahnsinnsmotivs stellt das spätere Werk im Wahnsinn der Penthesilea sowie in der Wahnsinnsbedrohung der Marquise und Littegardens die tiefe innere Gefährdung des Menschen dar, der den Halt verliert. Die Zerrüttung wird, vor allem in der ›Penthesilea‹, zum seelischen Prozeß, dessen einzelne Stadien sich genau abzeichnen.[7] Ferner geraten in der ›Familie Schroffenstein‹ Shakespeares Hexen in der Gestalt der Barnabe und ihrer Tochter zur rationalistischen Karikatur des Volksaberglaubens. Die Konzeption der Jeronimus-Gestalt als eines unparteiischen Mitglieds aus einer Nebenlinie des Hauses Schroffenstein, das an dem Gegensatz der beiden Hauptlinien nicht teil hat und ihn zu analysieren sucht, deutet auf die Rolle des Bastards in Shakespeares ›König Johann‹ (nur die Bastard-Eigenschaft selbst ist auf den schließlich wahnsinnigen Johann übertragen), der als Draußenstehender das Treiben der beiden streitenden Parteien unabhängig beobachtet und darüber seine Betrachtungen anstellt. So erscheinen die Ereignisse nicht nur in der eingeengten Perspektive der sich bekämpfenden Parteien, sondern auch aus der kritischen Perspektive des Bastards. Der Zuschauer erhält damit einen Teil jener distanzierten Erkenntnis, die von ihm in Anbetracht des verwirrenden Geschehens gefordert wird, schon durch eine Gestalt des Stückes selbst[8] – obwohl Shakespeares Bastard wie Kleists Jeronimus in das Geschehen handelnd und leidend als ein voll An-

---

[4] Vgl. S. 78 ff.

[5] H. M. Wolff, Heinrich von Kleist, S. 134 f., arbeitet nach dem Hinweis auf die offensichtlichen Gemeinsamkeiten mit großem Gewinn die Unterschiede zwischen den beiden Stücken heraus.

[6] H. M. Wolff, Heinrich von Kleist, S. 136, gibt noch folgenden Hinweis: »Die Art und Weise, wie er, den blinden Greis Silvius führend, auf dem Schauplatz der Katastrophe erscheint, weist deutlich auf Shakespeare hin; ›König Lear‹ hat hier als Vorbild gedient.«

[7] Vgl. S. 47 f.

[8] Vgl. hierzu W. Clemen, Shakespeares Monologe, S. 23 f.

teilnehmender mit verstrickt ist. Endlich ist in der ›Familie Schroffenstein‹ das blutig-schnelle Abräumen der Bühne im Schlußakt zur Shakespeare-Manier geworden,[9] während Kleist gerade hier später seine ganz ihm eigene Kunst in der Gestaltung eines großen Finales gefunden hat. Shakespeare-Manier ist überhaupt die etwas vordergründige Blutrünstigkeit, vom abgeschnittenen Kindesfinger über die schauerlichen Heroldsmorde bis zum Erstechen der eigenen Kinder. Dagegen gelangt die spätere Dichtung, vor allem die ›Penthesilea‹, zu einer von innen her legitimierten und zu antiker Größe erhobenen Gestaltung blutigen Greuels und Leidens. Darüber wird noch näher zu handeln sein. Der Mangel der ersten dramatischen Arbeit ist die gleichsam abstrakte Darstellung des Greuels, ohne die Dimension des Leidens.

2.2. Die Auseinandersetzung mit der antiken Tragödie

*Die Erzeugung des Komischen im ›Zerbrochnen Krug‹
und im ›Amphitryon‹ durch Umkehrung des sophokleischen
Tragödienschemas ins Innerweltliche*

Schon mit seinem zweiten Werk, dem ›Zerbrochnen Krug‹, erreicht Kleist – wenn man den ursprünglichen Schluß, den ›Variant‹ ausnimmt[10] – eine durch kein anderes Werk mehr übertroffene Vollkommenheit. Die nun folgenden Dichtungen halten durchgehend diese Höhe: ›Amphitryon‹, ›Erdbeben‹, ›Penthesilea‹, ›Guiskard‹ und die ›Marquise von O . . .‹. Nach dieser ununterbrochenen Reihe von Meisterwerken des gerade Dreißigjährigen sind ›Käthchen‹ und ›Hermannsschlacht‹ Symptome einer tiefreichenden Krise, vor dem krönenden Abschluß des ›Kohlhaas‹, der ›Cäcilie‹, des ›Homburg‹ und des ›Zweikampfs‹.

Zunächst läßt sich feststellen, daß die Dramengruppe zwischen dem Erstlingswerk und dem genannten krisenhaften Einbruch eine ganz auf sie beschränkte, wesensbestimmende Prägung durch Kleists systematisches Studium des antiken Dramas erfahren hat. Neben den für das Erstlingsdrama ebenso weitgehend wie oberflächenhaft maßgebenden Shakespeare[11] treten

---

[9] H. Zschokke berichtete 1842: »Als uns Kleist eines Tages sein Trauerspiel vorlas, ward im letzten Akt das allseitige Gelächter der Zuhörerschaft, wie auch des Dichters, so stürmisch und endlos, daß bis zu seiner letzten Mordszene zu gelangen Unmöglichkeit wurde.« (Sembdner, Lebensspuren, Nr. 67 a, S. 55).

[10] Vgl. S. 119 ff., S. 159 f.

[11] H.-J. Schrimpf, Kleist, ›Der zerbrochne Krug‹, faßt S. 351 f. die Wirkungen von Shakespeares ›Maß für Maß‹ auf den ›Zerbrochnen Krug‹ zusammen. Oft

nun die Griechen, deren dramatisches Verfahren im Kern erfaßt und nicht nachgeahmt, sondern in der Anverwandlung tiefgreifend umgewandelt wird. Für die Zeit der beginnenden Arbeit am ›Guiskard‹ und am ›Zerbrochnen Krug‹ bezeugt eine Eintragung im Entleihbuch der Dresdner Bibliothek vom Juni 1803 die Lektüre des Aristophanes und des Sophokles, und schon die – nicht in die Buchausgabe von 1811 gelangte – Vorrede zum ›Zerbrochnen Krug‹ weist auf den ›König Ödipus‹ hin. Daß sich der analytische Gang des Lustspiels in der Tat nach dem Handlungsschema des ›Ödipus‹ richtet, wurde oft bemerkt.[12] Aus der willentlich, aber ohne Wissen vom Täter unternommenen Fahndung des Richters Ödipus macht Kleist das vom Richter Adam unfreiwillig und im vollen Bewußtsein seiner nächtlichen Eskapade geleitete Gerichtsverfahren. Es wird auch zur Selbstfahndung, aber zur komischen, weil an die Stelle des göttlichen Schicksals der »Adamsfall« und an die Stelle leidenschaftlicher, von dunklen Ahnungen gejagter Wahrheitssuche Adams lügenhafte Finten treten. Dieser Umorientierung von der zentralen Idee des Göttlichen zum lediglich Allzumenschlichen entspricht auch der Inspekteur Walter an der Stelle des Sehers Teiresias und nicht zuletzt an der Stelle einer Wahrheit, deren Enthüllung das Orakel und damit die Gottheit salviert, eine Wahrheit, deren Aufdeckung menschliche Liebe und menschliches Vertrauen rettet. Bei aller Übernahme des analytischen Schemas einer richterlichen Verhandlung, mit den Einzelformen der Anklage, der Verdächtigung, der Zeugenaussage und des Indizienbeweises,[13] hat Kleist also durch eine systematische Umkehrung

---

gesehen wurde die Beziehung Falstaff–Adam. Genauere Analysen bei John T. Krumpelmann, Kleist's Krug and Shakespeare's Measure for Measure, in: GR 26, 1951, S. 13–21; ders., Shakespeare's Falstaff Dramas and Kleist's ›Zerbrochner Krug‹, in: MLQ 12, 1951, S. 462–472. Die ältere Forschung zusammenfassend: M. Corssen, Kleist und Shakespeare, 1930, S. 20–24. Im übrigen bietet M. Corssen vielfach nur vage Vergleiche.

[12] Das Entscheidende hat schon J. L. Klein, Geschichte des Dramas, 1865 ff., I, S. 329, gesehen: für ihn ist Adam »ein Ödipus, ein Klumpfuß«, der »sich in eine Selbstentdeckung hineininquiriert und hineinverhört«. – Aus der Vielzahl der neueren Arbeiten seien nur genannt: W. v. Gordon, Die dramatische Handlung in Sophokles' ›König Ödipus‹ und Kleists ›Der Zerbrochne Krug‹, 1926; H. M. Wolff, ›Der zerbrochne Krug‹ und ›König Ödipus‹, in: MLN 1939, S. 267–272. M. Schoch, Kleist und Sophokles, Zürich 1952; W. Schadewaldt, Der ›Zerbrochne Krug‹ von Heinrich von Kleist und Sophokles' ›König Ödipus‹, jetzt in: Heinrich von Kleist, Aufsätze, S. 317–325.

[13] Statt einer Aufzählung aller Einzelheiten sei darauf hingewiesen, daß es im ›Zerbrochnen Krug‹ ebenso wie im ›König Ödipus‹ einen wissenden Zeugen gibt, der die Aussage verweigert. Aber während der Diener des Ödipus schweigt (bis er zur Aussage gezwungen wird), um die – wirkliche – Katastrophe für seinen Herrn zu vermeiden, schweigt Eve, um dem ihr selbst und Ruprecht – und nur scheinbar! – drohenden Unheil zu entgehen.

der wesentlichen Positionen sein Werk begründet. Wenn aus dem Schwell-
fuß des nach diesem seinem Gebrechen genannten Ödipus der unter dem
Tisch versteckte Klumpfuß Adams wird, der nicht weniger als in der griechischen Tragödie ein entscheidendes Indiz im Beweisverfahren darstellt,
so ist schließlich ganz deutlich, wie unbelastet von klassizistischer Pietät
Kleist der Antike begegnet.

Neben den Anregungen aus dem Drama des Sophokles hat die Beschäftigung mit Aristophanes das Lustspiel vielfältig mitgeformt.[14] Aristophanisch ist vor allem Adam in der Wirklichkeit seines Daseins wie seiner Redensarten, eingepfercht im Tierischen (dies hat Kleist, abweichend von
Molière, auch in die Sosias-Rolle des ›Amphitryon‹ übernommen[15]). Ochs,
Esel, Eisbär, Perlhuhn passen in seine Reden wie Schinken und Würste in
seine Registratur, wie in seine Gerichtsverhandlung der Limburger Käse
und die pommersche Räuchergans, mit der er Walters Herz über den Ma-
gen zu gewinnen hofft. Nichts allerdings ist so bezeichnend wie der Fa-
yence-Ziegenbock an der Ofenkante (»der an der Ofenkante eingefugt«,

---

14 Im Juni 1803 entlieh Kleist aus der Dresdner Bibliothek die ›Wolken‹ des
   Aristophanes, übersetzt von Schütz (Halle 1798), die ebenfalls eine Lever-
   Szene voll Morgenjammers an den Anfang stellen. Darauf weist P. Hoffmann,
   Heinrich von Kleists ›Der zerbrochne Krug‹, in: GRM 30, 1942, S. 1–20, auf
   S. 18 f.
15 In diesem Sinn tritt an die Stelle von Molières salonfähiger Gesittung das
   burlesk Aristophanische, von bunten Einfällen Strotzende. Der durch Merkur
   um sein Essen gebrachte Sosie z. B. klagt (III,6):
   O Ciel, que l'heure de manger
   Pour être mis dehors est une maudite heure!
   Kleists Sosias dagegen platzt heraus (V. 2064–2071):
   »Hochmütiger Satan! Möchtest du am *Schwein*
   Den Tod dir holen, das man schlachtete!
   – ›Den lehrt' er, der ihm auf den Teller käme!‹ –
   Ich möchte eh'r mit einem *Schäferhund*
   Halbpart, als ihm, aus einer Schüssel essen.
   Sein Vater könnte Hungers vor ihm sterben,
   Daß er ihm auch so viel nicht gönnt, als ihm
   In hohlen Zähnen kauend stecken bleibt.«
   Wie systematisch Kleist Änderungen dieser Art vornimmt, zeigt ein Blick auf
   den anderen Solopart des Sosias, vor der Abfertigung durch sein bösartiges
   alter ego. Bei Molière schließt er (III,5):
   Et jamais je n'eus tant de faim.
   Bei Kleist (V. 1964 f.):
   . . . und mein Lebtag
   Hatt ich noch so *wolfmäßgen* Hunger nicht!
   Es handelt sich um den stärksten Ausdruck der durchgehenden Tendenz Kleists,
   plastisch und lebensvoll zu individualisieren, wo Molière die gelegentlich bis
   zur Sentenz verallgemeinernde Ausdrucksweise vorzieht.

heißt es im Phöbus-Druck verdeutlichend[16]), an dem er sich den Kopf wundgestoßen haben will. Die biotische Sphäre, in der Adam leibt und lebt und zu der seine nächtliche Fehlleistung ebenso vollgültig gehört wie seine überquellende Phantasie in erfinderischen Ausreden, ist aristophanisch. Aristophanisch sind auch manche Techniken zur Erzeugung von Wortkomik, etwa Frau Marthes Wortwörtlichkeiten oder die Zusammenballung grotesker Wortungeheuer wie »Rheininundationskollektenkasse«; generell der Zug zum Drastischen, Phantastischen und Grotesken. Zusammenfassend läßt sich also sagen, daß Kleist die dramatische Technik der Analyse von Sophokles übernimmt, daß er die komischen Grundsituationen – dies ist das Wesentliche – durch eine Umkehrung der entsprechenden tragischen Situationen im ›Ödipus‹ erzeugt, und daß die charakterisierende und atmosphärische Komik mindestens in einigen wichtigen Zügen von Aristophanes stammt. Dazu kommt die mit liebevoller Komik gesättigte Dorfwelt, von der wir wissen, daß sie »nach dem Tenier gearbeitet« ist.[17] Was an pittoresk einfältigen Zügen, überhaupt an Konkretem gezeigt wird, wirkt ebenso treffend wie distanzierend. Der Zuschauer gerät in eine Lage belustigter Anteilnahme ohne Identifikation.

Die Amphitryon-Komödie ist dem Stoff nach zwar antik,[18] aber Kleist folgt bekanntlich in weiten Teilen, am meisten in der Diener-Handlung,[19] der Molièreschen Version, um dann wiederum alle entscheidenden Szenen, und das heißt: die Alkmene-Handlung als Schwerpunkt des Stückes neu zu

---

[16] Sembdner I,926, zu V. 50.
[17] Kleist an Fouqué, 25.4.1811 (Nr. 199, II,862).
[18] Vgl. F. Stoessl, Amphitryon ...
[19] Doch hat Kleist auch die Dienerhandlung menschlich vertieft. Während der von Merkur hungrig aus der Küche gewiesene Sosie nur sagt (III,6):

> ...
> Allons, cédons au sort dans notre affliction;
> Suivons-en aujourd'hui l'aveugle fantaisie,
> Et, par une juste union,
> Joignons le malheureux Sosie,
> Au malheureux Amphitryon,

geht Kleists Sosias viel weiter in seinem Selbstgespräch (V. 2072–7076):
> – Geh! dir geschieht ganz recht, Abtrünniger.
> Und hätt ich Würst in jeder Hand hier eine,
> Ich wollt sie in meinen Mund nicht stecken.
> So seinen armen, wackern Herrn verlassen,
> Den Übermacht aus seinem Hause stieß!

Und wo Molières Sosie sich dem Amphitryon wieder nähert mit den Worten (III,7):
> Je viens Monsieur, subir, à vos genoux,
> Le juste châtiment d'une audace maudite ...,

da gebraucht Kleists Sosias das vielsagende Wort »Erkenntnis« in seinen wie-

gestalten. Gerade in diesem Eigenen aber gibt er die Umkehrung eines antiken Tragödienschemas. Die Besonderheit des Kleistschen ›Amphitryon‹ ist es ja, daß alles auf die Unterscheidung von Gott und Mensch durch Alkmene ankommt. Diese Unterscheidung nun, die ein tieferes Erkennen zur Folge hat, ist ein Hauptelement der griechischen Tragödie. Kleist benutzt das antik-mythologische Schema, um es psychologisch zu entmythologisieren. Allerdings entmythologisiert er nicht bloß kritisch, sondern so, daß der dadurch einsichtige Mythologisierungsvorgang als ein schöner und großer Irrtum erscheint. Wohl ist Jupiter eine Projektion und insofern eine Illusion der in einzigartiger Vollkommenheit liebenden Alkmene, aber gerade durch diese Erhebung ins Absolute verherrlicht sie sich selbst und die Macht der Liebe zum Höchsten – so sehr, daß Jupiter selbst von ihr als seinem »vergöttlichten« Geschöpf sprechen kann. Dieses Wort vom »vergöttlichten« Geschöpf pointiert die Umkehrung zum Menschlichen. Nicht den Unterschied zwischen der ewigen Vollkommenheit der Götter und menschlicher Unzulänglichkeit gilt es zu erkennen, sondern, daß alles im Menschen selbst liegt: die »vergöttlichende« Kraft des Herzens wie die enttäuschende Alltäglichkeit, die durch jene Kraft immer wieder überwunden wird. Kleist hat also auch in diesem Lustspiel den Kern des Geschehens aus einer Umkehrung und weitgehenden Aufhebung des Griechisch-Tragischen gewonnen. Seine Konstruktion des Komischen verrät im ›Zerbrochnen Krug‹ wie im ›Amphitryon‹ denselben systematischen Zugriff auf die alte Tragödie.

---

derum von menschlicher Verbundenheit zeugenden Worten (V. 2148–2150):
> Hier leg ich mich zu Euren Füßen,
> Mein echter, edler und verfolgter Herr.
> Gekommen bin ich völlig zur Erkenntnis ...

De Leeuwe, Molières und Kleists Amphitryon, weist S. 187 auf V. 858 f., wo Amphitryon, als er sein Unglück zu ahnen beginnt, seinerseits dem Diener menschlich näherrückt und ihn sogar – auch in Abweichung von Molière – seinen »Freund« nennt. Ähnlich also wie im Mittelteil des ›Erdbebens‹ die Naturkatastrophe die Menschen über alle Standesgrenzen hinweg einander näherbringt, verliert hier durch das gemeinsam erfahrene Unglück das Herr-Diener-Verhältnis seine Härten. Der Verlust an Identität bedeutet nicht zuletzt den Verlust der gesellschaftlich definierten Identität. Dies wird in Amphitryons Entamphitryonisierung ebenso deutlich wie in der merkwürdig parallel konzipierten Anonymität Don Fernandos in der Katastrophenszene des ›Erdbebens‹ (vgl. S. 123 f.). Und das Aufhören der gesellschaftlichen Festlegung erst bringt den Menschen zum Vorschein, indem es ihn zu rückhaltloser Bewährung herausfordert. Im Amphitryon-Alkmene-Spiel hat diese Bewährung großes Pathos (vgl. S. 172 f.), auf der Ebene des Amphitryon-Sosias-Spiels ist sie von unscheinbarer Beiläufigkeit und doch von hoher Signifikanz.

Aufnahme sophokleischer Strukturelemente und thematische Wendung
gegen die sophokleische Theodizee in der ›Penthesilea‹.
›Ödipus‹ und ›Guiskard‹

Auch die unmittelbar folgende ›Penthesilea‹ hat die tiefe Einwirkung der sophokleischen Tragödie erfahren. Am Ende des 14. Auftritts, unmittelbar vor der großen Liebesaussprache zwischen Achill und Penthesilea, steht ein Chorlied. Penthesilea ist von Achill gefangen, wird aber von Prothoe und Achill in durchgehend doppeldeutigen Worten darüber hinweggetäuscht, weil sie fürchten, die Amazonenkönigin werde ihr Schicksal nicht ertragen. Penthesilea selbst verdrängt ihr dunkles Wissen, daß sie von Achill besiegt wurde,[20] um sich ganz dem jubelnden Wahn hingeben zu können, sie habe sich den Geliebten im Kampfe gewonnen. Gerade das Wahnhafte und Selbstbetrügerische verstärkt ihren Gefühlsrausch zu einer maß- und grenzenlosen Euphorie. Kleist hat diese Euphorie entschieden ausgestaltet, sie in einer glühenden Flut von Metaphern und Hyperbeln Sprache werden lassen, und in den sich überschlagenden Hyperbeln macht er schon die Katastrophe spürbar. Gipfel dieser euphorischen Bewegung ist das Chorlied, die Anrufung Hymens, des hochzeitlichen Gottes.

Dem Stellenwert in der Tragödie wie der Konzeption nach entspricht dies vollkommen einem zentralen Vorgang im ›König Ödipus‹. Die ›Penthesilea‹ ist also nach dem ›Zerbrochnen Krug‹ und dem ›Guiskard‹ Kleists dritte große Dichtung, die von dieser Tragödie des Sophokles bedeutende gestalterische Impulse empfangen hat. Nach dem Auftritt des Boten aus Korinth, als Iokaste schon den wahren Sachverhalt und das ganze Ausmaß des Unglücks erkennt, gerät Ödipus auf eine falsche Spur – eine Spur allerdings, die den Charakter eines letzten Auswegs trägt und den dunklen Grund unheilvoller Ahnungen kaum noch überdeckt. In einem letzten, euphorischen Sich-Aufbäumen nennt sich der Besieger der Sphinx einen »Sohn des Glücks«,[21] und wie in der ›Penthesilea‹ schwingt nun der Chor auf dieser euphorischen Woge mit. Das dritte Stasimon (»Wenn ich Wahrsager bin . . .«[22]) trügt ebenso über die Wahrheit hinweg wie das Hymenlied in der ›Penthesilea‹. Es akzentuiert den Höhepunkt der Verblendung, der tragischen Ate, auf den Sophokles mit dem Auftritt des Dieners unmittelbar die Erkenntnis der Wahrheit und die Katastrophe folgen läßt, während Kleist noch die große Schwebestufe der Liebesbegegnung zwischen Achill und Penthesilea einfügt.

Vor allem hat Kleist in seine ›Penthesilea‹ den religiösen Überbau des

---

[20] V. 1719: »Ach mein böser Traum!«
[21] V. 1080.   [22] V. 1086 ff.

›Ödipus‹ übernommen, wie er sich in der anfänglichen Befürchtung des Chors um das »Hingehn« des Göttlichen und nach der Enthüllung der Wahrheit in dem Chorlied über die Gebrechlichkeit des Menschlichen (»Io! ihr Geschlechter der Sterblichen!...«[23]), schließlich in dem gleichgerichteten Epilog über die menschliche Hinfälligkeit zeigt. Aber er hat diesen religiösen Überbau nur übernommen, um ihn umzustürzen, und das Umstürzen war eines seiner wesentlichen Anliegen. Er überträgt den religiösen Part des Chores auf die entschieden negative Gestalt der Oberpriesterin und macht ihn zu einem Ziel der Kritik. Denn die Religion des Amazonenstaates ist sanktionierte Unnatur. Bekanntlich endet die Penthesilea-Tragödie mit einem deutenden Epilog auf das Schicksal der Heldin. Nach einer Regieanweisung, die besagt, daß Prothoe ihre tote Freundin auf den Boden niederlegt, sprechen die Oberpriesterin und Prothoe selbst diesen Epilog. Alles kommt darauf an, die beiden Sprechpartien als radikal verschiedene Deutungen und damit den Dialog zunächst als zwei-deutig zu verstehen. Wenn die Oberpriesterin ganz sophokleisch formuliert:

Ach! Wie gebrechlich ist der Mensch, ihr Götter!
Wie stolz, die hier geknickt liegt, noch vor kurzem,
Hoch auf des Lebens Gipfeln, rauschte sie!

so ist dies ein hieratischer Spruch aus der Priesterperspektive. Aus dieser Perspektive ist menschliche Tragik nur eine Bestätigung der Zweiweltentheorie: Die der Zeit ausgelieferten Menschen (dieser Aspekt wird in der Wendung »noch vor kurzem« deutlich) sind gebrechlich, im Gegensatz zum zeitlosen Dasein der Götter. Die Erfahrung menschlicher Gebrechlichkeit wird geradezu zum Beweis göttlichen Daseins. Unverkennbar klingt eine gewisse Genugtuung in den Worten der Priesterin auf, die in ihrem Fabula docet nicht zufällig die Götter anruft.

Prothoes Part, zugleich Schluß des ganzen Stückes, muß als entschieden zurückweisende Erwiderung gesprochen werden:

Sie sank, weil sie zu stolz und kräftig blühte!
Die abgestorbne Eiche steht im Sturm,
Doch die gesunde stürzt er schmetternd nieder,
Weil er in ihre Krone greifen kann.

Während die Oberpriesterin um ihrer Theologie willen den tragischen Sturz Penthesileas als Zeichen menschlicher Gebrechlichkeit wertet, ist er für Prothoe ein Beweis besonderer Stärke. Ja, in striktem Widerspruch zur Oberpriesterin stellt sie fest, daß gerade das Gebrechliche und Schwache

[23] V. 1186 ff.

231

– die »abgestorbne Eiche« – ohne tragische Katastrophe bleiben muß. Prothoes Deutung ist innerweltlich. Denn die Formulierung »zu stolz und kräftig« hat nichts mit der antiken Vorstellung von der Hybris und einer dadurch heraufbeschworenen Rache der Götter gemein. Penthesilea ist nicht übermütig, sondern »gesund« gewesen, wie Prothoe alsbald betont. Als gesunde Natur war sie »zu stolz und kräftig« – in einer verdorbenen und falschen Ordnung wie es die von der Oberpriesterin repräsentierte, der Natur entfremdete Amazonenwelt ist. Penthesileas große Natur allein war so kräftig, daß sie das Gesetz ihres Staates zu durchbrechen vermochte, während sie es zugleich und aus demselben Grunde bis zum Äußersten erfüllen mußte. Daraus ist ihr Verhängnis erwachsen. Für Sophokles ist das Scheitern des Ödipus ein Paradigma menschlicher Gebrechlichkeit, für Kleist dagegen der Untergang Penthesileas ein paradoxes Beispiel menschlicher Größe und Herrlichkeit. In diesen wesentlichen Aspekten also hat Sophokles auch gewirkt, aber als Anstoß zum Widerspruch.

Aus dem engeren Bereich des Dramaturgischen ist die in ihren Grundzügen sophokleische Konstellation Penthesilea–Prothoe hervorzuheben. Die französische haute tragédie ordnet der Hauptgestalt einen Confident oder eine Confidente zu, die im Grunde Hilfskonstruktion ist und nur dazu dient, daß die Hauptgestalt ihre geheimsten Gedanken und Absichten auf der Bühne laut werden lassen kann, ohne das Selbstgespräch wählen zu müssen. Dagegen hat Sophokles in der ›Antigone‹ und in der ›Elektra‹ jeweils eine Schwester – Ismene und Chrysothemis – als dramatisch konturierende, weil im Verhältnis zur Hauptgestalt dialektisch angelegte Teilhaberin am Geschehen geschaffen. Dieses Verhältnis läßt sich näher bestimmen als die lebendige Spannung zwischen der unbedingten und deshalb tragischen Hauptgestalt und der bedingten, zur Vermittlung und Mäßigung neigenden Nebengestalt. Sie versteht die Gefühle und teilt die Sorgen der tragischen Heldin und ist insofern Freundin, aber sie ist nicht bereit, die allgemeine Ordnung zu brechen. Sie leidet nur mit, wo die Hauptgestalt handelt. Ihre wichtigste Funktion ist es, als Kontrastfigur das Einmalige und Große der Heldin gegenüber dem menschlichen Normalmaß voll sichtbar zu machen: ihre Radikalität, ihre Leidenschaft und ihre tödliche Gefährdung. Prothoe erfüllt diese Funktion. Kleist hat sie im Vergleich zu Ismene und Chrysothemis nur mit einem wärmeren Seelenton ausgestattet. Sie ist weniger die Kluge, Anpassungsbereite, als die in jedem Moment ganz Mitfühlende und Verstehende.[24] Deshalb auch verschwindet

---

[24] Dieses menschliche Näherrücken Prothoes ist erst ein Werk der endgültigen Ausarbeitung. Vgl. dagegen noch die Schreiberhandschrift h. Genaueres bei T. Kaiser, Vergleich der verschiedenen Fassungen von Kleists Dramen, 1944, S. 307–310.

sie nicht allmählich aus dem Geschehen, sondern spricht sogar das letzte, das entscheidende Wort. Wie bei Sophokles Ismene die Schwester Antigones und Chrysothemis Elektras Schwester ist, so läßt Kleist Penthesilea und Prothoe sich gegenseitig »Schwester« nennen, ja: »Schwesterherz« [25] – denn sie sind Schwestern in dem tiefern Sinn vollkommener Sympathie. Ausdrücklich auf Sophokles berufen hat sich Kleist endlich mit seiner Darstellung des Grauenvollen und des kaum mehr Erträglichen: [26]

Der Ödip des Sophokles
Greuel, vor dem die Sonne sich birgt! Demselbigen Weibe
Sohn zugleich und Gemahl, Bruder den Kindern zu sein!

Besonders die Epigramme zur ›Penthesilea‹ beweisen, daß er sich in einer Zeit bürgerlicher Gesittung und klassizistischer Humanität mit seinem Werk als Fremdling fühlte: [27]

Dedikation der Penthesilea
Zärtlichen Herzen gefühlvoll geweiht! Mit Hunden zerreißt sie
Welchen sie liebet, und ißt, Haut dann und Haare, ihn auf.

Die ›Penthesilea‹ ist eine Anti-Iphigenie. Am deutlichsten werden die direkt auf Goethe und Weimar als den Gegenpol der eigenen Art gemünzten Zeilen: [28]

Der Theater-Bearbeiter der Penthesilea
Nur die Meute, fürcht ich, die wird in W . . . mit Glück nicht
Heulen, Lieber; den Lärm setz ich, vergönn, in Musik.

Wie sehr sich Kleist mit dieser Besonderheit seines Dichtens in antiker Tradition sah, beweist das Epigramm zu der so offensichtlich nach antikem Vorbild konzipierten Guiskard-Tragödie, die in der Darstellung abstoßender Krankheit und physischer Schmerzen doch noch weit zurückbleibt etwa hinter dem Herakles-Part der ›Trachinierinnen‹ und dem ›Philoktet‹: [29]

Robert Guiskard, Herzog der Normänner
Nein, das nenn ich zu arg! Kaum weicht mit der Tollwut die eine
Weg vom Gerüst, so erscheint der gar mit Beulen der Pest.

Daß Kleist, indem er diese dunklen und zugleich krassen Eigenheiten der antiken Tragödie aufgreift, nicht auch den antiken, auf die Idee des Göttlichen fixierten Schicksalsbegriff übernimmt, wie er sich im ›König Ödipus‹

[25] Z. B. V. 2342 (Penthesilea zu Prothoe), V. 3016 (Prothoe zu Penthesilea).
[26] I,22.   [27] I,20.   [28] I,21.   [29] I,21.

am stärksten ausprägt, wurde schon gezeigt: statt göttlichen Schicksals gibt
es nur die falsche Ordnung menschlicher Gesellschaft und den daran zugrunde gehenden, weil wahr und im Sinne einer mit Rousseau verstandenen
»Natur« echt empfindenden einzelnen. Insofern, d. h. im Kern des Geschehens ist Kleist »modern«. Die Äußerungsformen des Menschlichen aber
hat er durch die Begegnung mit der antiken Tragödie von der zeitgenössischen Domestizierung freihalten und mit einer nichts scheuenden Intensität darstellen können.

Wohl am klarsten zutage liegt die Wirkung des Sophokles auf den
›Guiskard‹, die schon immer gesehen wurde. Beinahe alles stammt aus dem
›Ödipus‹. Da ist die Pest des vor Konstantinopel liegenden Normannen-
heeres und die Pest, die Theben heimsucht; die tiefere Bedeutung der Seuche
in beiden Dramen;[30] die überragende herrscherliche Gestalt, die das aus
dem eigenen Dasein quellende Unheil mit ungeheurer Anstrengung zu
bannen sucht; das gequälte Volk vor dem charismatischen Herrscher; Kreon
und der schlau auf den Thron rechnende Neffe Guiskards; der Chor ...
soweit Kleists Fragment reicht, so weit sind die konstituierenden Elemente
sophokleisch.

Entscheidende Wirkung des Euripides auf die ›Penthesilea‹.
Kleist und Euripides

Später als die Wirkung des Sophokles, die schon die weit zurückreichenden
Anfänge des ›Guiskard‹ und den ›Zerbrochnen Krug‹ entscheidend mitbe-
stimmt, zeichnet sich die Begegnung mit Euripides in Kleists Werk ab. Sie
hat um so tiefergehende Folgen.[31] Die ›Penthesilea‹ zeugt von einer inten-

---

30 Während die ältere Forschung in der Pest nur eine »Wirklichkeit ... von
unentrinnbar-schicksalhafter Bedeutung« sah (G. Fricke, Gefühl und Schicksal, S. 62; ähnlich deutet B. v. Wiese, Die deutsche Tragödie, S. 330–334: die
Pest als Inbegriff des Sinnlosen) und sie deshalb, soweit es sich um marxistische
Interpreten handelte, als unglückliche Konzeption ablehnte (G. Lukács, Die
Tragödie Heinrich von Kleists, S. 31; auch noch E. Fischer, Heinrich von
Kleist, S. 409; »die Pest als das Zufällige«), hat die neuere Forschung, auch
die marxistische, die Pest als Ausdruck der in Guiskard zum Austrag gelan-
genden Widersprüche erkannt. Vgl. vor allem S. Streller, Das dramatische
Werk S. 50–56; ders., Heinrich von Kleist und J. J. Rousseau, in: Heinrich von
Kleist, Aufsätze, S. 643–649; L. Ryan, Kleists ›Entdeckung im Gebiete der
Kunst‹: ›Robert Guiskard‹ und die Folgen, in: Gestaltungsgeschichte und Gesellschaftsgeschichte, in Zusammenarbeit mit K. Hamburger hrsg. v. H. Kreuzer, 1969, S. 242–264.

31 P. Hoffmann, Heinrich von Kleists ›Der zerbrochne Krug‹, weist S. 10 f. darauf hin, daß Wieland in der Zeit, die Kleist in Oßmannstedt verbrachte, auch

siven und umfassenden Kenntnis des euripideischen Werks. Bereits im ›Amphitryon‹ verrät die (freilich auch bei Molière gegebene) Epiphanie Jupiters als deus ex machina am Ende des Stücks und die volle Konzentration auf eine empfindungsmächtige Frauenseele manches Euripideische. Für die ›Penthesilea‹ sind drei Werke wichtig geworden: ›Medea‹, ›Hippolytos‹ und die ›Bakchen‹. Aus der ›Medea‹ stammt die Konfrontation des Griechisch-Rationalen mit dem Naturhaft-Barbarischen, aus dem die elementare Leidenschaft aufflammt; die Bereitschaft der Frau, ihren Herkunftsbereich aufzugeben, d. h. ihre Fähigkeit zu rückhaltloser und unbedingter Liebe (Kleist gestaltet dies zu einem schmerzhaften Prozeß); ihre verzweifelte Verlorenheit, als sie nach dem Verlassen der Heimat sich von demjenigen, für den sie aus Liebe alles getan hat, verlassen fühlt (Penthesilea sieht sich irrtümlich im Innersten ihres Gefühls von Achill als einem vermeintlich rohen Gewalttäter verletzt; Medea wird von dem opportunistischen Jason tatsächlich verraten); der Umschlag von unbedingter Liebe in eine ungeheuerliche Rache; vor allem aber die Feier der großen Leidenschaft in einer von beiden Dichtern gleichermaßen als klein und schäbig empfundenen Zeit. Bei Euripides wie bei Kleist ergänzen sich ironisch geschärfte, schmerzlich bittere Kritik an der Verfassung der menschlichen Gesellschaft, die als durch und durch korrupt geschildert wird, und die Verherrlichung des ursprünglich empfindenden und nach seinem heroischen Seelenmaß lebenden Einzelnen. Selbst dort, wo diese Empfindungen per reactionem zu chaotischem Greuel führen, bleibt die Bewunderung für die darin zum Ausdruck kommende Kraft und Leidenschaft spürbar.

Die mit Abstand wichtigste »Quelle« der ›Penthesilea‹ ist der ›Hippolytos‹ des Euripides; wichtiger als die Quellen, auf deren Nennung sich die Ausgaben beschränken, weil sie vordergründig erkennbar den Rohstoff der Tragödie geliefert haben.[32] Aus dem ›Hippolytos‹ hat Kleist das ganze

---

an seiner Euripides-Übersetzung weiterarbeitete und daß vor allem ›Ion‹ und ›Helena‹ in den Gesprächen zwischen Wieland und Kleist eine Rolle gespielt haben dürften; ferner auf den 1806 im ›Neuen Attischen Museum‹ veröffentlichten Aufsatz ›Grundriß und Beurteilung der Helena‹: »Ich ... kann aber nicht umhin, jungen Dichtern, die sich den dramatischen Musen widmen, nochmals zu empfehlen, den Euripides, den ich für den größten Meister in der Kunst, den Dialog zu behandeln, halte, so lange zu studiren, bis sie ihm die seinige abgesehen und von ihm gelernt haben, Reden und Gegenreden dem Charakter, dem Geschlecht und dem Stande, den offenbaren oder geheimen Absichten, der gegenwärtigen Stimmung des Redenden und dem Erfordernisse des Moments, kurz, Allem, was ihnen die größte Bestimmtheit gibt, so richtig anzupassen...«

32 Hederichs ›Gründliches mythologisches Lexicon‹ s. v. »Amazonen«, »Penthesilea«, »Pentheus«; sowie die ›Bakchen‹ des Euripides und die Ilias.

Schema des tieferen Geschehens in die ›Penthesilea‹ übernommen. Daß er sich gerade mit dieser Tragödie des Euripides intensiv beschäftigte, liegt allerdings auch schon vom Stoff her nahe, denn Hippolytos gehört als Sohn der Amazonenkönigin Hippolyte seiner Herkunft wie seinem Wesen nach in den Bereich des Amazonischen. Wie Kleists Penthesilea, so ist der Hippolytos des Euripides durch die Jagd charakterisiert. Wie sie mit ihren Jungfrauen, so durchstreift er mit seinen Freunden jagend die Bergwälder. Und wie Penthesilea steht er in zerstörerischer Spannung zwischen Artemis und Aphrodite. Wie ihr Dianas Tempel das Heiligste ist, so ihm das Standbild der Artemis. Artemis findet ihre Gegenspielerin in Aphrodite. »O Aphrodite!« läßt Kleist seine Penthesilea auf dem Höhepunkt fassungsloser Liebesbetroffenheit ausrufen.[33] An Hippolytos' einseitiger Existenz rächt sich Aphrodite, indem sie ihn zum Opfer von Phädras Liebesleidenschaft werden läßt.

Nach einem ähnlichen Grundmuster ist das dritte Werk angelegt, das auf die ›Penthesilea‹ gewirkt hat: die ›Bakchen‹, die Kleist nachweislich gelesen hat und aus denen er wörtlich zitiert.[34] Pentheus, ganz Verstand und spröde Rationalität, wehrt dem rauschhaft Dionysischen (das dem Aphrodisischen im ›Hippolytos‹ entspricht) und wird dafür von Dionysos grausam bestraft.[35] Die von ihrer Gottheit ekstatisch erregten, im Walde dahinjagenden Mänaden zerreißen den Unglücklichen wie ein Wild.

Kleist hat das Schema, das von Euripides schon mit psychologisch durchsichtiger Mythologie gestaltet wurde, auf eine einzige Person konzentriert. Es gibt zwar noch die Gottheiten Artemis-Diana und Aphrodite, als Chiffren von Lebensmächten. Aber es gibt nicht mehr die von der verhängnisvollen Gottheit getriebene Unheilstifterin wie Phädra oder Agaue. Kleist tut den letzten, schon in der dichterischen Logik des Euripides angelegten Schritt: Er zieht alles im Seelenraum der Penthesilea zusammen. Das Mechanema der Gottheit wird zur chaotischen Revolte des mißhandelten Herzens, zur Reaktion auf seinen eigenen Zustand, hinter dem als objektiver Grund die falsche, weil der Natur untreu gewordene Ordnung des Amazonenstaates erkennbar wird.

Weniger für die Gesamtstruktur als für den Kunstcharakter der ›Penthesilea‹ wichtig sind die unmittelbaren Übernahmen aus den ›Bakchen‹. Sie betreffen am meisten die ins Malerische stilisierten Teile, die auf den

---

[33] V. 1231.
[34] Vgl. die weiteren Ausführungen S. 238.
[35] Kleist hat dieses psychologische Schema auch dem Geschehen in der ›Cäcilie‹ zugrunde gelegt: die vier »gotteslästerlichen Brüder« fallen gerade den (am stärksten in der Musik wirkenden) rauschhaften Kräften zum Opfer, die sie mit ihrem Bildersturm bekämpfen wollten.

allem Malerischen zugetanen Kleist besonderen Eindruck machen mußten. Malerische Züge im Drama finden sich notwendig nicht im dramatischen Kern, im scharf wechselnden und gespannten Dialog, sondern in Bericht, Erzählung, teichoskopischer Schilderung, also in den eher zum Epischen tendierenden Partien, bei Euripides auch im Chorlied. In der ›Penthesilea‹ nun sind die episch strukturierten Teile auf den Beginn des Dramas konzentriert: Die ersten Auftritte stellen im Bericht der Griechen und der Amazonen das wilde Dahinjagen der beiden Protagonisten durch Wälder und Berge in phantastisch-bunten Bildern dar.[36] Es handelt sich um die Übernahme der euripideischen »Oreibasia«, die das ekstatische Umherschweifen der von ihrer Gottheit trunkenen Mänaden in Wäldern und unwegsamen Klüften zum Inhalt hat. Tieferer Sinn der Oreibasia ist das Ausbrechen aus dem Maß und der Ordnung des normalen Lebens und die Verschwisterung mit der elementaren Natur. Daher gerade das Umherschwärmen in Bergwäldern und nicht zuletzt das für die Mänaden kennzeichnende Verschmelzen ihres aus den Grenzen des Menschlichen drängenden Daseins mit dem Tierischen. Kleist hat diese Grundzüge anverwandelt, um Penthesilea in ihrer Kraft und Leidenschaft ganz als Elementarnatur erscheinen zu lassen. Die entsprechenden Partien sind voll von Bildern einer urtümlich wilden Berg- und Waldlandschaft, und das Menschliche wird beinahe durchgehend ins Tierische transponiert: Tiger, Parder, Katze, Hyäne, Wölfin, Sphinx, vor allem aber die »Dogge« sind die Metaphern für die dahinjagende Penthesilea, während Achill mit einem Hirsch und, allgemeiner, mit einem »Wild« verglichen wird. Das gesamte Schema entspricht dem der ›Bakchen‹. Die Mänaden erscheinen ebenfalls als Raubtiere oder als reißende Hunde – Agaue selbst nennt ihre Mänaden geradezu »Hunde«[37] –, die das wehrlose Wild jagen und zerreißen.

Diese Anfangsbilder deuten bereits auf das Ende, sowohl in den ›Bakchen‹ als auch in der ›Penthesilea‹: nicht nur auf ein einfaches Töten, sondern auf das rasende Zerreißen, den »Sparagmos« des Sohnes durch die Mutter, des Geliebten durch die Braut. Der Sparagmos als blutiger und bis in die Einzelheiten ausgemalter Höhepunkt der Oreibasia gelangt in beiden Tragödien notwendig wieder im Bericht zur Darstellung, und wieder erscheint Penthesilea »gleich einer Hündin«, die, »Hunden beigesellt«,[38] den »gleich einem jungen Reh«[39] sich flüchtenden und sich wie ein »Hirsch«[40] im Dickicht versteckenden Achill zerreißt. Formelhaft ist der

---

[36] V. 163–166; V. 213–225; V. 300–330.
[37] Euripides, ›Bakchen‹, V. 731; vgl. auch V. 977, wo die Mänaden »Lyssas (des Wahnsinnsdaimons) schnelle Hunde« heißen.
[38] V. 2659.
[39] V. 2631.   [40] V. 2645.

Sparagmos in der zum ausführlichen Bericht überleitenden teichoskopischen Nachricht zusammengefaßt:[41]

> Sie liegt, den grimmgen Hunden beigesellt,
> Sie, die ein Menschenschoß gebar, und reißt, –
> Die Glieder des Achills reißt sie in Stücken!

Wie genau Kleist alles auf den Sparagmos Hinführende und dann das blutige Geschehen selbst bei Euripides studiert hat, zeigen mehrere plastische Einzelstellen. Die auffallende Nennung der Hunde, die Penthesilea auf Achill loshetzt (V. 2655 f.: »Doch, hetz! schon ruft sie: Tigris! hetz Leäne! / Hetz, Sphinx! Melampus! Dirke! Hetz, Hyrkaon!«) findet sich zwar nicht in den ›Bakchen‹. Kleist stieß dort aber auf die Worte des Kadmos, der den Pentheus warnend auf das Schicksal des von seinen eigenen Hunden zerrissenen Aktäon hinweist.[42] Er muß dann nachgeschlagen und sich aus Ovids Metamorphosen etwa oder auch nur aus dem Hederich die Namen der einzelnen Hunde von Aktäons Meute notiert haben, um sie in seine Darstellung einzuarbeiten, die allerdings auch noch andere Namen bietet. Direkt von Euripides kommt dagegen – wie schon wiederholt bemerkt wurde[43] – das Versteck Achills in einer Fichte[44] und die letzte, ungemein ausdrucksvolle Geste des Sterbenden:[45]

> Er, in dem Purpur seines Bluts sich wälzend,
> Rührt ihre sanfte Wange an, und ruft:
> Penthesilea! Meine Braut! Was tust du?

Ebenso versucht Pentheus die eigene Mutter zum Bewußtsein zu bringen: ihre »Wange anrührend«.[46] Umsonst, denn sie handelt in bacchantischem Wahnsinn. Auch dies und vor allem den Wahnsinn selbst hat Kleist übernommen. Penthesilea hört in ihrer schäumenden Raserei Achills Worte nicht und wütet weiter. Endlich: wie Agaue nach der Rückkehr zu den Ihren nichts mehr von ihrer Wahnsinnstat weiß und geradezu fragt, wer den Pentheus getötet hat,[47] so forscht Penthesilea erschüttert und empört

---

[41] V. 2595–2597.

[42] ›Bakchen‹, V. 337–342; ein weiterer Hinweis auf Aktäons Untergang: V. 1291.

[43] J. Niejahr, Heinrich von Kleists Penthesilea, VjSfLg 6, 1896, S. 506–553, weist S. 535 f. auf diese Stellen; vgl. auch E. Schmidt II, 459, zu V. 2601 ff.

[44] ›Penthesilea‹ V. 2637 ff.; entsprechend Pentheus in den ›Bakchen‹ V. 1059 ff.

[45] V. 2662–2664.

[46] V. 1117 f.: παρηίδος ψαύων.

[47] ›Bakchen‹, V. 1286. Der ebenfalls aus mörderischem Wahnsinn erwachende Herakles im gleichnamigen Drama des Euripides fragt, wem seine Kinder und seine Frau zum Opfer gefallen sind. (›Herakles‹, V. 1134).

nach demjenigen, der den Leib des Achill so furchtbar zugerichtet hat.[48] Die ganze pathographische Genauigkeit, mit der Kleist seine Penthesilea nach der Tat nicht weniger als vier innere Zustände durchlaufen läßt (Stupor: 2704–2828;[49] Lysis: 2829–2859;[50] wahnhafte Verzückung: 2860–2873; Erkenntnis: 2880–Schluß), ist euripideisch; besonders gilt dies für die mit psychologischer Meisterschaft gestalteten Übergänge vom einen zum andern Zustand.[51] Ähnlich, nur viel einfacher und rationaler, führt Euripides die durch Dionysos verblendete Agaue vom Wahn zur Erkenntnis. Kleist macht daraus im Schlußauftritt der ›Penthesilea‹ einen mehrfach gestuften, zum Höchsten komplizierten inneren Prozeß: ein ganzes Drama in sich.

In manchen anderen Bereichen läßt sich eine überraschend tiefgehende und bis in plastische Einzelmotive ausgeprägte Geistesverwandtschaft zwischen diesen beiden Dichtern der Krise feststellen. So sind für Euripides ebenso wie für Kleist das schon erörterte Motiv der bis zur Selbstvernichtung reichenden Rache[52] und das Paria-Motiv[53] von zentraler Bedeutung. Mit dem Paria-Motiv hängen bei beiden Dichtern die Hikesie-Situatio-

---

[48] V. 2921–2936.

[49] Während dieses Stadiums spricht Penthesilea kein einziges Wort; insgesamt sieben Regie-Anweisungen zu ihrer Gestik und die Spiegelung ihres Zustandes in den Worten der sie umringenden Amazonen erschaffen eine stumme und um so ausdrucksvollere Pantomime. Vgl. O. Fischer, Mimische Studien, Euphorion XV, 1908, S. 489 f. sowie W. v. Einsiedel, Die dramatische Charaktergestaltung, S. 79–81.

[50] Symbol der Lösung aus der Starre ist das Begießen Penthesileas mit Wasser; zugleich findet sie die Sprache wieder.

[51] Es handelt sich in der Tat um kunstvoll durchgeführte Übergänge und nicht um ein jähes Wechseln der Zustände. So löst sich die Starre nicht etwa plötzlich, vielmehr beginnt Penthesilea durch das liebevolle Zutun Prothoes langsam sich zu lösen. V. 2805 f. sagt Prothoe: »Doch wie, wenn du dich jetzo reinigtest, / Händ und Gesicht? – Soll ich dir Wasser schaffen?« Penthesilea, noch stumm, macht eine zustimmende Geste. Ein Wasserbecken wird gebracht, Penthesilea begießt sich das Haupt mit Wasser und sagt nur, indem sie sich umsieht: »Ach Prothoe«; begießt sich von neuem mit Wasser, und löst sich nun ganz. Damit aber beginnt sie schon in den nächsten, dritten Zustand hinüberzugleiten. Denn das Wasser ist nicht nur ein Lösungs-, sondern auch ein Lethezauber. Sie lebt zu neuem Leben auf und vergißt das alte mit seinem Elend und seinem Grauen bis zu dem Grade, wo schließlich eine wahnhafte Umkehrung eintritt: sie glaubt Achill im Kampfe gewonnen zu haben.

[52] Zum Rache-Motiv bei Kleist vgl. S. 45 ff.; bei Euripides vor allem ›Medea‹, ›Hekabe‹, ›Orestes‹.

[53] Zum Paria-Motiv bei Kleist vgl. S. 42 ff.; bei Euripides ist die Gestalt des Ausgestoßenen und Entrechteten zentral in: ›Medea‹, ›Andromache‹, ›Herakliden‹, ›Hiketiden‹, ›Elektra‹, ›Orestes‹.

nen[54] und die Funktion der Soter-Gestalten[55] logisch zusammen. Endlich
die ironischen Scheinlösungen, zu denen Kleist eine ganze Reihe seiner
Werke durch das Eingreifen überirdischer oder doch wunderbarer Mächte
führt – sie sind ohne das Vorbild des euripideischen deus ex machina kaum
zu denken. Während Sophokles mehr für die poetische Verfahrensweise
Kleists von Bedeutung ist, wirkt Euripides tiefer, weil beider Lebensgefühl
und Menschenbild, bei aller historisch bedingten Verschiedenheit, ähnliche
Züge trägt. Sie sind beherrscht von der Idee des hilflos ausgelieferten und
ausgesetzten Menschen in einer entgötterten oder doch gottverlassenen
Welt, aus deren banaler Schmählichkeit nur wenige Tapfere und Mitfühlende sich tröstend und helfend abheben; beherrscht auch von der Vorstellung innerer Gefährdung durch Irrtum, Täuschung, Wahn und selbst
Wahnsinn. Beide verbindet eine ähnliche Form der Modernität: Aufklärung, bittere Skepsis, ironische Kritik und eine Sehnsucht nach großem und
edlem Menschentum. Zusammen ergeben diese beiden Elemente eine intensive Synthese von entschiedenem, das Argument kaum mehr scheuen-
dem Denken und einem bis zum Schwärmerischen reichenden Dichten, das
seinen sentimentalischen Glanz aus heimlicher Verzweiflung erhält.

Eine Form der Modernität kommt allerdings nur Kleist zu. Er wirft
die Widersprüche nicht allein auf und demonstriert am tragischen Untergang des einzelnen nicht eine grundsätzliche Sinnlosigkeit und Ausweglosigkeit, in der höchstens der Trost durch einen mitfühlenden Menschen
bleibt. Kleist macht objektive Mißstände gesellschaftlicher Art verantwortlich. Deren Aufhebung, wie sie sich etwa am Schluß der ›Penthesilea‹ vollzieht, wäre die Lösung: eine Lösung, die zwar für den tragisch unter-
gehenden einzelnen zu spät kommt, aber eben in diesem Untergang als

---

54 Zur Hikesie bei Kleist: im ursprünglichen Schluß des ›Zerbrochnen Krugs‹ (im
›Variant‹) wirft sich Eve dem Gerichtsrat Walter zu Füßen und fleht ihn um
Schutz an; der Prinz von Homburg wirft sich, nach dem Anblick des offenen
Grabes, der Kurfürstin und Natalie zu Füßen und bittet sie um Schutz und
Fürsprache; im ›Findling‹ fleht Nicolo den alten Piachi um rettende Auf-
nahme an; in der ›Verlobung‹ suchen die verfolgten Weißen Schutz und Zu-
flucht in der Mördergrube Congo Hoangos; ein Schutzsuchender besonderer
Art ist Kohlhaas: er sucht den Rechtsschutz durch den sächsischen Kurfürsten
und begibt sich auf die Zusicherung einer Amnestie nach Dresden; im ›Zweikampf‹ sucht und findet Littegarde Schutz und Zuflucht bei Friedrich von
Trota. – Zur Hikesie bei Euripides: ›Medea‹, ›Andromache‹, ›Hekabe‹, ferner:
›Herakliden‹, ›Hiketiden‹, ›Orestes‹, ›Iphigenie in Aulis‹.
55 Rettergestalten sind der Gerichtsrat Walter im ›Zerbrochnen Krug‹, Don Fernando im ›Erdbeben‹, der brandenburgische Kurfürst im ›Kohlhaas‹, Friedrich
im ›Zweikampf‹; prototypische Verkörperungen des Soter bei Euripides: Herakles in der ›Alkestis‹, Theseus in den ›Hiketiden‹, Herakles und Theseus im
›Herakles‹.

allgemeinere Möglichkeit erscheint. Mindestens bis zu dieser mittleren Phase ist Kleists Dichtung insofern nicht grundsätzlich pessimistisch, und bis in diese Phase hinein ist er kein tragikotatos, sowenig wie er sich mit einer bloß individuellen Lösung zufriedengibt. Der an die euripideische Tyche und den Deus ex machina gemahnende Einbruch des Wunderbaren und des bloßen Glücks in der Spätphase dagegen signalisiert eine ins Grundsätzliche reichende pessimistische Verdüsterung. Der Schluß des ›Kohlhaas‹ und der ›Zweikampf‹ schienen uns dafür die Hauptzeugnisse zu sein, während der ›Homburg‹ den Weg ironischer Entwirklichung geht.

Überblickt man die gesamte Gruppe der vier in der Auseinandersetzung mit der antiken Tragödie geschaffenen Dramen, so steht den zwei aus der Umkehrung des Tragödienschemas gewonnenen Komödien, die Kleists einzige geblieben sind, eine große Tragödie und ein Tragödienfragment gegenüber. Auch sie sind die einzigen Werke ihrer Gattung, sieht man von der shakespearisierenden und aufgrund der moralischen Ingredienzien (Rupert als Bösewicht) doch nicht recht zur Tragödie geratenen ›Familie Schroffenstein‹ ab.[56]

3. Die Phase des monumentalen Tragödienstils:
›Guiskard‹ und ›Penthesilea‹

Mehr noch als die beiden Komödien mit ihrer Umkehrung des Tragödienschemas zeigen die beiden Tragödien, ›Penthesilea‹ und ›Guiskard‹, eine Zusammengehörigkeit, die sie geradezu als Parallelstücke erscheinen läßt. Alle Nachweise ordnen sich dem Oberbegriff des Monumentalen zu. Von monumentalem Pathos erfüllt ist die bis in einzelne Metaphern und Hyperbeln hinein gleichgerichtete Sprache.[1] Monumental ist die Gestalt Penthesileas und Guiskards selbst: die Amazonenkönigin überragend groß durch die Kraft ihrer Leidenschaft, Guiskard durch seine Willenskraft. Beide erhalten einen deutlichen Bezug zum Gigantischen[2] und sind durch

---

[56] H. Kreuzer, Hebbel und Kleist, in: DU 13, 1961, Heft 2, S. 92, Anm. 4, erkennt in der Schurkenrolle ein typisches Merkmal des Frühwerks, während sich später immer reiner der klassische Helden- und der klassische Dramentypus herausbilde.

[1] S. Wukadinović, Kleist-Studien, 1904, hebt S. 95–103 viele aufschlußreiche Parallelen hervor.

[2] Vgl. ›Penthesilea‹, V. 1271–1390 (V. 1375 f.: »Den Ida will ich auf den Ossa wälzen, / Und auf die Spitze ruhig bloß mich stellen.«; V. 1379: »Dies Werk

das Streben nach Unmöglichem gekennzeichnet (Sieg über Achill – Eroberung von Konstantinopel).[3] Beide heben sich in gewaltigem Umriß aus ihrer Umgebung heraus, wie »Eichen«, um Kleists berühmtes Wort zu zitieren, mit dem er den tragischen Helden definiert.[4] Die Penthesilea-Tragödie bezieht noch Achill in diese monumentale Gestaltung ein. Mit denselben Mitteln wie Robert Guiskard wird er Körperteil um Körperteil geradezu »aufgebaut«:[5]

Seht! Steigt dort über jenes Berges Rücken,
Ein Haupt nicht, ein bewaffnetes, empor?
Ein Helm, von Federbüschen überschattet?
Der Nacken schon, der mächtge, der es trägt?
Die Schultern auch, die Arme, stahlumglänzt?
Das ganze Brustgebild, o seht doch, Freunde,
Bis wo den Leib der goldne Gurt umschließt?

Wird Achill im sonnengleichen Aufsteigen seiner gerüsteten Riesengestalt über eines »Berges Rücken« dargestellt, so Guiskard beim Anlegen der Rüstung:[6]

Frei in des Zeltes Mitte seh ich ihn!
Der hohen Brust legt er den Panzer um!
Dem breiten Schulternpaar das Gnadenkettlein!
Dem weitgewölbten Haupt drückt er, mit Kraft,
Den mächtig-wankend-hohen Helmbusch auf!
Jetzt seht, o seht doch her! – Da ist er selbst!

Nicht zuletzt läßt das erhaltene Fragment des ›Guiskard‹ auch eine kom-

---

ist der Giganten...«); ›Guiskard‹ V. 347–358, als Rede Abälards: »– Noch eben, da er auf dem Teppich lag, / Trat ich zu ihm und sprach: Wie gehts dir, Guiskard? / Drauf er: ›Ei nun‹, erwidert' er, ›erträglich! / Obschon ich die Giganten rufen möchte, / Um diese kleine Hand hier zu bewegen.‹ / Er sprach: ›Dem Ätna wedelst du, laß sein!‹ / Als ihm von fern, mit einer Reiherfeder, / Die Herzogin den Busen fächelte; / Und als die Kaiserin, mit feuchtem Blick, / Ihm einen Becher brachte, und ihn fragte, / Ob er auch trinken woll? antwortet' er: / ›Die Dardanellen, liebes Kind!‹ und trank.«

[3] Wieland spielt geistreich auf diese Eigenart des ›Guiskard‹ an, wenn er im Juli 1803 an Kleist schreibt: »Sie *müssen* Ihren Guiscard vollenden, und wenn der ganze Kaukasus und Atlas auf Sie drückte.« (Der Brief ist abgedruckt bei Sembdner II,733 f.).

[4] Hierzu ausführlich: M. Stern, Die Eiche als Sinnbild bei Heinrich von Kleist, in: JbSchG 8, 1964, S. 199–225. Donald H. Crosby, Heinrich von Kleist's ›oak-image‹, in: GQu XXXVIII, 1965, S. 14–19.

[5] V. 356–362.

[6] V. 401–406.

positorische Verwandtschaft zur Penthesilea-Tragödie erkennen, die der Tendenz zum Monumentalen entspricht. Penthesilea selbst erscheint erst im 5. Auftritt (zu Beginn der zweiten größeren Handlungseinheit), nachdem sie zuvor ausschließlich in den staunenden und die Erwartung zum höchsten spannenden Berichten der Griechen wie ein Fabelwesen von kaum faßbarer Natur gegenwärtig war und Wesenszug um Wesenszug immer gegenwärtiger wurde. Durch ein ähnlich vom Indirekten zum Direkten fortschreitendes Verfahren vollzieht sich der türmende Aufbau Guiskards: Erst im 10. Auftritt zeigt sich der Normannenherzog selbst. Auf allen Ebenen der künstlerischen Verwirklichung herrscht also der Zug zum Monumentalen. ›Penthesilea‹ und ›Guiskard‹ sind demnach nicht nur durch den gemeinsamen intensiven Bezug zur antiken Tragödie gekennzeichnet, dessen Spielraum immerhin von Sophokles bis zum späten Euripides reicht, sondern auch durch den gleichen Stilwillen. Sie bilden eine Phase des monumentalen Stils in Kleists Werk.

Schwer läßt sich entscheiden, in welchem entstehungsgeschichtlichen Verhältnis das erhaltene ›Guiskard‹-Fragment zur ›Penthesilea‹ steht. Die Ursprünge des ›Guiskard‹ liegen bekanntlich früher. Schon am 5. Oktober 1803 schreibt Kleist aus Genf, er habe nun »ein Halbtausend hinter einander folgender Tage, die Nächte der meisten mit eingerechnet«,[7] an seinem Werk gearbeitet. Es besteht kein Grund, diese Angabe zu bezweifeln. Folglich wären die Anfänge des ›Guiskard‹ in das Frühjahr 1802 zu datieren, in die zeitliche Nachbarschaft der ›Familie Schroffenstein‹ und eine ganze Zeit vor der Arbeit am ›Zerbrochnen Krug‹, mit dem das nur in der späteren Nachschrift aus dem Jahre 1807 erhaltene Guiskard-Fragment die intensive Rezeption des ›Ödipus‹ gemeinsam hat.

Die Frage lautet nun: entspricht die spätere Niederschrift des Guiskard-Fragments dem, was Kleist im Oktober 1803 in Paris verbrannte? Wenn ja, dann hätte Kleist die ›Penthesilea‹, die im Stil wie im Aufbau der ersten Teile dem in den entsprechenden ersten Teilen erhaltenen ›Guiskard‹-Fragment erstaunlich gleicht, nach dem Modell des drei Jahre zuvor vernichteten ›Guiskard‹-Anfangs geformt, sprachlich wie in der Komposition, und dann obendrein, nach Vollendung der ›Penthesilea‹, das alte Modell ein zweites Mal zu Papier gebracht. So schwer diese Annahme fällt, so erhält sie doch Nahrung durch Wielands vielzitierte, aber zu wenig analysierte Äußerung über den zu Anfang des Jahres 1803 in Oßmannstedt teilweise vorgetragenen ›Guiskard‹:[8] »Wenn die Geister des Äschylus, Sophokles und Shakespeares sich vereinigten, eine Tragödie zu schaffen, so

---

7 An Ulrike, Nr. 76, II,735.
8 Abgedruckt bei Sembdner I,923.

würde das sein, was Kleists ›Tod Guiskards des Normannen‹, sofern das Ganze demjenigen entspräche, was er mich damals hören ließ.« Der Hinweis auf Sophokles trifft in außerordentlichem Maße auch auf das vier Jahre später niedergeschriebene Fragment zu,[9] der Hinweis auf Shakespeare ebenfalls. Er bezeugt, wie scharfsichtig Wieland sofort erkannte, daß sich Guiskards Tragödie nicht aus der Begegnung mit dem blinden Schicksal der Pest entwickelt, sondern aus seinem eigenen Charakter und aus seinen eigenen Antrieben, deren verderbliche Widersprüchlichkeit in der Pest nur ihren Ausdruck findet.[10] Über den dramatischen Konnex von Charakter und Schicksal hinaus war dem Shakespeare-Übersetzer Wieland aber wohl vor allem bewußt, daß Kleist diese allgemeine Begründung des Geschehens mit der für Shakespeares Werk zentralen Problematik des Usurpators als Inbegriffs der sich hybrid von allen Bindungen und Gesetzen lossagenden Individualität verbunden hat. Schließlich trifft die Nennung des Äschylus den dezidierten Monumentalstil, in dem das überlieferte Guiskard-Fragment ebenso wie die Penthesilea-Tragödie gehalten ist. Dennoch wäre es zu einseitig, zu folgern, Kleist habe 1807 den ›Guiskard‹ exakt in der Form von 1803 niedergeschrieben. Festzuhalten ist nur, daß wesentliche Züge der ursprünglichen Form, wie sie sich in Wielands Äußerung spiegelt, bewahrt blieben und daß sich Kleist bei der Ausarbeitung der ›Penthesilea‹ von mancher Erinnerung an die vernichtete Guiskard-Niederschrift leiten ließ, wie dann auch umgekehrt die eben gelungene Tragödie auf die spätere Guiskard-Niederschrift ausgestrahlt haben dürfte.

Im ganzen ergibt sich folgendes Bild für die dichterische Entwicklung: Kleist versucht vom Frühjahr 1802 bis Ende 1803 seine erste große an den Griechen geschulte Tragödie; er scheitert, wendet sich unter dem Schock dieses Scheiterns, den die Briefe dieser Zeit eindringlich wiedergeben, überhaupt von der Tragödie ab und schreibt seine beiden Lustspiele. Nachdem diese ihm gelungen sind, wagt er sich wieder an die Tragödie. Er dichtet zuerst die ›Penthesilea‹ und nimmt dabei sprachlich und in der Komposition wesentliche Züge des gescheiterten ›Guiskard‹ wieder auf. Erst nachdem er die ›Penthesilea‹ vollendet hat – auf dieses Werk ist Kleist unstreitig am stolzesten, nicht zuletzt, weil ihm damit die langersehnte Tragödie geglückt war –, wagt er sich von neuem an den ›Guiskard‹. Mehrere Zeugnisse sprechen dafür, daß er 1807/08 nicht nur das uns erhaltene Phöbusfragment, sondern eine vollständige oder fast vollständige große Tragödie geschaffen hat.[11]

---

[9] Vgl. S. 234.
[10] Vgl. S. 234, A. 30.
[11] Eine gute Zusammenstellung und Auswertung der einzelnen Zeugnisse gibt H. J. Kreutzer, Die dichterische Entwicklung, S. 156.

4. Die Abwendung von der Tragödie in den drei »Schauspielen« der Schlußphase

4.1. Die Flucht ins problemlose »Positive«: ›Käthchen‹ und ›Hermannsschlacht‹

Auf die beiden Tragödien folgen mit dem ›Käthchen‹, der ›Hermannsschlacht‹ und dem ›Homburg‹ drei »Schauspiele«. Das bedeutet die Wendung zu einer neuen, offeneren dramatischen Gattung außerhalb des klassischen Kanons. Diese Wendung ist zunächst zu verstehen als eine Abwendung von der Tragödie. Die neue Schaffensphase zeigt nicht die geringsten Spuren der eben noch so wichtigen antiken Dichter – als hätte es sie für Kleist nie gegeben. Wie sein Leben, so ist seine Dichtung von schroffen Wechseln und Gegensätzen bestimmt, vom rigorosen Verlassen nicht mehr genügender Formen und vom versuchenden Übergang zu neuen Formen, die zu den vorangehenden in dialektischer Spannung stehen.

In der Tat ist kaum ein entschiedenerer Gegensatz denkbar als der zwischen den beiden Tragödien und den beiden Stücken, die nun folgen: ›Käthchen‹ und ›Hermannsschlacht‹. Statt aufwühlender und verwundender Problematik ein Märchen und ein Musterfall für praktische Lösungen; statt gewaltiger, von ihren Leidenschaften zerrissener Helden ein schwereloses Kind und ein gewandter, auch im Umgang mit seinen eigenen Skrupeln gewandter Politiker. Beide Dramen sind nur als Erscheinungen einer Krise zu verstehen. Kleist war nach der ›Penthesilea‹ und dem ›Guiskard‹ auf der Suche nach »Positivem«. Die bekannte Formulierung, das ›Käthchen‹ verhalte sich zur ›Penthesilea‹ wie das Plus zum Minus, erhält damit eine allgemeinere Bedeutung.

Während die ›Hermannsschlacht‹ die menschlichen Probleme verdrängt[1] und vereinfacht, ist das ›Käthchen‹ insofern wahrer, als das Märchenhafte nicht verhehlt und mit dem Anspruch der Wirklichkeit ausgestattet, sondern in entschiedener Klarheit als Märchen und romantischer Traum gekennzeichnet wird. Einige der wichtigsten Merkmale, so das Auftreten eines Engels, wurden schon erörtert. Das Stück ist aber nicht nur in solchen Einzelzügen, sondern in seiner ganzen Handlungsstruktur ein Märchendrama – »ein Stück, das mehr in die romantische Gattung schlägt, als die übrigen«, wie Kleist an Cotta schreibt.[2]

Käthchen ist eine typische Märchenheldin. Sie geht von Hause fort, irrt durch die Welt, wird umhergestoßen, besteht wunderbar die härtesten

---

[1] Vgl. S. 47.
[2] 7.6.1808 (Nr. 134, II,813).

Prüfungen und wird am Ende dafür auch wunderbar belohnt. Diese Konzeption der immer gleichbleibenden, keinen Wandlungen und inneren Gefährdungen unterworfenen Hauptgestalt, die mit traumwandlerischer Sicherheit ihren Weg geht, ist zugleich eminent undramatisch im Sinne des modernen Seelendramas. Ein Märchentopos ist auch die Entpuppung des einfachen Mädchens als Tochter des Kaisers. Als ständische Legitimation des menschlich Gültigen wäre dies ein denkbar scharfer Gegensatz zu Kleists anderen Werken, die doch immer das Ständische und Institutionelle, vor allem aber Adel und Besitz als die Verderber der menschlichen Natur darstellen und beide Sphären in unversöhnlichen Gegensatz zueinander bringen.[3] Aber in der Welt des Märchens gilt ausschließlich der Horizont des einzelnen, dessen Wünsche oder weissagende Träume – und Käthchen träumt einen solchen weissagenden Traum – nach Überwindung vieler Hindernisse herrlich in Erfüllung gehen. Das schließlich erreichte Wunschziel ist zugleich die höchste Form der Selbstverwirklichung. Deren Chiffre ist das Königliche, das am Ende siegreich durch die unscheinbare Schale des früheren Daseins bricht.

Märchenhaft ist ferner die schlichte Antithese von Kunigunde als böser Hexe und Käthchen als guter Fee; was in der hohen Dichtung als unzulässige und klischeehafte Vereinfachung erscheinen müßte, ist ein feststehender Stilzug des volkstümlichen Märchens: klare und scharfe Trennung der Bereiche, ohne Nuancen und Differenzierungen – Hoch und Niedrig, Schön und Häßlich, Gut und Böse, engelhafte Rettertat und mörderisches Gift. Die Leimrutenszene als Ausdruck verderblicher Lockung gehört ebenso zu den Grundvorstellungen des Märchens wie die Holunderbuschszene als Variation des Dornröschen-Motivs der »Belle au Bois dormant«. Märchenhaft ist vor allem die Rolle des Grafen vom Strahl als des schließlich durch sein Ja-Wort erlösenden Prinzen. Wäre das Ganze nicht märchenhaft, so müßte gerade dieser Zug und überhaupt der Schlußteil des Dramas unbefriedigend wirken. Denn Käthchen hat viele Demütigungen erfahren, während der Graf nur eine rasche Wendung zu vollziehen braucht. Dies

---

[3] S. Streller, Das dramatische Werk, S. 135, versucht die Crux mit folgender Argumentation zu beseitigen: »Als illegitimer Sproß des Kaisers bleibt Käthchen trotz ihres Erzeugers nicht standesgemäß. Nach dem Denken der strengen Feudalanschauungen ist die Ehe Strahls mit Käthchen eine Mesalliance. Die Erhebung Käthchens zur Prinzessin von Schwaben ist ein Willkürakt, der die Parodierung, die ironische Auflösung der Standesvorurteile nicht abschwächt, sondern im Gegenteil verstärkt.« Diese spitzfindige Argumentation bleibt den Nachweis des parodistischen Elements schuldig; vor allem aber muß sie daran scheitern, daß sie sich auf sehr spezielle Rechtsanschauungen des Mittelalters stützt und diese zur Erläuterung von Kleists Werk heranzieht, als seien sie noch um 1800 im allgemeinen Bewußtsein lebendig.

ist die Harmonie des Märchens, das dem Faktischen huldigt und dazu noch das Wunder – den Beistand des Engels – wie eine Selbstverständlichkeit einbezieht. Nach einem zeitgenössischen Bericht scheint Kleist allerdings eine Umarbeitung des Schlußteils geplant zu haben, die gerade diese besonders weitgehenden Märchenelemente zugunsten einer psychologisch mehr glaubwürdigen Lösung beseitigen sollte.[4]

Wichtig geworden ist das Märchen nicht zuletzt unter dem Aspekt der für das Käthchendrama zentralen gegenseitigen Bezogenheit der beiden Protagonisten. Denn auch der Graf hat einen Traum, der ihn von vornherein für Käthchen bestimmt.[5] Den gegenseitig prädestinierenden Traum der Märchenhelden konnte Kleist etwa in Wielands Märchenerzählung ›Idris und Zenide‹ finden. Während also Strahl schon im Traum, d. h. im unbewußten Grunde seines Wesens auf Käthchen fixiert ist, verkörpert Kunigunde die Abweichung von seinem besseren und eigentlichen Ich. Sie gehört zu dem besonders in der volkstümlichen Literatur des 18. Jahrhunderts beliebten Typus ›Buhlerin und Zauberin‹,[6] den auch Lessing in Gestalt der Marwood (›Miß Sara Sampson‹) aufgenommen hat. Selbst den feststehenden Zug des Giftmischens hat Kleist bewahrt. Nach der Exposition, die den ganzen ersten Akt füllt, bringt der große Monolog des Grafen im 1. Auftritt des 2. Aktes seine Situation als »Mann zwischen zwei Frauen« zum Ausdruck, die in diesem tieferen Sinne nichts anderes ist, als das unentschiedene Schwanken des noch jugendlich Unreifen.[7] Gerade

---

4 Franz Horn, Umrisse zur Geschichte und Kritik der schönen Literatur Deutschlands während der Jahre 1790 bis 1818, Berlin 1819, schreibt S. 157 f.: »... Zweitens fühlte der mit sich selbst sehr strenge Dichter gar wohl das Ungenügende in dem letzten Dritteil des Stückes, und hatte den Plan gefaßt, es umzuarbeiten. Dann sollte auch noch zur gänzlichen Beruhigung gewissermaßen ein zweiter Teil folgen. Hier sollte endlich der Graf, durch irgendein – vielleicht nur leises – Wort, Käthchen dergestalt verletzen, daß *sie* nun *ihn* fliehen *müßte*. Kaum aber flieht sie ihn, so fühlt er mit unendlicher Gewalt, wie sehr er an ihr gesündigt und was er an ihr verloren habe...« (Sembdner, Lebensspuren, Nr. 393).
5 Vgl. Brigittes Erzählung im 9. Auftritt des 2. Aktes (1200–1236).
6 Vgl. U. Frieß, Buhlerin und Zauberin. Eine Untersuchung zur deutschen Literatur des 18. Jahrhunderts. 1970.
7 Folgerichtig gliedert sich von diesem Punkt an das gesamte Drama in eine Kunigunden- und in eine Käthchenhandlung auf. Beide Handlungskomplexe wechseln sich ab oder überkreuzen sich beinahe nach Art einer Diskussion, in der alle Argumente auf beiden Seiten mobilisiert werden, bis die Wahrheit heraus ist. Nachdem die Exposition im 1. Akt sich auf Käthchen konzentriert hat, folgt auf den Monolog des Grafen in II,1 ein großes Stück Kunigundenhandlung. Es füllt den ganzen weiteren Akt (II,2–II,13) und gipfelt in der Peripetie zugunsten Kunigundens (II,13). Der 3. Akt ist von der durchlaufenden Gegenüberstellung Käthchen–Kunigunde bestimmt, die sich im ständigen

diese in ihrer psychologischen Durchsichtigkeit bedeutungsvolle Konstellation ist ein fester Bestandteil des Volksmärchens. »Wenn der Prinz statt der echten Braut die häßliche Tochter der Hexe heiratet, so verfehlt er den Zugang zur eigenen Seele und verschreibt sich einem fremden Dämon.«[8] Seiner gesamten inneren Struktur nach also ordnet sich das ›Käthchen‹ dem Märchendrama und damit der Sphäre der Romantik zu. Die Gestalt Käthchens entspricht gerade dem Gemüthaften der deutschen Volksmärchen, deren große Sammlung durch die Brüder Grimm wenige Jahre nach Kleists Märchenschauspiel erschien: der erste Band im Jahre 1812, der zweite 1814 (mit der Jahreszahl 1815). Im Mittelpunkt der berühmtesten Grimmschen Märchen stehn Mädchengestalten: Dornröschen und Schneewittchen, Aschenputtel und Rotkäppchen, Rapunzel, Goldmarie und Allerleirauh. Das Käthchen gehört – auch in seiner kindhaften Erscheinung – zu diesem Bereich. Kleist selbst stand den Brüdern Grimm nahe, die an den Berliner Abendblättern mitarbeiteten, und es ist sehr wahrscheinlich, daß er von ihrer Märchensammlung wußte, die seit dem Jahre 1806 im Entstehen war. Für die manieristisch-grotesken Züge des nicht zufällig auf dem Wiener Volkstheater uraufgeführten Käthchen-Spiels als eines »großen historischen Ritterschauspiels« dagegen wurde der Einfluß des aus den Traditionen des 17. und 18. Jahrhunderts kommenden romantisch-volkstümlichen Wiener Märchenspiels nachgewiesen.[9]

Wechsel von Kunigunden- und Käthchen-Szenen abspielt. Nach dieser Gegenüberstellung, die den Vergleich zugunsten Käthchens entscheidet, bringt IV,2 die Peripetie zum Guten, die endgültige Abwendung des Grafen von Kunigunde und die Hinwendung zu Käthchen. Im übrigen steigert der vierte Akt die Gegenüberstellung, die sich im 3. Akt indirekt vollzieht, zu einer direkten Konfrontation (Grottenszene). Der fünfte, hauptsächlich durch Erkenntnisvorgänge bestimmte Akt führt in einem ersten Komplex (1.–3. Auftritt) zur Auflösung der Rätsel durch die Aussage Dritter: Käthchen ist des Kaisers Kind, Kunigunde eine »mosaische Arbeit«; einen zweiten Komplex (4.–9. Auftritt) füllt noch einmal die Kunigundenhandlung: der Graf erkennt in einer überraschenden Begegnung Kunigundens wahre Natur. Nachdem sich sein Herz schon vorher entschieden hat, folgt nun auch die klare, bestätigende Erkenntnis; den dritten und abschließenden Komplex nimmt die Käthchenhandlung ein, die im Hochzeitsaufgebot kulminiert. Kunigunde erscheint nur noch einmal kurz, um vernichtet zu werden.

[8] M. Lüthi, Es war einmal ... Vom Wesen des Volksmärchens, 3. Auflage 1968, S. 106. Auf die Verwandtschaft des ›Käthchens‹ mit dem Märchen von der richtigen und der falschen Braut ist schon oft hingewiesen worden.

[9] H. Schwerte, Das Käthchen von Heilbronn, in: DU 13, 1961, Heft 2, S. 5–26, weist auf die »Feuerprobe« im brennenden Schloß, die »Wasserprobe« am Bach und in der Badegrotte, den aus dem rauchenden Trümmern erscheinenden Cherub, »dazu das ganze Traum- und Höhlen- und Grottenwesen, auch die großen Panorama- und Aufzugsszenen« (S. 8), auf die so »glühend Klei-

Trotz aller äußeren Verschiedenheit gehören das ›Käthchen‹ und die ›Hermannsschlacht‹ als Phänomene des Ausweichens zusammen. Aber es ist charakteristisch für Kleist, daß er in entgegengesetzte Richtungen ausweicht. Wunder, Traum und Märchen im ›Käthchen‹ schweben so weit über aller Lebensproblematik, wie die ›Hermannsschlacht‹ darunter zurückbleibt. Was dort schon beinahe Erlösung ist, übersteigt hier kaum die pragmatische Gebrauchsanweisung – echte Lösung oder inneres Scheitern ist beiden Stücken ebenso fremd wie menschliche Schwierigkeit. Käthchens gegen Wasser und Flamme gefeites Leben, ihre absolute Instinktsicherheit ist am Ende nicht so weit entfernt von dem politischen Virtuosentum Hermanns, der gegen alles ein Argument, eine List und schließlich auch die bloße Gewalt anzuwenden weiß und damit jenen Märchenhelden gleicht, die sich im technisch mustergültigen Bewältigen ganz konkreter Aufgaben hervortun. Der zeitüberschreitende Liebestraum Käthchens fällt ineins mit dem an den Augenblick ausgelieferten Tatwillen Hermanns: innere Ewigkeit sowohl wie absolutgesetzter Augenblick verleugnen die Zeit.

Die analoge Struktur im grundlegenden Ansatz eines Menschentums jenseits aller Gefährdung rückt das ›Käthchen‹ und die ›Hermannsschlacht‹ in eine eigene Epoche der dichterischen Entwicklung zusammen; sie verwehrt es, das Käthchen mit den anderen großen Frauengestalten Kleists einer Periode weiblich-individualistischer Gefühlsherrlichkeit zu subsumieren und andererseits die ›Hermannsschlacht‹ und den ›Homburg‹ auf den gemeinsamen Nenner des vaterländischen Engagements zu bringen.[10] Auch

stische wie mit barockischen Vokabeln spielende Mischung aus Seele und Wollust, aus Märchen und Manierismus, aus heiliger Üppigkeit, ölgesalbter Schönheit und empfindsamem Tränenerguß« (S. 9), schließlich auf Kleists spätestens während seiner Dresdner Jahre, also seit 1807 anzunehmende Beziehungen zum Wiener Kulturleben (S. 7).

10 Dies gegen S. Streller, Das dramatische Werk, S. 59 ff., S. 146 ff. Schon Meyer-Benfey, Das Drama Heinrich von Kleists, hat den 2. Band seines voluminösen Kleistbuches unter den Titel ›Kleist als vaterländischer Dichter‹ (1913) gestellt. Vgl. aber auch H. J. Kreutzer, Die dichterische Entwicklung, S. 233: »Sie (die ›Hermannsschlacht‹) eröffnet die letzte Phase in seiner Entwicklung als Dramatiker, die Hinwendung zum vaterländischen Drama«. Um diese These von der »vaterländischen Wende« halten zu können, muß Kreutzer freilich den Dichter des ›Homburg‹ abwerten, und zwar gerade im Zusammenhang mit der zentralen Thematik Traum–Wirklichkeit (S. 236): »Die schließliche Erfüllung der Traumszene am Schluß bedient sich mehr äußerlich(!) und aus Gründen der formalen Abrundung der Gestalt der ersten Szene.« Die Frage, wie die wichtigen letzten Erzählungen zur »vaterländischen Wende« stimmen, wird von den Verfechtern dieser Wende nicht aufgeworfen. Die Charakterisierung einer letzten Entwicklungsphase kann aber erst dann Anspruch auf Gültigkeit erheben, wenn diese Erzählungen in die Betrachtung schlüssig einbezogen werden.

die Analyse des ›Homburg‹ spricht eindeutig gegen eine solche Zuordnung.[11] Zuviel trennt den verschlagenen Politiker Hermann vom träumenden Prinzen, und man muß sich schon an die peripheren statt an die zentralen Vorgänge halten, wenn man vom »Dichter der nationalen Befreiung« spricht.[12] Wer schließlich nicht daran zweifelt, daß im ›Homburg‹ Kleists geistige Physiognomie gültiger zum Vorschein kommt als in der von ihm selbst widerrufenen ›Hermannsschlacht‹, wird nicht gerade dieser die Leitfunktion für die letzte Schaffensperiode zuweisen.

4.2. Rückkehr zum Bewußtseinsproblem, aber mit ironischer Entwirklichung: ›Prinz Friedrich von Homburg‹

Alle Dramen Kleists, mit Ausnahme des ›Käthchens‹ und der ›Hermannsschlacht‹, sind Dichtungen vom Menschen, der erst zum Bewußtsein finden und seine Identität entdecken muß. Innerhalb dieser Grundkonzeption ist der Prinz von Homburg die Gestalt, die den Weg zum Bewußtsein auf dem schmalen Grat zwischen der Einsicht in die tragikomische Unzulänglichkeit des Lebens und dem tragischen Zerbrechen an der zu späten Herausbildung des Bewußtseins geht. Es ist der einzige Weg der Bewußtseinsfindung zwischen Komödie und Tragödie. Nach dem zwischenspielhaften Ausweichen in die Bewußtseinsferne des Überwirklichen im ›Käthchen‹ und des Allzuwirklichen in der ›Hermannsschlacht‹ versucht Kleist nun die Gegensätze durch die Integrationskraft eines zum »Traum« entwirklichenden Bewußtseinsprozesses aufzuheben. In dieser Konzentration auf den Bewußtseinsprozeß knüpft der ›Homburg‹ an die beiden Komödien und an die ›Penthesilea‹ an, aber mit der in der Krise durchgebrochenen Tendenz des Rückzugs aus der Wirklichkeit, der hier nur durch die schwebende Dialektik zwischen Traum und Wirklichkeit abgefangen wird. Im ›Homburg‹ orientiert sich das Bewußtsein weder – wie in den Komödien – am notwendig Unzulänglichen, zu dessen Erkenntnis es sich herangebildet hat, noch gelangt es – wie in der ›Penthesilea‹ – zu einem untergangsträchtigen Rückblick auf das im Stadium noch mangelnden Bewußtseins angerichtete Unheil; vielmehr erfährt es, statt sich überhaupt als Bewußtsein der Realität zu konstituieren, eine Steigerung zum Bewußtsein von der Irrealität alles Realen. Dieses traumhafte Bewußtsein versöhnt, indem es aufhebt.

Gegenüber der einfachen Grundstruktur des zentralen Bewußtseinsvorgangs in den früheren Dramen ist das Aufhebungsgeschehen im ›Homburg‹

[11] Vgl. S. 87 ff., S. 137 ff.
[12] So Streller, Das dramatische Werk, S. 146. Generell zeichnet sich in der neueren marxistischen Literatur die Rückkehr zum »Preußischen« ab.

so komplex wie in den letzten Erzählungen, vor allem im ›Kohlhaas‹ und im ›Zweikampf‹. Äußerlich gibt es sich zu erkennen als Totalität aller nur denkbaren Möglichkeiten, die in den vorgeführten besonderen Fall hineinspielen. Dadurch entsteht etwas allseitig Wohlerwogenes und eine Schlüssigkeit, die mit der versteckten Schärfe des gründlichen und systematischen Argumentationszusammenhangs angelegt ist. Unter dem Gesichtspunkt realer Möglichkeit erscheint die im Wechselspiel zwischen Kurfürst und Prinz zustande kommende Peripetie als ein in seiner Vollkommenheit ans Wunderbare grenzendes Glück.[13] Diese glückliche Lösung gehört in den Umkreis der vollends wunderbaren Lösungen im ›Kohlhaas‹ und im ›Zweikampf‹[14] – sie ist ein charakteristisches Zeichen der Spätphase. Während aber die Erzählungen durch das dezidiert Irreale der gebotenen Lösung in pessimistischer Ironie enden und selbst für den Fall, daß sich noch Wundergläubige finden, nur ein paar Trostpreise inmitten von Leiden und Tod bereithalten, bewegt sich die Lösung des ›Homburg‹ an den sublimen Grenzen des Wirklichen und ist mit einer »Lösung« im anderen Sinne des Wortes verbunden: mit einer sich im Bewußtsein des Helden selbst vollziehenden Loslösung von der ihn umgebenden Wirklichkeit, mitten in seinem Entschluß, dieser zu genügen und mitten in der ihm zuteil werdenden Anerkennung. Was die Erzählungen nur zu einem Ereignis im Bewußtsein des Lesers machen, das ereignet sich im Prinzen von Homburg selbst, aber ohne Verdüsterung. Das Gold der Gnadenkette, die der Kurfürst durch Natalie dem Prinzen umhängen läßt, schimmert darum kaum weniger im Lichte der Ironie als die Gnadenkette, die Friedrich von Trota am Ende des ›Zweikampfs‹ vom Kaiser erhält. Das Aufhebungsgeschehen in den schön versöhnenden Schlüssen ist immer auch schon Zeichen des Todes, dem diese letzten Dichtungen vorausgehn.

---

13 Vgl. S. 145.
14 Vgl. S. 197 ff.

Literaturverzeichnis

Ausgaben, Facsimilia

Heinrich von Kleists gesammelte Schriften. Herausgegeben von Ludwig Tieck. Berlin 1826. 3 Bände.

H. v. Kleists Werke. Im Verein mit Georg Minde-Pouet und Reinhold Steig herausgegeben von Erich Schmidt. Leipzig und Wien 1904–1905. 5 Bände.

Kleists Werke. Zweite Auflage. Nach der von Erich Schmidt, Reinhold Steig und Georg Minde-Pouet besorgten Ausgabe neu durchgesehen und erweitert von Georg Minde-Pouet. Leipzig 1936–1938. 7 Bände.

Heinrich von Kleist. Sämtliche Werke und Briefe. Herausgegeben von Helmut Sembdner. Dritte, vermehrte und revidierte Auflage. München 1964. 2 Bände.

Heinrich von Kleist. Prinz Friedrich von Homburg. Ein Schauspiel. Nach der Heidelberger Handschrift herausgegeben von Richard Samuel unter Mitwirkung von Dorothea Coverlid. Berlin 1964. Jahresgabe der Heinrich-von-Kleist-Gesellschaft 1963.

Heinrich von Kleist. Der zerbrochne Krug. Eine Nachbildung der Handschrift. Herausgegeben von Paul Hoffmann. Weimar 1941.

Berliner Abendblätter. Herausgegeben von Heinrich von Kleist. Nachwort und Quellenregister von Helmut Sembdner. Darmstadt 1959.

Phöbus. Ein Journal für die Kunst. Herausgegeben von Heinrich von Kleist und Adam H. Müller. Nachwort und Kommentar von Helmut Sembdner. Darmstadt 1961.

Dokumentensammlungen, Index

Heinrich von Kleists Lebensspuren. Dokumente und Berichte der Zeitgenossen. Herausgegeben von Helmut Sembdner. Überarbeitete und erweiterte Ausgabe, München 1969. dtv Heinrich von Kleist-Gesamtausgabe Bd. 8.

Heinrich von Kleists Nachruhm. Eine Wirkungsgeschichte in Dokumenten. Herausgegeben von Helmut Sembdner. Bremen 1967. Sammlung Dieterich Bd. 318.

Index zu Heinrich von Kleist. Sämtliche Erzählungen, Erzählvarianten, Anekdoten. Bearbeitet von Helmut Schanze. Frankfurt a. M. / Bonn 1969. Indices zur deutschen Literatur 2.

Bibliographien

Minde-Pouet, Georg: Kleist-Bibliographie 1914–1921. JbKG 1921, S. 89–169.
— Kleist-Bibliographie 1922. JbKG 1922, S. 112–163.

Minde-Pouet, Georg: Kleist-Bibliographie 1923 und 1924 mit Nachträgen. JbKG
1923/24, S. 181–230.
— Kleist-Bibliographie 1925 bis 1930 mit Nachträgen. JbKG 1929/30, S. 60–193.
— Kleist-Bibliographie 1931 bis 1937 mit Nachträgen. JbKG 1933/37, S. 186–
263.
Rothe, Eva: Kleist-Bibliographie 1945–1960. JbSchG 5, 1961, S. 414–547.

Forschungsberichte

Ayrault, Roger: La légende de Heinrich von Kleist. Un poète devant la critique.
Paris 1934.
Blühm, Elger: Die Wandlungen des Kleistbildes, vornehmlich aufgewiesen an der
Auffassung der ›Penthesilea‹. Mschr. Diss. Greifswald 1951.
Gilow, Hermann: Heinrich von Kleists Prinz Friedrich von Homburg 1821–1921.
Ein geschichtlich-kritischer Rückblick. JbKG 1921, S. 22–50.
Kluckhohn, Paul: Das Kleistbild der Gegenwart. Bericht über die Kleistliteratur
der Jahre 1922–25. DVjS 4, 1926, S. 798–830.
— Kleist-Forschung 1926–1943. DVjS 21, 1943, Referatenheft S. 45–87.
Kreuzer, Helmut: Kleist-Literatur 1955–1960. DU 13, 1961, S. 116–135.
Lefèvre, Manfred: Kleistforschung 1961–1967. CG 1969, S. 1–86.
Plard, Henri: Gottes Ehebruch? Sur l'arrière-plan religieux de l'›Amphitryon‹
de Kleist. EG 16, 1961, S. 335–374.

Literatur zu Kleist (andere Literatur nur in den Fußnoten)

Albrecht, Hans: Die Bilder in den Dramen Heinrich von Kleists. Ihr Wesen und
ihre Bedeutung. Mschr. Diss. Freiburg 1955.
Anstett, Jean-Jacques: A propos de Michael Kohlhaas. EG 14, 1959, S. 150–156.
Arntzen, Helmut: Die ernste Komödie. Das deutsche Lustspiel von Lessing bis
Kleist. München 1968.
Ayrault, Roger: Heinrich von Kleist. Paris 1934. Edition définitive Paris 1966.
— (Rez.) Blöcker, Günter: Heinrich von Kleist oder Das absolute Ich. EG 16,
1961, S. 375 f.
Badewitz, Hans: Kleists ›Amphitryon‹. Bausteine zur Geschichte der deutschen
Literatur 27. Halle 1930.
Bathe, Johannes: Die Bewegungen und Haltungen des menschlichen Körpers in
Heinrich von Kleists Erzählungen. Diss. Tübingen 1917.
Baumann, Ruth: Studien zur Erzählkunst Heinrichs von Kleist. Die Gestaltung
der epischen Szene. Diss. Hamburg 1928.
Baumgärtel, Gerhard: Zur Frage der Wandlung in Kleists ›Prinz Friedrich von
Homburg‹. GRM 16, 1966, S. 264–277.
Baxa, Jakob: Die Taufe der Cäcilie Müller. Euphorion 53, 1959, S. 92–102.
Beißner, Friedrich: Unvorgreifliche Gedanken über den Sprachrhythmus. In: Fest-
schrift für Paul Kluckhohn und Hermann Schneider. Tübingen 1948, S. 427–
444.
Best, Otto F.: Schuld und Vergebung. Zur Rolle von Wahrsagerin und ›Amulett‹
in Kleists ›Michael Kohlhaas‹. GRM 20, 1970, S. 180–189.
Blöcker, Günter: Heinrich von Kleist oder Das absolute Ich. Berlin 1960.

Blume, Bernhard: Kleist und Goethe. Monatshefte 38, 1946, S. 20–31, S. 83–96, S. 150–164. Jetzt auch in: Heinrich von Kleist. Aufsätze und Essays. Hrsg. von Walter Müller-Seidel. WdF CXLVII, Darmstadt 1967, S. 130–185.

Brahm, Otto: Heinrich von Kleist. Berlin 1884 (4. Auflage Berlin 1911).

Buck, Rudolf: Rousseau und die deutsche Romantik. Neue deutsche Forschungen 1. Berlin 1939.

Collin, Josef: Das Tragische in Kleists Leben und Kunst. ZDK 1926, S. 781–802.

Conrady, Karl Otto: Kleists ›Erdbeben in Chili‹. Ein Interpretationsversuch. GRM 35, 1954, S. 185–195.

— Das Moralische in Kleists Erzählungen. Ein Kapitel vom Dichter ohne Gesellschaft. In: Literatur und Gesellschaft. Festschrift für Benno von Wiese. Bonn 1963, S. 56–82. Jetzt auch in: Heinrich von Kleist. Aufsätze und Essays..., S. 707–735.

Corssen, Meta: Kleist und Shakespeare. Forschungen zur neueren Literaturgeschichte 61. Weimar 1930.

Croce, Benedetto: Kleist. In: Poesie und Nichtpoesie. Übertragen von J. Schlosser. Zürich, Wien, Leipzig 1925, S. 93–101.

Crosby, Donald H.: Heinrich von Kleist's ›oak-image‹. GQu XXXVIII, 1965, S. 14–19.

Davidts, Hermann: Die novellistische Kunst Heinrichs von Kleist. Schriften der literarhistorischen Gesellschaft Bonn, N.F. 5. Berlin 1913.

Dechert, Hans-Wilhelm: »Indem er ans Fenster trat...«. Zur Funktion einer Gebärde in Kleists ›Michael Kohlhaas‹. Euphorion 62, 1968, S. 77–84.

Delbrück, Hans-Gerd: Zur dramentypologischen Funktion von Sündenfall und Rechtfertigung in Kleists ›Zerbrochnem Krug‹. DVjS 45, 1971, S. 706–756.

Edel, Edmund: Heinrich von Kleist, ›Die heilige Cäcilie oder Die Gewalt der Musik‹. Eine Legende. WW 19, 1969, S. 105–114.

Einsiedel, Wolfgang von: Die dramatische Charaktergestaltung bei Heinrich von Kleist, besonders in seiner ›Penthesilea‹. Germ. Studien 109, Berlin 1931. Nachdruck: Nendeln/Liechtenstein 1967.

Ellis, J. M.: Kleists ›Das Erdbeben in Chili‹. PEGS 33, 1963, S. 10–55.

Fischer, Ernst: Heinrich von Kleist. In: Sinn und Form, 13. Jg. 1961, S. 759–844. Jetzt auch in: Heinrich von Kleist. Aufsätze und Essays..., S. 459–552.

Fischer, Ottokar: Mimische Studien zu Heinrich von Kleist. Euphorion 15, 1908, S. 488–510, S. 716–725; Euphorion 16, 1909, S. 62–92, S. 412–425, S. 747–772.

Fricke, Gerhard: Gefühl und Schicksal bei Heinrich von Kleist. Studien über den inneren Vorgang im Leben und Schaffen des Dichters. Neue Forschung 3, Berlin 1929. Nachdruck: Darmstadt 1963.

— Kleists ›Prinz von Homburg‹. In: Fricke, Studien und Interpretationen. Frankfurt a. M. 1956, S. 239–263.

— Kleists ›Michael Kohlhaas‹. In: Studien und Interpretationen. Frankfurt a. M. 1956, S. 214–238.

— Kleist. Penthesilea. In: Das deutsche Drama, hg. von Benno von Wiese. Düsseldorf 1958. Bd. I, S. 362–384.

Gassen, Kurt: Die Chronologie der Novellen Heinrich von Kleists. Forschungen zur neueren Literaturgeschichte 55, Weimar 1920.

Gausewitz, Walter: Kleist's ›Erdbeben‹. Monatshefte 55, 1963, S. 188–194.

Gordon, Wolff von: Die dramatische Handlung in Sophokles' ›König Oidipus‹ und Kleists ›Der zerbrochne Krug‹. Bausteine zur Geschichte der deutschen Literatur 20. Halle 1926.

Graf, Günter: Der dramatische Aufbaustil der Legende Heinrich von Kleists ›Die heilige Cäcilie oder Die Gewalt der Musik‹. Ein Interpretationsversuch. EG 24, 1969, S. 346–359.

— Zum Vergleich der zwei Fassungen von Heinrich von Kleists Legende ›Die heilige Cäcilie‹. EG 25, 1970, S. 66–68.

Graham, Ilse: Der Zerbrochne Krug – Titelheld von Kleists Komödie. MLQ XVI, 1955, S. 99–113 (in englischer Fassung). Jetzt in: Heinrich von Kleist. Aufsätze und Essays..., S. 272–295.

Grathoff, Dirk: Die Zensurkonflikte der ›Berliner Abendblätter‹. In: Klaus Peter, Dirk Grathoff, Charles N. Hayes, Gerhard Loose: Ideologiekritische Studien zur Literatur. These, New York University Ottendorfer Series, NF 5. Frankfurt 1972, S. 35–168.

Gundolf, Friedrich: Heinrich von Kleist, Berlin 1922.

Günther, Kurt: ›Der Findling‹ – die frühste der Kleistschen Erzählungen. Euphorion, 8. Ergänzungsheft, 1909, S. 119–153.

— Die Konzeption von Kleists ›Verlobung in St. Domingo‹. Eine literarische Analyse. Euphorion 17, 1910, S. 68–95, S. 313–331.

— Die Entwicklung der novellistischen Kompositionstechnik Kleists bis zur Meisterschaft. Diss. Leipzig 1911.

Guthke, Karl S.: Thomas Mann on Heinrich von Kleist: an Unpublished Letter to Hans M. Wolff. Neophilologus 44, 1960, S. 121 f.

Hall, Clifton D.: Kleist, Catholicism, and the catholic church. Monatshefte LIX, 1967, S. 217–226.

Henkel, Arthur: Traum und Gesetz in Kleists ›Prinz von Homburg‹ NR 73, 1962, S. 438–464. Jetzt auch in: Heinrich von Kleist. Aufsätze und Essays..., S. 576–604.

Henschel, Arnold J.: The Primacy of Free-Will in the Mind of Kleist and in the Prinz von Homburg. GLL 17, 1964, S. 97–115.

Herrmann, Hans-Peter: Zufall und Ich. Zum Begriff der Situation in den Novellen Heinrich von Kleists. GRM, NF Bd. XI, H. 1, 1961, S. 69–99. Jetzt auch in: Heinrich von Kleist. Aufsätze und Essays..., S. 367–411.

Heubi, Albert: Heinrich von Kleists Novelle ›Der Findling‹. Motivuntersuchungen und Erklärung im Rahmen des Gesamtwerks. Diss. Zürich 1948.

Himmel, Hellmuth: Geschichte der deutschen Novelle. Bern, München 1963.

Hoffmann, Paul: Heinrich von Kleists ›Der zerbrochne Krug‹. GRM 30, 1942, S. 1–20.

Hoffmeister, Johannes: Beitrag zur sogenannten Kantkrise Heinrich von Kleists. DVjS 33, 1959, S. 574–587.

Hoffmeister, Werner: Die Doppeldeutigkeit der Erzählweise in Heinrich von Kleists ›Die heilige Cäcilie oder die Gewalt der Musik‹. In: Festschrift für Werner Neuse. FIDES, anläßlich des vierzigjährigen Bestehens der Deutschen Sommerschule am Middlebury College und der Emeritierung ihres Leiters. Hrsg. von H. Lederer und J. Seyppel, Berlin 1967, S. 44–56.

— Heinrich von Kleists ›Findling‹. Monatshefte LVIII, 1966, S. 49–63.

Horwath, Peter: Michael Kohlhaas: Kleists Absicht in der Überarbeitung des Phöbus-Fragments: Versuch einer Interpretation. Monatshefte 57, 1965, S. 49–59.

Ide, Heinz: Der junge Kleist. »...in dieser wandelbaren Zeit...«. Würzburg 1961. Der Göttinger Arbeitskreis: Veröffentlichung Nr. 244.

Jancke, Gerhard: Zum Problem des identischen Selbst in Kleists ›Amphitryon‹. CG 1969, S. 87–110.

Jungbluth, Günther: (Rez.) Hans M. Wolff, Heinrich von Kleist, Die Geschichte seines Schaffens, Berkeley u. Los Angeles 1954. Orbis Litterarum XII, 1957, S. 108–113.

Kaiser, Tino: Vergleich der verschiedenen Fassungen von Kleists Dramen. Sprache und Dichtung 70. Bern und Leipzig 1944.

Kanter, Fritz: Der bildliche Ausdruck in Kleists Penthesilea. Diss. Jena 1913.

Kanzog, Klaus: Probleme der Kleistkommentierung. In: Kolloquium über Probleme der Kommentierung. Bonn–Bad Godesberg 1971, S. 28–36.

— Prolegomena zu einer historisch-kritischen Ausgabe der Werke Heinrich von Kleists. München 1970.

Kayser, Wolfgang: Kleist als Erzähler. GLL VIII, 1954/55, S. 19–29. Jetzt auch in: Heinrich von Kleist. Aufsätze und Essays . . ., S. 230–243.

Keller, Marie-Luise: Die Bildlichkeit in der Tragödie Heinrich von Kleists. Bilder als Phänomene des Tragischen. Mschr. Diss. Tübingen 1959.

Klein, Johannes: Kleists ›Erdbeben in Chili‹. DU 8, 1956, S. 3, S. 5–11.

Klotz, Volker: Tragödie der Jagd, Kleists Penthesilea. In: V. Klotz, Kurze Kommentare zu Stücken und Gedichten, Darmstadt 1962.

Koch, Friedrich: Heinrich von Kleist. Bewußtsein und Wirklichkeit. Stuttgart 1958.

Kohrs, Ingrid: Das Wesen des Tragischen im Drama Heinrichs von Kleist. Dargestellt an Interpretationen von ›Penthesilea‹ und ›Prinz Friedrich von Homburg‹. Marburg 1951.

Kommerell, Max: Die Sprache und das Unaussprechliche. Eine Betrachtung über Heinrich von Kleist. In: Geist und Buchstabe der Dichtung. Frankfurt a. M., 5. Aufl. 1962, S. 243–313.

Kreutzer, Hans Joachim: Die dichterische Entwicklung Heinrichs von Kleist. Untersuchungen zu seinen Briefen und zu Chronologie und Aufbau seiner Werke. Philologische Studien und Quellen 41, Berlin 1968.

Kreuzer, Helmut: Hebbel und Kleist. DU 13, 1961, H. 2, S. 92–115.

Krumpelmann, John T.: Kleist's Krug and Shakespeare's Measure for Measure. GR 26, 1951, S. 13–21.

— Shakespeare's Falstaff Dramas and Kleist's ›Zerbrochner Krug‹. MLQ 12, 1951, S. 462–472.

Kultermann, Erika: Die Bedeutung der Pantomime in den Dramen Heinrich von Kleists. Maske und Kothurn III, 1957, S. 70–81.

Leeuwe, H. H. J. de: Molières und Kleists Amphitryon. Ein Vergleich. Neophilologus 31, 1947, S. 147–193.

Lintzel, Martin: Liebe und Tod bei Heinrich von Kleist. Berichte über die Verhandlungen der Sächsischen Akademie der Wissenschaften zu Leipzig, 1950.

Lugowski, Clemens: Wirklichkeit und Dichtung. Untersuchungen zur Wirklichkeitsauffassung Heinrich von Kleists. Frankfurt a. M. 1936.

Lukács, Georg: Die Tragödie Heinrich von Kleists. Internationale Literatur, 7. Jg., H. 8, Moskau, August 1937, S. 105–126. Auch in: Deutsche Realisten des 19. Jahrhunderts. Berlin 1951. S. 19–48.

Mann, Thomas: Amphitryon. Eine Wiedereroberung. Neue Rundschau 39, 1928, S. 574–608. Jetzt auch in: Heinrich von Kleist. Aufsätze und Essays . . ., S. 51–88.

— Heinrich von Kleist und seine Erzählungen. Einleitung zu einer amerikanischen Ausgabe der Novellen (1954). Gesammelte Werke, Berlin 1955, XI, S. 637–656.

Martini, Fritz: Kleists ›Der zerbrochne Krug‹. Bauformen des Lustspiels. JbSchG 9, 1965, S. 373–419.

Mayer, Hans: Heinrich von Kleist. Der geschichtliche Augenblick. Pfullingen 1962.

Meyer, Heinrich: Kleists Novelle ›Der Zweikampf‹. JbKG 1933/37, 1937, S. 136–169.

Meyer-Benfey, Heinrich: Das Drama Heinrich von Kleists. I. Band: Kleists Ringen nach einer neuen Form des Dramas. Göttingen 1911. II. Band: Kleist als vaterländischer Dichter. Göttingen 1913.

Minde-Pouet, Georg: Heinrich von Kleist. Seine Sprache und sein Stil. Weimar 1897.

Moering, Michael: Witz und Ironie in der Prosa Heinrich von Kleists. München 1972.

Mühlher, Robert: Heinrich von Kleist und seine Legende ›Die hl. Cäcilie oder die Gewalt der Musik‹. Gedenkrede anläßlich von Kleists 150. Todestag, gesprochen im Wiener Goethe-Verein am 24. November 1961. Jahrbuch des Wiener Goethe-Vereins 66, 1962, S. 149–156.

Müller, Joachim: Literarische Analogien in Heinrich von Kleists Novelle ›Der Zweikampf‹. Sitzungsberichte d. Sächs. Akad. d. Wiss. zu Leipzig. Phil.-hist. Kl. 114, 4. Berlin 1969.

Müller, Richard Matthias: Kleists ›Michael Kohlhaas‹. DVjS 1970, S. 101–119.

Müller-Seidel, Walter: Die Struktur des Widerspruchs in Kleists ›Marquise von O ...‹. DVjS 28, 1954, S. 497–515. Jetzt auch in: Heinrich von Kleist. Aufsätze und Essays ..., S. 244–268.

— Versehen und Erkennen. Eine Studie über Heinrich von Kleist. Köln und Graz 1961 (2. durchgesehene Auflage 1967).

— Die Vermischung des Komischen mit dem Tragischen in Kleists Lustspiel ›Amphitryon‹. JbSchG 5, 1961, S. 118–135.

— Heinrich von Kleist und die Wahrheit des Menschen. In: Stoffe, Formen, Strukturen, Studien zur deutschen Literatur. Hrsg. v. A. Fuchs und H. Motekat (Hans Heinrich Borcherdt zum 75. Geburtstag), 1962, S. 331–344.

— (Rez.) Heinz Ide. Der junge Kleist. AfdA 74, 1963, S. 173–186.

— (Hg.) Heinrich von Kleist. Aufsätze und Essays. Hrsg. von ... Wege der Forschung CXLVII, Darmstadt 1967.

Muschg, Walter: Kleist. Zürich 1923.

Muth, Ludwig: Kleist und Kant. Versuch einer neuen Interpretation. Kantstudien, Ergänzungshefte, 68, Köln 1954.

Niejahr, Johannes: Heinrich von Kleists Penthesilea. VjSfLg 6, 1896, S. 506–553.

Nordmeyer, H. W.: Kleists ›Amphitryon‹. Zur Deutung der Komödie. Monatshefte 38, 1946, S. 1–19, S. 165–176, S. 268–283, S. 349–359 und 39, 1947, S. 89–125.

Obenauer, Karl Justus: Kleists Weg zu Volk, Staat und Vaterland. JbKG 1933–1937, 1937, S. 59–73.

Oppel, Horst: Kleists Novelle ›Der Zweikampf‹. DVjS 22, 1944, S. 92–105.

Passage, Charles E.: Michael Kohlhaas. Form Analysis. GR XXX, 1955, S. 181–197.

Reske, Hermann: Traum und Wirklichkeit im Werk Heinrich von Kleists. Stuttgart, Berlin, Köln, Mainz 1969.

Ritzler, Paula: Zur Bedeutung des bildlichen Ausdrucks im Werke Heinrich von Kleists. Trivium 2, 1944, S. 178–194.

Robert, André: Le prince de Hombourg, texte traduit et présenté par ..., Paris 1930.

Ryan, Lawrence: Amphitryon: doch ein Lustspiel! In: Kleist und Frankreich, Berlin 1968, S. 83–121.

— Kleists ›Entdeckung im Gebiete der Kunst‹: ›Robert Guiskard‹ und die Folgen. In: Gestaltungsgeschichte und Gesellschaftsgeschichte. In Zusammenarbeit mit K. Hamburger hrsg. von H. Kreuzer, Stuttgart 1969.

Sauer, August: Zu Kleists ›Amphitryon‹. Euphorion 20, 1913, S. 93–104.

Schadewaldt, Wolfgang: Der ›Zerbrochene Krug‹ von Heinrich von Kleist und Sophokles' ›König Ödipus‹. In: Hellas und Hesperien, 2. Aufl. Zürich und Stuttgart 1970, 2. Bd., S. 333–340. Auch in: Heinrich von Kleist. Aufsätze und Essays ..., S. 317–325.

Scherer, Michael: Die beiden Fassungen von Heinrich von Kleists Erzählung ›Die heilige Cäcilie oder Die Gewalt der Musik‹. Monatshefte 56, 1964, S. 97–102.

Scheufele, Theodor: Die theatralische Physiognomie der Dramen Kleists. Untersuchung zum Problem des Theatralischen im Drama. Diss. Wien 1966.

Schlagdenhauffen, Alfred: L'univers existentiel de Kleist dans ›Le Prince de Hombourg‹. Publications de la faculté des lettres de l'université de Strasbourg. Straßburg 1953.

Schneider, Karl Ludwig: Heinrich von Kleists Lustspiel ›Der zerbrochne Krug‹. In: Das deutsche Lustspiel I, hrsg. von Hans Steffen. Göttingen 1968, S. 166-180.

— Heinrich von Kleist. Über ein Ausdrucksprinzip seines Stils. In: Libris et Litteris. Festschrift für Hermann Tiemann. Hamburg 1959, S. 258–271. Wiederabdruck in: Heinrich von Kleist. Vier Reden zu seinem Gedächtnis. Jahresgabe der Heinrich-von-Kleist-Gesellschaft 1961. Berlin 1962, S. 27–43.

Schoch, Margrit: Kleist und Sophokles. Diss. Zürich 1952.

Schrimpf, Hans-Joachim: Kleist. ›Der zerbrochne Krug‹. In: Das deutsche Drama, hrsg. von Benno von Wiese. Düsseldorf 1958, Bd. I, S. 339–362.

Schultze-Jahde, Karl: »Verflucht das Herz, das sich nicht mäß'gen kann.« (Penthesilea, Vers 720). JbKG 1925/26, S. 133 f.

— Kohlhaas und die Zigeunerin. JbKG 1933–1937, 1937, S. 108–135.

Schulze, Berthold: Das Bild als Leitmotiv in den Dramen H. v. Kleists und anderer Dichter. ZfdU 24, 1910, S. 308–321.

— Kleists Penthesilea oder von der lebendigen Form der Dichtung. Berlin 1912.

Schwerte, Hans: Das Käthchen von Heilbronn. DU 13, 1961, H. 2, S. 5–26.

Seeba, Hinrich C.: Der Sündenfall des Verdachts. Identitätskrise und Sprachskepsis in Kleists ›Familie Schroffenstein‹. DVjS 44, 1970, S. 64–100.

Sembdner, Helmut: Neues zu Kleist. JbSchG 7, 1963, S. 371–382.

Senger, Joachim Henry: Der bildliche Ausdruck in den Werken Heinrich von Kleists. Teutonia, Arbeiten zur germanischen Philologie 8. Leipzig 1909.

Silz, Walter: Heinrich von Kleist. Studies in his Works and his Literary Character. Philadelphia 1961.

— Das Erdbeben in Chili. Monatshefte 53, 1961, S. 229–238. Jetzt auch in: Heinrich von Kleist. Aufsätze und Essays ..., S. 351–366.

Staiger, Emil: Heinrich von Kleist. ›Das Bettelweib von Locarno.‹ Zum Problem des dramatischen Stils. DVjS 20, 1942, S. 1–16. Ferner in: Meisterwerke deutscher Sprache aus dem neunzehnten Jahrhundert. 4. Aufl. Zürich 1963, S. 100–117. Jetzt auch in: Heinrich von Kleist. Aufsätze und Essays ..., S. 113–129.

Steinbach, Dietrich: Die dramatische Gestaltformel Heinrich von Kleists. Diss. Tübingen 1959.

Stern, Martin: Die Eiche als Sinnbild bei Heinrich von Kleist. JbSchG 8, 1964, S. 199–225.

Stoessl, Franz: Amphitryon. Wachstum und Wandlung eines poetischen Stoffes. Trivium 2, 1944, S. 93–117.

Streller, Siegfried: Das dramatische Werk Heinrich von Kleists. Berlin 1966.

— Heinrich von Kleist und Jean-Jacques Rousseau. WB 8, 1962, S. 541–566. Jetzt auch in: Heinrich von Kleist. Aufsätze und Essays..., S. 635–671.

Szondi, Peter: ›Amphitryon‹. Kleists ›Lustspiel nach Molière‹. Euphorion 55, 1961, S. 249–259. Auch in: Satz und Gegensatz. Sechs Essays. Frankfurt 1964, S. 44–57.

Thalmann, Marianne: Das Jupiterspiel in Kleists Amphitryon. Maske und Kothurn 9, 1963, S. 56–67.

Weigand, Hermann J.: Zu Kleists ›Käthchen von Heilbronn‹. In: Studia Philologica et Litteraria in Honorem L. Spitzer. Bern 1958, S. 413–430. Jetzt auch in: Heinrich von Kleist. Aufsätze und Essays..., S. 326–350.

Wensinger, Arthur Stevens: An Introduction to the Problem of »Gesture« in Heinrich von Kleist and his Works. Diss. Michigan 1959 (Dissertation Abstracts, Vol. 20, 1959).

Wiese, Benno von: Der Tragiker Heinrich von Kleist und sein Jahrhundert. In: Vom Geist der Dichtung. Gedächtnisschrift für Robert Petsch 1949, S. 250–269. Ferner in: B. v. Wiese, Die Tragödie von Lessing bis Hebbel. 6. Aufl. Hamburg 1964, S. 275–293. Jetzt auch in: Heinrich von Kleist. Aufsätze und Essays..., S. 186–212.

— Das Menschenbild Heinrich von Kleists. WW 4, 1953/54.

— Heinrich von Kleist, Michael Kohlhaas. In: Die deutsche Novelle von Goethe bis Kafka. Interpretationen Düsseldorf 1956, S. 47–63.

— Heinrich von Kleist: Das Erdbeben in Chili. JbSchG 5, 1961, S. 102–117.

— Die deutsche Tragödie von Lessing bis Hebbel. 6. Aufl. Hamburg 1964, S. 275–344.

Wittkowski, Wolfgang: Absolutes Gefühl und absolute Kunst in Kleists ›Prinz Friedrich von Homburg‹. DU 13, 1961, H. 2, S. 27–71.

— Der neue Prometheus. In: Kleist und Frankreich. Berlin 1968, S. 27–82.

— Skepsis, Noblesse, Ironie. Formen des Als-ob in Kleists ›Erdbeben‹. Euphorion 63, 1969, S. 247–283.

— ›Die Heilige Cäcilie‹ und ›Der Zweikampf‹. Kleists Legenden und die romantische Ironie. CG 1972, S. 17–58.

Wolff, Hans M.: ›Der zerbrochne Krug‹ und ›König Oedipus‹. MLN, 1939, S. 267–272.

— Heinrich von Kleist. Die Geschichte seines Schaffens. Bern 1954.

Wukadinović, Spiridion: Kleist-Studien. Stuttgart und Berlin 1904.

Xylander, Oskar Ritter von: Heinrich von Kleist und J. J. Rousseau. Germanische Studien 193. Berlin 1937.

Werkregister

Anekdoten

Aufsätze

Namenregister

Aischylos 243 f.
Aristophanes 226–228.
Arnim 180; 184; 212.

Benn 162.
Brentano 101; 180; 212.

Dante 45.

Engel, Joh. Jac. 53.
Euripides 26; 81; 163; 234–241; 243.

Fichte 25 f.; 179.
Fouqué 212.

Goethe 26 f.; 53; 115; 119; 152; 164 f.;
175.
Grimm 62 f.; 184; 248.

Hederich 235; 238.
Hegel 25; 53; 204; 213 f.
Helvetius 23–25; 221.
Herder 212.
Hölderlin 162; 184.
Hoffmann, E. T. A. 180 f.
Homer 129; 169.

Kafka 60.
Kant 3–8; 25; 220 f.
Kerr 162.
Kosegarten 212.

Lavater 53.
Lessing 7; 64; 247.
Lichtenberg 53.

Mann, Thomas 47; 176; 178.
Molière 45; 119; 162; 163–165; 174;
175; 227; 228 f.
Müller, Adam 9; 176; 207; 211.

Ovid 238.

Pascal 16.
Paul, Jean 179 f.
Plautus 162; 164.

Racine 26; 49.
Raffael 216
Rembrandt 72.
Reni, Guido 216.
Rousseau 24; 28; 30; 34; 129; 216;
220 f.; 224; 234.

Schelling 25 f.
Schiller 27; 47; 65; 80; 97; 101; 128;
148.
Schlegel, F. 212.
Shakespeare 32; 55; 77; 106; 223–226;
243 f.
Sophokles 225–234; 243; 243 f.
Stendhal 23 f.

Teniers 119; 228.
Tieck 162.

Vermeer 209.
Voltaire 24.

Wieland 213; 234 f.; 242; 243 f.; 247.